Donna Reseigh Long and Janice Lynn Macián, both of *The Ohio State University*

A complete learner-centered course *for* intermediate Spanish

De paseo is a complete intermediate Spanish program unique in its learner-centered focus on strategies that develop proficiency in speaking, listening, reading, and writing. With its lively, full-color, in-class *De paseo* textbook and at-home *Diario de actividades,* the closely coordinated program offers ample opportunities for both form-driven practice and spontaneous, creative use of the language.

AN INTEGRATED, COHESIVE LEARNING SYSTEM

Ten chapters within the main text focus on high-interest themes—such as the working world, strange phenomena, holidays and traditions, or Latinos in the United States. Every chapter features three language functions, which are related to the chapter theme and are coordinated with the *Repaso de gramática* at the end of the chapter, as well as the *Diario de actividades.* The *Diario de actividades* consists of dictionary and word study skills, listening comprehension practice, and extended writing activities that integrate and expand upon the themes and material presented in the corresponding chapters of the textbook.

Complete integration of theme-based audio, video, web and cultural activities create a rich, learner-focused environment.

> "Unlike many texts that claim to have a communicative focus, **De paseo** delivers with page after page of creative, contextual pair and group activities."
>
> **Juan A. Trujillo,** Oregon State University

VOCABULARY

PROVEN STRATEGIES HELP STUDENTS *PUT THOUGHTS INTO WORDS.*

PRIMERA ETAPA

IN THE TEXT...

Primera etapa: Conversación focuses on oral communication and vocabulary acquisition.

Vocabulario para la conversación lists all active vocabulary items with their equivalents in English, and the *Vocabulario en acción* activities provide additional interactive opportunities to reinforce the new vocabulary of the chapter.

IN THE
DIARIO DE ACTIVIDADES...

The ***Diario de actividades*** provides additional written practice of key vocabulary in the *Prácticas de vocabulario* (new to the Fourth Edition) and *Estudio de palabras,* thus increasing students' own personal "word banks" and encouraging better vocabulary retention.

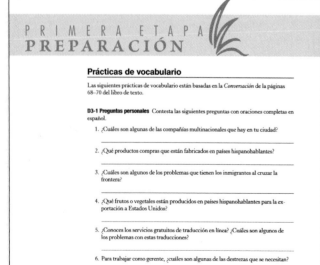

LANGUAGE FUNCTIONS

ENGAGING, CONTEXTUALIZED ACTIVITIES MOVE STUDENTS FROM A CONCRETE LEVEL OF LANGUAGE USE TO *A MORE SOPHISTICATED LEVEL OF EXPRESSION.*

SEGUNDA ETAPA

IN THE TEXT...

Segunda etapa: Funciones is divided into three language functions, each introduced by a quote from one of **De paseo's** native informants from the video and is correlated with one of the *Estructuras* presented in the **Repaso de gramática.** Each *Función* features activities for in-class pair and group practice. Vocabulary from the *Primera etapa* and beginning Spanish courses is recycled throughout these *Funciones* activities.

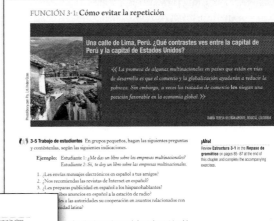

SEGUNDA ETAPA
FUNCIONES

FUNCIÓN 3-1: **Cómo evitar la repetición**

Una calle de Lima, Perú. ¿Qué contrastes ves entre la capital de Perú y la capital de Estados Unidos?

«« *La promesa de algunas multinacionales en países que están en vías de desarrollo es que el comercio y la globalización ayudarán a reducir la pobreza. Sin embargo, a veces los tratados de comercio les niegan una posición favorable en la economía global.* »»

MARÍA TERESA BELTRÁN APONTE, BOGOTÁ, COLOMBIA

3-5 Trabajo de estudiantes En grupos pequeños, hagan las siguientes preguntas y contéstenlas, según las siguientes indicaciones.

Ejemplo: Estudiante 1: ¿Me das un libro sobre las empresas multinacionales?
Estudiante 2: Sí, te doy un libro sobre las empresas multinacionales.

1. ¿Les envías mensajes electrónicos en español a tus amigos?
2. ¿Nos recomiendas las revistas de Internet en español?
3. ¿Les preparas publicidad en español a los hispanohablantes?
... bes anuncios en español a la estación de radio?
... les a las autoridades su cooperación en asuntos relacionados con
... nidad latina?

¡Alto!
Review **Estructura 3-1** in the **Repaso de gramática** on pages 85–87 at the end of this chapter and complete the accompanying exercises.

3-10 ¿Qué hicieron? En grupos pequeños, conversen acerca de sus actividades recientes, según las indicaciones. Eviten la repetición.

Ejemplo: enviar un mensaje de texto
Estudiante 1: ¿Me enviaste el mensaje de texto ayer?
Estudiante 2: Sí, te lo envié.

1. escribir el ensayo para la profesora
2. preparar el almuerzo para tus amigos
3. escribir la carta al director del periódico
4. resolver el problema para tu amigo/amiga
5. vender los libros a las estudiantes
6. tocar la nueva pieza de música para el profesor
7. ponerte tus zapatos nuevos
8. comprarme la entrada al concierto

FUNCIÓN 3-3: **Cómo comparar**

Una intérprete en su trabajo. ¿Qué habilidades necesitan los intérpretes? ¿Los traductores?

¡Adelante!
Now that you have completed your in-class work on **Función 3-2**, complete **Audio 3-2** in the **Segunda etapa** of the *Diario de actividades,* pages 52–55.

¡Alto!
Review **Estructura 3-3** in the **Repaso de gramática** on pages 90–92 at the end of this chapter and complete the accompanying exercises.

...para todos ¿A quiénes quieren regalarles productos típicos del ...no? En parejas, háganse preguntas basándose en la informa-...ción de la siguiente lista de frases. Contesten las preguntas usando ...de complemento indirecto y una frase preposicional, según el ...

...Estudiante 1: ¿A quién quieres regalarle los vinos chilenos?

¡Alto! and *Repaso* marginal annotations guide students to form-driven *Estructura* practice in the *Repaso de gramática* sections at the end of each chapter. *¡Adelante!* annotations direct students to activities that may be done outside of class to prepare them for the next class meeting.

IN THE DIARIO DE ACTIVIDADES...

The **Segunda etapa: Comprensión auditiva** features new activities and audio that help students build listening proficiency through a guided process approach. These audio sections, reflecting today's topics, can be found on the **Premium Website** in mp3 downloadable format.

SEGUNDA ETAPA
COMPRENSIÓN AUDITIVA

SUGERENCIAS PARA ESCUCHAR MEJOR

CÓMO REVISAR UN TEXTO ORAL You have already practiced skimming and scanning authentic readings. Now you are ready to practice these same skills with listening passages in which several people discuss different reasons for spending time in Spanish-speaking countries.

The first time you listen, you should skim the passage and search for the main ideas the speaker wants to get across. Skimming helps you to cue in on specific information and to determine the most important points quickly. With a little practice you will realize that you do not have to understand every word you hear to identify the main topic. This will help you feel more confident as you listen to and interact with native speakers. In face to face conversations, you can also rely on some type of visual input (gestures, attitude, facial expressions), previous conversations, or social context to help you determine the overall message. In the **Diario de actividades,** this context is provided for you by the **Antes de escuchar** activities and a brief introductory paragraph for each segment.

After you have decided the overall purpose of the oral text, you should then play the conversations several times as you scan or listen for specific information. The **Comprensión** questions will help guide you through this second phase. Read the questions before you begin and, as you listen, write down short responses. Then, review your answers to see if they are logical and in keeping with the overall theme. If not, listen again. Or if someone speaks to you and you do not understand, simply ask him/her to repeat (and remember to add **por favor**).

Audio 3-1: «Mi primer millón», de Bacilos

¡Alto!
Before working on **Audio 3-1,** review the **Repaso de gramática** on pages 85–87 in your textbook, complete the accompanying exercises, and work on the in-class activities for **Función 3-1.**

To listen to this song, access the **De paseo** 4th Edition play list at www.cengage.com/login

Bacilos es un grupo de rock latino que empezó su carrera en Miami, Florida en 1995. Está compuesto por André Lópes de Brasil, José Javier Freire de Puerto Rico y Jorge Villamizar de Colombia, quienes continuaron trabajando juntos hasta 2007 y fueron nominados para varios premios en los *Latin Grammy.* Ahora vas a escuchar la canción que ganó el premio a la mejor canción en 2003.

Antes de escuchar

D3-6 Quiero pegar en la radio Esta expresión coloquial se repite varias veces en la canción. Tomando en cuenta el título, ¿qué crees que significa esta frase?

Paul Maguire/Used under license from Shutterstock

BILLETES DEL MUNDO.
¿CUÁL ES LA MONEDA MÁS FUERTE?

GRAMMAR

END-OF-CHAPTER REPASO DE GRAMÁTICA SECTIONS CLEARLY AND CONCISELY EXPLAIN GRAMMAR STRUCTURES UNDERLYING LANGUAGE FUNCTIONS.

REPASO DE GRAMÁTICA

Clear, concise explanations of the grammar structures underlying the language functions in *Segunda etapa* are presented in *De paseo's* unique **Repaso de gramática.** The **Repaso** section contains

- the *Perspectiva lingüística,* which provides a global perspective on how the spanish language works.
- the *Perspectiva gramatical,* which provides a brief explanation of each grammar point, followed by charts, examples, and individual practice.

Numerous new skill-building activities have been added to this section for more in-class review or out-of-class self-study and practice.

These activities can also be found and completed online at the **Premium Website,** allowing students to practice the form-driven activities anytime, anywhere.

REPASO DE GRAMÁTICA

Flash-based Grammar tutorials on the topics covered in this chapter, visit www.cengage.com/login.

PERSPECTIVA LINGÜÍSTICA

The nucleus

In **Capítulo 1,** you learned that Spanish sentences, like English, are composed of a noun phrase or subject (NP) and a verb phrase or predicate (VP). In English, the noun phrase is absolutely essential to convey the identity of the subject. For example:

> NP VP
>
> *I went to Mexico last year.*

In Spanish, however, the noun phrase is optional, because the subject is expressed by the verb ending.

> (NP) VP
>
> *Vamos a Argentina en septiembre.*

Because the verb contains both the subject and the verb stem, it is considered the *nucleus* (**núcleo**) of the Spanish sentence. The only exception is the verb **hay** which is considered impersonal and has no subject. Object pronouns, which you will study in the **Perspectiva gramatical** section, are also considered part of the nucleus.

PERSPECTIVA GRAMATICAL

Estructura 3-1: Indirect object pronouns

The Spanish indirect object (IO) differs in several ways from the English IO. The English IO is usually restricted to the notions of giving-to or doing-for someone, but the Spanish IO indicates a general "involvement" with the subject, verb, and direct object (DO). This involvement may represent the subject's interest in, participation with, or effect from the indirect object—depending on the context. Thus, the Spanish IO encompasses a wide range of English equivalents, including *to, for, from, on, in, of,* and *'s,* as noted in the following examples:

Marlena **le** escribió una carta **a su madre.**	*Marlena wrote a letter **to her mother.***
Martín **le** preparó la comida **a su padre.**	*Martin prepared the meal **for his father.***
María **le** puso la mantita **a su bebé.**	*María put a small blanket **on her baby.***
Marcos **le** notó un cambio de personalidad **a su hermano.**	*Marcos noticed a change **in his brother's** personality.*
Manuela **le** cambió la ropa **a su hija.**	*Manuela changed **her daughter's** clothing.*

¡Alto!
These activities will prepare you to complete the in-class communicative activities for the **Función 3-1** on pages 71–72 of this chapter.

---

*"I found the **Diario de actividades** to be very complete and exhaustive. Every chapter has plenty of activities for students to practice all three communicative skills: writing, reading, and listening. It introduces new perspectives to the topics presented in the **De paseo** chapters, practicing with the corresponding grammatical concepts within a meaningful context."*

Immaculada Pertus, University of Kentucky

READING/WRITING

TERCERA ETAPA

IN THE TEXT...

The *Lectura cultural* focuses on unique aspects of everyday culture through authentic newspaper and magazine texts from around the Spanish-speaking world. Annotations guide students to the **Premium Website** where they discuss topics and ideas on the message board before they commit to writing.

New *Lectura literaria* texts introduce authentic literature from Spain and Latin America and help students develop reading skills. The new *Guía para el lector,* a series of guided questions, leads students to the main idea and important details of each reading.

Students learn effective reading strategies in the *Sugerencias para la lectura* section and follow a process approach to reading comprehension through pre-reading *(Antes de leer),* mid-reading *(A leer),* and post-reading *(Después de leer)* activities.

IN THE
DIARIO DE ACTIVIDADES...

Tercera etapa: Redacción presents models that help students develop effective writing strategies that can be applied to a variety of extended writing tasks. Writing activities are linked to the **Atajo 4.0 CD-ROM: Writing Assistant for Spanish,** described on page 8 of this PREVIEW.

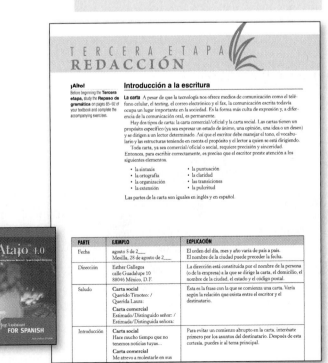

CULTURE

NEW! CUARTA ETAPA

IN THE TEXT...

The all-new **Cuarta etapa: Cultura en directo** sections lead students to the **De paseo** video—also new—which features native Spanish speakers in unscripted chats as they discuss the distinctive cultural perspective, practices, and products of their home countries.

The **Cultura en directo** sections feature pre-viewing, viewing, and post-viewing activities for each new video segment. Students may view the video online at the **Premium Website** (with closed-captioning) and complete activities online, as well as post their reactions to the **Premium Website's** message board.

"Culture is a strong point of this book. There is adequate cultural input for students and it is always relevant to the chapter topics. I have found the cultural information to be interesting, as have my students. I feel that both the Cultura en acción and especially the video are very effective in relating culture to students."

Paula M. Ellister, University of Oregon

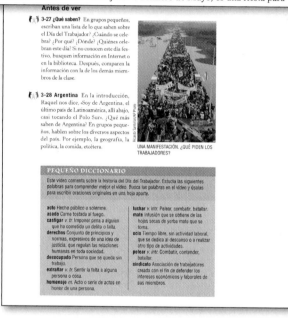

CUARTA ETAPA
CULTURA EN DIRECTO

VÍDEO: **El Día del Trabajador**

You can access the *De paseo* video at www.cengage.com/login.

El Día Internacional del Trabajador o Primero de Mayo, es una fiesta para

Antes de ver

3-27 ¿Qué saben? En grupos pequeños, escriban una lista de lo que saben sobre el Día del Trabajador? ¿Cuándo se celebra? ¿Por qué? ¿Dónde? ¿Quiénes celebran este día? Si no conocen este día festivo, busquen información en Internet o en la biblioteca. Después, comparen la información con la de los demás miembros de la clase.

3-28 Argentina En la introducción, Raquel nos dice, «Soy de Argentina, el último país de Latinoamérica, allí abajo, casi tocando el Polo Sur». ¿Qué más saben de Argentina? En grupos pequeños, hablen sobre los diversos aspectos del país. Por ejemplo, la geografía, la política, la comida, etcétera.

UNA MANIFESTACIÓN. ¿QUÉ PIDEN LOS TRABAJADORES?

PEQUEÑO DICCIONARIO

Este video comenta sobre la historia del Día del Trabajador. Estudia las siguientes palabras para comprender mejor el video. Busca las palabras en el video y úsalas para escribir oraciones originales en una hoja aparte.

acto Hecho público o solemne.
asado Carne tostada al fuego.
castigar *v. tr.* Imponer pena a alguien que ha cometido un delito o falta.
derechos Conjunto de principios y normas, expresivos de una idea de justicia, que regulan las relaciones humanas en toda sociedad.
desocupado Persona que se queda sin trabajo.
extrañar *v. tr.* Sentir la falta a alguna persona o cosa.
homenaje *m.* Acto o serie de actos en honor de una persona.

luchar *v. intr.* Pelear, combatir, batallar.
mate Infusión que se obtiene de las hojas secas de la yerba mate que se toma.
ocio Tiempo libre, sin actividad laboral, que se dedica al descanso o a realizar otro tipo de actividades.
pelear *v. intr.* Combatir, contender, batallar.
sindicato Asociación de trabajadores creada con el fin de defender los intereses económicos y laborales de sus miembros.

NEW TECHNOLOGY INTEGRATION

THE FOURTH EDITION OFFERS NEW WAYS TO PROVIDE *AN AUTHENTIC LANGUAGE-LEARNING EXPERIENCE THROUGH TECHNOLOGY.*

The completely integrated print and technology components that comprise the ***De paseo*** program help students connect to authentic language and cultures of the Spanish-speaking world.

The all-new passkey-protected **Premium Website** provides additional out-of-class practice and makes learning Spanish an interactive, exciting experience:

- All-new ***Cultura en directo*** video segments feature native speakers from across the Spanish speaking world discussing current issues pertinent to their countries.

- ***Cultura en acción*** sections encourage students to practice language skills within a cultural experience that simulates a real-life activity.

- New ***Comprensión auditiva*** sections allow students to download, listen to, and practice pronunciation. These sections feature 10 songs from a variety of artists and genres. Audio is accompanied by supplementary activities in the ***Diario de actividades.***

- The site's **message board** allows students to communicate with classmates, share reactions to the video, comment on topics from the *Conversación* sections, or post ideas for *Redacción* activities.

- ***Práctica*** activities—The *Repaso de gramática* activities provide practice of grammar, vocabulary, and pronunciation.

- **Flash-based grammar tutorials** help students learn and understand Spanish grammar through concise, interactive grammar explanations and quizzes.

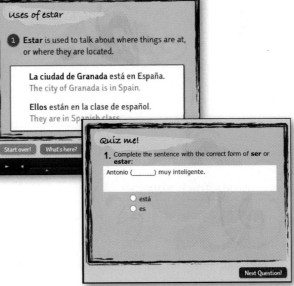

TEACHING AND LEARNING COMPONENTS

ONLINE RESOURCES

Premium Website
www.cengage.com/login
Printed Access Card ISBN-10: 1-4282-8813-9
• ISBN-13: 978-1-4282-8813-3
See preceding page for a description.

Book Companion Website
www.cengage.com/spanish/depaseo
For students, this complimentary-access site includes culturally focused web exploration activities, self-grading quizzes, flashcards, a glossary, links to **Heinle iRadio** audio tutorials, an **iTunes™** playlist, and a conjugation tool. For instructors, sample syllabi, sample lesson plans for multiple course formats, reading strategies for students, and film recommendations for each text chapter are provided.

Video Program...*available online at the password-protected Premium Website!*
See page six for description.

Heinle iRadio: Spanish
Heinle iRadio offers mp3-ready tutorials and mini-lessons on difficult grammar points and pronunciation. With these downloadable audio lessons, students have the freedom to choose when, where, and how they practice.

Personal Tutor
Printed Access Card ISBN-10: 1-4282-9174-1
• ISBN-13: 978-1-4282-9174-4
This valuable online resource gives students access to experienced tutors with degrees in this subject area. Students can receive one-on-one tutoring and on-demand help with assignments.

WebTutor™
WebCT Printed Access Card (2-semester)
ISBN-10: 0-495-79784-7 • ISBN-13: 978-0-495-79784-5
Blackboard Printed Access Card (2-semester)
ISBN-10: 0-495-79782-0 • ISBN-13: 978-0-495-79782-1
Jumpstart your course with customizable text-specific content within your own course management system.

INSTRUCTOR RESOURCES

Annotated Instructor's Edition
ISBN-10: 1-4282-9003-6 •
ISBN-13: 978-1-4282-9003-7
The **Annotated Instructor's Edition** contains on-page teacher notes that make the text user-friendly for instructors with varying levels of experience.

PowerLecture™: Instructor's Resource CD-ROM
ISBN-10: 1-4282-9006-0 • ISBN-13: 978-1-4282-9006-8
This invaluable instruction companion includes the **Testing Program,** sample syllabi, reading strategies for students, and suggestions for films to accompany each text chapter.

***Diario de actividades* Answer Key and Audioscript**
ISBN-10: 1-4282-9004-4 •
ISBN-13: 978-1-4282-9004-4
Provided to instructors to share with students at their own discretion, this resource includes answers to activities in the **Diario de actividades** as well as the audioscript.

STUDENT RESOURCES

Diario de actividades
ISBN-10: 1-4282-9002-8 •
ISBN-13: 978-1-4282-9002-0
The workbook, discussed on previous pages of this PREVIEW, closely follows the organization of the main text to provide additional reading, writing, and listening practice outside of class.

Audio CD Program
ISBN-10: 1-4282-9005-2 •
ISBN-13: 978-1-4282-9005-1
The **Audio CD** program includes dialogues and simulated conversations. The Audio CDs include three audio selections per chapter to accompany the *Segunda etapa: Comprensión auditiva.*

Atajo 4.0 CD-ROM: Writing Assistant for Spanish
ISBN-10: 1-4130-0060-6 •
ISBN-13: 978-1-4130-0060-3
Simply the best investment for anyone learning to write in Spanish! This powerful program combines the features of a word processor with databases of language reference material, a searchable dictionary, a verb conjugating reference, and audio recordings of vocabulary and example sentences.

ALSO AVAILABLE

Nuevo Latino Music CD
ISBN-10: 1-4130-1877-7 • ISBN-13: 978-1-4130-1877-6

Merriam-Webster's Spanish-English Dictionary
ISBN-10: 0-877-79916-4 • ISBN-13: 978-0-877-79916-0

Typing Spanish Accents Bookmark
ISBN-10: 0-7593-0659-1 • ISBN-13: 978-0-7593-0659-2

Visit **www.cengage.com/spanish/depaseo** for more information, or contact your local sales representative.

> **To create your perfect course package, please contact your local Heinle representative.**

AP® SPANISH AND DE PASEO FOURTH EDITION

De paseo Fourth Edition is an ideal program for AP®* Spanish courses. The integration of the *De paseo* textbook and *Diario de actividades* with the *De paseo* Video, iTunes playlist, and other ancillary materials, forms a rich framework for building linguistic and cultural skills. Because of their extensive teaching experience at the secondary and university levels, the authors have developed a unique program that fits the goals and objectives of both levels.

The AP® Spanish Language course develops linguistic proficiency and skills through authentic materials and sources. Course objectives are integrated with three communicative modes (interpersonal, interpretive, presentational) and the five goals (Communication, Culture, Comparisons, Connections, and Community) of *Standards for Foreign Language in the 21st Century* (1999). One of the authors was a member of the writing teams for the Standards for Learning Spanish and the Ohio Foreign Language Academic Content Standards. Thus, the *De paseo* program utilizes an integrative, process approach, informed by these communicative modes and standards, as the basis for the materials and activities in the *De paseo* textbook and *Diario de actividades*. The following chart illustrates the relationships between the *De paseo* program and the *Standards for Foreign Language Learning in the 21st Century*.

Relationships between the **De paseo** program and the Standards for Foreign Language Learning				
Etapa	**De paseo** textbook	*Standards*	**Diario de actividades**	*Standards*
Primera	*Conversación*		*Preparación*	
	Small group, pair conversation activities	*1.1*	Individual activities	*1.2*
	Cultural texts	*1.2* *2.1, 2.2* *3.1, 3.2* *4.1, 4.2* *5.1, 5.2*	Authentic texts	*1.2* *2.1, 2.2* *3.1, 3.2* *4.1, 4.2* *5.1, 5.2*
	Oral reports, free writing	1.3 3.1, 3.2 4.1, 4.2 5.2, 5.2	Free writing	1.3 3.1, 3.2 4.1, 4.2 5.2, 5.2
Segunda	*Funciones*		**Comprensión auditiva**	
	Small group, pair conversation activities	1.1	Individual activities	1.2
	Reading cultural texts	1.2 *2.1, 2.2* *3.1, 3.2* *4.1, 4.2* 5.1, 5.2	Listening to iTunes™ songs, cultural texts; reading authentic texts	1.2 *2.1, 2.2* *3.1, 3.2* *4.1, 4.2* 5.1, 5.2
	Oral reports, free writing	1.3 3.1, 3.2 4.1, 4.2 5.2, 5.2	Free writing	1.3 3.1, 3.2 4.1, 4.2 5.2, 5.2
Tercera	*Lectura*		*Redacción*	
	Small group, pair conversation activities	1.1	Individual activities	1.2
	Reading authentic texts (cultural and literary)	1.2 *2.1, 2.2* *3.1, 3.2* *4.1, 4.2* 5.1, 5.2	Authentic texts	*1.2* *2.1, 2.2* *3.1, 3.2* *4.1, 4.2* 5.1, 5.2
	Oral reports, free writing	1.3 3.1, 3.2 4.1, 4.2 5.2, 5.2	Guided writing, free writing	1.3 3.1, 3.2 4.1, 4.2 5.2, 5.2

Cuarta	**Cultura en directo**		
	Small group, pair conversation activities	1.1	
	Cultural video	1.2 *2.1, 2.2* *3.1, 3.2* *4.1, 4.2* 5.1, 5.2	
	Oral reports, free writing	1.3 3.1, 3.2 4.1, 4.2 5.2, 5.2	

The AP® Spanish Literature course introduces students to the study of Peninsular and Latin American literature. Literature is an integral part the *De paseo* program. Each chapter of the *De paseo* textbook includes a *Lectura literaria*, with pre-, mid-, and post-reading activities focusing on comprehension, discussion and analysis. Six of the ten selections form part of the AP® Spanish literature required reading list:

"Versos sencillos" by José Martí
"Dos palabras" by Isabel Allende

El ingenioso hidalgo don Quijote de la Mancha, Primera parte: "Del buen suceso que el valeroso don Quijote tuvo en la espantable y jamás imaginada aventura de los molinos de viento, con otros sucesos dignos de felice recordación" (Capítulo VII) by Miguel de Cervantes Saavedra

Naufragios: "De cómo curamos unos dolientes" (Capítulo XX) by Álvar Núñez Cabeza de Vaca
"Balada de los dos abuelos" by Nicolás Guillén
"Oda a la alcachofa" by Pablo Neruda

The remaining four literary selections provide students with interpersonal, interpretive, presentational, and analytical practice on indigenous, US Latino, science fiction, and Afro-Cuban literary texts. Comprehension activities, student annotations, *Sugerencias para la lectura*, and *Guía para el lector* help students develop the careful reading skills needed for the AP® Spanish Literature examination. Pair and group conversation and discussion activities facilitate exchange of ideas and information about reading texts. *Análisis de literatura* and extension activities promote students' analytical skills. Writing skills are developed through *Redacción* and free writing activities and linguistic accuracy is developed through the *Repaso de gramática* activities at the end of each textbook chapter. The following chart illustrates relationships between the *De paseo* program and the AP® Language and Literature Examinations.

Relationships between the *De paseo* program and the AP Spanish Examinations			
		De paseo textbook	*Diario de actividades*
AP Spanish Language Examination	**Section I, Part A: Listening comprehension with multiple-choice questions** • Short dialogues and narratives • Long dialogues and narratives **Section I, Part B: Reading comprehen-sion with multiple-choice questions** • Journalistic or literary selections	*Primera etapa:* vocabulary building, conversation, discussion, analysis activities *Segunda etapa:* language functions, conversation, discussion, analysis activities *Tercera etapa:* reading comprehension, conversation, discussion, analysis activities *Cuarta etapa:* listening comprehension, conversation, discussion, analysis activities *Repaso de gramática:* individual grammar activities	*Primera etapa:* vocabulary building, analysis activities *Segunda etapa:* listening comprehension, analysis activities *Repaso de gramática:* individual grammar activities

	Section II, Part A: • Interpersonal writing task • Integrated reading, listening, writing task **Section II, Part B:** **Integrated reading, listening, speaking task** • Role play • Formal academic presentation	**Conversation, discussion, analysis activities in all *etapas*** Free writing in all *etapas* Authentic reading texts in *Primera, Tercera, Cuarta etapa* **Interpersonal, interpretive, presentational mode activities in all chapters** *Repaso de gramática:* individual grammar activities	***Primera etapa*: vocabulary building, analysis activities** *Segunda etapa*: authentic listening texts *Tercera etapa:* guided and free writing, analysis activities
AP Spanish Literature Examination	Section I: Reading analysis with multiple-choice questions	**Conversation, discussion, analysis activities in all *etapas*** *Tercera etapa:* cultural and literary readings, discussion, literary analysis *Repaso de gramática:* individual grammar activities	**Authentic texts, analysis activities in all *etapas***
	Section II: Three essay questions • Poetry analysis • Thematic analysis • Text analysis	**Conversation, discussion, analysis activities in all *etapas*** Free writing in all *etapas* *Tercera etapa:* prose, poetry, essay selections, literary terminology and analysis *Repaso de gramática:* individual grammar activities	*Tercera etapa:* guided and free writing

The two AP® Spanish courses are considered to be the equivalent of third-year university speaking, writing, and introductory literature courses. The previous three editions of the *De paseo* program have been used effectively in both intermediate-level university and AP® Spanish courses. Approximately one-third of the programs that adopted the previous editions have been at the high school level. In this fourth edition, the authors have made more explicit the relationships between the objectives of the AP® Spanish courses and the components of the *De paseo* program, making it more relevant and functional for students and teachers in secondary schools. We hope you like it.

AP® SPANISH AND DE PASEO FOURTH EDITION

De paseo **Fourth Edition** is an ideal text for AP Spanish courses. The integration of the *De paseo* textbook and *Diario de actividades* with the *De paseo* **Video, iTunes playlist,** and ancillaries, forms a rich framework for building linguistic and cross-cultural skills.

ARTICULATION

Issue: Both learners and instructors are concerned with the smooth transition between language courses. The national trend in Spanish enrollments today indicates that many learners are entering the university with two or more years of Spanish and are placing into intermediate-level classes. Students who have completed their language requirement are increasingly choosing to take courses at the third- and fourth-year levels.

Solution: *De paseo* does not assume that learners have retained all of the skills and information covered during their previous language courses. Prerequisite skills for each chapter have been clearly defined and are correlated with explanations, study hints, and activities. *De paseo* also helps learners develop the skills they will need for advanced study in grammar, composition, and literature. Ample oral and written practice of key language structures, concise written models, and a guided approach to reading literature are provided.

INSTRUCTIONAL TIME

Issue: Intermediate Spanish programs are usually limited to two or three contacts per week.

Solution: The in-class *De paseo* textbook focuses on instructional activities that require the assistance of the instructor, as well as small-group and paired communication. The *Diario de actividades* is an extension of the textbook and provides activities that can be done individually by learners outside of class. Clear annotations link both texts.

PRODUCTIVE SKILLS

Issue: Although speaking and writing are two of the primary goals of an intermediate Spanish program, many learners feel intimidated or unprepared to engage in these activities.

Solution: Speaking and writing are not expected to develop on their own. Learners are provided with many opportunities for practicing speaking and writing. *De paseo* includes specific instruction in both skills. Conversational skills are strengthened by activities that require pair and small group discussions and encourage students to practice the structures and vocabulary related to each chapter theme. To improve writing skills, learners are provided with a variety of authentic language models that give them the opportunity to examine the ways in which written text is presented in Spanish, as well as detailed guidelines on how to write and edit their own compositions.

FUNCTIONAL LANGUAGE USE

Issue: Learners need to know how to use Spanish for practical purposes.

Solution: *De paseo* uses language functions as organizing principles. Each chapter contains three grammar structures, each centered around a language function, such as "expressing one's opinions" or "persuading others." The first two **etapas** of the textbook and *Diario* provide students with a variety of activities that will help improve their functional communication skills.

STUDENT-FRIENDLY TEXT

Issue: Many intermediate Spanish textbooks reflect an abrupt change in tone from learners' first-year experiences. This often creates a sense of frustration for learners who believe that they will never be able to acquire a second language.

Solution: *De paseo* encourages and supports learners in the process. **Capítulos 1** and **6** include orientations to each segment of the text (**Orientación**), so at the beginning of the term, students are familiarized with the way they'll go about learning from the program. Every chapter provides student annotations in the margins, as well as learning suggestions (**Sugerencias**) for learning how to read, write, and listen in Spanish. Grammar resources provide students with a global perspective on how the Spanish language works (**Perspectiva lingüística**), review Spanish grammar structures from previous courses, and introduce structures that may not have been covered in first-year Spanish courses (**Perspectiva gramatical**). *De paseo* incorporates a variety of input types including reading selections, audio, video, and Internet. A friendly, upbeat tone is used throughout the text.

READING, WRITING, AND LISTENING TEXTS

Issue: In order to become more proficient in Spanish, learners need exposure to a variety of authentic texts and models that will provide the background information needed to discuss the topics presented, complete activities, and improve their basic writing skills.

Solution: *De paseo* provides learners with cultural readings, including contemporary newspaper and magazine articles, stories, and other literary forms, as well as realistic listening texts. Preliminary, guidance, comprehension, and extension activities accompany each text. **Redacción** provides students with ten different composition models showing how written texts are structured. Students are encouraged to emulate the models and apply writing strategies as they complete their own composition tasks. **Comprensión auditiva** offers realistic listening practice. *De paseo* also incorporates suggestions for use of video and the Internet both in and out of class, as well as suggestions for community-based activities, to provide students with opportunities to explore the Spanish-speaking world.

VOCABULARY

Issue: Intermediate-level language texts present a challenge when providing active vocabulary lists because there are often too few or too many words and phrases, as well as insufficient practice in context.

Solution: **Vocabulario en acción** presents a core of related vocabulary items in a reading passage that introduces the chapter theme. This core vocabulary is reinforced by activities and related cultural and literary readings. Additional vocabulary items are presented in the **Pequeño diccionario** that provides students with short, written definitions in Spanish and visual representations of key vocabulary items found in each cultural and literary reading and listening text. The **Pequeño diccionario** is intended as an aid in comprehension. The words it presents are for recognition rather than assimilation. This alternative to glossing does, however, help students build meaningful personal dictionaries.

METHODOLOGY

Issue: Many intermediate texts force instructors to follow a specific instructional methodology.

Solution: *De paseo* offers guidelines incorporating a variety of options for using the program. It enables instructors to accommodate different teaching and learning styles, as well as diverse language program needs in both universities and community colleges.

NEW TO THIS EDITION

- An all-new Premium Website includes **Práctica** activities, flash-based grammar tutorials, and audio and video activities that encourage students to message each other and pull from the **Redacción** section.
- Video segments (viewable online with close-captioning) reflect the themes and language of each chapter and help students improve listening comprehension and enhance their cultural understanding. Interviews with native speakers of various backgrounds discuss current issues across the Spanish-speaking world such as music, holidays and sports, as well as social and political issues pertinent to their country.
- New **Comprensión auditiva** sections reflect today's topics in "podcast" format and engage students as they practice their newly acquired skills. In addition to newly-recorded audio, students may now download, listen, and practice pronunciation modules from the Heinle iRadio podcasts on the free book companion website.
- Music from the *De paseo* iTunes® playlist allows instructors to easily incorporate music into the classroom experience via ten songs from a variety of artists and genres that are accompanied by supplementary learning activities in the *Diario de actividades*.
- Five new **Lecturas culturales** that reflect contemporary cultural issues include authentic newspaper and magazine texts from the Spanish-speaking world, as well as cultural information that expands on chapter themes, including humanitarian efforts in Latin America and volunteering with the United Nations.

13

De paseo consists of ten chapters, each focusing on a theme: music, Mayan civilization, using Spanish in the future, hobbies and leisure, ecology and environment, Latinos in the United States, wellness, interesting phenomena, holidays and traditions, and the arts. Each chapter theme is reflected in the vocabulary, grammar functions, culture, and the reading, writing, and speaking activities. The following explains in more detail the elements of each chapter.

CHAPTER OPENER

A photograph introduces students to the chapter theme and provides learners with both a visual organizer for each chapter and a point of departure for small group or class discussion. An outline of the chapter contents serves as an introduction to the chapter and provides students with a "road map" for learning.

Primera etapa: Conversación

Thematic vocabulary is presented through a reading and practiced through a variety of communicative activities.

- **Sugerencias para aprender el vocabulario**

  This section focuses on suggestions and strategies designed to help students learn new words and phrases.

- **Vocabulario para la comunicación**

  This section highlights the chapter theme and introduces key vocabulary, words, and phrases that will help students understand and talk about this topic.

- **Vocabulario en acción**

  A variety of interactive activities for pairs and small groups form the core of the **Primera etapa.** Instructors will also find many suggestions for focusing and extending the conversation in the marginal annotations.

Segunda etapa: Funciones

Every chapter features three language functions related to the **Conversación** chapter theme. These functions are coordinated with the **Perspectiva gramatical** at the end of the chapter. Each **Función** features activities for in-class pair and group practice.

Tercera etapa: Lectura

Two reading texts, one cultural and one literary, are used as points of departure for developing reading skills. Learners are supported by the **Guía para el lector**, a variety of interactive activities, and instruction in literary analysis.

- **Sugerencias para la lectura**

  Each **Lectura** section begins with a suggestion designed to help students practice a specific reading strategy. It also provides preparation and comprehension activities based on the readings.

- **Lectura cultural**

  The **Lectura cultural** section presents an authentic Spanish text from a newspaper or popular magazine that highlights and expands the chapter theme.

- **Pequeño diccionario**

  The **Pequeño diccionario** presents words and phrases that students will need to comprehend the passages in context.

- **Lectura literaria**

  A literary text (representing a variety of countries and genres) is accompanied by pre-, mid-, and post-reading activities for pair and group practice.

- **Análisis literario**

  This section introduces students to a specific genre and provides application activities for use in pairs and small groups.

Cuarta etapa: Cultura en directo

- **Vídeo**

  The focus of the **Cuarta etapa** is an informant-based video related to the chapter theme. Pre-viewing, viewing, and post-viewing activities for each segment facilitate learners' comprehension and help them apply the cultural concepts to other scenarios.

Repaso de gramática

The **Repaso de gramática** contains two sections: **Perspectiva lingüística** and **Perspectiva gramatical,** plus extensive opportunities for practicing the grammar structures.

- **Perspectiva lingüística**

  Unique in its focus, **Perspectiva lingüística** provides a holistic perspective on how the Spanish language works.

- **Perspectiva gramatical**

  Provides students with a brief explanation of each grammar point followed by charts, examples, and individual practice. These structures are coordinated with the **Conversación** section in the **Segunda etapa** of the textbook.

The *Diario de actividades* consists of ten chapters with dictionary and word study skills, listening comprehension practice, and extended writing activities that integrate and expand upon the theme and material presented in the corresponding chapters of the student textbook. It is organized as follows.

CHAPTER OPENER

A photograph reinforces the chapter theme and provides learners with a visual organizer for each chapter. An outline of the chapter contents serves as an introduction to the chapter and provides students with a "road map" for out-of-class learning.

Primera etapa

- **Preparación**

  Students practice key vocabulary words and phrases needed to understand and to talk about the chapter theme.

- **Estudio de palabras**

  This section suggests ways to recognize, relate, and expand the use of vocabulary and phrases in contexts that are related to the chapter topics. The **Estudio de palabras** also provides additional reading and writing activities to increase students' personal vocabulary.

Segunda etapa: Comprensión auditiva

The **Comprensión auditiva** section presents three listening segments related to the chapter theme and language functions. The first text is a song from the *De paseo* iTunes® playlist. The remaining two texts incorporate a variety of formats (conversations, interviews, announcements, etc.) and are recorded by native speakers from many regions in the Spanish-speaking world. Each listening text has pre-listening and listening activities to focus and guide students' comprehension. The post-listening activities recombine previously learned material with new themes. Written activities reinforce and recycle grammar concepts presented in previous chapters and combine them with newly-presented materials.

- **Sugerencias para escuchar mejor**

  Sugerencias para escuchar mejor are suggestions and strategies for listening to authentic material. This section presents practical recommendations for developing students' listening skills and applies them in preparation and comprehension activities.

- **Pequeño diccionario**

  Pequeño diccionario provides students with contextualized words and phrases they will need as they listen carefully to each passage.

Tercera etapa: Redacción

Redacción introduces students to extended writing in Spanish. It begins with an introduction to a specific type of writing (narration, description, etc.) and pre-writing activities. Students study a model, after which they outline and write a draft composition on the designated theme. After completing the draft, they work with a partner to edit each other's compositions. Finally, they revise and hand in their work.

- **Mi diario**

  Mi diario provides an opportunity for students to synthesize the ideas they have studied in each chapter in a free-writing format.

DE PASEO

Curso intermedio de español

DE PASEO

Curso intermedio de español

FOURTH EDITION

DONNA RESEIGH LONG
The Ohio State University

JANICE LYNN MACIÁN
The Ohio State University

HEINLE
CENGAGE Learning™

Australia • Brazil • Japan • Korea • Mexico • Singapore • Spain • United Kingdom • United States

HEINLE
CENGAGE Learning

**De paseo: Curso intermedio de español,
Fourth Edition**
Donna Reseigh Long, Janice Lynn Macián

Publisher: Beth Kramer

Executive Editor: Lara Semones

Managing Development Editor:
Harold Swearingen

Assistant Editor: Katie Latour

Editorial Assistant: David Naden

Media Editor: Morgen Murphy

Executive Marketing Manager:
Lindsey Richardson

Senior Marketing Manager: Ben Rivera

Marketing Assistant: Jill D'Urso

Marketing Communications Manager:
Stacey Purviance

Content Project Manager: Tiffany Kayes

Senior Art Director: Cate Rickard Barr

Print Buyer: Elizabeth Donaghey

Permissions Editor: Mardell Glinski Schultz

Text Researcher: Veronica Oliva

Production Service/Compositor:
Pre-Press PMG

Text Designer: Pre-Press PMG

Photo Manager: Don Schlotman

Photo Researcher: Pre-Press PMG

Cover Designer: Pre-Press PMG

Cover Image: © Allan Baxter

For product information and technology assistance, contact us at
Cengage Learning Academic Resource Center, 1-800-423-0563

For permission to use material from this text or product,
submit all requests online at **www.cengage.com/permissions**.
Further permissions questions can be e-mailed to
permissionrequest@cengage.com.

Library of Congress Control Number: 2008944249

ISBN-13: 978-0-495-80345-4

ISBN-10: 0-495-80345-6

Heinle Cengage Learning
20 Channel Center St.
Boston, MA 02210
USA

Cengage Learning products are represented in Canada
by Nelson Education, Ltd.

For your course and learning solutions, visit **academic.cengage.com**.

CONTENIDO

TO THE STUDENT

De paseo was written to aid and enhance your experience in learning Spanish. In this textbook you will find many unique, learner-centered features. Among them are strategies for building vocabulary, developing reading and listening skills, and analyzing literary texts. Unscripted videos of native informants present distinctive cultural perspectives. Communicative functions are paired with activities that promote speaking skills. Grammar explanations with helpful charts and practice activities are located in the *Repaso de gramática* section at the end of each chapter. The majority of the activities in this textbook are designed for communicative practice in pairs and small groups in order to maximize your opportunities for speaking Spanish in class. Throughout the program you will find many helpful annotations that provide additional explanations and suggest effective study techniques.

The *Diario de actividades* is designed for your independent use outside of class. Here you will find strategies and activities for acquiring listening and writing skills, learning how to use different types of dictionaries, and increasing your vocabulary. The *Diario de actividades* supports your classroom activities and provides instruction and practice in skills that you can develop on your own.

The chart below shows the organization of *De paseo* and the *Diario de actividades*.

ORGANIZATION AT A GLANCE

DE PASEO: IN-CLASS TEXTBOOK	*DIARIO DE ACTIVIDADES:* OUT-OF-CLASS WORKBOOK
Primera etapa: Conversación • Introduction to core vocabulary • Learning strategies	**Primera etapa: Preparación** • Key vocabulary practice • Vocabulary acquisition practice • Learning strategies
Segunda etapa: Funciones • Three communicative functions • Related grammar structures • In-class practice	**Segunda etapa: Comprensión auditiva** • Listening strategies • Song from iTunes® playlist • Two listening comprehension segments
Tercera etapa: Lectura • Reading strategies • Cultural reading • Literary reading • Introduction to literary terminology	**Tercera etapa: Redacción** • Introduction to extended writing • Writing • Free writing (*Mi diario*)
Cuarta etapa: Cultura en directo • Vídeo • Comprehension activities • Discussion	
Repaso de gramática • Grammar review • Charts • Independent review and practice	

ACKNOWLEDGEMENTS

The authors are indebted to these reviewers for their invaluable comments and suggestions.

Dionisio Viscarri, Ohio State University, Newark
Natalia Crespo, Michigan Technological University
Rosa Salinas Samelson, Palo Alto College
Jorge Arteta, Brandeis University
Angela Bailey de las Heras, Illinois State University
David A. Bedford, Texas Christian University
Eduardo Cabrera, Millikin University
Richard K. Curry, Texas A&M University
Margarita Casas, Linn-Benton Community College
Phillip Johnson, Baylor University
Mark P. del Mastro, The Citadel
Michael J. McGrath, Georgia Southern University
Anne Porter, Ohio University
Gloria Stallings, Brigham Young University
Matthew Tornatore, Truman State University

We wish to thank the instructors who reviewed the materials and contributed to the video segments and the students of The Ohio State University, whose feedback was invaluable in selecting and designing materials that were both motivating and appropriate.

María Alfaro-Chacón
María Teresa Beltrán-Aponte
Maribel Corona
Miguel Esquirol
Jenny Fourman
Gerardina Garita-Lacey
Diego Mattos-Vazualdo
Christine Miller
Raquel Pina
Juliana de la Mora
María Ester Rincón
Raúl Diego Rivera Hernández
Daniela Salcedo
Evelyn Silva
Marisa Vargas

Cengage Learning would like to thank Beth Kramer, Publisher; Lara Semones, Executive Editor; Morgen Murphy, Media Editor; Marisa Garman, Development Editor; Harold Swearingen, Managing Development Editor; Ben Rivera, Senior Marketing Manager; Lindsey Richardson, Executive Marketing Manager; Jill D'Urso, Marketing Assistant; Katie Latour, Assistant Editor; Tiffany Kayes, Content Project Manager; and David Naden, Editorial Assistant. Thanks also go to Jenna Gray, Project Manager at Pre-Press PMG; Max Ehrsam, copyeditor and proofreader; and Veronica Oliva, permissions researcher.

Thank you also to Devon Hanahan at the College of Charleston, who revised the Testing Program, and Ana del Rosario Peña-Oliva at The University of Texas at Brownsville and Texas Southmost College (UTB-TSC), who updated the cultural web activities.

Special thanks to Marisa Garman for her contribution as Development Editor and Christine Miller for her work as the videographer for the new video program.

Finally, we are deeply indebted to our families. Their patience, understanding, and encouragement will always be appreciated.

Donna Reseigh Long
Janice Lynn Macián

DEDICATION

A nuestros seres queridos.

CAPÍTULO 1
NUESTRA MÚSICA

David Livingston/Getty Images

MANÁ EN CONCIERTO EN MIAMI. ¿QUÉ TIPO DE MÚSICA TOCAN?

Courtesy Donna Long & Jan Macián

Miguel Esquirol Rios

No podemos decir con exactitud cuáles son los orígenes de la música, pero sí podemos asegurar que no tendrá fin mientras exista la humanidad. La música no es un invento personal ni un descubrimiento, sino una función natural de la sociedad. La música nació de un intento de reproducir algunos de los sonidos de la naturaleza, como las canciones de los pájaros o el paso del viento en los bosques. Hoy esta música nos rodea constantemente y nos deleita. En este capítulo vas a examinar la música del pasado y del presente y a hablar sobre la influencia que tiene en nuestra vida diaria.

MIGUEL ESQUIROL RÍOS LA PAZ, BOLIVIA

ORIENTACIÓN: In the **Primera etapa** you will expand your vocabulary and use it to talk about key themes. A short introduction to the chapter theme is followed by a reading that highlights the chapter theme and introduces key vocabulary in context. These words and phrases will help you understand and talk about the chapter theme. Pay particular attention to the elements in **boldface** and try to guess the meanings of these words and phrases in context. Remember that learning to use cognates is an excellent way to increase vocabulary. As you read, write a list or underline the cognates that are related to the topic and be sure to use them as you do the accompanying activities.

ORIENTACIÓN: Sugerencias para aprender el vocabulario will help you learn key words and phrases of the chapter and expand your use of vocabulary.

As you read, list or underline the cognates that are related to the topic and be sure to use them as you do the accompanying activities.

SUGERENCIAS PARA APRENDER EL VOCABULARIO

CÓMO ASOCIAR PALABRAS CON OBJETOS When you were learning to speak your first language, you associated sounds with objects. You associated the word *doggie* with any animal that had four legs and barked. It probably took you several years to differentiate among a poodle, a collie, and a dalmatian. In some ways, you are now repeating the same process. In many cases there are parallel meanings in Spanish and English. You know that **disco compacto** is a compact disc. If you entered a record shop in Buenos Aires and asked for **el nuevo disco de Maná**, the sales clerk would hand you a CD.

As you learn new vocabulary, instead of simply translating them into English, try to associate each new word directly with the appropriate image. When you read the word **salsa** or **tango**, think about the rhythm and instruments used in this type of music. Remember, you are acquiring not only a new set of vocabulary words, but also a new set of cultural concepts. As you progress through this chapter, take this opportunity to familiarize yourself with some of the famous musical sounds, names, and places that are related to the chapter themes.

MÚSICOS LATINOS

Todos los días, escuchamos la radio, vemos la televisión, compramos **discos compactos** y bailamos al **sonido** de los **músicos** latinos. La música latina triunfa al lado de otros **estilos** más típicos de Estados Unidos y se mezcla con ellos. Los Premios *Grammy* reconocen ahora a los mejores músicos, cantantes y **grabaciones** en categorías como Mejor Álbum Pop Latino, Rock Latino Alternativo, Tropical Tradicional Latino, Salsa, Merengue, Mexicano/ Méxicoamericano y Tejano.

La **música tejana** de Jaci Velásquez **es una mezcla** de **música rock** y **baladas** mexicanas, que son características de los estados del suroeste. Las **canciones** de la cubanoamericana Gloria Estefan cruzan Estados Unidos del Atlántico al Pacífico con **ritmos** pop en inglés y en español. Se importan **cantantes** y **melodías** de otros países, como Ricky Martin, de Puerto Rico, un **súper estrella internacional** que **desató la explosión de la música pop latina**. Otra cantante famosa, Shakira, nació en la ciudad de Barranquilla, Colombia, en 1977. Hoy es una de las artistas latinoamericanas de mayor proyección internacional.

Los músicos también copian y transforman diferentes tipos de música al estilo latino. Así lo hacen el músico puertorriqueño David Sánchez con su **jazz** latino, la cantante **folklórica** mexicana Ana Gabriel, el español Manu Tenorio con sus **boleros** y baladas románticos y el artista mexicano Alejandro Fernández con su música de **mariachi**. Otros sobrepasan las fronteras del estilo y las edades, como Marc Anthony, quien ha vendido más discos que ningún otro cantante de **salsa** en el mundo por su **voz** impecable. Los Tigres del Norte son cantantes mexicanos reconocidos por sus **corridos**: canciones que cuentan sucesos reales y ficticios. El **estreno** de la película *Evita* hizo renacer el **tango** argentino con su **banda de sonido**. Muchos consideran que la música del **flamenco** es la más hispánica, aunque sea presentada a los **aficionados** por un **conjunto** de franceses llamados Gipsy Kings.

¿DE DÓNDE ES EL CANTANTE POPULAR, RICKY MARTIN?

También hay **aficionados** de la música **seria** o **clásica**. La zarzuela, tipo de **opereta** de carácter y tema españoles, expone las características del alma y los valores del hispano. Los españoles Plácido Domingo y María Bayo, el argentino José Cura y el peruano Juan Diego Flórez son los cantantes clásicos más conocidos internacionalmente.

ALEJANDRO FERNÁNDEZ, MÚSICO MEXICANO POPULAR. ¿CONOCES SU MÚSICA?

PLÁCIDO DOMINGO, TENOR OPERÍSTICO ESPAÑOL. ¿QUIÉNES SON LOS "TRES TENORES"?

Guía para el lector

As you read **«Músicos latinos»**, use the following questions as a guide.

1. ¿Qué cantante combina la música tejana con la música rock?
2. ¿Qué tipo de música es característica de los estados del suroeste?
3. ¿De dónde es Ricky Martin? ¿Y Shakira?
4. ¿Qué tipo de música toca David Sánchez?
5. ¿Cuál es la nacionalidad de Ana Gabriel?
6. ¿Qué tipo de música canta Marc Anthony? ¿Y Alejandro Fernández?
7. ¿Qué tipo de música canta el grupo los Gipsy Kings? ¿De dónde son estos cantantes?

ORIENTACIÓN: Temas para la conversación provide you with opportunities to talk about chapter themes and use key vocabulary in context. They also prepare you for the message board activities on the ***De paseo*** Premium web site.

Tema para la conversación 1-1

¿Qué tipos de música escuchan normalmente? ¿Qué grupos musicales prefieren? En grupos pequeños, conversen sobre sus preferencias con respecto a la música.

Tema para la conversación 1-2

¿Conocen algunos cantantes y músicos latinos? Conversen en grupos pequeños sobre los artistas y los estilos de música latina que prefieren.

Using the **Tema para la conversación** questions as a guide, enter the *De paseo* message board at **www.cengage.com/login** to share your comments and opinions on this interactive site.

ORIENTACIÓN: The vocabulary list contains words to help in oral and written communication. Use the suggestions in the **Primera etapa** of the *Diario de actividades* to help expand your vocabulary.

VOCABULARIO PARA LA CONVERSACIÓN

aficionado/aficionada fan

balada ballad

banda de sonido soundtrack

bolero romantic dance music

canción *f.* song

cantante *m./f.* singer

conjunto musical group

corrido Mexican folk song

desatar la explosión de la música pop latina *v. tr.* to spark the explosion of Latin pop music

disco compacto compact disc, CD

estilo style

estreno movie premiere

éxito hit (song)

flamenco Spanish gypsy music

grabación *f.* recording

melodía melody

músico/música musician

música clásica (folklórica, rock, seria, tejana) classical (folk, rock, serious, Texan) music

opereta light opera, operetta

repertorio repertoire

ritmo rhythm

salsa Cuban/Puerto Rican dance music

súper estrella internacional international superstar/celebrity

tango music and dance from Argentina

voz *f.* voice

Vocabulario en acción

1-1 ¿Quiénes son? Basándose en la información de «Músicos latinos», en grupos pequeños...

- identifiquen a los artistas de los que leyeron por primera vez.
- mencionen el tipo de música que cada persona canta o toca.
- indiquen cuáles de estos artistas parecen más interesantes.

¡Adelante!

You should now complete the **Primera etapa** of the *Diario de actividades*, pages 2–6.

1-2 Músicos preferidos ¿Quiénes son algunos de tus cantantes o músicos preferidos? En parejas, mencionen...

- sus nombres.
- el tipo de música que cantan o tocan.
- los títulos de sus discos preferidos.

1-3 Contextos y conceptos A veces las diferencias entre los distintos significados de una misma palabra pueden ser importantes. Estudia la siguiente lista de palabras y, en parejas, intenten definirlas con una oración completa en español.

Ejemplo: estilo

«Estilo» puede significar el modo de vestir, de cantar o de tocar música, etcétera.

1. melodía
2. aficionados
3. conjunto
4. canción folklórica
5. deleitar

FUNCIONES

FUNCIÓN 1-1: **Cómo hablar de las actividades cotidianas**

Juan Luis Guerra. ¿De qué isla es?

《《 *Escucho la música caribeña con frecuencia porque me gusta la mezcla de estilos y géneros. La música que tocan los artistas refleja las influencias de África, Europa, Latinoamérica y Estados Unidos.* 》》

JULIANA DE LA MORA, MÉXICO, D.F., MÉXICO

Courtesy Karen Records

1-4 Encuesta ¿Cuáles son los hábitos de ustedes con respecto a la música? En parejas...

- estudien la siguiente encuesta y contesten con oraciones completas en español.
- sumen todos los puntos y lean el análisis de la personalidad.
- comparen sus resultados con los de las demás parejas de la clase.

1. ¿Escuchas música mientras comes?
   a. siempre (4 puntos)
   b. de vez en cuando (2 puntos)
   c. nunca (0 puntos)
2. ¿Cuántas horas escuchas música cada día?
   a. dos horas o menos (1 punto)
   b. de tres a cinco horas (2 puntos)
   c. más de cinco horas (4 puntos)
3. Si tienes un compromiso y sabes que hay un concierto en la tele, ¿cambias tus planes para quedarte en casa o grabas el programa en el reproductor de DVDs?
   a. Cambio de planes. (2 puntos)
   b. Pongo el reproductor de DVDs. (0 puntos)
4. ¿Escuchas música mientras estudias?
   a. sí (2 puntos)   b. no (0 puntos)
5. ¿Cuánto dinero gastas al mes en discos compactos?
   a. de 0 a 20 dólares (1 punto)
   b. de 21 a 40 dólares (2 puntos)
   c. de 41 a 60 dólares (3 puntos)
   d. más de 60 dólares (4 puntos)
6. ¿Sabes tocar algún instrumento musical?
   a. sí (2 puntos)   b. no (0 puntos)
7. ¿Tienes un equipo estereofónico que cueste más de 200 dólares?
   a. sí (2 puntos)   b. no (0 puntos)

¡Alto!

Review **Estructura 1-1** in the **Repaso de gramática** on pages 20–26 at the end of this chapter and complete the accompanying exercises.

ORIENTACIÓN: In this section, you will work on three language functions in contexts that relate to the chapter theme and to the **Perspectiva gramatical** at the end of the chapter. Each **Función** is followed by pair and small-group activities.

1-5 ¿Los conocen? En grupos pequeños, conversen sobre los músicos latinos y su música. Cada persona menciona a un/una artista o un grupo. Los otros estudiantes dicen lo que saben acerca de esa persona o ese grupo.

Ejemplo: Carlos Santana

Estudiante 1: *La música de Santana contiene ritmos africanos.*
Estudiante 2: *Hace más de treinta años que Santana es popular.*

1-6 ¿Qué escuchan? En parejas, hagan preguntas y contéstenlas sobre la clase de música que prefieren escuchar en las siguientes circunstancias. Usen una variedad de verbos, como: **escuchar, preferir, tocar, elegir y comprar.**

Ejemplo: estudiar

Estudiante 1: *¿Qué tipo de música escuchas mientras estudias?*
Estudiante 2: *Escucho música clásica mientras estudio.*

1. arreglarse para salir
2. estar en cama
3. hacer una fiesta en casa
4. en el auto
5. estudiar
6. esperar en el aeropuerto
7. lavar la ropa
8. limpiar la casa

1-7 Costumbres En grupos pequeños, conversen sobre sus costumbres con respecto a la música. Incorporen los siguientes temas en su conversación: **discos compactos, vídeos, conciertos, recuerdos (camisetas, libros, revistas, etcétera) y clubes de música.**

Ejemplo: Estudiante 1: *¿Cuántas canciones bajas de iTunes® al mes?*
Estudiante 2: *Bajo uno o dos canciones al mes.*

¡Adelante!

Now that you have completed your in-class work on **Función 1-1**, you should complete **Audio 1-1** in the **Segunda etapa** of the *Diario de actividades*, pages 7–8.

UNA PAREJA BAILA EL TANGO. ¿HAY UN CLUB DE TANGO EN TU UNIVERSIDAD?

Sandra G/Used under license from Shutterstock

FUNCIÓN 1-2: Cómo hablar de las acciones que están en proceso

María José. ¿Con qué grupo cantó?

《 *Las estaciones de radio en Estados Unidos* **están programando** *la música latina cada vez más y los aficionados* **están escuchando** *en casa, en auto y en Internet.* 》

MARÍA ESTER RINCÓN, MANZANARES, CIUDAD REAL, ESPAÑA

1-8 ¿Qué están haciendo? Los músicos profesionales tienen muchas actividades. En grupos pequeños, generen una lista de diez músicos o grupos musicales que les gustan (varíen el tipo de música) y conversen sobre las actividades que están practicando en este momento, según el ejemplo.

Ejemplo: Dave Valentín (flautista hispano)

Dave Valentín está tocando la flauta.

1-9 ¿Qué están cantando o tocando? Van a utilizar los músicos y grupos que generaron en 1-8 ¿Qué están haciendo? en esta actividad. En grupos pequeños, conversen sobre las canciones o las composiciones musicales de cada músico o grupo. Usen los siguientes verbos en su conversación: **arreglar, cantar, ensayar, escribir, estrenar, filmar un vídeo, grabar un disco, hacer una gira, interpretar, tocar.**

Ejemplo: *Flaco Jiménez está tocando el acordeón.*

1-10 En la universidad A los estudiantes les gusta mucho la música. En grupos pequeños, conversen acerca de la música que están escuchando sus compañeros. Cambien los sujetos para incluir una variedad de personas.

Ejemplo: en los clubes

En los clubes los estudiantes están escuchando la música bailable.

1. en el *iPod* /el reproductor de MP3
2. en las residencias
3. en el auto
4. en los conciertos

¡Alto!

Review **Estructura 1-2 in** the **Repaso de gramática** on pages 26–28 at the end of this chapter and complete the accompanying exercises.

¡Adelante!

Now that you have completed your in-class work on **Función 1-2,** you should complete **Audio 1-2** in the **Segunda etapa** of the *Diario de actividades,* pages 9–11.

FUNCIÓN 1-3: **Cómo expresar tus gustos**

En la Fiesta de Garibaldi en Tucson. ¿Qué baila esta señorita?

《 *A mí* **me gusta** *escuchar la música y en mis ratos libres me fascina escribir canciones. Cuando estoy solo* **me encanta** *cantar. Para mí la música me importa más que nada.* 》

MIGUEL ESQUIROL RÍOS, LA PAZ, BOLIVIA

¡Alto!
Review **Estructura 1-3** in the **Repaso de gramática** on pages 29–32 at the end of this chapter and complete the accompanying exercises.

1-11 ¿Qué les gusta? Es posible adquirir nuevas ideas escuchando las ideas de otros. En grupos pequeños, identifiquen sus gustos y preferencias en música y expliquen por qué les encantan.

Ejemplo: Estudiante 1: *Me gustan las cantantes hispanas como Ana Belén. Además de cantar y componer música, Belén trabaja como actriz de cine y teatro, y como directora de cine.*

Estudiante 2: *Me encanta la ópera. Mi compositor favorito es Enrique Granados. Juan Diego Flórez es una de las estrellas contemporáneas más brillantes de la ópera.*

1-12 Sitios de música En grupos pequeños, conversen sobre sus gustos acerca de los sitios relacionados con la música, según las indicaciones. Usen los siguientes verbos en sus conversaciones: **comprar, escuchar, ver, tocar, componer, practicar, cantar, grabar.**

Ejemplo: discos compactos

Estudiante 1: *¿Dónde te gusta comprar discos compactos?*
Estudiante 2: *Me gusta comprar discos compactos en Borders.*

1. música en vivo
2. vídeos de música
3. partituras sueltas (*sheet music*)
4. música en Internet
5. música romántica
6. música latina

1-13 Sobre gustos no hay disgustos No tenemos los mismos gustos. En parejas, conversen sobre la música y los cantantes que no les gustan. Usen las siguientes expresiones: **disgustar, molestar, no gustar (nada), no importar, no interesar, parecer (terrible, malo…).**

Ejemplo: Estudiante : *No me gusta nada la música de las bandas de los años cuarenta.*

¡Adelante!
Now that you have completed your in-class work on **Función 1-3,** you should complete **Audio 1-3** in the **Segunda etapa** of the *Diario de actividades,* pages 11–16.

1-14 Retromúsica La música del pasado no siempre es terrible. En parejas, hablen acerca de la música de su juventud, de la época de sus padres o del pasado más remoto. Usen una variedad de verbos (**gustar** y verbos parecidos) y de sujetos en las oraciones.

Ejemplo: Estudiante 1: *A mi hermano le gusta la música de Alice Cooper.*
Estudiante 2: *A mí me gusta su música también.*

LECTURA CULTURAL: «Shakira inaugura su fundación ALAS»

ORIENTACIÓN: The **Lectura cultural** section presents newspaper and magazine articles selected from a variety of sources that expand upon the chapter theme. **Antes de leer** helps you prepare to read. Activities in the **A leer** section assess your comprehension. In the **Despues de leer** section, you will discuss topics related to the **Lectura cultural** with your classmates.

Shakira Isabel Mebarak Ripoll nació el 2 de febrero de 1977 en Barranquilla, Colombia. Es hija de padre estadounidense-libanés y madre colombiana. Cuando era niña, a Shakira le gustaba escuchar la música rock de Estados Unidos y empezó a escribir canciones a los ocho años. Llegó a ser una superestrella *pop* en Latinoamérica y un éxito *crossover* en Estados Unidos con la ayuda de Gloria y Emilio Estefan. Además de dedicarse a la música, Shakira está muy involucrada en las causas de la salud, la educación universal, el medio ambiente y el derecho a la vida de la niñez. En esta etapa vas a leer un artículo sobre una nueva misión humanitaria de Shakira, una cantante con gran corazón.

Emiliano Lasalvia/AP Photo

SHAKIRA, CANTANTE POPULAR COLOMBIANA. ¿QUÉ CAUSAS HUMANITARIAS APOYA SHAKIRA?

SUGERENCIAS PARA LA LECTURA

CÓMO RELACIONAR LAS NUEVAS IDEAS CON LO QUE YA SABES Using previous knowledge to help you understand a reading passage is something you do naturally when you pick up a newspaper or magazine. For example, you are usually able to predict what types of facts will be reported about an upcoming concert. You can practice the same strategy as you read in Spanish by asking yourself what you already know about the topic and by predicting what information will be contained in the article. As you read, remember to look for cognates to help you determine the gist or overall meaning.

ORIENTACIÓN: In **Sugerencias para la lectura** you will learn reading strategies to help you prepare for the reading activities.

Antes de leer

1-15 Las noticias ¿Qué sabes sobre la vida personal de los cantantes o los músicos? En parejas, intercambien datos sobre dos o tres personas de la siguiente lista, mencionando...

- los nombres de los artistas.
- dónde viven.
- cuántos años llevan cantando o tocando un instrumento musical.
- sus estilos de música.
- sus opiniones sobre lo que dice la prensa popular.

Ejemplo: Gloria Estefan

Gloria Estefan vive en Miami. Lleva unos treinta años cantando. Su estilo de música es una mezcla de pop y ritmo y blues. A mí me encanta la música de Gloria Estefan y a mi madre también.

CANTANTES POPULARES	CONJUNTOS	CANTANTES CLÁSICOS	MÚSICOS
Juanes	La Quinta Estación	Luis Miguel	Poncho Sánchez
Juan Luis Guerra	Los Tigres del Norte	Plácido Domingo	Jordi Masó
Alejandro Sanz	RBD	Victoria de los Ángeles	Dave Valentín
Enrique Iglesias	Gipsy Kings	Teresa Berganza	Eddie Palmieri
Paulina Rubio	Maná	José Carreras	Willie Colón
		Monserrat Caballé	Emilio Estefan

1-16 ¿Quién es Shakira? La carrera musical de Shakira tuvo sus comienzos a los trece años cuando firmó su primer contrato. Desde entonces, está considerada por muchos como una estrella de la música *pop*. Aunque es una cantante bilingüe, aun sus canciones en inglés tienen un estilo muy latino. ¿Qué más sabes sobre esta cantante? En grupos pequeños...

- escriban todos los datos sobre Shakira que puedan.
- comparen la información con la de los demás grupos de la clase.

ORIENTACIÓN: Pequeño diccionario contains unfamiliar words and phrases from the reading selection. In order to help you increase your vocabulary, the definitions are given in Spanish using visuals or cognates and words you learned in your elementary Spanish courses. Study these expressions before reading the **Lectura cultural. Pequeño diccionario** is not a list of active vocabulary, and you are not expected to memorize the entries or to use them actively.

¡OJO!

In vocabulary lists, gender will not be designated for masculine words ending in **-o** or for feminine words ending in **-a, -ción/-sión,** or **-dad/-tad.**

PEQUEÑO DICCIONARIO

El artículo de Diario de México describe una fundación benéfica creada por Shakira. Antes de leer el artículo y hacer las actividades, busca las palabras en el texto y usa dos o tres para escribir oraciones originales en una hoja aparte.

albergar *v. tr.* Servir de vivienda.
alzar *v. tr.* Levantar, mover hacia arriba.
apadrinar *v. tr.* Apoyar o financiar una actividad.
fortalecer *v. tr.* Hacer más fuerte o vigoroso.
lanzamiento Rápida difusión de algo nuevo.
marginación Poner o dejar a una persona o grupo en condiciones sociales, políticas o legales de inferioridad.
sede *f.* Lugar donde tiene su domicilio una entidad económica, literaria, deportiva, etcétera.
suplantar *v. tr.* Defraudar el derecho, empleo o favor de alguien.
veintena Conjunto de veinte unidades.

A leer

«SHAKIRA INAUGURA SU FUNDACIÓN ALAS»

Panamá- Concebida por Shakira y apadrinada por Gabriel García Márquez, la Fundación ALAS alzó el vuelo ayer con el apoyo de estrellas de la música, multimillonarios y organismos internacionales, para luchar contra la pobreza que mata a 350 mil niños cada año en Latinoamérica.

El lanzamiento de la Fundación América Latina en Acción Solidaria representa el primer esfuerzo de un grupo de luminarias de la música, intelectuales, empresarios, sociedad civil y organismos internacionales en el tema de la lucha por la marginación de la niñez.

Miguel Bosé es el presidente ejecutivo de la fundación, mientras que García Márquez es el presidente honorario.

«Este es un momento de compromiso», dijo Shakira en un comunicado divulgado por la fundación antes de su inauguración en el Teatro Nacional.

«Todos tenemos que hacer nuestro aporte para luchar contra la desigualdad. La muerte de niños es evitable y hay que rebelarse ante esa situación».

Los directivos de la fundación dejaron en claro que no se trata de suplantar a los organismos que trabajan por la infancia o el deber que tienen los gobiernos, sino «potenciar» o fortalecer medidas que busquen solución.

«Con el poder de convocatoria de los artistas, se busca crear una red solidaria en el hemisferio, algo así como una revolución en la zona más desigual del planeta», dijo el secretario ejecutivo de ALAS, José María Michavilla, durante la firma del acuerdo con las autoridades de la Ciudad del Saber, que servirá de sede de la fundación.

La Ciudad del Saber, una antigua base de las fuerzas armadas de Estados Unidos junto al Canal de Panamá, alberga a instituciones académicas, organismos internacionales y empresas de alta tecnología.

Una veintena de artistas iberoamericanos llegó para el evento, así como varios de los hombres más ricos de la región que apoyan la idea, incluyendo al magnate Carlos Slim.

El director ejecutivo de la fundación, el argentino Lautaro García, recordó que la iniciativa nace de la colombiana y explicó que tiene tres campos de acción: la salud, la educación y el medio ambiente y derecho a la vida de la niñez.

Los artistas planean realizar cinco conciertos para recaudar fondos a partir del 2007 y se han comprometido: Rubén Blades, Juanes, Ricky Martin, Maná, Diego Torres, Alejandro Fernández, Juan Luis Guerra, Ricardo Montaner, Aleks Syntek, Daniela Mercury, Danilo Pérez, Fher Olvera, Alex González, David Bisbal, Babasónicos, Tania Libertad, Emmanuel, Omar Alfano y Benny Ibarra.

ORIENTACIÓN: You will notice that the selections in **Lectura** are not glossed. They are meant to provide you with strategic practice in reading authentic texts and to help you make an easier transition to more advanced-level courses in which there is very little support for comprehension. The activities in this section are designed to guide the reading process and should be done cooperatively in small groups.

Guía para el lector

As you read **«Shakira inaugura su fundación ALAS»,** use the following questions as a guide.

1. ¿Quiénes son los participantes de ALAS?
2. ¿Quiénes son los oficiales?
3. ¿Qué significa la sigla ALAS?
4. ¿Cuáles son las metas principales de ALAS?
5. ¿Dónde tuvo lugar el lanzamiento de ALAS?
6. ¿Quiénes estuvieron en la ceremonia?

Después de leer

1-17 Conciertos de ALAS Hasta la fecha la Fundación ALAS ha producido varios conciertos para crear conciencia y recaudar fondos para sus proyectos. Usando un buscador de Internet (como *Google™*) busca un artículo de periódico que describe uno de los conciertos ALAS. Después, escribe en español un resumen del artículo. En el resumen, contesta las preguntas básicas: ¿quién(es)?, ¿qué?, ¿cuándo?, ¿dónde?, ¿por qué?

¡OJO!

It is certain that you will find several unknown words and phrases in every text. Resist the temptation to overuse your bilingual dictionary. Not only will it take a lot of time, but also you will lose your train of thought. Try to guess the meanings of unknown words from context. Remember, you do not have to know the meaning of every word. What is most important is that you understand the main ideas.

1-19 Canciones Después del éxito internacional de su álbum «¿Dónde están los ladrones?», Shakira (con la colaboración de Gloria Estefan) escribió y grabó su próximo éxito «Laundry Service». Este álbum incluye algunas canciones en inglés y otras en español. Una de ellas, «Whenever, Wherever/Suerte», tiene versiones en los dos idiomas. Busca estas canciones en Internet (*iTunes®; Amazon*) y escúchalas. Busca también las letras de la canción en cada idioma. Después, escribe un párrafo en el que compares y contrastes las dos versiones.

ORIENTACIÓN: In this section, you will learn basic elements of literary analysis. You may then apply these strategies and concepts after reading an article, a poem, a short story, or an essay.

LECTURA LITERARIA: **Biografía**

José Martí (1853–1895, Cuba), poeta y patriota, es uno de los escritores más admirados de América Latina. Durante toda su vida Martí luchó por la libertad de Cuba. Debido a sus actividades políticas, fue exiliado a España, donde escribió «Versos sencillos» (1891) y otras obras importantes. José Martí vivió catorce años en Estados Unidos. En Key West (Cayo Hueso), Florida, se puede ver el Instituto San Carlos, llamado la «Casa Cuba» en honor a Martí. En ese lugar Martí unió a los exiliados cubanos en 1892 y fundó el Partido Revolucionario Cubano, organización que fomentó la Segunda Guerra de Independencia de Cuba (1895). Martí murió en Cuba, en la Batalla de Dos Ríos, en 1895. En una carta, Martí explica por qué escribió «Versos sencillos»: «...porque amo la sencillez y creo en la necesidad de poner el sentimiento en formas llanas y sinceras».

Hulton Archive/Getty Images

JOSÉ MARTÍ

«Versos sencillos» fue adaptado en forma de una canción popular, «Guantanamera», por el compositor cubano José Fernández Díaz (Joseíto Fernández). En los años cincuenta, Fernández comentó en una estación de radio de La Habana los sucesos más controversiales de la vida diaria al son de la música de «Guajira, Guantanamera». Otro compositor cubano, Julián Orbón, combinó la música original de Joseíto Fernández con los versos de José Martí para crear la canción que conocemos hoy.

Antes de leer

Read the stanzas aloud, as if they were sentences. Think about the meaning of each pair of verses or stanza. What is the literal meaning? In a more universal sense, what could it mean? Ask yourself, "Why did the poet express his feelings in this way?" Your opinions may differ from those of your classmates, but that is the way it should be. When reading a literary work, every reader reads a different text because of his/her unique life experiences.

🏃🏃 **1-20 Sueños del exilio** Si fueran exiliados de su país, ¿cuáles serían los lugares, las cosas y las actividades que echarían de menos? En grupos pequeños, escriban una lista y ordenen cada artículo, según su importancia.

Ejemplo: *pasar tiempo con amigos (1)*

El siguiente poema expresa los sentimientos de Martí hacia sus compatriotas. Estudia las siguientes palabras y frases para comprender mejor el texto. Busca las palabras en el poema y usa dos o tres para escribir oraciones originales en una hoja aparte.

alma Sustancia espiritual e inmortal que constituye la esencia del ser humano.

amparo Protección, apoyo.

arrancar *v. tr.* Sacar con violencia una cosa del lugar.

cardo Planta que alcanza un metro de altura, hojas grandes y espinosas, flores azules.

CARDO

carmín *m.* Color rojo vivo.

ciervo Animal mamífero rumiante de pelo pardo rojizo. El macho está armado de cuernos que pierde y renueva todos los años.

CIERVO

complacer *v. tr.* Causar a otro satisfacción o placer.

crecer *v. intr.* Aumentar de tamaño naturalmente.

encendido/encendida Inflamado/Inflamada.

herido/herida Dañado, perforado o afligido como resultado de un ataque o accidente.

ortiga Planta herbácea con tallos de seis a ocho decímetros de altura, hojas aserradas y cubiertas de pelos y flores verdosas.

ORTIGA

Guía para el lector

As you read «Versos sencillos», use the following questions as a guide.

1. ¿Cómo se describe el poeta en «Versos sencillos»?
2. ¿De dónde es?
3. ¿Qué suceso va a ocurrir?
4. ¿Qué quiere hacer?
5. ¿Con qué compara su poema el poeta?
6. ¿Qué actitud tiene el poeta hacia sus enemigos?
7. En tu opinión, ¿qué representa la rosa blanca?
8. ¿Con quiénes se identifica el poeta?
9. ¿Por qué prefiere ir a la montaña?

CORBIS

¿DÓNDE CRECE LA PALMA?

A leer

«VERSOS SENCILLOS» POR JOSÉ MARTÍ

I

Yo soy un hombre sincero
De donde crece la palma.
Y antes de morirme quiero
Echar mis versos del alma.

III

Con los pobres de la tierra
Quiero yo mi suerte echar;
El arroyo de la sierra
Me complace más que el mar.

V

Mi verso es de un verde claro
Y de un carmín encendido:
Mi verso es un ciervo herido
Que busca en el monte amparo.

XXXIX

Y para el cruel que me arranca
El corazón con que vivo,
Cardo ni ortiga cultivo;
Cultivo la rosa blanca.

Cultivo la rosa blanca
En junio como en enero,
Para el amigo sincero
Que me da su mano franca.

Después de leer

1-21 Gustos El poeta menciona unas cuantas cosas que le gustan y otras que no le gustan. Escribe una lista de estas cosas.

1-22 Opiniones En grupos pequeños, conversen sobre los méritos de «Versos sencillos». Usen los siguientes verbos en su conversación: **encantar, entusiasmar, faltar, fascinar, importar, interesar, molestar, parecer, quedar.**

Ejemplo: *Me fascinan los elementos de la naturaleza en «Versos sencillos».*

1-23 El patriotismo Además de ser poeta, José Martí fue patriota. En grupos pequeños, conversen acerca de los elementos de patriotismo que se revelan en «Versos sencillos». Mencionen las palabras y las frases que indican los sentimientos del poeta acerca de su patria.

ANÁLISIS LITERARIO: LA POESÍA

Términos literarios Usa los siguientes términos literarios para hablar sobre la poesía.

- Un **poema** se define como cualquier composición escrita en verso.
- Cada línea que compone un poema es un **verso.** Hay dos tipos de versos: **verso con rima** y **verso libre.**
- El verso con rima se identifica como **rima consonante** o **rima asonante.** La rima es **consonante** si todas las letras a partir de la última vocal acentuada son iguales.

  ¡Ay! la pobre princesa de la boca de r**osa**
  quiere ser golondrina, quiere ser marip**osa**. (Rubén Darío, «Sonatina»)

- La rima es **asonante** si solamente las vocales a partir de la última vocal acentuada son iguales.

  Sombras que sólo yo v**eo**.
  Me escoltan mis dos abu**elos**. (Nicolás Guillén, «Balada de los dos abuelos»)

- En el verso libre, el **metro** y la **rima** varían según el gusto del poeta.
  Dame la mano desde la profunda
  zona de tu dolor diseminado. (Pablo Neruda, «Alturas de Machu Picchu»)

- Una **estrofa** es una agrupación de dos o más versos. La estrofa siguiente contiene cuatro versos y una rima consonante ABBA.

  1   2 3 4   5 6 7 8
  Hombres necios que *acus**áis***   rima A
  a la mujer sin raz**ón,**   rima B
  sin ver que sois la ocasi**ón**   rima B
  de lo mismo que culp**áis.**   rima A
  (Sor Juana Inés de la Cruz, «Redondillas»)

1-24 ¿Cómo es el verso? Estudia de nuevo «Versos sencillos» e identifica el tipo de verso.

1-25 Eres poeta Escribe un poema sencillo acerca de tu patria, según las siguientes indicaciones.

- Escoge el tema.
- Piensa en los varios sentidos y una variedad de verbos que correspondan con cada uno, por ejemplo: la vista / se ve; el oído / murmurar; el olfato / huele a; el sabor / saborear; el tacto / acariciar.
- Escribe un verso relacionado con el tema para cada uno de los sentidos.

Ejemplo: *Las palmas acarician la orilla del mar.*

¡Adelante!

Now that you have completed your inclass work on the **Tercera etapa,** complete **Redacción** in the **Tercera etapa** of the *Diario de actividades,* pages 17–20.

VÍDEO: **Nuestra música**

You can access the *De paseo* video at **www.cengage.com/login**

¿Flamenco? ¿Salsa? Si hablamos de la música de España o Cuba pensamos en ciertos ritmos y sonidos, pero en realidad la música que se escucha diariamente es mucho más variada. En este vídeo, María Ester Rincón de España, Juliana de la Mora de México, Miguel Esquirol-Ríos de Bolivia y Evelyn Silva de Cuba van a expresar sus opiniones sobre la música en los

Javier Galeano/AP Photo

MÚSICOS CUBANOS CANTAN LA TROVA. ¿CUÁLES FORMAS DE MÚSICA TE GUSTAN A TI?

países hispanos. Ellos van a explicar algunos de los estereotipos de la música de cada país y lo que en realidad se escucha con amigos en sus casas, en las fiestas y en las discotecas.

Antes de ver

1-26 Musica latina. En grupos pequenos escriban una lista de los diferentes tipos de música que se asocian con algunos países hispanohablantes. Después comparen su información con los demás miembros de la clase.

PEQUEÑO DICCIONARIO

Este vídeo describe algunos estilos de música populares en los países hispanos. Estudia las siguientes palabras para comprender mejor el vídeo. Busca las palabras en el vídeo y úsalas para escribir oraciones originales en una hoja aparte.

apreciar *v. tr.* Estimar el mérito de personas o cosas.
atravesar *v. tr.* Pasar circunstancialmente por una situación favorable o desfavorable.
contratar *v. tr.* Llegar a un acuerdo con una persona para recibir un servicio a cambio de dinero u otra compensación.

desarrollo Crecimiento o mejora de un aspecto físico, intelectual o moral.
género Clase a que pertenecen personas o cosas.
parecido *adj.* Que se parece a otra persona o cosa.
raíz *f.* Origen o causa de algo.

A ver

1-27 Guía para la comprensión del vídeo Antes de ver los dos segmentos del video, estudia las siguientes preguntas. Mientras ves los segmentos, busca las respuestas adecuadas.

Segment 1:

1. Según Juliana, ¿Cuándo se escucha la música de los mariachis?
2. ¿Dónde se escuchan los corridos? ¿Cuáles son algunos temas de este tipo de canción?
3. ¿Qué música es popular en España?
4. ¿Qué es la música pachangueo?
5. ¿Cuál es la música folklórica del sur?
6. ¿Cuáles son las tres formas de esta música?
7. ¿Cuáles son algunos de los grupos populares en España?
8. ¿Qué música se relaciona con Cuba?
9. ¿Qué otros tipos de música se tocan para bailar?
10. ¿Qué rol tiene la música campesina?
11. ¿Qué es la trova?
12. ¿Cuáles son algunas de las formas nuevas de música que están entrando en Cuba?

Segment 2:

1. ¿Qué países contribuyeron al desarrollo del rock en español?
2. En México ¿cuándo comenzó el *boom* de los grupos de rock en español?
3. ¿Quiénes fueron los iniciadores del movimiento del rock?
4. ¿Con qué empezaron a experimentar los grupos?
5. Según Miguel, ¿qué otro elemento es importante en la música?
6. ¿En qué países se nota la influencia de las diferentes lenguas?
7. Según Evelyn, ¿cuándo empezó el movimiento de rock y la trova?
8. ¿Qué tipos de música no tienen tanta influencia en Espana?
9. ¿Qué tipo de música resalta en España?
10. ¿Qué otra música tiene una gran influencia en los países de estos estudiantes?

Después de ver

1-28 Similitudes y diferencias ¿Cuáles son algunas de las diferencias y similitudes entre la música que se escucha en Mexico, Bolivia, Cuba y España? Escribe una lista de frases que describan cómo cambia la música de país en país.

1-29 Grupos musicales Todos mencionaron algunos grupos musicales. Busca algunos ejemplos de sus canciones en *YouTube*™ o en *Internet* y comparte los resultados con los demás miembros de la clase.

🎧 **Enter the *De paseo* message board at** www.cengage.com/login to share your comments and opinions on this interactive site.

To access flash-based grammar tutorials on the topics covered in this chapter, visit www.cengage.com/login.

PERSPECTIVA LINGÜÍSTICA

The sentence

A *sentence* is a word or group of words stating, asking, commanding, requesting, or exclaiming something. In Spanish, just as in English, a sentence is a conventional unit of connected speech or writing. It usually contains a *subject* (**sujeto**) and a *predicate* (**predicado**). In both languages, a *declarative* sentence begins with a capital letter and ends with a period. In Spanish, an *interrogative* sentence begins and ends with a question mark and an *exclamatory* sentence begins and ends with an exclamation point. Commands, or *imperative* sentences, ordinarily do not have an explicitly stated subject and are frequently punctuated like exclamatory sentences. A sentence that expresses an unfinished thought ends with three points of suspension. In this chapter, we are going to focus on these basic sentence types, as well as on the notions of subject and predicate.

The *subject* is the word or group of words in a sentence about which something is said and that serves as the starting point of the action. In **Capítulos 2** and **3**, you will study the various components of the subject. The *predicate* is the word or words that make a statement about the subject. Like subjects, predicates have various components, and you will study them beginning in **Capítulo 4**. The following examples will give you an idea of what subjects and predicates are like.

sujeto   predicado
Jennifer López lanza un nuevo disco este año.
Jennifer López is releasing a new record this year.

sujeto   predicado
La popularidad de López es inmensa.
López's popularity is immense.

sujeto   predicado
Nosotros estamos impresionados.
We are impressed.

Sentence types

Now, let's study the four basic sentence types and their formats.

Declarative The three examples shown above may be classified as declarative sentences because they make statements or assertions. The normal order of components for declarative sentences is subject-predicate. A declarative sentence begins with a capital letter and ends with a period.

Mi artista latino favorito es Juan Luis Guerra.
My favorite Latino artist is Juan Luis Guerra.

Interrogative Interrogative sentences ask questions. The questions may be of two types: those requiring yes/no answers and those requiring information. Yes/no questions in Spanish may be formed in two ways. The first way is by inverting the subject and predicate, such as:

    predicado   sujeto
¿Lanza pronto un vídeo **Shakira**?
Is Shakira releasing a video soon?

        predicado   sujeto
¿Es popular en Estados Unidos **Shakira**?
Is Shakira popular in the United States?

Remember that in writing a question in Spanish, an inverted question mark is used at the beginning of the sentence.

The second way of forming a yes/no question in Spanish is with voice intonation. The subject-predicate order is maintained, but there is a rising intonation of the voice at the end of the sentence, indicated by an arrow in the following examples:

    sujeto   predicado
¿**Luis Miguel** graba discos en inglés?
Does Luis Miguel record records in English?

        sujeto   predicado
¿**Los conciertos de Luis Miguel** son impresionantes?
Are Luis Miguel's concerts impressive?

Information questions require the use of interrogative words, all of which carry a written accent mark. As you study the following chart, notice the interrogatives that have multiple forms. What do the endings of these forms indicate?

INTERROGATIVE	EXAMPLE	EQUIVALENT
¿Qué?	¿**Qué** es un bolero? **Note: ¿Qué?** + **ser** asks for a definition.	*What?*
¿Cuál?	¿**Cuál** es más popular?	*Which? Which/What (one)?*
¿Cuáles?	**Note: ¿Cuál/Cuáles?** + **ser** asks for a choice.	*Which/What (ones)?*
¿Cuánto/Cuánta?	¿**Cuánto** cuestan los discos compactos?	*How much?*
¿Cuántos/Cuántas?	¿**Cuántas** personas hay?	*How many?*
¿Quién/Quiénes?	¿**Quién** es ese músico?	*Who/Whom?*
¿Dónde?	¿**Dónde** se compran sus discos?	*Where?*
¿Cómo?	¿**Cómo** está la cantante? ¿**Cómo** es?	*How?/Like what?*
¿Por qué?	¿**Por qué** no vas al concierto?	*Why?*
¿Cuándo?	¿**Cuándo** sale el nuevo disco?	*When?*

Exclamatory Exclamatory sentences express sudden, vehement utterances. In Spanish, they often begin with the word **¡Qué!** An inverted exclamation mark is used at the beginning of a written exclamation.

¡Qué interesante!	*How interesting!*
¡Qué talentosos son esos músicos!	*How talented these musicians are!*

Notice that in the second example, the usual sentence order has been inverted so that the predicate precedes the subject.

Imperative Imperative sentences command and give orders. Commands may be direct or indirect and may be directed toward one or more persons. In Spanish, they may be familiar (**tú, vosotros/vosotras**) or formal (**usted, ustedes**). They can also include the person giving the command (**nosotros/nosotras**). Although imperatives will be studied in more detail in **Capítulo 4,** a few examples are included in the following chart. Compare the endings of the different types of regular direct commands. Brief written imperatives are usually enclosed within exclamation marks, like exclamatory sentences. Longer commands, such as directions for activities, generally end with a period, like statements.

IMPERATIVES

tú	vosotros/vosotras	usted	ustedes	nosotros/nosotras
¡Escucha la música!	¡Escuchad la música!	¡Escuche la música!	¡Escuchen la música!	¡Escuchemos la música!
¡Vende las entradas!	¡Vended las entradas!	¡Venda las entradas!	¡Vendan las entradas!	¡Vendamos las entradas!
¡Insiste en ir!	¡Insistid en ir!	¡Insista en ir!	¡Insistan en ir!	¡Insistamos en ir!

¡Alto!

These activities will prepare you to complete the in-class communicative activities for **Función 1-1** on pages 5–6 of this chapter.

PERSPECTIVA GRAMATICAL
Estructura 1-1a: Present indicative of regular verbs

The Spanish present tense corresponds to the English simple present (*I buy*), to the emphatic present (*I do buy*), and to the progressive (*I am buying*). It is also used to express near-future events (*I'll buy it tomorrow*). The regular Spanish **-ar, -er,** and **-ir** verbs have the forms indicated in the chart below. Note that, in the present indicative, **-er** and **-ir** verbs differ only in the **nosotros/nosotras** and **vosotros/vosotras** forms.

PRESENT TENSE OF REGULAR VERBS

	-ar: comprar	-er: creer	-ir: escribir
yo	compr**o**	cre**o**	escrib**o**
tú	compr**as**	cre**es**	escrib**es**
usted/él/ella	compr**a**	cre**e**	escrib**e**
nosotros/nosotras	compr**amos**	cre**emos**	escrib**imos**
vosotros/vosotras	compr**áis**	cre**éis**	escrib**ís**
ustedes/ellos/ellas	compr**an**	cre**en**	escrib**en**

Now, study the following examples and their English equivalents. Because the verb endings indicate the subject of the sentence, the subject pronouns are used mainly to avoid confusion or for emphasis.

Bailo tango.	*I dance the tango.*
Asistes a todos los conciertos.	*You attend all the concerts.*
Usted cree que es fácil tocar el piano.	*You believe that it is easy to play the piano*
Ramón escribe canciones.	*Ramón writes songs.*
Mi hermana insiste en ver a Los Lobos.	*My sister insists on seeing Los Lobos*
No vivimos lejos del teatro.	*We don't live far from the theater.*
Compráis muchos discos compactos.	*You (all) buy a lot of CDs.*
Los estudiantes necesitan más práctica.	*The students need more practice.*

1-30 Un cuestionario sobre la música latina Contesta las siguientes preguntas con oraciones completas en español.

Ejemplo: ¿Compones ritmos latinos?

No, no compongo ritmos latinos.

1. ¿Con qué frecuencia escuchas música latina?
2. ¿Cuántos discos compactos de música latina compras al año?
3. ¿Tocas música latina en tus fiestas?
4. ¿Bailas merengue, salsa, tango u otro baile latino?
5. ¿Tus amigos aprecian la música latina?

1-31 Elementos Escribe oraciones completas basadas en los siguientes elementos. Agrega los elementos que falten.

Ejemplo: Nancy / practicar / ballet / todos los días

Nancy practica ballet todos los días.

1. Todo el mundo / apreciar / la música flamenca
2. Muchas personas / opinar / la música latina / alegre
3. Yo / creer / el violín / el mejor instrumento
4. ¿Tú / cantar / los corridos mexicanos?
5. Nosotros / escuchar / la música tejana

1-32 Piratería de la música latina Completa las siguientes oraciones con las formas adecuadas de los verbos entre paréntesis.

Ejemplo: La piratería _____ (afectar) mucho la industria de la música.

afecta

1. Como tiburones atraídos por la sangre, los piratas de la música se _____ (lanzar) sobre las melodías populares.
2. El mercado de la música latina _____ (crecer) al doble del mercado de la música en general.
3. La piratería de esta música _____ (afectar) predominantemente los discos compactos.

4. Así, la Asociación Americana de la Industria de Grabación _____ (dedicar) el 70% de sus esfuerzos de investigación a la piratería de la música latina.

5. «Nosotros _____ (servir) a la industria de la música latina de Estados Unidos por los esfuerzos de nuestra oficina en Miami», comenta el presidente de la asociación.

6. Los minoristas _____ (combatir) la piratería por programas de educación en Los Ángeles y Nueva York.

7. Los oficiales de la asociación _____ (creer) que estas medidas son necesarias para el bienestar de la industria.

1-33 Diferentes tipos de música Completa las siguientes oraciones con las formas adecuadas de los verbos entre paréntesis.

Ejemplo: Los dominicanos _____ (escuchar) mucho merengue. *escuchan*

1. En México los mariachis _____ (cantar) rancheras.
2. En el Caribe los músicos _____ (tocar) tambores de acero.
3. La música de los Andes se _____ (caracterizar) por las flautas.
4. Mis amigos y yo _____ (escuchar) mucho el merengue.
5. Yo _____ (aprender) a tocar la guitarra.
6. Mi amiga _____ (creer) que el flamenco es muy bonito.
7. Algún día ella y yo _____ (deber) ir a España para ver a los gitanos.
8. En nuestra ciudad se _____ (vender) muchos discos compactos de música latina.
9. Nosotros _____ (vivir) cerca de un club que tiene «noche latina» una vez a la semana.
10. Yo _____ (asistir) a las lecciones de baile que ofrecen.

Estructura 1-1b: Present indicative of stem-changing verbs

Some verbs change their stems in certain forms of the present tense. They use the same endings, however, as the regular present-tense verbs.

STEM-CHANGING VERBS

	e → ie querer	o → ue poder	u → ue jugar	e → i pedir
yo	quiero	puedo	juego	pido
tú	quieres	puedes	juegas	pides
usted/él/ella	quiere	puede	juega	pide
nosotros/nosotras	queremos	podemos	jugamos	pedimos
vosotros/vosotras	queréis	podéis	jugáis	pedís
ustedes/ellos/ellas	quieren	pueden	juegan	piden

Similar verbs

e → ie: ascender, cerrar, comenzar, descender, empezar, encerrar, entender, mentir, pensar, perder, preferir, querer, recomendar, regar, sugerir

o → ue: almorzar, aprobar, colgar, contar, costar, devolver, dormir, encontrar, envolver, morir, mostrar, mover, probar, recordar, volver

e → i: conseguir, decir, elegir, reír(se), repetir, seguir, servir, vestir(se)

1-34 J. Lo Completa las siguientes oraciones con las formas adecuadas de los verbos entre paréntesis en el tiempo presente de indicativo.

1. Jennifer López _____ (comenzar) su carrera en un musical de teatro.
2. Jennifer _____ (tener) dos hermanas mayores, Lynda y Leslie.
3. Desde pequeña, Jennifer _____ (querer) actuar.
4. Jennifer _____ (preferir) no hablar de su vida personal y nadie _____ (poder) culparla.
5. Sus aficionados _____ (pensar) que Jennifer _____ (tener) mucho talento.

1-35 Preguntas personales Contesta las siguientes preguntas con oraciones completas en español.

1. ¿Quieres estudiar música o baile en la universidad?
2. ¿Piensas tener una carrera en música o en baile?
3. ¿Puedes tocar un instrumento musical? ¿Cuál?
4. ¿Prefieres ir a conciertos de música clásica o de música popular?
5. ¿Cómo te sientes cuando escuchas la música latina?

1-36 Costumbres Contesta las siguientes preguntas con oraciones completas en español.

Ejemplo: ¿Encuentras discos compactos en español en tu ciudad?

Sí, encuentro muchos discos compactos en español en mi ciudad.

1. ¿Cuántos discos compactos tienes?
2. ¿Qué tipo de música eliges con más frecuencia?
3. ¿Cuánto cuesta un disco compacto de música popular?
4. ¿Entiendes siempre la letra de una canción en español?
5. ¿Recuerdas la primera canción que escuchaste en español?
6. ¿Recomiendas la música latina a tus amigos?
7. ¿Piensas que la música latina va a ser popular en el futuro?

1-37 Más música Forma oraciones completas de los siguienteos fragmentos.

Ejemplo: Mis amigos / pedir prestado / discos compactos en español.

Mis amigos piden prestado discos compactos en español.

1. Yo / poder / comprar / discos compactos en español en muchas tiendas
2. Mis amigos / querer / aprender a bailar salsa
3. Ellos / pensar / ir a la «noche latina» para tomar lecciones
4. Ustedes / reírse / por mi falta de coordinación
5. ¿Tú / preferir / bailar la salsa o el merengue?

Estructura 1-1c: Present indicative of frequently used irregular verbs

Some verbs are irregular in the first person, the stem, or both.

IRREGULAR VERBS

	decir	estar	ir	ser	tener	venir
yo	digo	estoy	voy	soy	tengo	vengo
tú	dices	estás	vas	eres	tienes	vienes
usted/él/ella	dice	está	va	es	tiene	viene
nosotros/nosotras	decimos	estamos	vamos	somos	tenemos	venimos
vosotros/vosotras	decís	estáis	vais	sois	tenéis	venís
ustedes/ellos/ellas	dicen	están	van	son	tienen	vienen

Verbs irregular in first-person singular

Some verbs are irregular only in the first-person singular of the present tense.

VERBS IRREGULAR IN FIRST-PERSON SINGULAR

	caber	caer	conocer	dar	hacer
yo	quepo	caigo	conozco	doy	hago
tú	cabes	caes	conoces	das	haces
usted/él/ella	cabe	cae	conoce	da	hace
nosotros/nosotras	cabemos	caemos	conocemos	damos	hacemos
vosotros/vosotras	cabéis	caéis	conocéis	dais	hacéis
ustedes/ellos/ellas	caben	caen	conocen	dan	hacen

	poner	salir	traducir	traer	ver
yo	pongo	salgo	traduzco	traigo	veo
tú	pones	sales	traduces	traes	ves
usted/él/ella	pone	sale	traduce	trae	ve
nosotros/nosotras	ponemos	salimos	traducimos	traemos	vemos
vosotros/vosotras	ponéis	salís	traducís	traéis	veis
ustedes/ellos/ellas	ponen	salen	traducen	traen	ven

Similar verbs

conocer: aborrecer, agradecer, aparecer, carecer, crecer, desaparecer, desconocer, establecer

hacer: deshacer, satisfacer

poner: componer, disponer, exponer, imponer, oponer(se), proponer

traducir: conducir, producir, reducir

traer: atraer

1-38 Música latina Contesta las siguientes preguntas con oraciones completas en español.

1. ¿Cuáles son los varios tipos de música latina que conoces?
2. ¿Con qué frecuencia ves vídeos de músicos latinos?
3. ¿Sabes tocar un instrumento típico de la música latina (la charanga, la guitarra, la marimba, los timbales, etcétera)?
4. ¿Quiénes son los artistas latinos que más te atraen?
5. ¿Compones ritmos latinos?
6. ¿Sales a bailar merengue o salsa?
7. ¿Qué haces cuando oyes ritmos latinos?

1-39 ¿Qué se ve? Cambia la siguiente oración ejemplo según las indicaciones.

Ejemplo: Ver muchos espectáculos de música. usted

Usted ve muchos espectáculos de música.

1. él
2. yo
3. nosotros
4. tú
5. los profesores
6. vosotros

1-40 ¿Qué haces tú? Contesta las siguientes preguntas con oraciones completas en español.

Ejemplo: ¿Qué te pones para bailar salsa?

Me pongo los zapatos de tacones altos.

1. ¿Con qué frecuencia sales a bailar?
2. ¿Traes tus discos compactos en español a las fiestas?
3. ¿Sabes tocar un instrumento musical?
4. ¿Eres aficionado/aficionada a la música latina?
5. ¿Vienes a la «noche latina» todas las semanas?
6. ¿Estás contento/contenta cuando bailas?

Estructura 1-1d: *Haber*..., a unique verb

Haber has only one form in the present tense: **hay.**

Hay un concierto esta noche.

Hay cuatro canciones románticas en el nuevo disco.

1-41 ¿Cómo se dice? Escribe los equivalentes para las siguientes oraciones en español.

1. There are many types of Latin music on the radio.
2. Are there Latin music clubs in your city?
3. There are Latin music CDs in my collection.
4. There are a lot of Latin music fans today.
5. Are there a lot of students who appreciate Latin music?

1-42 Preguntas familiares Contesta las siguientes preguntas con oraciones completas en español.

1. ¿Qué hay de nuevo?
2. ¿Qué hay que hacer para bailar bien?
3. ¿Cuántas personas hay en tu familia?

Estructura 1-1e: Personal pronouns

Personal pronouns, as shown in the following chart, are subjects. In Spanish, they are primarily used for contrast, for emphasis, or for clarity, especially with a third-person verb. Study the following examples.

Ella, no Pablo, baila merengue. (contrast)

Yo estudio para el examen. (emphasis)

Ustedes son los responsables. (clarity)

The third-person subject pronouns refer only to persons; there is no Spanish subject pronoun for *it*.

PERSONAL PRONOUNS		
person	**singular**	**plural**
first	yo	nosotros/nosotras
second	tú	vosotros/vosotras
third	usted/él/ella	ustedes/ellos/ellas

1-43 Pronombres Completa las siguientes oraciones con los pronombres adecuados. En algunos casos es posible usar más de un pronombre.

Ejemplo: _____*Nosotros*_____ bailamos salsa todos los martes.

1. ¿_____ deseas ir al club conmigo?
2. _____ escuchamos la música en vivo.
3. _____ espero llegar temprano.
4. _____ cobran cinco dólares para entrar.
5. ¿Habla _____ español con los otros aficionados?

Estructura 1-2a: Present progressive

The present tense is generally used to express what goes on in the present time. Another tense, the present progressive, however, may be used to express actions taking place at the moment of communication.

Alicia **está practicando** el piano. *Alicia is practicing the piano (right now).*

The present progressive is a compound tense, composed of a conjugated form of the verb **estar** (called the auxiliary verb) + the present participle/gerund of the main verb. Study the following chart to review the formation of the present progressive for regular verbs.

REGULAR PRESENT PARTICIPLES				
	estar	**-ar: tocar**	**-er: componer**	**-ir: asistir**
yo	estoy	toc**ando**	compon**iendo**	asist**iendo**
tú	estás	toc**ando**	compon**iendo**	asist**iendo**
usted/él/ella	está	toc**ando**	compon**iendo**	asist**iendo**
nosotros/nosotras	estamos	toc**ando**	compon**iendo**	asist**iendo**
vosotros/vosotras	estáis	toc**ando**	compon**iendo**	asist**iendo**
ustedes/ellos/ellas	están	toc**ando**	compon**iendo**	asist**iendo**

1-44 En el edificio de música En la universidad hay muchos estudiantes de música. Completa las siguientes oraciones sobre sus actividades actuales, usando el presente perfecto de indicativo.

¡Alto!

This section will prepare you to complete the in-class communicative activities for **Función 1-2** on page 7 of this chapter.

> **Ejemplo:** Ana María _está practicando_ (practicar) el violoncelo.

1. Luis Eduardo _____ (aprender) una pieza nueva.
2. Anita y Susana _____ (ensayar) para su recital.
3. Mi compañero y yo _____ (grabar) un disco original.
4. Tú _____ (tocar) una melodía en el piano.
5. Yo _____ (dirigir) un coro de estudiantes de pregrado.
6. Vosotros _____ (componer) una ópera moderna.

1-45 ¿Qué están haciendo? Escribe oraciones completas en español según las indicaciones.

> **Ejemplo:** Patricio / cantar
>
> _Patricio está cantando._

1. Elena / comprar discos compactos
2. Julia y Rafaela / escuchar la radio
3. Marcos / vender sus entradas para el concierto
4. Ricardo y Tomás / ver un vídeo de música latina
5. Carmen y Antonio / escribir una ópera

1-46 Los músicos famosos Escribe los equivalentes de las siguientes oraciones en español.

1. Marc Anthony is singing in New York.
2. Jennifer López is dancing to Latin rhythms.
3. Luis Miguel is recording a music vídeo.
3. The Gipsy Kings are playing flamenco music.
4. I am listening to Latin music in my room.

1-47 Música, música Pregunta y contesta acerca de lo que están haciendo las siguientes personas. Usen una variedad de verbos en tus oraciones, por ejemplo: escuchar, comprar, tocar, cantar, componer, ver, etcétera.

> **Ejemplo:** director de la banda
>
> _¿Qué está escuchando el director de la banda?_
> _El director de la banda está escuchando un disco de John Phillip Sousa._

1. amigo/amiga
2. profesor de _____
3. adultos
4. estudiantes de preparatoria
5. niños
6. tú
7. artista preferido/preferida

Estructura 1-2b: Present participles of *-ir* stem-changing verbs

Stem-changing **-ir** verbs have a stem change in the present participle. Many bilingual dictionaries show the stem used in the present participle after the stem change for the present, for example: **dormir (ue, u).**

PRESENT PARTICIPLES OF -IR STEM-CHANGING VERBS		
	usted/él/ella verb form	**present participle**
dormir	duerme	durmiendo
pedir	pide	pidiendo
sentir	siente	sintiendo
servir	sirve	sirviendo
venir	viene	viniendo

1-48 El mundo de la música Completa las siguientes oraciones con los gerundios.

Ejemplo: La cantante está ___*pidiendo*___ (pedir) un aumento de sueldo.

1. En la tienda de discos están _____ (servir) refrescos hoy.
2. El guitarrista está _____ (dormir) después del concierto.
3. Los aficionados se están _____ (morir) de hambre.
4. ¿Por qué estás _____ (repetir) siempre esa canción?
5. Yo me estoy _____ (reír) porque este vídeo es muy chistoso.
6. Tú y yo estamos _____ (seguir) las instrucciones del conductor.

1-49 ¿Qué estás haciendo? Completa las siguientes oraciones con la forma adecuada del participio en español.

Ejemplo: Estoy ___*recordando*___ (recordar) la fiesta del año pasado.

1. Estoy _____ (pensar) en ir a un baile de máscaras.
2. Estoy _____ (envolver) un regalo para mi abuela.
3. Estoy _____ (dormir) después de trasnocharme.
4. Estoy _____ (almorzar) con mis amigos.
5. Estoy _____ (morir) de hambre.

Estructura 1-2c: Present participles of *-er* and *-ir* verbs whose stems end in a vowel

-Er and **-ir** verbs whose stems end in a vowel feature the spelling change i→y in the present participle. Study the following examples.

PRESENT PARTICIPLES OF *-ER* AND *-IR* VERBS WHOSE STEMS END IN A VOWEL		
	stem	**present participle**
leer	le-	leyendo
oír	o-	oyendo
traer	tra-	trayendo

1-50 ¿Qué haces tú? Escribe preguntas a un/una amigo/amiga basándote en las siguientes indicaciones.

Take your questions to class for use in a pair activity.

> **Ejemplo:** decir la verdad
>
> *¿Estás diciendo la verdad?*

1. leer una revista de música
2. construir un centro para el equipo estereofónico
3. oír noticias de los cantantes
4. traer tus discos compactos
5. competir en un concurso de música

1-51 Gerundios, gerundios Completa las siguientes oraciones con los equivalentes en español de los verbos entre paréntesis.

> **Ejemplo:** ¿Usted me está ___sustituyendo___ (*substituting*)?

1. Estoy _____ (*reading*) todo sobre la música latina.
2. Él continúa _____ (*falling*) por las escaleras.
3. Ellos están _____ (*believing*) todo lo que digo.
4. Nosotros estamos _____ (*building*) una casa nueva.
5. ¿Estás _____ (*hearing*) esa música horrible?
6. Los ratones están _____ (*knawing*) la instalación eléctrica.
7. Mis amigos me están _____ (*bringing*) sus discos compactos.
8. Estoy _____ (*influencing*) sobre ellos más que nunca.
9. Nuestras opciones están _____ (*diminishing*) mucho.
10. Los niños están _____ (*fleeing*) de la escuela.

Estructura 1-3: *Gustar* and similar verbs

The verb **gustar** is sometimes confusing because its structure is different from that of the English verb *to like*. **Gustar** really means *to please* (*someone*) or *to be pleasing to* (*someone*). Compare the following sentences:

subject	**verb**	**direct object**
I	like	Latin rhythms.
indirect object pronoun	**verb**	**subject**
Me	gustan	los ritmos latinos.

Notice that, in the following examples, the verb **gustar** is in the third-person singular, reflecting the singular subject, **canción:**

Esta canción **me gusta.**	*This song pleases me. (I like this song.)*
Esta canción no **me gusta.**	*This song displeases me. (I don't like this song.)*

In the following examples, **gustar** is in the third-person plural because of the plural subject, **canciones:**

Me gustan las canciones.	*The songs please me. (I like these songs.)*
No **me gustan** las canciones.	*The songs displease me. (I don't like the songs.)*

Special considerations apply when expressing likes and dislikes about people. **Gustar** is used with people to express the idea of physical attraction, for example:

A los jóvenes **les gustan** los cantantes latinos.	*Young people are attracted to (the) Latino singers.*

Gustar is also used to express qualities or defects in a person.

Le gustan al profesor los estudiantes trabajadores.	*The professor likes (the) industrious students.*
No me gustan los. fanfarrones	*I don't like (the) show-offs.*

To express like or dislike of the way someone acts, use **caer bien** and **caer mal.**

Nos caen bien los DJ latinos.	*We like (the) Latino DJs.*
Me cae mal esa bailarina.	*I don't like that dancer.*

The person to whom the subject is pleasing is expressed by an indirect object pronoun; a prepositional phrase may be added to the sentence for emphasis or clarification.

A **nosotros** nos gusta bailar merengue.

INDIRECT OBJECT PRONOUNS WITH CLARIFYING/EMPHASIZING PHRASES

prepositional phrase	indirect object pronoun	gustar
a mí	me	
a ti	te	
a usted/a él/a ella	le	
a nosotros/a nosotras	nos	gusta/gustan
a vosotros/a vosotras	os	
a ustedes/a ellos/a ellas	les	

Verbs that function like *gustar*

The following chart gives examples of other verbs that function like **gustar.** Notice that an optional prepositional phrase may be used for emphasis or clarification.

OTHER VERBS THAT FUNCTION LIKE *GUSTAR*

	Example	English equivalent
encantar	A Pedro **le encanta** la ópera.	*Pedro loves opera.*
entusiasmar	A Diana **le entusiasma** el rock.	*Diana is enthusiastic about rock music.*
faltar	A nosotros **nos falta** dinero.	*We are lacking money.*
fascinar	A vosotros **os fascina** la música.	*You (all) are fascinated by music.*
importar	A usted no **le importa** el jazz.	*You do not care about jazz.*
interesar	A ti **te interesan** los blues, ¿no?	*You are interested in the blues, right?*
molestar	A mis amigos **les molesta** el ruido.	*My friends are bothered by the noise.*
parecer	A ellas **les parece** aburrido el concierto.	*The concert seems boring to them.*
quedar	A ustedes **les quedan** dos entradas.	*You (all) have two tickets left.*

Similar verbs

-ar: agradar, animar, disgustar, enojar, fastidiar, preocupar, sobrar

-er: caer bien/mal, doler (ue), sorprender

-ir: aburrir

When **gustar** or related verbs are followed by an infinitive, only the singular form (**gusta**) is used.

Me **gusta tocar** el piano.	*I like to play the piano.*
No me **gusta cantar.**	*I don't like to sing.*
No me **gusta escuchar** las canciones.	*I don't like to listen to the songs.*

1-52 Expresar tus gustos Escribe oraciones completas en español, según las indicaciones.

Ejemplo: los mariachis (encantar / a mí)

   A mí me encantan los mariachis.

1. los premios de música (importar / a los estudiantes)
2. ir a la sinfonía (interesar / a los niños)
3. las orquestas grandes (molestar / a mí)
4. ¿los discos de tu cantante favorito? (faltar / a ti)
5. las bandas de sonido (fascinar / a nosotros)
6. todo tipo de música latina (gustar / a ti y a mí)
7. el flamenco (encantar / a la profesora)

1-53 Noche latina Completa el siguiente párrafo con la forma adecuada del verbo entre paréntesis.

A mucha gente le _____ (gustar) la música. A mis amigos les _____ (encan-
$_1$ $_2$
tar) los ritmos latinos. Nos _____ (gustar) mucho ir a los clubes de baile para la
$_3$
«noche latina». Siempre nos _____ (importar) llegar temprano para las lecciones
$_4$
de baile. Estas lecciones me _____ (parecer) esenciales para lucir bien en la pista
$_5$
de baile. A los latinos nunca les _____ (molestar) enseñar los pasos populares y
$_6$
por eso nos _____ (caer) muy bien. Me _____ (fastidiar) que la «noche latina»
$_7$ $_8$
solamente se programe una vez por semana.

¡Alto!

This section will prepare you to complete the in-class communicative activities for **Función 1-3** on page 8 of this chapter.

1-54 ¿Qué te gusta? Escribe oraciones completas en español para indicar tus gustos con respecto a la música. Usa una variedad de verbos de la lista siguiente: **caer bien, caer mal, disgustar, encantar, entusiasmar, faltar, fascinar, fastidiar, gustar, importar, impresionar, interesar, molestar, parecer.**

> **Ejemplo:** el tango
>
> *Me gusta el tango.*

1. la música folklórica
2. los mariachis
3. bailar merengue
4. los tríos tradicionales
5. escuchar música en español
6. las orquestas de tango
7. la música sinfónica
8. componer música

Take your questions to class and use them to interview your classmates about their likes and dislikes. Find two or more classmates who respond affirmatively to each question.

1-55 Cuestionario Escríbeles preguntas a tus compañeros/compañeras de clase, basándote en las siguientes ideas.

> **Ejemplo:** encantar la música andina
>
> *¿Te encanta la música andina?*

1. fascinar los ritmos caribeños
2. importar la música en vivo
3. molestar ir a los recitales de estudiantes
4. faltar dinero para ir a los conciertos
5. parecer bien los precios de los discos compactos
6. interesar la música flamenca
7. gustar escuchar música en la radio
8. caer bien los cantantes latinos
9. disgustar la música *rap* en español
10. entusiasmar los bailes latinos

1-56 ¿A quiénes les gusta la música? Completa las siguientes oraciones con el pronombre adecuado.

1. ¿Qué tipo de música _____ gusta más a ti?
2. A mí _____ encanta escuchar grupos nuevos.
3. ¿_____ fascinan a tus amigos los bailes latinos?
4. A nosotros _____ falta tiempo para ir a los clubes.
5. A los estudiantes _____ importa mucho los precios de los discos compactos.
6. A mí profesor _____ parece bueno enseñar la pronunciación con música.
7. A nosotros _____ disgusta la música tecno.

1-57 Tus gustos y preferencias Contesta las siguientes preguntas con oraciones completas en español.

> **Ejemplo:** ¿Qué tipo de música te gusta más?
>
> *Me gusta más la música tejana.*

1. ¿Quiénes son los artistas que te fascinan más?
2. ¿Te encanta más escuchar música o tocarla?
3. ¿Qué tipos de música te molestan más?
4. ¿Qué categorías de música te faltan en tu colección?
5. ¿Te caen bien los artistas latinos?
6. ¿Te gusta más bailar u observar?

CAPÍTULO 2
YUCATÁN: UN LUGAR INOLVIDABLE

Andrew Howard/Used under license from Shutterstock

LAS RUINAS DE TULUM. ¿DÓNDE ESTÁN?

Juliana de la Mora

La península de Yucatán se formó hace miles de años cuando la tierra literalmente surgió del mar. El estado de Quintana Roo fue en un tiempo la puerta de entrada al Imperio Maya debido a sus rutas marítimas. Ahora la península es famosa por sus espectaculares playas caribeñas y sus islas, Cancún y Cozumel. Es un sitio reconocido mundialmente como lugar turístico.

JULIANA DE LA MORA, MÉXICO, D.F., MÉXICO

Guía para el lector

As you read **«En Yucatán»**, use the following questions as a guide.

1. ¿Cuándo comenzó la civilización maya? ¿Qué construyeron los mayas?

2. ¿Cuáles son los nombres de tres de las ciudades principales de este imperio? ¿Dónde están?

3. ¿Qué oficios tenían los mayas?

4. ¿Cuáles fueron algunos de sus progresos intelectuales más importantes?

5. ¿Por qué se dice que su cultura estaba más avanzada que la cultura griega clásica?

6. ¿Qué problemas causaron la degradación de toda clase de autoridad y la completa desorganización política? ¿Qué otros problemas hubo?

7. Según estudios recientes, ¿por qué se cree que las ciudades fueron abandonadas?

8. ¿Qué hacen los mayas modernos?

SUGERENCIAS PARA APRENDER EL VOCABULARIO

TARJETAS DE AYUDA One of the most traditional ways of learning vocabulary is by using flash cards. You can tuck the three-by-five-inch cards into your backpack or pocket and review them when you have a few minutes to spare between classes, as you wait in lines at the book store, in the cafeteria, or at the bus stop. To help personalize the cards, on one side write just the word. On the reverse side, write its English equivalent, the part of speech, an original sentence with that word, and, finally, an association with another familiar or related word or phrase in Spanish. In the following chapters, you will study other ways to learn vocabulary that you can add to the back of these cards as you progress. For example:

Palabra: idioma (sustantivo, m.)

Significado: *language*

Oración: Mi profesora habla tres idiomas: español, inglés y francés.

Asociación: expresiones idiomáticas

Courtesy Donna Long & Jan Macián

EN YUCATÁN

La civilización maya comenzó en Centroamérica hace más de tres mil años y **se extendió** hasta el sureste de México. Entre los años 200 y 900 d.C., los mayas **construyeron** enormes pirámides y majestuosos templos como sus **centros ceremoniales** en las tres ciudades principales de Chichén Itzá, Mayapán y Uxmal en la península de Yucatán.

Esta civilización no tuvo rival en la antigua América. Los progresos intelectuales más importantes que **realizaron** fueron la **escritura** con jeroglíficos, la invención del cero, la compilación de eventos históricos y el calendario. En muchos aspectos, estaban tan avanzados como la cultura griega clásica, pues también sabían que la Tierra era **redonda.** Los astrónomos mayas observaron detalladamente los movimientos de los **astros** —como el **Sol**, la **Luna** y muchos de los planetas— y determinaron la duración exacta del año tropical (364.24 días). Con estas observaciones hicieron el calendario maya más exacto que el calendario gregoriano usado en Europa. En su sociedad, el **comercio** también era importantísimo, pues el mercado controlaba gran parte de la economía del **imperio.**

Sin embargo, las **rivalidades** políticas y económicas que **existieron** entre los mayas del este y los del oeste causaron la **degradación** de toda clase de autoridad y la completa desorganización política. **A causa de**

CORBIS

EL CASTILLO, CHICHÉN-ITZÁ, MÉXICO. ¿CUÁL ES SU FORMA?

estos **conflictos** políticos y militares, y unidos a los **desastres naturales** como plagas, huracanes, terremotos y **sequía,** todos los grandes centros fueron abandonados. Aunque algunos dicen que este abandono es un misterio, ciertos estudios recientes sugieren que los cambios en la emisión de la energía solar tuvieron un efecto directo en el **clima** del Yucatán.

Hoy en día quedan más de seis millones de **indígenas** que son los **descendientes** de aquellos mayas extraordinarios. Los mayas modernos continúan en esta región, hablan el **idioma** de sus **antepasados** y **cultivan la tierra,** siguiendo su tradición. **Honran** a sus **dioses** tradicionales, que **regulan** los **ciclos** de la vida, el **nacimiento,** la **muerte** y también la agricultura.

As you read **En Yucatán,** list or underline the cognates that are related to the topic and be sure to use them as you do the **activities.**

Using the **Tema para la conversación** questions as a guide, enter the *De paseo* message board at **www.cengage.com/login** to share your comments and opinions on this interactive site.

Tema para la conversación 2-1

¿Conocen ustedes otras civilizaciones antiguas? En grupos pequeños, identifiquen las civilizaciones, las regiones que habitaban y algunos de sus productos culturales más importantes.

Tema para la conversación 2-2

Los desastres naturales siempre están en las noticias. En grupos pequeños, conversen sobre algunos desastres recientes. ¿Dónde ocurrieron? ¿Cuáles fueron los efectos? ¿Cuál fue el número de víctimas? ¿Cuántas personas murieron?

VOCABULARIO PARA LA CONVERSACIÓN

a causa de because of

antepasado ancestor

astro heavenly body

centro ceremonial ceremonial center

ciclo cycle

clima *m.* climate

comercio trade

construir to build

conflictos conflicts

cultivar la tierra to cultivate the land

degradación *f.* degradation, debasement

desastre natural *m.* natural disaster

descendiente *m./f.* descendant

dios/diosa god/goddess

escritura writing

existir to exist

extenderse to extend

honrar to honor

idioma *m.* language

imperio empire

indígena *m./f.* Indian; native

luna moon

muerte *f.* death

nacimiento birth

realizar to carry out

redondo/redonda round

regular to regulate

rivalidad rivalry

sequía drought

sol *m.* sun

Vocabulario en acción

2-1 Tarjetas Repasa **En Yucatán** y escoge de seis a ocho palabras en negrilla que no conozcas. Escríbelas en tarjetas siguiendo el modelo presentado en **Sugerencias para aprender el vocabulario**. Después, en parejas, usen las tarjetas para repasar el vocabulario de la lectura.

2-2 Los centros de los mayas En parejas, estudien el mapa de Yucatán y conversen acerca de los siguientes temas:

1. los países de hoy que comprenden el mundo de los mayas
2. la distribución de centros mayas en los diferentes países
3. el clima de Yucatán (Pista: ¿Cómo es la topografía de Yucatán?)
4. los desastres naturales que ocurren en Yucatán (Pista: ¿Qué rodea la península?)

El mundo de los mayas

¡Adelante!
You should now complete the **Primera etapa** in the *Diario de actividades*, pages 22–26.

2-3 El mundo de los mayas Estudia el mapa de Yucatán y luego, en parejas:

- busquen información sobre uno de los principales sitios arqueológicos de la región en una guía de turismo, en una enciclopedia o en Internet.
- escriban una breve descripción de este lugar, usando algunos de los comentarios de **En Yucatán** como modelo.
- preséntenles su descripción a los demás grupos de la clase.

FUNCIÓN 2-1: **Cómo hablar de actividades cotidianas**

Los mayas siguen sus tradiciones. ¿Qué hace esta mujer?

>> *Algunos mayas modernos siguen las* **tradiciones** *de sus* **antepasados**. *Hablan los mismos* **idiomas**, *tejen los* **textiles** *típicos, cultivan sus* **milpas** *y respetan los* **ciclos** *naturales de la* **vida**. >>

RAÚL DIEGO RIVERA HERNÁNDEZ, MÉXICO, D.F., MÉXICO

Katarzyna Citko/Used under license from Shutterstock

2-4 ¿Qué hacemos en Yucatán? En parejas, conversen acerca de las siguientes actividades que se pueden practicar en Yucatán. Escojan una variedad de verbos y frases de la siguiente lista y agreguen los artículos necesarios:

desear, es interesante, es posible, poder, preferir, querer

Ejemplo: subir / pirámide

> Estudiante 1: *¿Es posible subir una pirámide?*
> Estudiante 2: *Sí, podemos subir una pirámide.*

1. visitar / museo de Chichén Itzá
2. jugar en / playa
3. explorar / ruinas
4. hacer / excursiones
5. nadar / mar
6. aprender / historia de / mayas
7. ver / artefactos mayas
8. comer / platos típicos de / mayas
9. subir / plataformas ceremoniales
10. ir a / baños de vapor de / palacio

¡Alto!
Review **Estructura 2-1** in the **Repaso de gramática** on pages 53–56 at the end of this chapter and complete the accompanying exercises.

2-5 ¿Qué hay en mi maleta? En grupos pequeños, indiquen las cosas que llevarían en un viaje al mundo maya. Cada estudiante repite la lista completa y agrega una cosa más.

Ejemplo: Estudiante 1: *Voy al mundo maya. En mi maleta hay un sombrero de paja.*
> Estudiante 2: *Voy al mundo maya. En mi maleta hay un sombrero de paja y una guía turística.*
> Estudiante 3: *Voy al mundo maya. En mi maleta hay un sombrero de paja, una guía turística y unas camisetas...* etcétera.

¡Adelante! 🖋

Now that you have completed your in-class work on **Función 2-1**, you should complete **Audio 2-1** in the **Segunda etapa** of the *Diario de actividades*, pages 27–30.

2-6 ¿Qué hay en sus estados? En grupos pequeños conversen acerca de los monumentos y otros sitios turísticos de sus diferentes estados. Escojan sitios de la siguiente lista o invéntenlos. Usen los artículos necesarios en su conversación.

Sitios turísticos: **bosque, ciudad, edificio, lago, montaña, monte, monumento, museo, observatorio, parque, playa, río, torre**

Ejemplo: *Hay que ver el capitolio del estado porque es impresionante.*

FUNCIÓN 2-2: Cómo hablar de acciones habituales en el pasado

Mazorcas de maíz. ¿Cómo cultivaban el maíz los mayas?

《 *Los mayas **talaban** y **quemaban** las selvas y, en sus milpas, **cultivaban** calabazas, frijoles, chiles, papas y otros comestibles. El maíz no solamente **formaba** una parte importante de la dieta sino que **era** un principio fundamental de las creencias religiosas de los mayas.* 》

MARIBEL CORONA, GUADALAJARA, MÉXICO

¡Alto!

Review **Estructura 2-2** in the **Repaso de gramática** on pages 56-58 at the end of this chapter and complete the accompanying exercises.

2-7 Actividades del pasado Piensen en lo que ya saben de las actividades cotidianas de sus antepasados. En parejas, conversen acerca de estas actividades.

Ejemplo: *Llevaban agua del río a sus casas.*

2-8 Vacaciones pasadas En grupos pequeños, conversen acerca de sus vacaciones y actividades habituales del pasado. Mencionen los países de habla española que visitaban. Usen los siguientes verbos en su conversación: **aprender, conducir, discutir, escuchar, hacer, ir, manejar, participar, pasar, ver, visitar, volar.**

Ejemplo: *Todos los años mi familia y yo íbamos a España. Pasábamos las vacaciones de primavera en Valencia. En una ocasión, fuimos a Barcelona.*

2-9 Artefactos mayas En parejas, estudien los siguientes artefactos de los mayas y las herramientas de los arqueólogos que los investigan. Conversen acerca de la utilidad de estas cosas, usando el imperfecto de indicativo.

¡Adelante!

Now that you have completed your in-class work on **Función 2-2,** complete **Audio 2-2** in the **Segunda etapa** of the *Diario de actividades,* pages 30–34.

Ejemplo: botas

Los arqueólogos usaban botas porque trabajaban en las selvas.

TAMIZ   BROCHA   PALA   BOTAS   COMPUTADORA PORTÁTIL

MÁSCARA DE JADE   CERÁMICA   COLLAR   TOCADO CEREMONIAL

FUNCIÓN 2-3: Cómo hablar de sucesos que se han completado en el pasado

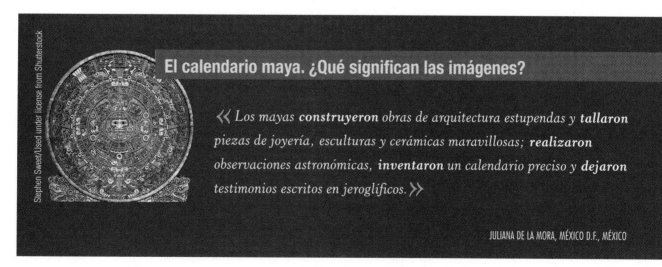

Stephen Sweet/Used under license from Shutterstock

El calendario maya. ¿Qué significan las imágenes?

« Los mayas **construyeron** obras de arquitectura estupendas y **tallaron** piezas de joyería, esculturas y cerámicas maravillosas; **realizaron** observaciones astronómicas, **inventaron** un calendario preciso y **dejaron** testimonios escritos en jeroglíficos. »

JULIANA DE LA MORA, MÉXICO D.F., MÉXICO

¡Alto!

Review **Estructura 2-3** in the **Repaso de gramática** on pages 59–66 at the end of this chapter and complete the accompanying exercises.

2-10 En las noticias ¿Qué han leído últimamente en el periódico o que han visto en la televisión? En grupos pequeños, conversen sobre algunos artículos de interés, citando los periódicos o las estaciones de televisión en que encontraron la información. Pregunten y comenten acerca de los artículos mencionados.

Ejemplo: Estudiante 1: ***Acabo de leer*** *sobre un terremoto horrible en México. El artículo* ***apareció*** *en el Diario de México de la capital.*

Estudiante 2: *¿Dónde* ***ocurrió?***

2-11 Contribuciones de nuestras culturas En grupos pequeños, conversen acerca de las contribuciones de varias culturas a la civilización. Entiendan la palabra **cultura** en su sentido más amplio: grupos sociales, razas, etnias, etcétera.

Ejemplo: los adolescentes

Popularizaron el deporte del patinaje por tabla.

¡Adelante!

Now that you have completed your in-class work on **Función 2-3**, complete **Audio 2-3** in the **Segunda etapa** of the *Diario de actividades*, pages 35–37.

2-12 Una leyenda inventada En grupos pequeños, inventen una leyenda moderna. Cada persona debe contribuir con varias oraciones a la leyenda.

Ejemplo: Estudiante 1: *Había una vez un joven de la sierra.*

Estudiante 2: *Vivía en una casita construida de troncos.*

Estudiante 3: *Un día se levantó temprano.*

LECTURA CULTURAL: La civilización maya

La civilización maya no es una cultura muerta. Aunque las pirámides y los centros ceremoniales fueron abandonados hace siglos, los mayas modernos continúan hablando el idioma de los mayas antiguos, combinando una variedad de dialectos. Residen en sus casas de adobe con techo de paja, cultivan la tierra como sus antepasados y cuentan las mismas leyendas que contaban sus bisabuelos. En esta etapa vas a leer una de esas leyendas sobre un joven guerrero y su bella doncella Sak-Nicté.

Doug Bryant/DDB Stock Photography

DOS MAYAS MODERNOS. ¿CÓMO SE VISTEN?

Repaso

Before beginning this section, review the reading strategy presented in the previous chapter. The following reading selection is a legend that tells about events that happened in the past. Therefore, you will see many verbs in the third-person singular and plural of the preterite (past). If you don't remember the forms, look at the charts on pages 59–64 of your textbook.

SUGERENCIAS PARA LA LECTURA

CÓMO RECONOCER COGNADOS English and Spanish have many words that are derived from the same roots, primarily of Latin origin. For example:

Latin	English	Spanish
ars, artis	art	**arte**
excellens, -entis	excellent	**excelente**
musica	music	**música**

These words are called cognates (**cognados** or **palabras análogas**) and are similar in appearance and meaning in both languages. Your ability to recognize and understand cognates depends not only on your willingness to guess the meanings of the words, but also on your knowledge of the particular subject. When you encounter unfamiliar terms, try changing a few letters around, removing the prefix or the suffix, or even pronouncing the word aloud. For example, by changing only a few letters in each word, **pirámide** becomes *pyramid*, **actividad** becomes *activity*, and **estadio** becomes *stadium*. Better yet, work in pairs on reading assignments— remember that there are generally students with many different areas of expertise in your class. Read the following article about the origin of a traditional drink from Yucatán, **el balché.** Then, make a list of cognates and group them into three different categories: (1) words that you recognized at first glance, (2) words that required guessing from context, and (3) words that did not seem to be related until you knew their meaning. Compare your lists with those of other members of the class.

Antes de leer

2-13 Bebidas tradicionales ¿Qué bebidas que ustedes conocen tienen una historia interesante? En grupos pequeños...

- escriban una lista de algunas de las bebidas populares que existen en Estados Unidos o en otro país.
- hagan una breve descripción de cada una de las bebidas y mencionen en qué ocasiones se toma.
- elijan dos o tres de las bebidas, creen una lista de los ingredientes e investiguen sus orígenes.

Ejemplo: egg nog

Egg nog *es una bebida hecha de leche, huevos, azúcar y ron que se sirve en la Noche Vieja. La palabra* nog *se refiere a la pequeña taza de madera (*noggin*) en la cual se servía en Europa.*

2-14 Unas leyendas Todas las culturas tienen sus propias leyendas. Por ejemplo, todos conocemos la leyenda de Guillermo Tell (Suiza), la del rey Arturo (Inglaterra) o la del caballero sin cabeza de Sleepy Hollow (Estados Unidos). En parejas...

- identifiquen algunas de sus leyendas favoritas.
- mencionen los personajes principales con una breve descripción.
- expliquen dónde ocurre la acción.

PEQUEÑO DICCIONARIO

La siguiente leyenda, «El guerrero y Sak-Nicté», contiene palabras y frases especializadas relacionadas con la guerra, las ceremonias, la flora y la fauna. Antes de leer la leyenda sobre el origen del balché —una bebida tradicional de Yucatán— y hacer las actividades, estudia las siguientes palabras y frases para comprender mejor el texto. Busca las palabras en el texto y usa dos o tres para escribir oraciones originales en una hoja aparte.

abeja Insecto que produce miel y cera.
balché *m.* Bebida que se obtiene de la fermentación de la corteza del árbol balché sumergida en agua con miel.
cacique *m.* Jefe, líder, persona que tiene influencia en un pueblo.
corteza Parte exterior de los árboles.
doncella Mujer joven, pura, virgen.
escondido/escondida En un lugar secreto, oculto.
extasiado/extasiada En éxtasis.
guerrero Soldado.
leyenda Evento que tiene más de tradicional o maravilloso que de histórico o verdadero.

ABEJA

miel *f.* Líquido dulce que producen las abejas.
panal de abejas *m.* Grupo de celdas donde las abejas depositan la miel.
revelar *v. tr.* Explicar, confesar.
rocío Vapor de agua que por la noche se condensa en la atmósfera en forma de gotas muy pequeñas, las cuales aparecen por la mañana sobre la tierra o sobre las plantas.
temeroso/temerosa Que tiene miedo, que no es valiente.

PANAL

A leer

«EL GUERRERO Y SAK-NICTÉ»

Una vieja leyenda maya dice que el balché es un delicioso licor que fue creado gracias a una hermosa historia de amor. Una joven doncella, Sak-Nicté, que significa «Flor Blanca», amaba a un joven guerrero de su pueblo, pero la belleza de la doncella despertó la pasión de un viejo y cruel cacique. Los jóvenes, temerosos de ser separados por el villano, huyeron para buscar refugio en la selva del Mayab. Un día salieron en busca de alimento y encontraron un panal de abejas del que extrajeron rica miel, la cual depositaron en la corteza de un árbol llamado Balché. Durante la noche, la lluvia se mezcló con la miel y, poco tiempo después, aquello se transformó en una bebida exquisita.

Sin embargo, la felicidad de la joven pareja pareció terminar cuando el cacique descubrió dónde estaban escondidos. El joven guerrero, pensando que ése era el fin de la pareja, le pidió al cacique que les permitiera mostrar su hospitalidad mientras estuvieran aún en su refugio. Así, preparó una gran comida con los mejores frutos e ingredientes. Al terminar el banquete, la pareja les ofreció a sus captores la bebida de miel. El cacique quedó extasiado con la sensación maravillosa que le proporcionó ese néctar y perdonó a los amantes, bajo la condición de que le revelaran el secreto de tan exótica bebida.

—Es la miel de las abejas del bosque mezclada con el rocío de los dioses lo que produce este néctar divino —contestó el guerrero. El cacique regresó a su tierra muy contento y los jóvenes vivieron felices durante el resto de sus días.

Guía para el lector:

As you read **«El guerrero y Sak-Nicté»,** use the following questions as a guide.

1. ¿Qué es balché?
2. ¿Quién era Sak-Nicté?
3. ¿Qué significa su nombre?
4. ¿Quiénes estaban enamorados de ella?
5. ¿Por qué huyeron los jóvenes a la selva?
6. ¿Qué encontraron para comer?
7. ¿Dónde depositaron la miel?
8. ¿Qué se mezcló con la miel durante la noche?
9. ¿En qué se transformó la mezcla de estos dos ingredientes?
10. ¿Quién encontró a la joven pareja?
11. ¿Quién le preparó una buena comida?
12. ¿Qué comieron?
13. ¿Qué bebieron al terminar el banquete?
14. Cuando el cacique perdonó a los amantes, ¿qué pidió que le revelaran?
15. ¿Cómo terminó el cuento?

Después de leer

2-15 ¿Quiénes son? ¿Quiénes son los personajes principales? Estudia la leyenda otra vez y escribe una breve descripción de los siguientes personajes.

1. Sak-Nicté
2. el joven guerrero
3. el cacique

2-16 ¿Qué dirían? ¿Qué dirían los personajes principales en las siguientes situaciones? En parejas, completen las oraciones de una forma lógica.

1. El joven guerrero: «Tenemos que huir de nuestro pueblo porque...»
2. Sak-Nicté: «Tengo miedo y hambre...»
3. El cacique: «Voy a perdonarlos, pero primero...»
4. El cacique: «Los jóvenes creen que soy cruel, pero en realidad...»

Ejemplo: *La venta del tabaco a los menores de veintiún años está prohibida porque es dañino para la salud. La restricción de la venta del tabaco es buena porque es una sustancia muy adictiva.*

2-17 El balché El uso del balché remonta a los tiempos de los antiguos mayas. Esta bebida solamente se utilizaba durante las ceremonias religiosas. Los españoles, después de beberla, la llamaban «vino de la tierra». Se describió esta bebida como un «vino fuerte» y el uso era tan exagerado que fue prohibido por un decreto real en el siglo XVIII. ¿Qué productos están prohibidos hoy?

- Escribe una lista de algunos productos que están prohibidos.
- Compara tu información con la de los demás miembros de la clase.

Guía para el lector

As you read **«La literatura maya»**, use the following questions as a guide.

1. ¿Cuándo llegaron los españoles a Guatemala?
2. ¿Qué querían hacer los sacerdotes?
3. ¿Por qué destruyeron los artefactos religiosos de los indígenas?
4. ¿Cómo se llamaban los manuscritos religiosos de los mayas?
5. ¿Qué tipo de material usaban los escribas?
6. ¿Por qué desaparecieron muchos manuscritos?
7. ¿Cuántos códices quedan hoy?
8. ¿Quién escribió el «Popol Vuh»?
9. ¿Cómo fue creado el manuscrito que tenemos hoy?

LECTURA LITERARIA: **La literatura maya**

Angelo Cavalli/PhotoLibrary

UN FRAGMENTO DEL «POPOL VUH».

Los españoles llegaron a las tierras de Guatemala en 1524. Los sacerdotes católicos que acompañaban a los soldados destruyeron muchos artefactos religiosos de los mayas —templos, estatuas y bibliotecas enteras— en su misión para convertir a los indígenas a la «verdadera religión».

Los manuscritos mayas, o **códices,** fueron escritos en **amate,** un material natural. Debido al clima y a las acciones de los españoles, hoy en día sólo quedan cuatro códices mayas. Uno es el «Popol Vuj» (o «Popol Vuh»), un documento escrito en la lengua quiché por uno o más mayas cristianizados. Algunos estudiosos creen que uno de los posibles autores del «Popol Vuh» fue el indígena Diego Reynoso (Reinoso). De todos modos es seguro que el códice que tenemos hoy es una copia del documento original. Es posible que lo copiara del códice original que tenía a la vista o que lo transcribiera de memoria.

Antes de leer

2-18 Mitos de la creación En grupos pequeños, escriban una lista de detalles (científicos, culturales y religiosos) sobre la creación, según la entiendan ustedes. No es necesario que todos estén de acuerdo.

Ejemplos: 1. *En el mito de la creación de los navajos hay tres seres en la oscuridad: el primer hombre, la primera mujer y el coyote.*

2. *Según los aztecas, la creación empezó con el nacimiento de cuatro dioses que crearon la tierra: Tetzcatlipoca Rojo (el dios principal de la gente), Tezcatlipoca Negro (el dios más grande y el más malo), Quetzalcóatl (el dios blanco que representa la armonía y el equilibrio, y que lleva los vientos) y Huitzilopochtli (el dios de la guerra que tiene sólo huesos, no carne).*

PEQUEÑO DICCIONARIO

El «Popol Vuh» contiene palabras y frases asociadas con la naturaleza y la creación. Antes de leer el mito y hacer las actividades, estudia las siguientes palabras y frases para comprender mejor el texto. Busca las palabras en el texto y usa dos o tres para escribir oraciones originales en una hoja aparte.

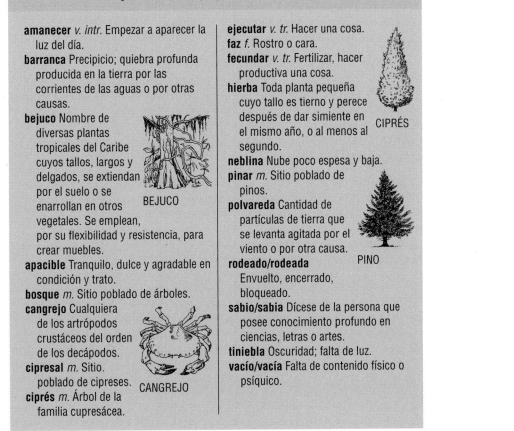

amanecer *v. intr.* Empezar a aparecer la luz del día.

barranca Precipicio; quiebra profunda producida en la tierra por las corrientes de las aguas o por otras causas.

bejuco Nombre de diversas plantas tropicales del Caribe cuyos tallos, largos y delgados, se extiendan por el suelo o se enarrollan en otros vegetales. Se emplean, por su flexibilidad y resistencia, para crear muebles.

BEJUCO

apacible Tranquilo, dulce y agradable en condición y trato.

bosque *m.* Sitio poblado de árboles.

cangrejo Cualquiera de los artrópodos crustáceos del orden de los decápodos.

cipresal *m.* Sitio poblado de cipreses.

ciprés *m.* Árbol de la familia cupresácea.

CANGREJO

ejecutar *v. tr.* Hacer una cosa.

faz *f.* Rostro o cara.

fecundar *v. tr.* Fertilizar, hacer productiva una cosa.

hierba Toda planta pequeña cuyo tallo es tierno y perece después de dar simiente en el mismo año, o al menos al segundo.

CIPRÉS

neblina Nube poco espesa y baja.

pinar *m.* Sitio poblado de pinos.

polvareda Cantidad de partículas de tierra que se levanta agitada por el viento o por otra causa.

rodeado/rodeada Envuelto, encerrado, bloqueado.

PINO

sabio/sabia Dícese de la persona que posee conocimiento profundo en ciencias, letras o artes.

tiniebla Oscuridad; falta de luz.

vacío/vacía Falta de contenido físico o psíquico.

As you read the *Popol Vuh*, use the following questions as a guide.

1. Antes de la creación, ¿cómo era todo?
2. ¿Cómo se llamaban los dioses?
3. ¿Cómo se vestían los dioses?
4. ¿Cómo eran los dioses?
5. ¿Cómo planearon Tepeu y Gucumatz?
6. ¿Qué crearon Tepeu y Gucumatz?
7. ¿Cuáles son las tres identidades del Corazón del Cielo?
8. ¿Qué elementos crearon en la tierra?

There are many cognates in **Capítulo primero**. As you read, focus on cognates to help you comprehend the text.

A leer

«EL POPOL VUH: CAPÍTULO PRIMERO»

Ésta es la relación de cómo todo estaba en suspenso, todo en calma, en silencio; todo inmóvil, callado, y vacía la extensión del cielo.

Ésta es la primera relación, el primer discurso. No había todavía un hombre, ni un animal, pájaros, peces, cangrejos, árboles, piedras, cuevas, barrancas, hierbas ni bosques: sólo el cielo existía.

No se manifestaba la faz de la tierra. Sólo estaban el mar en calma y el cielo en toda su extensión.

No había nada que estuviera en pie; sólo el agua en reposo, el mar apacible, solo y tranquilo. No había nada dotado de existencia.

Solamente había inmovilidad y silencio en la oscuridad, en la noche. Sólo el Creador, el Formador, Tepeu, Gucumatz, los Progenitores, estaban en el agua rodeados de claridad. Estaban ocultos bajo plumas verdes y azules, por eso se les llama Gucumatz. De grandes sabios, de grandes pensadores es su naturaleza. De esta manera existía el cielo y también el Corazón del Cielo, que éste es el nombre de Dios. Así contaban.

Llegó aquí entonces la palabra, vinieron juntos Tepeu y Gucumatz, en la oscuridad, en la noche, y hablaron entre sí Tepeu y Gucumatz. Hablaron, pues, consultando entre sí y meditando; se pusieron de acuerdo, juntaron sus palabras y su pensamiento.

Entonces se manifestó con claridad, mientras meditaban, que cuando amaneciera debía aparecer el hombre. Entonces dispusieron la creación y crecimiento de los árboles y los bejucos y el nacimiento de la vida y la creación del hombre. Se dispuso así en las tinieblas y en la noche por el Corazón del Cielo, que se llama Huracán.

El primero se llama Caculhá-Huracán. El segundo es Chipi-Caculhá. El tercero es Raxá-Caculhá. Y estos tres son el Corazón del Cielo.

Entonces vinieron juntos Tepeu y Gucumatz; entonces conferenciaron sobre la vida y la claridad, cómo se hará para que aclare y amanezca, quién será el que produzca el alimento y el sustento.

—¡Hágase así! ¡Que se llene el vacío! ¡Que esta agua se retire y desocupe el espacio, que surja la tierra y que se afirme! Así dijeron. ¡Que aclare, que amanezca en el cielo y en la tierra! No habrá gloria ni grandeza en nuestra creación y formación hasta que exista la criatura humana, el hombre formado. Así dijeron.

Luego la tierra fue creada por ellos. Así fue en verdad como se hizo la creación de la tierra: —¡Tierra! —dijeron, y al instante fue hecha.

Como la neblina, como la nube y como una polvareda fue la creación, cuando surgieron del agua las montunas; y al instante crecieron las montañas.

Solamente por un prodigio, sólo por arte mágica se realizó la formación de las montañas y los valles; y al instante brotaron juntos los cipresales y pinares en la superficie.

Y así se llenó de alegría Gucumatz, diciendo: —¡Buena ha sido tu venida, Corazón del Cielo; tú, Huracán, y tú, Chipi-Caculhá, Raxá-Caculhá!

—Nuestra obra, nuestra creación será terminada —contestaron.

Primero se formaron la tierra, las montañas y los valles; se dividieron las corrientes de agua, los arroyos se fueron corriendo libremente entre los cerros, y las aguas quedaron separadas cuando aparecieron las altas montañas.

Así fue la creación de la tierra, cuando fue formada por el Corazón del Cielo, el Corazón de la Tierra, que así son llamados los que primero la fecundaron, cuando el cielo estaba en suspenso y la tierra se hallaba sumergida dentro del agua.

De esta manera se perfeccionó la obra, cuando la ejecutaron después de pensar y meditar sobre su feliz terminación.

Después de leer

2-19 Comparar y contrastar En grupos pequeños, comparen y contrasten la descripción de la creación según el «Popol Vuh» con el siguiente fragmento de la Biblia. Escriban una lista de las semejanzas y otra de las diferencias.

Ejemplo: (semejanza) *Antes de la creación todo estaba en tinieblas.*

Génesis 1: 1–13

*¹ Dios, en el principio
creó los cielos y la tierra.
² La tierra era un caos total,
las tinieblas cubrían el abismo,
y el Espíritu de Dios iba y venía
sobre la superficie de las aguas.
³ Y dijo Dios: «¡Qué exista la luz!»
Y la luz llegó a existir.
⁴ Dios consideró que la luz era buena
y la separó de las tinieblas.
⁵ A la luz la llamó «día»,
y a las tinieblas, «noche».
Y vino la noche, y llegó la mañana:
ése fue el primer día.
⁶ Y dijo Dios: «¡Que exista el
    firmamento
en medio de las aguas, y que las
separe!»
⁷ Y así sucedió: Dios hizo el
    firmamento
y separó las aguas que están abajo,
de las aguas que están arriba.
⁸ Al firmamento Dios lo llamó
    «cielo».*

*Y vino la noche, y llegó la mañana:
ése fue el segundo día.
⁹ Y dijo Dios: «¡Que las aguas
    debajo del cielo
se reúnan en un solo lugar,
y que aparezca lo seco!"
Y así sucedió.
¹⁰ A lo seco Dios lo llamó
«tierra».
Y al conjunto de aguas lo llamó
    «mar».
Y Dios consideró que esto era bueno.
¹¹ Y dijo Dios: «¡Que haya vegetación
sobre la tierra;
que ésta produzca hierbas que den
semilla,
y árboles que den su fruto con semilla,
todos según su especie!»
Y así sucedió.
¹² Comenzó a brotar la vegetación:
hierbas que dan semilla,
y árboles que dan su fruto con semilla,
todos según su especie.
Y Dios consideró que esto era bueno.
Y vino la noche, y llegó la mañana:
ése fue el tercer día.*

Capítulo primero is only part of the Maya Quiché creation story. Like other creation myths, the creation of human beings, animals, and other elements of the universe are explained in subsequent chapters of the *Popol Vuh*.

ANÁLISIS LITERARIO: LOS MITOS

Términos literarios Usa los siguientes términos para hablar sobre los mitos.

deidad Ser divino o esencia divina. Cada uno de los dioses de las diversas religiones.

elemento sacro Cualquier cosa que tenga alguna relación con lo divino.

hechos míticos Sucesos fantásticos realizados por seres sobrenaturales.

marco cósmico Contexto que trata del origen y de la evolución del universo.

marco social y material Contexto en que se aplica el mito a la conducta de los seres humanos.

mito Historia de los dioses (los mitos divinos) o de héroes con características de dioses (los mitos heroicos).

personificación Atribución de cualidades humanas a seres inanimados o irracionales.

sobrenatural Condición que excede los términos de la naturaleza.

universal Que puede explicarse a todos los tiempos y lugares. Los mitos son de carácter universal. Intentan explicar el porqué de la vida.

versículo Breves divisiones de los capítulos de ciertos libros, y singularmente de las Sagradas Escrituras.

2-20 Análisis del mito En parejas, contesten las siguientes preguntas acerca del «Popol Vuh».

1. ¿Cómo se llaman las deidades en el «Popol Vuh»?
2. ¿Cuáles son los elementos sacros?
3. ¿Qué hechos míticos realizaron los dioses?
4. ¿Cuál es el marco cósmico del «Popol Vuh»?
5. ¿Cuál es el marco social/material?
6. ¿Qué tipo de personificación se nota?

¡Adelante!

Now that you have completed your in-class work on the **Tercera etapa,** complete Redacción in the **Tercera etapa** of the *Diario de actividades,* pages 38–44.

2-21 La universalidad de los mitos En grupos pequeños, comenten los elementos universales del mito de creación, según el «Popol Vuh».

VÍDEO: **El *jukumari***

You can access the *De paseo* video at www.cengage.com/login

En toda Latinoamerica hay leyendas y mitos que tienen temas parecidos. Por ejemplo, cuando escuchaste e hiciste las actividades aprendiste que la canción de «El muelle de San Blas» está relacionada con «La llorona», una mujer que va penando por la pérdida de su novio, esposo o hijos. En «El hombre que vendió su alma», aprendiste sobre el origen de los frijoles negros, blancos, amarillos y rojos. También es cierto que en muchas culturas indígenas hay relatos en que personas tienen relaciones especiales con los animales. En este vídeo Diego va a contar una historia boliviana de una niña y el *jukumari,* una palabra en aymara que significa «oso».

EL *JUKUMARI.* ¿PARECE QUE LLEVA ANTEOJOS?

Joshua Haviv/Used under license from Shutterstock

Antes de ver

2-22 Cuentos infantiles En grupos de tres, hablen sobre algunos cuentos infantiles en que los animales y las personas tienen relaciones especiales. Mencionen los personajes principales y describan cómo son.

2-23 La bella y la bestia Todos reconocen el cuento clásico de «La bella y la bestia», en el que la joven, Bella, acepta quedarse en el castillo con una bestia a cambio de la libertad de su padre. En parejas, intercambien ideas y den un breve resumen del cuento.

PEQUEÑO DICCIONARIO

Este vídeo narra una leyenda sobre una niña y un oso. Estudia las siguientes palabras para comprender mejor el vídeo. Busca las palabras en el vídeo y úsalas para escribir oraciones originales en una hoja aparte.

anteojos *m.pl.* Gafas o lentes.
aymara El pueblo indígena del altiplano; lengua, civilización y política de este grupo en Bolivia, Perú, Chile y Argentina.
hacer burla de *v. intr.* Decir palabras para ridiculizar a personas o cosas.
cazar *v. tr.* Buscar y perseguir a ciertos animales para apresarlos o para matarlos.
derrotar *v. tr.* Vencer y hacer huir al enemigo.

extrañar *v. tr.* Echar de menos a alguna persona o cosa.
pastar *v. tr.* Conducir o llevar el ganado a los prados para que coma.
pelear *v. intr.* Combatir, contender, batallar.
prestarse *v. prnl.* Dar ocasión o motivo para algo.
raptar *v. tr.* Llevarse a una persona por la fuerza o mediante engaño y retenerla contra su voluntad.

A ver

2-24 Guía para la comprensión del vídeo Antes de ver los dos segmentos del vídeo, estudia las siguientes preguntas. Mientras ves los segmentos, busca las respuestas adecuadas.

Segment 1:

1. ¿Qué significa *jukumari*?
2. ¿Cuál es la característica especial que tiene?
3. ¿Por qué es muy famoso?
4. ¿Qué estaba haciendo la joven en el campo?
5. ¿Qué pasó cuando se quedó dormida?
6. ¿Por qué se la llevó?
7. Al principio, ¿cómo reaccionó la joven?
8. ¿Qué sucedió al pasar los días?
9. ¿Cómo describe Diego al *jukumari* hijo?
10. ¿A dónde quería ir la joven? ¿Por qué?

Segment 2:

1. ¿Cómo se sintió la joven al llegar a la aldea?
2. ¿Qué contestó cuando su familia le preguntó «¿Quién es éste?»?
3. ¿Por qué era medio raro?
4. ¿Cómo sabes que trataban al niño *jukumari* como a los otros niños?
5. ¿Qué evento problemático ocurrió en la aldea?
6. ¿Cómo trataban los otros niños al *jukumarito*?
7. ¿Qué hizo el jukumarito para ayudar a la aldea?
8. ¿Con quién se encontró en el campo de batalla?
9. ¿Qué le prometió a su padre?
10. ¿Cómo cambió la actitud de los niños hacia el *jukumarito*?

Después de ver

2-25 Érase una vez... Según Diego, hay muchas otras historias sobre el *jukumari*, especialmente los *jukumari* que se enamoran de las jóvenes. Ahora, en parejas, escribe unos párrafos para explicar lo que pasó con el *jukumari* niño cuando éste cumplió los veinte años.

2-26 Investigación Busca en Internet otros cuentos infantiles de Latinoamérica que traten el tema de las relaciones entre los animales y los seres humanos. Comparte tu cuento con los demás miembros de la clase.

Enter the *De paseo* message board at www.cengage.com/login to share your comments and opinions on this interactive site.

To access flash-based grammar tutorials on the topics covered in this chapter, visit www.cengage.com/login.

PERSPECTIVA LINGÜÍSTICA

The subject: Noun phrases

As you learned in **Capítulo 1,** the Spanish sentence, like the English, consists of a subject and a predicate. In this lesson, you will study the components of the subject. The subject consists of a noun that may be accompanied by an article and one or more adjectives. Another name for this set of words is *noun phrase.* Noun phrases may serve as the subject of a sentence or other functions. Sometimes a pronoun or an adjective substitutes for the noun as the subject. These grammar terms should be familiar to you but, for the sake of clarity, some examples are included here. In each example, the subject is in bold print.

The first example shows a subject that consists of an article, a noun, and an adjective.

artículo sustantivo adjetivo

La civilización maya era muy avanzada.

(frase nominal)

The second example (a transformation of the first example) shows a subject that consists of an article and an adjective.

artículo adjetivo

La maya era muy avanzada.

The third example shows a subject that consists of a name or proper noun.

Sustantivo

Ermilo Abreu Gómez escribió leyendas mayas.

The fourth example (a transformation of the third example) shows a subject that consists of a single pronoun.

Pronombre

Él escribió las leyendas mayas.

Finally, be aware that the subject of a Spanish sentence may be indicated by nothing more than the verb ending; there may be no noun phrase to indicate the subject.

Ø

Era un centro de gran actividad económica y cultural.

You have probably studied all of the following parts of speech in a previous English or Spanish course. Test your memory by naming at least one example for each category. For example: attributive adjective—**petrolera (de petróleo)**.

The possible components of the subject are summarized graphically for you in the following chart.

COMPONENTS OF THE SUBJECT	
Types of articles	**Examples**
definite	el
indefinite	un
neuter	lo
Types of adjectives	**Examples**
attributive	televisor, de televisión
descriptive	lindo
demonstrative	este
indefinite	algo
possessive	mi
Types of nouns	**Examples**
common	civilización
proper	maya
clause	Que la cultura maya es monumental…
Types of pronouns	**Examples**
demonstrative	éste
impersonal	se
indefinite	alguno
interrrogative	¿qué?
personal	yo
possessive	el mío
relative	el cual

Possessive pronouns

Possessive pronouns indicate possession and have forms that are marked for both number and gender. Only the first-person forms have written accents. Notice that the first- and second-person plural forms are the same as the possessive adjectives. After **ser** the article is omitted.

El libro sobre los mayas es **mío.** *The book about the Mayas is **mine.***
¿Es **tuyo** ese libro? *Is that book **yours?***
Mis abuelos están en Yucatán. *My grandparents are in Yucatán.*
¿Y los **tuyos?** *And **yours?***

SUBJECT PRONOUNS		POSSESSIVE PRONOUNS	
	singular		plural
yo	(el) mío/(la) mía		(los) míos/(las) mías
tú	(el) tuyo/(la) tuya		(los) tuyos/(las) tuyas
usted/él/ella	(el) suyo/(la) suya		(los) suyos/(las) suyas
nosotros/nosotras	(el) nuestro/(la) nuestra		(los) nuestros/(las) nuestras
vosotros/vosotras	(el) vuestro/(la) vuestra		(los) vuestros/(las) vuestras
ustedes/ellos/ellas	(el) suyo/(la) suya		(los) suyos/(las) suyas

PERSPECTIVA GRAMATICAL

Estructura 2-1: Nouns

You have already learned that one of the primary functions of a noun is to serve as subject of a verb. All Spanish nouns have a gender —either masculine or feminine —even those referring to inanimate objects, such as **la biblioteca.** The following chart shows some common suffixes that reflect the gender of the noun.

¡Alto!

These activities will prepare you to complete the in-class communicative activities for **Función 2-1** on pages 37–38 of this chapter.

GENDER			
masculine		**feminine**	
-o		-a	
-l		-d (-dad, -tad)	
-r		-e	
-ma*		-ción	
		-sión	
		-umbre	
		-z	
Exceptions:		**Exceptions:**	
la capital	la moto	el arroz	el maíz
la cárcel	la piel	el ataúd	el matiz
la catedral	la radio	el césped	el pez
la foto	la sal	el día	el tema*
la mano	la señal	el huésped	el tranvía
la miel		el lápiz	

*Words ending in **–ma** that come from Greek are masculine in Spanish. They generally refer to philosophical, scientific, or intellectual ideas.

Some Spanish nouns referring to people have only one form for masculine and feminine. The following nouns fall into this category, but note that the article changes to indicate the gender of the person referred to.

el/la artista	el/la dentista	el/la modelo
el/la atleta	el/la estudiante	el/la pianista
el/la ciclista	el/la guía	el/la testigo
el/la comunista	el/la joven	el/la turista
el/la demócrata	el/la juez	

These nouns have only one gender, which refers to both men and women.

la persona	el ángel	la víctima

Number of nouns The following chart shows the suffixes that indicate the plural forms of Spanish nouns.

NUMBER		
-s	**-es**	**-ces**
nouns ending in a vowel	nouns ending in a consonant, **-y,** or a stressed vowel	nouns ending in **-z**
Example:	Example:	Example:
ruina → ruinas	poder → poder**es**	lapiz → lápi**ces**
	rey → rey**es**	
	rubí → rub**íes**	
Note: A plural may add or drop a written accent in order to maintain the stress on the same syllable as in the singular form:		
examen → exámenes	ratón → ratones	

Nouns that end in an unstressed vowel + **-s** (**-es, -is**) have the same form for the singular and plural.

el lunes → **los** lunes   la crisis → **las** crisis

2-27 El mundo maya Escribe el género de cada una de las siguientes palabras.

Ejemplo: civilización *(femenino)*

1. paisaje
2. calendario
3. eclipse
4. sistema
5. agricultura
6. norte
7. templo
8. invasor
9. península
10. población
11. sequía
12. ataque
13. profundidad
14. especie
15. fortaleza

2-28 El chocolate Completa las siguientes oraciones sobre el chocolate con los equivalentes de los sustantivos que están entre paréntesis. Incluye los artículos necesarios.

1. _____ bebían chocolate en el año 600 a.C. (*The Mayans*)
2. _____ moderno es más dulce. (*chocolate*)
3. _____ afirman que se usaba el cacao antes de la llegada de Colón al Nuevo Mundo. (*The investigators*)
4. Realizaron _____ en cerámica de 2.600 años de antigüedad. (*an analysis*)
5. _____ de América Central es la cuna del chocolate. (*The region*)
6. _____ arqueológico está en Colha, Belice. (*The site*)
7. _____ no contiene azúcar. (*The infusion*)
8. _____ maya consiste en cacao tostado mezclado con _____ y especies. (*The drink; water*)

2-29 Los mayas de hoy Completa el siguiente párrafo con los artículos adecuados.

_____ lacandones son indígenas de _____ selva lacandona en Chiapas, México.
  1   2
Ellos se nombran a sí mismos como _____ «hach winik», lo que en su propia len-
                                    3
gua quiere decir Gente Verdadera. Su cultura es inseparable de _____ selva la-
                                                                 4
candona, donde han vivido desde hace cientos de años. A veces se reivindica su

descendencia directa de _____ civilizaciones clásicas de Palenque, Yaxchilán y
                         5
Bonampak. Es más probable que sus ancestros vinieran del sureste de Chiapas,

para escapar de _____ dominación colonial española durante _____ siglos XVII
                 6   7
y XVIII. Su origen exacto no está claro, y hay diferencias culturales y lingüís-

ticas entre _____ grupos del norte y los del sur. Históricamente, _____ lacan-
             8   9
dones vivían en pequeños clanes independientes dispersos a lo largo y ancho de

_____ vasta y deshabitada jungla. De este modo, pudieron sobrevivir evitando
 10
_____ contacto con enfermedades no propias de _____ zona. _____ hach winik
 11   12   13
permanecieron unidos gracias a _____ matrimonios entre miembros de _____
                                14   15
comunidad, _____ tradiciones y creencias religiosas compartidas por todos, y
            16
_____ lenguaje común. Hasta principios de este siglo, _____ mayoría de ellos
 17   18
vivían recluidos en _____ selva, desarrollando una cultura única adaptada a su
                     19
entorno. Hasta _____ década de _____ 40, _____ cultura lacandona perma-
                20   21   22
nece aún bajo _____ influencia de _____ misioneros cristianos. Hoy en día, en
               23   24
_____ pueblo de Najá, _____ lacandones más ancianos continúan inspirando a
 25   26
_____ comunidad con historias mitológicas únicas, interpretaciones de sueños,
 27
rituales y principios de agricultura que son puramente mayas. Aunque hoy en

día su número asciende a no más de 500, han tenido que hacer frente a cambios

sin precedentes en el despertar de _____ colonización fronteriza masiva y _____
                                    28   29
deforestación de _____ selva lacandona desde _____ década de _____ 50.
                  30   31   32

2-30 Género/Plural de sustantivos Escribe la forma plural de los siguientes sustantivos.

Ejemplo: estado   *estados*

1. civilización
2. ceremonia
3. astrónomo
4. matiz
5. panal
6. rivalidad
7. dios
8. cacique

¡Alto!

These activities will prepare you to complete the in-class communicative activities for **Función 2-2** on pages 38–39 of this chapter.

Estructura 2-2a: *Acabar de* + infinitive

Acabar de + the infinitive of the main verb may be used to express something that happened in the immediate past. The English equivalent for **acabar de** + *infinitive* is "to have just . . .". Study the following examples:

Acabo de leer el cuento.   *I have just read* the story.
Acaban de llegar.   *They have just arrived*.

The same idea can be expressed in the past (had just . . .) using the imperfect of **acabar.**

Acababa de leer la novela   *I had just read* the novel
cuando conocí al autor.   *when I met the author.*

2-31 Turismo en Chiapas Completa las siguientes oraciones con las formas adecuadas de **acabar de.**

Ejemplo: Yo _acabo_ de ver la cascada de Agua Azul.

1. Mis hijos _____ de ir al Zoológico Miguel Álvarez de Toro.
2. ¿Ustedes _____ de sacar fotos de los Lagos de Montebello?
3. Nosotros _____ de hacer una excursión a las grutas de Rancho Nuevo.
4. Yo _____ de realizar ecoturismo en Misol-ha.
5. Mi hija _____ de recorrer los canales de Las Palmas en lancha.
6. ¿Tú _____ de reservar un vuelo para Chiapas?

2-32 El pasado reciente Contesta las siguientes preguntas con oraciones completas en español.

Ejemplo: ¿Qué acabas de leer? *Acabo de leer una novela policíaca.*

1. ¿Qué acabas de comprar?
2. ¿Qué acabas de decirle a tu mejor amigo/amiga?
3. ¿Qué acaban de hacer tus compañeros de clase?
4. ¿Qué acaba de explicar tu instructor/instructora?
5. ¿Qué acaban de ver tú y tus amigos?

Estructura 2-2b: Imperfect indicative

The Spanish imperfect aspect is used to express past actions or states of being that were habitual or ongoing. Study the following examples.

- Habitual actions

  Íbamos a las ruinas mayas en el verano.

  We used to go to the Mayan ruins in the summer. / We would go to the Mayan ruins in the summer.

- Ongoing actions

  Ellos nos saludaron cuando **entrábamos** a la pirámide.

  They said hello when we were entering the pyramid.

- Physical, mental, or emotional states

  Cuando **tenía** diez años, **estaba** fascinado con los indígenas.

  When I was ten, I was fascinated by indigenous people.

- Time

  Eran las seis cuando salieron de la iglesia.

  It was six o'clock when they left the church.

- Simultaneous actions with **mientras**

  Yo **leía** la enciclopedia mientras Anita **buscaba** información en Internet.

  I read the encyclopedia while Anita surfed the Internet.

Study the following chart to review the formation of the imperfect of regular verbs.

IMPERFECT OF REGULAR VERBS	-ar: estudiar	-er: leer	-ir: decir
yo	estudi**aba**	le**ía**	dec**ía**
tú	estudi**abas**	le**ías**	dec**ías**
usted/él/ella	estudi**aba**	le**ía**	dec**ía**
nosotros/nosotras	estudi**ábamos**	le**íamos**	dec**íamos**
vosotros/vosotras	estudi**abais**	le**íais**	dec**íais**
ustedes/ellos/ellas	estudi**aban**	le**ían**	dec**ían**

Only three verbs are irregular in the imperfect: **ir, ser,** and **ver.**

IMPERFECT OF IRREGULAR VERBS	ir	ser	ver
yo	iba	era	veía
tú	ibas	eras	veías
usted/él/ella	iba	era	veía
nosotros/nosotras	íbamos	éramos	veíamos
vosotros/vosotras	ibais	erais	veíais
ustedes/ellos/ellas	iban	eran	veían

2-33 Datos sobre los mayas Completa las siguientes oraciones en el imperfecto de indicativo con los verbos que están entre paréntesis.

> **Ejemplo:** La región de los mayas se _extendía_ por 324.000 kilómetros. (extender)

1. El territorio maya _____ lo que hoy es Guatemala, Belice, el oeste de Honduras, El Salvador y algunos estados de México: Yucatán, Campeche, Quintana Roo, Tabasco y el oeste de Chiapas. (incorporar)
2. En este territorio _____ muchas diferencias de geografía, clima y vegetación. (haber)
3. Los mayas _____ en grandes ciudades que _____ en pirámides, templos, palacios, santuarios, casas y patios (vivir, consistir).
4. Las ciudades _____ rodeadas de granjas. (estar)
5. Muchos pueblos _____ un carácter urbano. (tener)
6. Los edificios _____ para fines religiosos y paganos. (servir)
7. La arquitectura _____ la ideología religiosa. (mostrar)

2-34 La cosmología maya Escribe oraciones sobre los mayas usando el imperfecto de indicativo. Usa las siguientes frases.

> **Ejemplo:** invocar a Itzám Na, el Señor de los Cielos
>
> *Los mayas invocaban a Itzám Na, el Señor de los Cielos.*

1. desarrollar ciencias, como la astronomía y las matemáticas
2. perfeccionar las artes, como la arquitectura
3. interpretar el cosmos
4. creer en unas deidades benévolas y otras malignas
5. depender de los planetas y los demás cuerpos celestes
6. mantener el equilibrio entre el cielo y el inframundo

2-35 La arqueología en el futuro ¿Qué concluirían los arqueólogos del futuro si desenterraran tus pertinencias? Escribe cinco oraciones originales al respecto. Usa, sobre todo, verbos en el imperfecto de indicativo.

> **Ejemplo:** *Esta civilización guardaba discos pequeños de plástico.*

2-36 Los indígenas Escribe oraciones completas en el imperfecto de indicativo con los siguientes fragmentos.

Cuando llegaron los europeos a las Américas, las civilizaciones indígenas ya…

> **Ejemplo:** cultivar el maíz, el tomate y el frijol
>
> *cultivaban el maíz, el tomate y el frijol.*

1. comerciar entre civilizaciones
2. crear objetos de cerámica y metal
3. hacer tratados con otras civilizaciones
4. construir edificios y monumentos
5. escribir sus libros sagrados
6. vivir en ciudades y pueblos

Estructura 2-3a: Preterite indicative

Preterite of regular verbs

The Spanish preterite focuses on the beginning or end of actions, events, or states of being in the past.

¡Alto!

These activities will prepare you to complete the in-class communicative activities for **Función 2-3** on pages 39–40 of this chapter.

- Completed actions

  Llegamos a Mérida a medianoche.   *We arrived in Mérida at midnight.*

- Completed events in the past

  Los mayas **construyeron** el Templo del Jaguar.   *The Mayans constructed the Jaguar Temple.*

- States of being in the past when it is clear that they are over

  Me sentí mal anoche pero hoy me siento bien.   *I felt bad last night but I feel well today.*

PRETERITE OF REGULAR VERBS

	-ar: observar	-er: vender	-ir: exhibir
yo	observé	vendí	exhibí
tú	observaste	vendiste	exhibiste
usted/él/ella	observó	vendió	exhibió
nosotros/nosotras	observamos	vendimos	exhibimos
vosotros/vosotras	observasteis	vendisteis	exhibisteis
ustedes/ellos/ellas	observaron	vendieron	exhibieron

2-37 Logros de los mayas ¿Qué hacían los mayas en el apogeo de su civilización? Completa las siguientes oraciones con la forma adecuada de los verbos que están entre paréntesis.

Ejemplo: (requerir) la adoración a los dioses del sol, la luna, la lluvia y el maíz

Requirieron la adoración a los dioses del sol, la luna, la lluvia y el maíz.

1. (realizar) una arquitectura monumental en los centros urbanos y ceremoniales
2. (controlar) un imperio constituido una red de ciudades-estado
3. (organizar) un sistema de clases sociales efectivo
4. (crear) códices (libros de papel de corteza) y un calendario
5. (desarrollar) las artes y ciencias, como la medicina
6. (basar) su sociedad agraria en el cultivo del maíz
7. (extender) las rutas comerciales hacia el mundo maya del norte, el centro de México y el sur, llegando hasta Panamá
8. (establecer) un sistema religioso basado en el cosmos y la naturaleza
9. (escribir) jeroglíficos en las estelas
10. (definir) ocupaciones y oficios

Estructura 2-3b: Preterite of stem-changing verbs

Stem-changing verbs with **-ir** infinitives have a stem-change in the third-person (**usted/él/ella** and **ustedes/ellos/ellas**) forms of the preterite tense.

PRETERITE OF STEM-CHANGING VERBS

	o → u: dormir	**e → i: pedir**	**e → i: sentir**
yo	dormí	pedí	sentí
tú	dormiste	pediste	sentiste
usted/él/ella	durmió	pidió	sintió
nosotros/nosotras	dormimos	pedimos	sentimos
vosotros/vosotras	dormisteis	pedisteis	sentisteis
ustedes/ellos/ellas	durmieron	pidieron	sintieron

Similar verbs

dormir: morir

pedir: conseguir, corregir(se), despedir(se), elegir, impedir, medir, perseguir, reír(se), repetir, seguir, servir, vestir(se)

sentir: advertir, divertir(se), herir, invertir, mentir, preferir, requerir, sugerir

2-38 El templo del Gran Jaguar En Tikal, Guatemala, está el Templo maya del Gran Jaguar. Escribe de nuevo la siguiente oración, según las indicaciones.

Ejemplo: Los mayas construyeron el Templo del Gran Jaguar. (dedicar)

Los mayas dedicaron el Templo del Gran Jaguar.

1. describir
2. ver
3. congregarse en
4. mostrar
5. reunirse en

2-39 Tus viajes Contesta las siguientes preguntas sobre uno de tus viajes con oraciones completas en español.

1. ¿A qué sitio interesante viajaste?
2. ¿Qué sitios interesantes visitaste?
3. ¿Quiénes te acompañaron?
4. ¿Qué te impresionó más?
5. ¿Qué aprendiste en el viaje?
6. ¿Qué comiste durante las vacaciones?

2-40 Tus actividades de ayer Usando verbos de la siguiente lista, escribe cinco oraciones completas sobre tus actividades de ayer.

Ejemplo: medir

Medí mi apartamento porque voy a comprar una alfrombra.

conseguir despedirse divertirse dormir elegir mentir pedir repetir servir vestirse

Estructura 2-3c: Preterite of *-ar* verbs with spelling changes

Verbs that end in **-car, -gar,** and **-zar** have a spelling change in the first-person singular form of the preterite to preserve the sound of the stem.

PRETERITE OF *-AR* VERBS WITH SPELLING CHANGES			
	buscar	**entregar**	**realizar**
yo	bus**qué**	entre**gué**	reali**cé**
tú	buscaste	entregaste	realizaste
usted/él/ella	buscó	entregó	realizó
nosotros/nosotras	buscamos	entregamos	realizamos
vosotros/vosotras	buscasteis	entregasteis	realizasteis
ustedes/ellos/ellas	buscaron	entregaron	realizaron

Similar verbs

buscar: acercarse, aparcar, colocar, complicar, comunicar(se), criticar, equivocar(se), explicar, marcar, pescar, practicar, sacar, secar, significar, tocar

entregar: apagar, cargar, colgar, jugar, llegar, negar, regar, rogar

realizar: almorzar, analizar, avanzar, cazar, comenzar, cruzar, empezar, gozar, tranquilizar(se), utilizar

2-41 Mi informe Transforma los siguientes elementos en oraciones completas usando el pretérito de indicativo.

Ejemplo: explicar / arquitectura maya

> *Expliqué la arquitectura maya.*

1. colocar / artefactos arqueológicos
2. analizar / contribuciones culturales
3. gozar de / investigación
4. utilizar / muchas fuentes
5. practicar / informe oral
6. comenzar / a tiempo

2-42 Lo que yo hice Escribe los equivalentes en español de los verbos que están en paréntesis.

Ejemplo: Yo *empecé* a estudiar las culturas indígenas. (began)

1. Yo _____ los artefactos de cerámica. (touched)
2. Me _____ con los antropólogos. (communicated)
3. Desafortunadamente, yo _____ tarde a una conferencia importante. (arrived)
4. Yo _____ los códices con cuidado. (analyzed)
5. Yo _____ una investigación sobre las mayas. (realized)

2-43 ¿Qué hiciste la semana pasada? Contesta las siguientes preguntas sobre tus actividades de la semana pasada con oraciones completas en español.

Ejemplo: ¿Qué le explicaste a tu amigo? *Le expliqué una fórmula de matemáticas.*

Durante la semana pasada…

1. ¿Qué libros sacaste de la biblioteca?
2. ¿Con quiénes te comunicaste por email?
3. ¿A qué jugaste?
4. ¿Qué cargaste a tu tarjeta de crédito?
5. ¿Qué cosa comenzaste a aprender?
6. ¿De qué actividad gozaste más?

Estructura 2-3d: Preterite of -*er* and -*ir* verbs with spelling changes

Most –**er** and –**ir** verbs whose stems end in a vowel change the endings of **usted/ustedes** and the third-person (**él/ella** and **ellos/ellas**) forms of the preterite tense: -ió → -yó; -ieron → -yeron.

PRETERITE OF -*ER* AND -*IR* VERBS WITH SPELLING CHANGES			
	creer	**construir**	**oír**
yo	creí	construí	oí
tú	creíste	construiste	oíste
usted/él/ella	cre**yó**	constru**yó**	o**yó**
nosotros/nosotras	creímos	construimos	oímos
vosotros/vosotras	creísteis	construisteis	oísteis
ustedes/ellos/ellas	cre**yeron**	constru**yeron**	o**yeron**
Similar verbs			
creer: caer, leer			
construir: destruir, distribuir, huir, sustituir			

2-44 En la época clásica Completa las siguientes oraciones con las formas adecuadas de los verbos que están entre paréntesis.

Ejemplo: Los mayas <u>*construyeron*</u> templos hermosos. (construir)

1. Los estudiantes _____ acerca de la época clásica de los mayas. (leer)
2. El joven maya _____ una choza de palos cubiertos de lodo. (construir)
3. El techo de paja _____ por la lluvia. (caerse)
4. Más tarde los mayas _____ piedras por paja en sus edificios de arcos voladizos de piedra. (sustituir)
5. Estos edificios no se _____ con nada. Se ven hoy en la ciudad de Uaxactún. (destruir)

2-45 En la clase de español Escribe los equivalentes de las siguientes oraciones en español.

> **Ejemplo:** The professor fell down the stairs. *La profesora/el profesor se cayó por la escalera.*

1. The students read the article yesterday.
2. The instructor distributed the reports.
3. The students fled when the bell rang.
4. The assistant substituted for the professor.
5. The professors heard that theory.
6. The student destroyed his homework.
7. Two students built a model of a Mayan pyramid.

Estructura 2-3e: Verbs that follow a special pattern in the preterite

Many of the most commonly used verbs in Spanish have special forms in the preterite. You will notice that the following preterite endings, except for those of the first- and third-person singular, are the same as those of regular -er and -ir verbs without accent marks. The first- and third-person singular endings are the same as those of -ar verbs without accent marks. Because other Spanish verb forms are based on the third-person preterite forms, it is very important that you memorize them.

Verbs like **conducir decir**, and **traer** have an additional irregularity: in the third-person plural, the ending is **-eron** rather than **-ieron.** The third-person singular of **hacer** is **hizo.**

VERBS THAT FOLLOW A SPECIAL PATTERN IN THE PRETERITE

infinitive	preterite stem	endings
andar	anduv-	
estar	estuv-	
tener	tuv-	
conducir	conduj-	-e
decir	dij-	-iste
traer	traj-	-o
poder	pud-	-imos
poner	pus-	-isteis
querer	quis-	-ieron
saber	sup-	
hacer	hic-, hiz-	
venir	vin-	

Similar verbs

conducir: introducir, producir, traducir

decir: predecir

hacer: deshacer, rehacer

poner: exponer(se), oponer(se), proponer, reponer, suponer

tener: abstener(se), contener(se), detener(se), mantener(se), obtener

traer: atraer, contraer, distraer

venir: convenir, intervenir

2-46 Literatura maya Escribe los equivalentes de las siguientes oraciones en español.

> **Ejemplo:** Fray Alonso de Portillo translated the *Popol Vuh* into Latin.
>
> *Fray Alsonso de Portillo tradujo el «Popol Vuh» al latín.*

1. Some Mayans produced written versions of the *Popol Vuh* and the *Chilam Balám*.
2. Catholic priests obtained copies and translated them into Latin, Spanish, and French.
3. These sacred texts exposed the Mayans' history, mythology, and culture.
4. Both books predicted the arrival of the Spaniards to the Yucatan.

2-47 Historia breve Completa la siguiente historia con las formas adecuadas de los verbos que están entre paréntesis.

En 1511, el fraile Jerónimo de Aguilar y el marino Gonzalo Guerrero _____₁ (venir) a la costa de Quintana Roo después del naufragio de su embarcación. Los mayas no los mataron, sino que los _____₂ (hacer) esclavos. Guerrero se casó con una nativa, _____₃ (tener) una familia y se _____₄ (hacer) miembro de la comunidad maya. Así, cuando Aguilar le _____₅ (proponer) escapar con él, Guerrero no _____₆ (querer). El fraile no _____₇ (poder) convencerlo y se marchó a la isla de Cozumel para encontrarse con Hernán Cortés en 1519. Más tarde, Gonzalo Guerrero _____₈ (intervenir) cuando los españoles amenazaron a los mayas, un pueblo que él había aprendido a querer y respetar. Los mayas _____₉ (oponerse) con fiera resistencia a los españoles, pero al final los conquistadores _____₁₀ (obtener) victoria en Yucatán.

Estructura 2-3f: Preterite of irregular verbs

Five verbs—**dar, haber, ir, ser,** and **ver**—are completely irregular in the preterite.

Ser and **ir** have exactly the same forms, but don't worry—you will be able to determine which is which from context. Note the lack of accent marks in all forms of these five verbs in the preterite tense.

PRETERITE OF IRREGULAR VERBS	dar	haber	ir	ser	ver
yo	di	hube	fui	fui	vi
tú	diste	hubiste	fuiste	fuiste	viste
usted/él/ella	dio	hubo	fue	fue	vio
nosotros/nosotras	dimos	hubimos	fuimos	fuimos	vimos
vosotros/vosotras	disteis	hubisteis	fuisteis	fuisteis	visteis
ustedes/ellos/ellas	dieron	hubieron	fueron	fueron	vieron

2-48 Sucesos de esta semana Contesta las siguientes preguntas con oraciones completas en español.

> **Ejemplo:** ¿Adónde fuiste anoche?
>
> *Fui a la biblioteca.*

1. ¿Hubo un evento importante ayer?
2. ¿Cuál fue el evento más interesante de esta semana?
3. ¿Fuiste a algún lugar divertido con tus amigos esta semana? ¿Adónde fueron?
4. ¿Te dieron tus amigos información importante esta semana? ¿Qué te dijeron?
5. ¿Qué vieron de interés tú y tus amigos esta semana?

2-49 Verbos irregulares Completa la siguiente tabla con las formas adecuadas de los verbos, según las indicaciones.

	dar	haber	ir/ser	ver
yo				
tú				
usted/él/ella				
nosotros/nosotras				
vosotros/vosotras				
ustedes/ellos/ellas				

2-50 Tus vacaciones Contesta las siguientes preguntas con oraciones completas en español.

1. ¿Adónde fuiste de vacaciones?
2. ¿Cómo fueron las vacaciones?
3. ¿Qué cosas interesantes viste?
4. ¿Hubo algo sorprendente? ¿Qué?
5. ¿A quién le diste un recuerdo de tus vacaciones?

Estructura 2-3g: Imperfect and preterite contrasted

Imperfect	Preterite
• Habitual actions **Íbamos** a Mérida todos los años.	• Actions that happened a specific number of times **Fuimos** a Mérida tres veces.
• Duration or continuing actions Mientras **estábamos** en Mérida, **estudiábamos** español.	• Finished, completed actions **Estudiamos** español en Mérida el año pasado.
• Primary description Chichén Itzá **era** la ciudad más famosa del mundo maya. **Tenía** construcciones de muchos estilos arquitectónicos.	• Series of distinct events **Fuimos** a Chichén Itzá, **vimos** las ruinas y **tomamos** muchas fotos. Después, **comimos** en un restaurante típico yucateca.

2-51 El período colonial maya Completa el siguiente párrafo con las formas adecuadas de los verbos en el imperfecto o el pretérito, según el contexto.

Para esta época, los numerosos cacicazgos o señoríos _____ (conformar) dieciséis provincias. _____ (ser) enemigos entre sí. El primer contacto de los españoles con el mundo maya _____ (ocurrir) en 1502, al desembarcar Cristóbal Colón en Guanaja, del actual país de Honduras, donde _____ (encontrar) a unos indígenas comerciando en una gran canoa con más de veinte remeros. Al preguntarles de dónde _____ (proceder), le _____ (decir) que _____ (ser) de «una provincia llamada Maiam». En viajes subsecuentes, los españoles _____ (recorrer) sus costas e _____ (hacer) contactos con más indígenas. En 1506, Vicente Yáñez Pinzón y Juan Díaz de Solís _____ (navegar) cerca de la costa noreste. En 1511, Valdivia _____ (naufragar) y _____ (casarse) con la hija de un cacique maya.

Números: 1 (conformar), 2 (ser), 3 (ocurrir), 4 (encontrar), 5 (proceder), 6 (decir), 7 (ser), 8 (recorrer), 9 (hacer), 10 (navegar), 11 (naufragar), 12 (casarse)

2-52 Historia de Chiapas Completa el siguiente párrafo con las formas adecuadas de los verbos en el imperfecto o el pretérito, según el contexto.

Durante la dominación española, este estado _____ (ser) provincia y después intendencia real. Antes de la conquista _____ (tener) mayor importancia que en la actualidad. Aquí se encuentran las célebres ruinas de Palenque. Ocango y Soconusco _____ (ser) también centros importantes. Los olmecas, los toltecas y finalmente los aztecas _____ (invadir) este territorio. Muchos de sus habitantes _____ (emigrar) a Nicaragua. Pedro de Alvarado _____ (realizar) la conquista de Soconusco en 1534. Chiapas _____ (depender) primero de la Audiencia de México y después de Guatemala. En 1538 _____ (surgir) la Diócesis de Chiapas, dependiente del Arzobispado de México. En 1625 _____ (morir) el obispo Bernandino de Salazar y Farías, quien fue envenenado por una señorita por haber excomulgado a mujeres que _____ (tomar) chocolate en el templo. De ahí viene el refrán: «Cuidado con el chocolate de Chiapas».

Chiapas _____ (declarar) su independencia de España el 28 de agosto de 1821 en la ciudad de Comitán. El 14 de enero de 1824, el pueblo de Chiapas _____ (decidir) libre y espontáneamente unirse a México y seguir su destino. Desde entonces forma parte de la República Mexicana, como estado soberano, libre e independiente.

CAPÍTULO 3
EL ESPAÑOL EN TU FUTURO

Sean Locke/istockphoto.com

LICENCIADOS NUEVOS. ¿QUÉ VAS A HACER DESPUÉS DE GRADUARTE?

Courtesy Donna Long & Jan Macián

Marisa Vargas, Lima, Perú

Las investigaciones sobre el futuro de las carreras universitarias seña-lan que las empresas precisan para su modernización una serie de pro-fesionales preparados intelectualmente para el trabajo y que también tengan la capacidad de defenderse en más de un idioma. ¿Cómo crees que vas a usar el español después de graduarte? ¿A quién conoces que haya obtenido un trabajo por ser bilingüe aquí en Estados Unidos? En tu comunidad, ¿dónde puedes usar el español?

MARISA VARGAS, LIMA, PERÚ

SUGERENCIAS PARA APRENDER EL VOCABULARIO

CÓMO AGRUPAR FRASES Y PALABRAS Categorizing words and phrases into meaningful units is a useful vocabulary-learning technique. For example, you may group or relate words according to grammatical categories (nouns, adjectives, verbs, etc.), semantic categories (people, places, sports, equipment, foods, etc.), situations (medicines to be pre-scribed for certain illnesses), functional themes (having fun, working, etc.). As you study **Idiomas y negocios,** write down several different categories that might apply and group the words accordingly.

Guía para el lector

As you read **«Idiomas y negocios»**, use the following questions as a guide.

1. ¿Cuáles son las tres áreas que requieren el poder comunicarse en otro idioma cuando se hacen negocios?
2. ¿Cuáles son algunos de los países hispano-hablantes que exportan productos a Estados Unidos?
3. ¿Cuáles son algunos de los profesionales que están en demanda?
4. ¿Por qué es importante que todas estas personas sean bilingües?
5. En las áreas de educación y programas sociales, ¿qué trabajos hay?
6. ¿Cuál es el porcentaje de hispanohablantes en Estados Unidos?

IDIOMAS Y NEGOCIOS

La reorganización económica y política mundial **tiende** hacia la globalización, obli-gándonos cada vez más a prestar atención, no sola-mente a la **carrera** seleccionada, sino también a otras áreas de espe-cialización. Frecuentemente estas áreas **exigen** el poder comunicarse en otro idioma. Entre las áreas más importantes se encuentran: la **reali-zación** de **operaciones comercia-les**, la **profundización** en áreas de estudios y el desarrollo de progra-mas sociales.

Kent Gilbert/AP Photo

PROCESAMIENTO DE PLÁTANOS EN COSTA RICA. ¿DE DÓNDE VIENEN TUS COMIDAS?

Hoy en día es muy común encontrar productos **fabricados** en otros países en las tiendas. Las **etiquetas** de estos productos indican su **procedencia.** Pueden comprarse discos compactos para la computadora que están **hechos en** México, vinos blancos que son productos chilenos o argentinos, o juguetes **fabricados en** Honduras. También se encuentran camisas hechas en Estados Unidos, pero de **tela producida en** la República Dominicana. Estos artículos son productos **extranjeros,** pero muchos llevan nombres de compañías o **empresas multinacionales** o nacionales, como Walt Disney, Del Monte, Compaq y Ford. En los supermercados encontramos piñas o plátanos que provienen de Costa Rica y **aceitunas** de España. Todas estas compañías **requieren gerentes, abogados, ingenieros,** químicos, programadores, secretarios y **traductores bilingües** para poder **fabricar, promocionar** y **vender** sus productos más allá de sus **fronteras.**

Como estudiantes, leemos libros escritos por autores extranjeros, como Isabel Allende; vemos películas en español con subtítulos en inglés y escuchamos la música latina. Ahora, en Estados Unidos, hay todo un sector público que **disfruta de** la literatura, del cine y de la música en español, no como segundo sino como primer idioma.

En esta **sociedad creciente** de hispanohablantes, cada día hay más demanda para profesores **bilingües** en estados como California, Tejas, Florida, Georgia, Tennessee, Nueva York, Illinois y Ohio. Los programas sociales también **requieren** los servicios de **médicos,** dentistas, **farmacéuticos, enfermeros, trabajadores sociales y** psicólogos para atender a este público.

Hasta hace poco tiempo, el inglés como **lengua franca** o lengua de **negocios** dominaba la escena mundial, y los primeros contactos y negociaciones con los **altos funcionarios** ocurrían en inglés. Ahora, debido al hecho de que más del 13 por ciento de la **población** de Estados Unidos es hispanohablante, se está volviendo más y más crítica la necesidad de poder **comunicarse** en español con los clientes y respetar sus **costumbres** y cultura.

As you read, write a list or underline the cognates that are related to the topic and be sure to use them as you do the **activities**.

🖐 Using the **Tema para la conversación** questions as a guide, enter the **De paseo** message board at **www.cengage.com/login** to share your comments and opinions on this interactive site.

Tema para la conversación 3-1

¿Qué entienden por «globalización»? En grupos pequeños, identifiquen dos empresas multinacionales, dos áreas de estudios y dos programas sociales que exijan el poder comunicarse en español.

Tema para la conversación 3-2

Hoy en día es casi imposible ir de compras sin encontrar productos importados de otros países. En grupos pequeños, identifiquen los productos importados de países hispanohablantes que han comprado últimamente.

Tema para la conversación 3-3

En muchas regiones de Estados Unidos el impacto de la creciente población hispanohablante sobre la vida diaria es obvio. En grupos pequeños, conversen acerca de las necesidades y oportunidades para las personas bilingües en su comunidad.

VOCABULARIO PARA LA CONVERSACIÓN

abogado/abogada lawyer

aceituna olive

alto funcionario/alta funcionaria high-ranking official

bilingüe m./f. bilingual

carrera career

comunicarse v. prnl. to communicate

costumbres f. customs

exigir v. tr. to demand

disfrutar de v. intr. to enjoy

empresa multinacional multinational corporation

enfermero/enfermera nurse

etiqueta label, tag

extranjero/extranjera foreign, foreigner

fabricado/fabricada en manufactured in

fabricar v. tr. to manufacture

farmacéutico/farmacéutica pharmacist

frontera border, frontier

gerente m./f. manager, supervisor

hecho/hecha en made in

ingeniero/ingeniera engineer

lengua franca medium of communication between people of different languages

médico/médica doctor

negocio business

población f. population

procedencia origen

producido/producida en produced in

profundización en áreas de estudios investigation/research in coursework

promocionar v. tr. to promote

realización de operaciones comerciales fulfillment/carrying out of commercial operations

requerir (ie) v. tr. to require

ser muy común to be commonplace

sociedad creciente growing society

tela cloth

tender (ie) v. tr. to tend toward

trabajador/trabajadora social social worker

traductor/traductora translator

vender v. tr. to sell

Vocabulario en acción

3-1 Trabajos y más trabajos En parejas, escriban una lista de los trabajos mencionados en «Idiomas y negocios» y decidan cúal de los trabajos mencionados es el más difícil, fácil, interesante, difícil, divertido y aburrido.

Ejemplo: *Creo que el trabajo de secretario es difícil porque hay muchas responsabilidades y no ganan mucho dinero.*

3-2 ¿A quién conoces? En parejas, conversen sobre las personas que tienen puestos que exigen el poder comunicarse con sus clientes en otro idioma.

Ejemplo: *Mi amigo Jorge es médico. Frecuentemente tiene que hablar con sus pacientes en español.*

3-3 ¿Su cultura o la tuya? Uno de los problemas que se encuentran al trabajar con personas que hablan otro idioma es el malentendido cultural. Por ejemplo, el uso de **tú** en vez de **usted** puede ofender a un hispanohablante. En parejas...

- piensen en algunas de las diferencias culturales que existen entre los países hispanohablantes que ustedes conocen y Estados Unidos.
- conversen sobre la importancia de estas diferencias y determinen si de verdad es importante respetar las costumbres de los demás.

3-4 ¡Adelante!
You should now complete the **Primera etapa** of the *Diario de actividades*, pages 46–49.

3-4 El pueblo global Hoy en día todo el mundo habla del «pueblo global» y de la importancia de la comunicación entre personas de distintas culturas.

En grupos pequeños...

- hablen desde la perspectiva de los estudiantes sobre el pueblo global.

Ejemplo: *Ser bilingüe es una ventaja porque uno puede entender mejor las diferentes culturas.*

- conversen desde la perspectiva que tienen las empresas sobre el pueblo global.

Ejemplo: *Conocer la cultura de un país facilita los negocios.*

- conversen desde la perspectiva de los gobiernos sobre el pueblo global.

Ejemplo: *Conocer las costumbres de otros países facilita las relaciones políticas.*

FUNCIÓN 3-1: Cómo evitar la repetición

Una calle de Lima, Perú. ¿Qué contrastes ves entre la capital de Perú y la capital de Estados Unidos?

*« La promesa de algunas multinacionales en países que están en vías de desarrollo es que el comercio y la globalización ayudarán a reducir la pobreza. Sin embargo, a veces los tratados de comercio **les** niegan una posición favorable en la economía global. »*

MARÍA TERESA BELTRÁN-APONTE, BOGOTÁ, COLOMBIA

3-5 Trabajo de estudiantes En grupos pequeños, hagan las siguientes preguntas y contéstenlas, según las siguientes indicaciones.

> **Ejemplo:** Estudiante 1: *¿Me das un libro sobre las empresas multinacionales?*
> Estudiante 2: *Sí, te doy un libro sobre las empresas multinacionales.*

1. ¿Les envías mensajes electrónicos en español a tus amigos?
2. ¿Nos recomiendas las revistas de Internet en español?
3. ¿Les preparas publicidad en español a los hispanohablantes?
4. ¿Le escribes anuncios en español a la estación de radio?
5. ¿Les pides a las autoridades su cooperación en asuntos relacionados con la comunidad latina?

¡Alto!

Review **Estructura 3-1** in the **Repaso de gramática** on pages 85–87 at the end of this chapter and complete the accompanying exercises.

3-6 Regalos para todos ¿A quiénes quieren regalarles productos típicos del mundo hispano? En parejas, háganse preguntas basándose en la información contenida en la siguiente lista de frases. Contesten las preguntas usando pronombres de complemento indirecto y una frase preposicional, según el ejemplo.

> **Ejemplo:** vinos chilenos
>
> Estudiante 1: *¿A quién quieres regalarle los vinos chilenos?*
> Estudiante 2: *Le quiero regalar los vinos chilenos a mi tío Luís. o*
> *Quiero regalarle los vinos chilenos a mi tío Luís.*

1. juguetes fabricados en Honduras
2. una camisa de la República Dominicana
3. un curso de español en el extranjero
4. una excursión a un país hispanohablante
5. un vídeo sobre las ruinas precolombinas
6. discos compactos de artistas hispanos

Photolibrary.com Pty. Ltd./Index Open

¡Adelante! 🖋

Now that you have completed your in-class work on **Función 3-1,** you should complete **Audio 3-1** in the **Segunda etapa** of the *Diario de actividades,* pages 50–52.

¡Alto!

Review **Estructura 3-2** in the **Repaso de gramática** on pages 87–90 at the end of this chapter and complete the accompanying exercises.

3-7 Presentaciones En grupos pequeños, intercambien el papel de presentador/presentadora y presentados en las siguientes situaciones.

> Ejemplo: Arturo Casas / Amalia Pérez (estudiantes)
>
> Estudiante 1: *Arturo, te presento a Amalia Pérez.*
> Estudiante 2: *Mucho gusto, Arturo.*
> Estudiante 3: *El gusto es mío, Amalia.*

1. el Profesor Suárez / Anabel Rojas (profesor / estudiante)
2. la licenciada Martínez / el ingeniero Vargas (profesionales)
3. Carolina Méndez / Benito Martos (estudiantes)
4. la doctora Hernández / tu tía Sofía
5. Marcos y Laura Soto / Felipe y Aurora Benavídez (amigos de tus padres)

FUNCIÓN 3-2: **Cómo hablar de personas y cosas**

Un ejecutivo latino concierta una cita con su jefe. ¿En qué situaciones pedirías un aumento de sueldo?

≪ *Uno tiene que prepararse bien para pedir un aumento de sueldo. Hay que hacer un pequeño guión y seguirlo al pie de la letra. Así la entrevista con su jefe será clara y eficaz.* ≫

RAQUEL PINA, SANTA FE, ARGENTINA

3-8 En busca de empleo En parejas, conversen acerca de los pasos necesarios para buscar empleo.

> Ejemplo: completar la solicitud
>
> Estudiante 1 (consejero): *¿Completó la solicitud?*
> Estudiante 2 (postulante): *Sí, la completé.*

1. preparar el currículum
2. escribir la carta de solicitud
3. llamar la oficina de empleo
4. arreglar la entrevista
5. conocer al director de empleo
6. ver el vídeo de orientación
7. entregar todos los materiales
8. esperar la llamada telefónica
9. aceptar el puesto

3-9 Asuntos de la oficina En parejas, conversen acerca de los asuntos de la oficina, según las indicaciones.

> Ejemplo: arreglar la computadora
>
> Estudiante 1 (supervisor): *¿Cuándo va a arreglar la computadora?*
> Estudiante 2 (empleado): *Voy a arreglarla esta mañana.*

1. revisar este informe
2. copiar estas hojas
3. diseñar una campaña
4. devolver los archivos
5. hacer café
6. abrir una cuenta de ahorros

3-10 ¿Qué hicieron? En grupos pequeños, conversen acerca de sus actividades recientes, según las indicaciones. Eviten la repetición.

Ejemplo: enviar un mensaje de texto

Estudiante 1: *¿Me enviaste el mensaje de texto ayer?*
Estudiante 2: *Sí, te lo envié.*

1. escribir el ensayo para la profesora
2. preparar el almuerzo para tus amigos
3. escribir la carta al director del periódico
4. resolver el problema para tu amigo/amiga
5. vender los libros a las estudiantes
6. tocar la nueva pieza de música para el profesor
7. ponerte tus zapatos nuevos
8. comprarme la entrada al concierto

¡Adelante!

Now that you have completed your in-class work on **Función 3-2,** complete **Audio 3-2** in the **Segunda etapa** of the *Diario de actividades,* pages 52–55.

¡Alto!

Review **Estructura 3-3** in the **Repaso de gramática** on pages 90–92 at the end of this chapter and complete the accompanying exercises.

FUNCIÓN 3-3: Cómo comparar

Una intérprete en su trabajo. ¿Qué habilidades necesitan los intérpretes? ¿Los traductores?

≪ *Para ser competetivos en la búsqueda de empleo, hoy en día los recién graduados tienen que ser más capacitados, más responsables y más flexibles que nunca.* ≫

RAÚL DIEGO RIVERA HERNÁNDEZ, MÉXICO, D.F. MÉXICO

3-11 Compañeros de clase En parejas, comparen y contrasten los siguientes aspectos de la vida estudiantil, según el ejemplo.

Ejemplo: clases

Estudiante 1: *¿Cuántas clases tienes hoy?*
Estudiante 2: *Tengo tres clases hoy.*
Estudiante 1: *Tú tienes más clases que yo.*

1. cursos
2. laboratorios
3. discos compactos
4. libros
5. trabajos escritos
6. exámenes
7. camisetas
8. compañeros/compañeras de cuarto
9. actividades
10. amigos/amigas hispanohablantes

3-12 Ventajas de ser bilingüe En grupos pequeños, comparen a las personas bilingües con las personas monolingües, según las indicaciones.

Ejemplo: leer literatura

Las personas bilingües leen más literatura que las personas monolingües.

1. conseguir oportunidades de empleo
2. formar amistades
3. tener conocimientos culturales
4. hacer viajes al extranjero
5. participar en actividades en comunidades con diversidad étnica
6. tener ganas de mejorar el mundo
7. resolver problemas sociales
8. ver injusticias

¡Adelante!

Now that you have completed your in-class work on **Función 3-3,** complete **Audio 3-3** in the **Segunda etapa** of the *Diario de actividades,* pages 56–59.

3-13 El lugar del trabajo En grupos pequeños, expresen sus actitudes acerca de los siguientes aspectos del lugar de trabajo. Comparen sus opiniones.

Ejemplo: chismes

Estudiante 1: *Hay muchos chismes donde yo trabajo.*
Estudiante 2: *Todo es muy serio en mi trabajo.*
Estudiante 1: *El ambiente es más amable en mi lugar de trabajo que en el tuyo.*

1. trabajo
2. amistades
3. normas de vestir
4. fotocopias
5. llamadas telefónicas
6. tiempo libre
7. aumentos de salario
8. posibilidades de ascenso

LECTURA CULTURAL: «Voluntarios de las Naciones Unidas»

To learn more about being a United Nations volunteer, go to the following web site: http://www.cinu.org.mx/temas/voluntarios.htm.

¿Sabías que muchas organizaciones nacionales e internacionales cuentan con voluntarios para proveer sus servicios? Las Naciones Unidas (la ONU), una organización de estados soberanos, es una de ellas. Su misión consiste en «colaborar en pro de la paz mundial, promover la amistad entre todas las naciones y apoyar el progreso económico y social». Los voluntarios de las Naciones Unidas vienen de aproximadamente 140 países. Actualmente, el 37% trabaja en África, el 33% en el Pacífico y los demás están repartidos entre los países árabes, el Caribe, América Central, América del Sur y en Europa central y oriental. La mayoría se ofrece de voluntario en las naciones pobres del mundo, muy lejos de las ciudades grandes. Aunque todo el mundo conoce las labores de la ONU en las áreas de la asistencia electoral, humanitaria y las operaciones de paz, el Programa de Voluntarios de las Naciones Unidas trae beneficios a muchos sectores.

Ismael Mohamad/UPI/Landov Media

UNA AGENCIA DE LAS NACIONES UNIDAS (ONU) PROVEE AGUA POTABLE AL PUEBLO. ¿QUÉ OTROS SERVICIOS PROVEE LA ONU?

SUGERENCIAS PARA LA LECTURA

CÓMO REVISAR UN TEXTO To find out about the general content of a reading selection, you may run your eyes quickly over the written material and look at the general layout or design of the page. As you glance at, or *skim*, the title, photos, drawings, charts, and use of blank space, you quickly process these general cues to determine the content and purpose of the written material. If something catches your eye, you will then probably *scan* the article to locate specific or detailed information. Scanning a text is also used during a close reading when you highlight or underline essential information.

As you do the activities of this chapter of the textbook and of the *Diario de actividades,* first skim the authentic readings to determine what each article is about. Then, use the direction lines to the activities and the **Guía para el lector** before the readings as guides to finding essential information.

Antes de leer

3-14 Servicio voluntario ¿Se han ofrecido de voluntarios en alguna agencia u organización local, nacional o internacional? En grupos pequeños, conversen acerca de sus responsabilidades, las reacciones de sus clientes y sus emociones al respecto. Si no han trabajado como voluntarios, inventen las respuestas.

Ejemplo: *Hace un año que trabajo de voluntario en una clínica gratuita de mi comunidad. Inscribo a los pacientes en la lista y los ayudo con los formularios. Siempre están agradecidos y me siento muy satisfecho.*

Guía para el lector

As you read «Voluntarios de las Naciones Unidas», use the following questions as a guide.

1. ¿Cómo combaten el analfabetismo?
2. ¿En qué áreas ambientales trabajan?
3. ¿Por qué es importante el trabajo voluntario en favor de las mujeres?
4. ¿Cuál es el enfoque de la salud?
5. ¿Cómo funciona la lucha contra el VIH/SIDA?
6. ¿Cómo promuevan los derechos humanos?
7. ¿En qué áreas proveen especialización en la información y tecnologías de comunicación?
8. ¿Cómo enfrentan el problema de la pobreza urbana?

3-15 Los beneficios de ser voluntario Aunque el individuo no gana un salario por el trabajo voluntario, esto no significa que su esfuerzo no vale la pena. En grupos pequeños, conversen acerca de los beneficios de ser voluntario. En particular, enfóquense en los conocimientos y destrezas que se podrían aprender.

Ejemplo: *Nos da la oportunidad de desarrollarnos como personas.*

PEQUEÑO DICCIONARIO

El artículo del Centro de Información de las Naciones Unidas nos cuenta sobre las actividades de su cuerpo de voluntarios. Antes de leerlo y hacer las actividades, busca las palabras en el texto y usa dos o tres para escribir oraciones originales en una hoja aparte.

abarcar *v. tr.* Tomar a su cargo muchas cosas o negocios.
libre albedrío Poder de obrar por reflexión y elección.
analfabetismo Falta de habilidad para leer y escribir.
asegurar *v. tr.* Afirmar la certeza de algo.
brindar *v. tr.* Ofrecer voluntariamente a alguien algo.
capacitación *f.* Preparación.
compromiso Obligación.
creciente Que aumenta.
llevar a cabo *v. tr.* Ejecutar o concluir algo.

pandemia Enfermedad epidémica que se extiende a muchos países o que ataca a casi todos los individuos de una localidad o región.
reciprocidad *f.* Correspondencia mutua.
salubridad *f.* Cualidad de la buena salud.
sensibilización *f.* Hacer que alguien perciba o entienda algo.
silvicultura Cultivo de los bosques o montes.
sustentable Que se puede defender.
voluntariado Conjunto de las personas que se ofrecen voluntarias para realizar algo.

«ACTIVIDADES DE LOS VOLUNTARIOS»

El voluntariado trae beneficios a la sociedad y a sí mismo. Hace contribuciones importantes, económica y socialmente. Contribuye a las sociedades más cohesivas construyendo confianza y reciprocidad entre los ciudadanos. El Programa de Voluntarios de las Naciones Unidas (VNU) es la organización de las Naciones Unidas que apoya el desarrollo humano sustentable globalmente a través de la promoción del voluntariado y su movilización.

Sirve a las causas de paz y desarrollo a través de reforzar las oportunidades para la participación por todas las personas. Es universal, inclusivo y abarca la acción voluntaria en toda su diversidad. Valora el libre albedrío, compromiso y solidaridad que son los fundamentos del voluntariado.

Las labores de los voluntarios son muy variadas. Mencionamos algunas actividades a continuación.

Educación

Desde 1971, cientos de Voluntarios de ONU (VNU) han contribuido a la educación de personas jóvenes en diferentes regiones del mundo. Muchos han enseñado en escuelas secundarias y universidades. Esta ayuda ha evolucionado en capacitación a los futuros maestros o su sustitución mientras ellos se capacitan en el extranjero. También han ayudado a los países a modernizar su sistema de educación desarrollando nuevos planes de estudios y experimentando con innovadores métodos como la educación a distancia para superar el analfabetismo.

Medio ambiente

Alrededor del 10 por ciento de los voluntarios trabajan directamente en la conservación del medio ambiente o en cuestiones relacionadas. El VNU ha proporcionado a especialistas en los aspectos del ambiente, como el inventario de recursos, sensibilización, demografía, meteorología, agua y salubridad, erosión costera, preservación de la herencia cultural, silvicultura y turismo.

Género

Por tres décadas los voluntarios de las Naciones Unidas han trabajado por la igualdad de mujeres, el desarrollo por y para las mujeres, y así —directa o indirectamente— para la paz. Las voluntarias de la ONU han ayudado y se han ayudado a sí mismas a asegurar que las mujeres alrededor del mundo tengan más oportunidades de mejorar sus situaciones y las de sus familias, comunidades y países.

Salud

Durante tres décadas, los voluntarios de la ONU han trabajado en el cuidado de la salud, la educación y la capacitación. El enfoque principal está orientado hacia la comunidad, basado en la participación inclusiva para fortalecer las iniciativas locales para la prevención y control de las enfermedades.

Lucha contra el VIH/SIDA

El programa de Voluntarios de Naciones Unidas continúa su intervención para apoyar la lucha contra el VIH/SIDA y cuidar a aquellos que sufren este mal y a sus familias. Más de 150 voluntarios de la ONU han servido globalmente en 36 proyectos y programas a la comunidad, a nivel nacional y regional desde 1990. Muchos de los voluntarios son seropositivos y trabajan directamente en el campo del

VIH/SIDA, mientras otros combaten la pandemia indirectamente en la prevención de la enfermedad, además de realizar actividades relacionadas con el cuidado de las personas afectadas e infectadas con este mal. Se llevan a cabo proyectos de persona a persona, mientras se busca a la vez involucrar a las comunidades en la detención de esta enfermedad.

Derechos humanos

Más de 2,000 voluntarios experimentados de la ONU han contribuido a la promoción de los derechos humanos y su protección desde finales de 1980. Los voluntarios están particularmente interesados en el conocimiento creciente de problemas de los derechos humanos y su respeto, para así promover los derechos humanos para asegurar el desarrollo humano sustentable.

Información y tecnologías de comunicación

A través del Servicio de Tecnologías de la Información de las Naciones Unidas, los voluntarios de la ONU brindan especialización en la información y tecnologías de comunicación para beneficiar a las comunidades con «pobreza de información», así como en sectores como la salud, la educación y el desarrollo de pequeños negocios.

Desarrollo urbano

Desde una Consulta Especial del VNU en 1991 sobre el papel de los voluntarios en dar ayuda dirigida a combatir la pobreza urbana, los acercamientos de forma participativa han sido aplicados de forma intensiva por los voluntarios que trabajan en las ciudades del mundo.

Después de leer

3-16 La concietización Revisa el artículo e identifica las actividades de las Naciones Unidas que no conocías anteriormente.

3-17 Tu capacitación Como estudiante de español y otras materias has desarrollado varias destrezas y habilidades. Considera tu capacitación e identifica dos actividades de los voluntarios de la ONU que podrías practicar con tu preparación.

3-18 Una carta de interés Selecciona una de las categorías y escribe un correo electrónico indicando tu interés en servir de voluntario para las Naciones Unidas.

LECTURA LITERARIA: **Biografía**

Isabel Allende nació en Lima, Perú, en 1942. En Santiago de Chile publicó revistas para mujeres y niños, y trabajó para la Organización para la Agricultura y Alimentación de las Naciones Unidas. Fue periodista de la televisión, de documentales de cine y del periódico venezolano «El Nacional». Por la situación política

ISABEL ALLENDE

en Chile abandonó el país en 1975. En el exilio escribió su primera novela, «La casa de los espíritus», que fue adaptada para el cine con la colaboración de Allende. Sus obras de ficción destacan temas de las mujeres y mezclan la realidad con el mito. Isabel Allende se hizo ciudadana de Estados Unidos en 2003 y ahora vive en California donde continúa escribiendo. El cuento «Dos palabras» es de su obra «Cuentos de Eva Luna», publicada en 1989.

Antes de leer

3-19 Las profesiones y los oficios Las profesiones y los oficios que más nos satisfacen corresponden con las habilidades y los intereses de cada individuo, no solamente por sus beneficios económicos. En parejas, conversen acerca de sus habilidades e intereses. Usando la conversación como punto de partida, generen una lista de profesiones ideales para cada uno.

> **Ejemplo:** Estudiante 1: *Me gusta leer y soy un cocinero bueno.*
> Estudiante 2: *Podrías escribir libros de cocina.*

3-20 ¿Cómo reaccionas? Todos han estado en situaciones difíciles: una enfermedad, un amor no correspondido o estudios estresantes. En grupos pequeños, conversen acerca de sus reacciones físicas y mentales a las situaciones difíciles de la vida.

> **Ejemplo:** *Cuando estoy deprimido, como demasiado y duermo mucho.*

3-21 La alfabetización Hoy en día hay programas que enseñan a leer a los analfabetos. En grupos pequeños, conversen acerca de sus primeras experiencias con la lectura.

> **Ejemplo:** *Mi padre me enseñó a leer palabras de las tiras cómicas cuando tenía cuatro años.*

Este cuento describe las experiences de una joven pobre. Antes de leerla y hacer las actividades, busca las palabras en el texto y usa dos o tres para escribir oraciones originales en una hoja aparte.

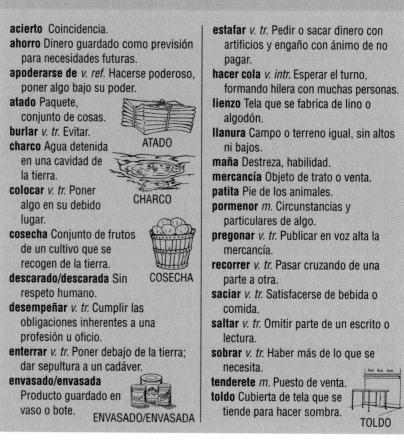

acierto Coincidencia.

ahorro Dinero guardado como previsión para necesidades futuras.

apoderarse de *v. ref.* Hacerse poderoso, poner algo bajo su poder.

atado Paquete, conjunto de cosas.

burlar *v. tr.* Evitar.

charco Agua detenida en una cavidad de la tierra.

colocar *v. tr.* Poner algo en su debido lugar.

cosecha Conjunto de frutos de un cultivo que se recogen de la tierra.

descarado/descarada Sin respeto humano.

desempeñar *v. tr.* Cumplir las obligaciones inherentes a una profesión u oficio.

enterrar *v. tr.* Poner debajo de la tierra; dar sepultura a un cadáver.

envasado/envasada Producto guardado en vaso o bote.

ATADO

CHARCO

COSECHA

ENVASADO/ENVASADA

estafar *v. tr.* Pedir o sacar dinero con artificios y engaño con ánimo de no pagar.

hacer cola *v. intr.* Esperar el turno, formando hilera con muchas personas.

lienzo Tela que se fabrica de lino o algodón.

llanura Campo o terreno igual, sin altos ni bajos.

maña Destreza, habilidad.

mercancía Objeto de trato o venta.

patita Pie de los animales.

pormenor *m.* Circunstancias y particulares de algo.

pregonar *v. tr.* Publicar en voz alta la mercancía.

recorrer *v. tr.* Pasar cruzando de una parte a otra.

saciar *v. tr.* Satisfacerse de bebida o comida.

saltar *v. tr.* Omitir parte de un escrito o lectura.

sobrar *v. tr.* Haber más de lo que se necesita.

tenderete *m.* Puesto de venta.

toldo Cubierta de tela que se tiende para hacer sombra.

TOLDO

Guía para el lector

As you read **«Dos palabras,»** use the following questions as a guide.

1. ¿Por qué se llamaba Belisa Crepusculario así?

2. ¿Qué vendía? ¿Qué otro servicio proveía?

3. ¿Cómo era su vida familiar?

4. ¿Cómo descubrió las palabras?

5. ¿Cómo aprendió a leer y escribir?

A leer

«DOS PALABRAS» (FRAGMENTO), POR ISABEL ALLENDE

Tenía el nombre de Belisa Crepusculario, pero no por fe de bautismo o acierto de su madre, sino porque ella misma lo buscó hasta encontrarlo y se vistió con él. Su oficio era vender palabras. Recorría el país, desde las regiones más altas y frías hasta las costas calientes, instalándose en las ferias y en los mercados, donde montaba cuatro palos con un toldo de lienzo, bajo el cual se protegía del sol y de la lluvia para atender a su clientela. No necesitaba pregonar su mercadería, porque de tanto caminar por aquí y por allí, todos la conocían. Había quienes la aguardaban de un año para otro, y cuando aparecía por la aldea con su atado bajo el brazo hacían cola frente a su tenderete. Vendía a precios justos. Por cinco centavos entregaba versos de memoria, por siete mejoraba la calidad de los sueños, por nueve escribía cartas de enamorados, por doce inventaba insultos para enemigos irreconciliables. También vendía cuentos, pero no eran cuentos de fantasía, sino largas historias verdaderas que recitaba de corrido sin saltarse nada. Así llevaba

➤

las nuevas de un pueblo a otro. La gente le pagaba por agregar una o dos líneas: nació un niño, murió fulano, se casaron nuestros hijos, se quemaron las cosechas. En cada lugar se juntaba una pequeña multitud a su alrededor para oírla cuando comenzaba a hablar y así se enteraban de las vidas de otros, de los parientes lejanos, de los pormenores de la Guerra Civil. A quien le comprara cincuenta centavos, ella le regalaba una palabra secreta para espantar la melancolía. No era la misma para todos, por supuesto, porque eso habría sido un engaño colectivo. Cada uno recibía la suya con la certeza de que nadie más la empleaba para ese fin en el universo y más allá.

Belisa Crepusculario había nacido en una familia tan mísera, que ni siquiera poseía nombres para llamar a sus hijos. Vino al mundo y creció en la región más inhóspita, donde algunos años las lluvias se convierten en avalanchas de agua que se llevan todo, y en otros no cae ni una gota del cielo, el sol se agranda hasta ocupar el horizonte entero y el mundo se convierte en un desierto. Hasta que cumplió doce años no tuvo otra ocupación ni virtud que sobrevivir al hambre y la fatiga de siglos. Durante una interminable sequía le tocó enterrar a cuatro hermanos menores y cuando comprendió que llegaba su turno, decidió echar a andar por las llanuras en dirección al mar, a ver si en el viaje lograba burlar a la muerte . . .

Belisa Crepusculario salvó la vida y además descubrió por casualidad la escritura. Al llegar a una aldea en las proximidades de la costa, el viento colocó a sus pies una hoja de periódico. Ella tomó aquel papel amarillo y quebradizo y estuvo largo rato observándolo sin adivinar su uso, hasta que la curiosidad pudo más que su timidez. Se acercó a un hombre que lavaba un caballo en el mismo charco turbio donde ella saciara su sed.

—¿Qué es esto? —preguntó.

—La página deportiva del periódico —replicó el hombre sin dar muestras de asombro ante su ignorancia.

La respuesta dejó atónita a la muchacha, pero no quiso parecer descarada y se limitó a inquirir el significado de las patitas de mosca dibujadas sobre el papel.

—Son palabras, niña. Allí dice que Fulgencio Barba noqueó al Nero Tiznao en el tercer round.

Ese día Belisa Crepusculario se enteró que las palabras andan sueltas sin dueño y cualquiera con un poco de maña puede apoderárselas para comerciar con ellas. Consideró su situación y concluyó que aparte de prostituirse o emplearse como sirvienta en las cocinas de los ricos, eran pocas las ocupaciones que podía desempeñar. Vender palabras le pareció una alternativa decente. A partir de ese momento ejerció esa profesión y nunca le interesó otra. Al principio ofrecía su mercancía sin sospechar que las palabras podían también escribirse fuera de los periódicos. Cuando lo supo calculó las infinitas proyecciones de su negocio, con sus ahorros le pagó veinte pesos a un cura para que le enseñara a leer y escribir y con los tres que le sobraron se compró un diccionario. Lo revisó desde la A hasta la Z y luego lo lanzó al mar, porque no era su intención estafar a los clientes con palabras envasadas.

Después de leer

3-22 Influencias En grupos pequeños, conversen acerca de la influencia de la vida familiar sobre el oficio de Belisa Crepusculario.

3-23 Lo maravilloso La literatura latinoamericana del realismo mágico se caracteriza por mezclar hechos fabulosos y cotidianos. En grupos pequeños, identifiquen los elementos fabulosos en este fragmento de «Dos palabras».

ANÁLISIS LITERARIO: EL CUENTO

Términos literarios Usa los siguientes términos para analizar los cuentos.

La presentación introduce los elementos básicos del cuento: protagonista(s), personajes, escenario y tema.

La complicación o **el nudo** son los obstáculos que el protagonista debe superar.

El clímax es el punto culminante del cuento.

El desenlace es la conclusión o la resolución de la narrativa.

Un cuento es una narrativa corta que relata un suceso ficticio o de pura invención.

El escenario (marco escénico) es el lugar en el cual ocurren los sucesos.

El marco temporal es el período de tiempo en el cual ocurren los sucesos.

Los personajes son los seres ideados por el escritor en una obra literaria.

El/La protagonista es el/la personaje principal de cualquier obra literaria.

El tema es la idea principal de una composición o un escrito.

La trama (el argumento) es el asunto o materia que se trata en una obra literaria.

3-24 Análisis del cuento En parejas, contesten las siguientes preguntas acerca de «Dos palabras».
1. ¿Cuál es el escenario de «Dos palabras»?
2. ¿Quién es el/la protagonista?
3. ¿Quiénes son los otros personajes?
4. En su opinión, ¿cuál es el tema de «Dos palabras»?

¡Adelante!

Now that you have completed your in-class work on the **Tercera etapa,** complete **Redacción** in the **Tercera etapa** of the *Diario de actividades,* pages 60–66.

3-25 Organización de «Dos palabras» En parejas, identifiquen las cuatro partes de este fragmento.

3-26 El desenlace El desenlace de este fragmento de «Dos palabras» no es el desenlace final del cuento. En grupos pequeños, inventen un desenlace final.

VÍDEO: **El Día del Trabajador**

🔊 You can access the *De paseo* video at www.cengage.com/login.

El Día Internacional del Trabajador o Primero de Mayo, es una fiesta para reconocer a los trabajadores en todo el mundo. En este vídeo, Raquel cuenta la historia del Día del Trabajador y cómo se celebra este día en Argentina.

Antes de ver

3-27 ¿Qué saben? En grupos pequeños, escriban una lista de lo que saben sobre el Día del Trabajador? ¿Cuándo se celebra? ¿Por qué? ¿Dónde? ¿Quiénes celebran este día? Si no conocen este día festivo, busquen información en Internet o en la biblioteca. Después, comparen la información con la de los demás miembros de la clase.

3-28 Argentina En la introducción, Raquel nos dice, «Soy de Argentina, el último país de Latinoamérica, allí abajo, casi tocando el Polo Sur». ¿Qué más saben de Argentina? En grupos pequeños, conversen sobre los diversos aspectos del país. Por ejemplo, la geografía, la política, la comida, etcétera.

Ricardo Santellan/AP Photo

UNA MANIFESTACIÓN. ¿QUÉ PIDEN LOS TRABAJADORES?

PEQUEÑO DICCIONARIO

Este video comenta sobre la historia del Día del Trabajador. Estudia las siguientes palabras para comprender mejor el vídeo. Busca las palabras en el vídeo y úsalas para escribir oraciones originales en una hoja aparte.

acto Hecho público o solemne.
asado Carne tostada al fuego.
castigar *v. tr.* Imponer pena a alguien que ha cometido un delito o falta.
derechos Conjunto de principios y normas, expresivos de una idea de justicia, que regulan las relaciones humanas en toda sociedad.
desocupado Persona que se queda sin trabajo.
extrañar *v. tr.* Sentir la falta a alguna persona o cosa.
homenaje *m.* Acto o serie de actos en honor de una persona.

luchar *v. intr.* Pelear, combatir, batallar.
mate Infusión que se obtiene de las hojas secas de yerba mate que se toma.
ocio Tiempo libre, sin actividad laboral, que se dedica al descanso o a realizar otro tipo de actividades.
pelear *v. intr.* Combatir, contender, batallar.
sindicato Asociación de trabajadores creada con el fin de defender los intereses económicos y laborales de sus miembros.

A ver

3-29 Guía para la comprensión del vídeo Antes de ver los dos segmentos del vídeo, estudia las siguientes preguntas. Mientras ves los segmentos, busca las respuestas adecuadas.

Segment 1:

1. ¿Cuáles son algunas de las cosas que más extraña de Argentina?
2. ¿Cuándo es el Día del Trabajador?
3. ¿Cuál es la diferencia entre el Día del Trabajador y el Día del Trabajo?
4. ¿Dónde se celebra el Día del Trabajador?
5. En realidad ¿a quienes se reconoce durante este día?
6. ¿Qué pasó en este día? ¿Dónde?
7. ¿Qué fue el «castigo»?
8. ¿Qué le sorprendió a Raquel al llegar a Estados Unidos?
9. ¿Cuándo tomó importancia esta celebración en Argentina?
10. ¿Qué consiguieron los trabajadores durante esta época?
11. ¿Cómo se celebra hoy en día?
12. ¿Qué quieren los desocupados?

Segment 2:

1. ¿Qué reciben los trabajadores este día, aunque no trabajan?
2. ¿Dónde se hacen los actos públicos?
3. ¿Qué hace la gente después?
4. ¿Qué bebida se toma?
5. ¿A quiénes felicitan? ¿Qué dicen?
6. ¿Por qué le llama a Raquel su mamá?
7. Inicialmente, ¿quiénes celebraban el Día del Trabajador?
8. Hoy en día, ¿quiénes reciben felicitaciones?

Después de ver

3-30 Opiniones personales ¿Están de acuerdo con los derechos que piden los trabajadores? En parejas, conversen sobre algunos otros derechos que consideran importante para las personas que trabajan.

3-31 Los sindicatos Los sindicatos son muy populares en muchos países. ¿Creen que debemos tener sindicatos para representar a todos los trabajadores aquí en Estados Unidos? ¿Por qué si o por qué no?

3-32 Celebraciones ¿Qué eventos hay en Estados Unidos para reconocer a los trabajadores? ¿Qué hacen las empresas para premiar el buen trabajo de un empleado? En grupos pequeños conversen sobre las formas que tienen las empresas o las fábricas para reconocer a sus trabajadores.

 Enter the *De paseo* message board at www.cengage.com/login to share your comments and opinions on this interactive site.

To access flash-based grammar tutorials on the topics covered in this chapter, visit www.cengage.com/login.

PERSPECTIVA LINGÜÍSTICA

The nucleus

In **Capítulo 1,** you learned that Spanish sentences, like English, are composed of a noun phrase or subject (NP) and a verb phrase or predicate (VP). In English, the noun phrase is absolutely essential to convey the identity of the subject. For example:

> NP VP
>
> *I went to Mexico last year.*

In Spanish, however, the noun phrase is optional, because the subject is expressed by the verb ending.

> (NP) VP
>
> *Vamos a Argentina en septiembre.*

Because the verb contains both the subject and the verb stem, it is considered the *nucleus* (**núcleo**) of the Spanish sentence. The only exception is the verb **hay** which is considered impersonal and has no subject. Object pronouns, which you will study in the **Perspectiva gramatical** section, are also considered part of the nucleus.

PERSPECTIVA GRAMATICAL

Estructura 3-1: Indirect object pronouns

The Spanish indirect object (IO) differs in several ways from the English IO. The English IO is usually restricted to the notions of giving-to or doing-for someone, but the Spanish IO indicates a general "involvement" with the subject, verb, and direct object (DO). This involvement may represent the subject's interest in, participation with, or effect from the indirect object—depending on the context. Thus, the Spanish IO encompasses a wide range of English equivalents, including *to, for, from, on, in, of,* and *'s,* as noted in the following examples:

Marlena **le** escribió una carta **a su madre.**	*Marlena wrote a letter **to her mother.***
Martín **le** preparó la comida **a su padre.**	*Martín prepared the meal **for his father.***
María **le** puso la mantita **a su bebé.**	*María put a small blanket **on her baby.***
Marcos **le** notó un cambio de personalidad **a su hermano.**	*Marcos noticed a change **in his brother's** personality.*
Manuela **le** cambió la ropa **a su hija.**	*Manuela changed **her daughter's** clothing.*

¡Alto!

These activities will prepare you to complete the in-class communicative activities for the **Función 3-1** on pages 71–72 of this chapter.

As you may have noticed in these examples, there is an element of redundancy (repetition) because the prepositional phrase echoes the person indicated by the indirect object pronoun. The prepositional phrase is not required but is used when the speaker/writer wants to clarify or emphasize the IO. The following chart summarizes the Spanish indirect object pronouns and their corresponding prepositional phrases.

INDIRECT OBJECT PRONOUN	PREPOSITIONAL PHRASE
me	a mí
te	a ti
le	a usted/a él/a ella/a Magdalena
nos	a nosotros/a nosotras
os	a vosotros/a vosotras
les	a ustedes/a ellos/a ellas/a Mario y a Matilda

3-33 En la universidad Transforma las siguientes oraciones, agregando un pronombre de complemento indirecto, según las indicaciones.

Ejemplo: enseñar mucho (a mí)

Me enseñaron mucho.

1. explicar las costumbres (a nosotros)
2. prestar los libros (a los estudiantes)
3. mostrar ejemplos de estructuras gramaticales (a ti)
4. preparar platos típicos (a ustedes)
5. traer periódicos en español (a los socios del Club de Español)
6. prometer un futuro interesante (a nosotros)

3-34 ¡A trabajar! Transforma las siguientes oraciones en oraciones completas, usando los complementos indirectos adecuados y el pretérito.

Ejemplo: el técnico / explicar el programa / a mí

El técnico me explicó el programa.

1. yo / enviar la hoja de vida / al gerente
2. los empleados / explicar el contrato / a nosotros
3. los solicitantes / presentar las solicitudes / a la directora
4. el profesional / mostrar su despacho / a los invitados
5. mi profesora de español / escribir una carta de recomendación / a la jefa de la empresa
6. los trabajadores / describir las condiciones / al supervisor
7. la directora de relaciones públicas / hacer la propaganda / al público

3-35 En el mundo del trabajo Contesta las siguientes preguntas con oraciones completas en español usando complementos indirectos.

Ejemplo: ¿El técnico reparó la computadora para ti?

Sí, me reparó la computadora.

1. ¿Le presentaste tus referencias a la directora de personal?
2. ¿Los solicitantes le enviaron su currículum al gerente?

3. ¿Les vendieron muchos productos a los consumidores?
4. ¿Las empresas les hicieron mucha publicidad a los consumidores?
5. ¿Les proyectaron servicios a los de la tercera edad?
6. ¿Les tradujiste los materiales a los hispanohablantes?
7. ¿La empresa les ofreció los seguros a los empleados?
8. ¿Te ofrecieron un contrato a ti?

3-36 Muestra tu creatividad Usando los siguientes elementos, crea algunas oraciones originales, según el ejemplo. Sé creativo/creativa.

Ejemplo: Eloisa / vender / a mí

  Eloisa me vendió su computadora portátil.

1. viajeros / comprar / a nosotros/nosotras
2. yo / dar / a la recepcionista
3. ustedes / leer / a los hombres/a las mujeres de negocios
4. mis amigos / pedir / a los taxistas
5. tú / regalar / al aduanero
6. oficiales / requerir / a ellos / a ellas
7. nosotros/nosotras / revisar / al agente de viajes

3-37 Al llegar a la universidad Contesta las siguientes preguntas con oraciones completas en español usando pronombres de complemento indirecto.

Ejemplo: ¿Quién te alquiló tu apartamento?

  La oficina de bienes raíces me lo alquiló.

1. ¿Quién les mostró los sitios de interés a los estudiantes?
2. ¿Quiénes nos anunciaron los eventos sociales a nosotros?
3. ¿Quiénes prepararon los informes a ustedes?
4. ¿A quién pidieron ustedes los expedientes?
5. ¿A quiénes hiciste llamadas?
6. ¿Quién te instaló los programas de computadora?
7. ¿Quiénes enviaron el fax al decano?

Estructura 3-2a: Direct object pronouns

The Spanish direct object (DO) completes the idea that begins with the verb (VP). Although this definition may sound somewhat vague, it can be illustrated quite simply by the following examples.

Ana oyó a su **profesora.**	Adán grabó a la **cantante.**
Antonio admiró a la **presidenta.**	Adelaida recordó a su **abuela.**
Alicia comprendió al **invitado.**	Arturo vio al **político.**

You probably noticed in the examples above that each of the direct objects was preceded by the word **a.** In Spanish, both the IO and the DO may be marked by **a.** Although the DO marker is sometimes called the "personal" **a,** there are many instances in common speech when it is used with animals, such as **El gato vio *a* perro,** and even inanimate objects.

Direct object pronouns may be used to replace the DO and are placed directly before a conjugated verb.

  Ana oyó a su **profesora.** → Ana **la** oyó.

¡Alto!

These activities will prepare you to complete the in-class communicative activities for **Función 3-2** on pages 72–73 of this chapter.

The following chart summarizes the direct object pronouns.

DIRECT OBJECT PRONOUNS	
Singular	**Plural**
me	nos
te	os
lo/la	los/las

3-38 Retención de talento Transforma las siguientes oraciones, reemplazando los complementos directos con pronombres.

> **Ejemplo:** Los empleados quieren la autonomía.
>
> *Los empleados la quieren.*

1. Las empresas inteligentes escuchan los deseos de sus empleados.
3. Los empleados desean el reto que representa el trabajo.
4. Ofrecen puestos interesantes y bien remunerados.
5. Muchas empresas ignoran este hecho.
6. No retienen el talento con el que ya se cuenta.
7. Sus colegas constituyen el principal motivo de permanencia en el trabajo.

3-39 ¿Quién lo hizo? Escribe oraciones basándote en la siguiente información y marcando el complemento directo con **a**.

> **Ejemplo:** *pájaro / gato / atacar*
>
> Estudiante 1: *El pájaro atacó al gato.*
> Estudiante 2: *¿Quién atacó?*
> Estudiante 1: *El pájaro.*

1. caballo / mula / morder
2. David / Susana / ver
3. gato / perro / perseguir
4. Marielena / Guillermo / escuchar
5. niño / niña / pegar
6. profesor / estudiante / llamar

3-40 Sustitución Reescribe las siguientes oraciones usando pronombres de complemento directo.

> **Ejemplo:** Busqué la oficina de personal.
>
> *La busqué.*

1. ¿Buscaste a los señores Leguizamo?
2. Mis padres recibieron los papeles ayer.
3. Andrés leyó el menú.
4. Carolina compró las entradas.
5. Felipe y Julia llamaron a Eliana.
6. Marcos y yo hicimos los carteles.

Estructura 3-2b: Double object pronouns

There are times when you will want to use both an indirect and a direct object pronoun in the same sentence. In that case, the DO is placed directly before the conjugated verb and the IO precedes the DO.

IO DO

¿Francisco **te** presta **el diccionario**? → Sí, **me lo** presta.

Object pronouns may also be attached, in the same order, to infinitives, commands, and present participles, as in the following examples.

Verb type	Examples
Infinitive	Francisco va a prestár**melo**.
Command	Francisco, présta**melo**.
Present participle	Francisco está prestándo**melo**.

Notice that all three verb forms must carry a written accent over the stressed syllable whenever object pronouns are attached.

Transforming le and les

The indirect object pronouns **le** and **les** change to **se** when they precede a third person direct object pronoun (**lo, la, los, las**). Use any of the **a** + *person* phrases to clarify expressions of this type.

Le envié mi solicitud al director. → **Se la** envié (a él).

Pienso revisar mi currículum para mi supervisora. → Pienso revisár**selo** (a ella).

3-41 Sueños del futuro Cuando eras más joven, ¿con qué tipo de futuro soñabas? Escribe oraciones completas, según las siguientes indicaciones.

Ejemplo: comprar / esa mansión / padres

Iba a comprársela.

1. regalar / autos deportivos / amigos
2. escribir / cartas / director del periódico
3. contar / experiencias / reporteros
4. recomendar / valores / clientes
5. donar / edificios / mi universidad

3-42 En el lugar del trabajo Transforma las siguientes frases en oraciones completas, usando pronombres de complemento directo e indirecto.

Ejemplo: el supervisor / arreglar el horario / a los trabajadores

El supervisor se lo arregló.

1. la solicitante / llenar el formulario / al director de personal
2. la empresa / ofrecer el puesto bueno / a mí
3. el supervisor / dar un ascenso / al empleado
4. el gerente / exigir el desempeño excelente / a los empleados
5. los empleados / pedir el aumento / a la empresa
6. los trabajadores / ofrecer la solución / los dueños
7. el técnico / pedir una promoción / a su supervisor
8. los directores / explicar los requisitos / a nosotros

3-43 ¿Marcar o no marcar? Escribe la **a** personal en las siguientes oraciones cuando sea necesaria, según el contexto.

> **Ejemplo:** Liliana me recomendó la agente de viajes.
>
> *Liliana me recomendó a la agente de viajes.*

1. Alejandra vio su cantante favorito en concierto.
2. El gato comió la carne.
3. Nosotros saludamos la jefa de la empresa.
4. ¿Quién te llamó anoche a las once y media?
5. ¿Te envió una tarjeta postal tu familia?

3-44 Transformaciones Transforma las siguientes oraciones usando dos pronombres.

> **Ejemplo:** Anamaría le recomendó el vídeo a su prima.
>
> *Anamaría se lo recomendó.*

1. Benito le dio la revista a Ángela.
2. Mar y Arantxa les pidieron los libros a sus amigos.
3. Fernando les explicó el problema a los estudiantes.
4. Antonio le escribió la carta a sus abuelos.
5. Los estudiantes les presentaron las demandas al decano.

3-45 Encuesta Contesta las preguntas siguientes acerca de los viajes con oraciones completas. Usa dos pronombres cuando sea apropiado.

1. Antes de viajar, ¿a quién le pides información?
2. Cuando llegas a tu destino, ¿qué te revisan los oficiales?
3. ¿Adónde les sugieres a tus amigos que vayan de vacaciones?
4. ¿Cuáles son las cosas que te prestan tus amigos para los viajes?
5. ¿Qué tipo de transporte les aconsejas que tomen tus amigos?

Estructura 3-3: Comparisons of equality, superiority, and inferiority

There are three forms of comparison in Spanish: *equality, superiority,* and *inferiority*. Sometimes, the latter two categories are combined (because of the similarity of their formation) and called comparisons of *inequality*. Comparisons of equality may be formed in various ways.

Comparisons of equality	Examples
tan + *adjective* + **como**	Carolina es **tan alta como** Flor.
tanto/tanta/tantos/	Ernesto es **tan inteligente como** Roberto.
tantas + *noun* + **como**	Yo leo **tantos libros como** él.
verb + **tanto como**	Marlene come **tantas verduras como** Román.
tanto como Lorena.	Orlando **habla tanto como** Luis.
	Paz **estudia tanto como** Lorena.

Comparisons of superiority indicate that one entity is superior to another. The key word in this type of comparison is **más**.

¡Alto!

These activities will prepare you to complete the in-class communicative activities for **Función 3-3** on pages 73–74 of this chapter.

Some comparative words are irregular, as for example:

bueno → **mejor.**

Este refresco es **mejor** que el otro.

joven → menor

Guillermo es **menor** que yo.

mal/malo → peor

Salí **peor** en este examen que en los anteriores.

mucho → más

Arturo viaja **más** que yo.

poco → menos

Adriana tiene **menos** dinero que yo.

viejo/vieja → mayor (used to refer to people and animals)

Diana es **mayor** que Dolores.

Comparisons of superiority	Examples
más + *adjective* + **que**	Mi diccionario es **más grande que** el tuyo.
más + *noun* + **que**	Nieves escribe **más cartas que** Antonia.
verb + **más que**	Salvador **trabaja más que** Víctor.

Comparisons of inferiority indicate that something is less than another. The key word in these comparisons is **menos.**

Comparisons of inferiority	Examples
menos + *adjective* + **que**	Lalo es **menos estudioso que** Pedro.
menos + *noun* + **que**	Vina come **menos dulces que** Blanca.
verb + **menos que**	Leonor **duerme menos que** yo.

3-46 ¿Cómo se comparan? Escribe dos oraciones completas en español en las que compares los dos elementos.

> **Ejemplo:** Hermanos Gutiérrez = 8 empleados
> Faxódem = 10 empleados
>
> *Faxódem tiene más empleados que Hermanos Gutiérrez. Hermanos Gutiérrez tiene menos empleados que Faxódem.*

1. Jorge = 2 supervisores   Elisa = 3 supervisores
2. Mariana = copia 20 documentos   Analisa = copia 30 documentos
3. Arturo = solicita 3 puestos   Antonio = solicita 2 puestos
4. Candelario = tiene 1 trabajo   Carmela = tiene 2 trabajos
5. Laura = gana $42.000 al año   Lázaro = gana $35.000 al año

3-47 El trabajo de ayer vs. el trabajo de hoy Escribe comparaciones, según las siguientes indicaciones.

> **Ejemplo:** físico
>
> *El trabajo de hoy es menos físico que el trabajo de ayer.*

1. intelectual
2. interesante
3. frustrante
4. gratificador
5. estimulante
6. aburrido
7. técnico
8. duro

3-48 Entre tú y yo Completa las siguientes oraciones con la forma adecuada de la palabra que está entre paréntesis.

> **Ejemplo:** Mi tía es <u>*mayor*</u> que la tuya. (viejo)

1. Mi computadora es _____ que la tuya. (bueno)
2. Mi auto es _____ que el tuyo. (malo)
3. Mi abuelita es _____ que la tuya. (viejo)
4. Tú eres _____ que yo. (joven)
5. Mis libros están en _____ condiciones que los tuyos. (malo)
6. Mis aparatos electrónicos son _____ que los tuyos. (bueno)
7. Mis amigos son _____ que los tuyos. (joven)
8. Mis hermanas son _____ que las tuyas. (viejo)

3-49 El español en las profesiones Estudia la siguiente información y compara las tres profesiones. Escribe dos oraciones completas en español (una comparación con *más*, una con *menos*) para cada característica.

Ejemplo: *La mujer policía no gana más que el locutor de radio.*

La mujer policía	El locutor de radio	La doctora
23 años	45 años	32 años
3.000 dólares al mes	4.000 dólares al mes	5.000 dólares al mes
una hija	tres hijas	dos hijas
un Ford	un Porsche	un Cadillac
Maneja muy bien.	Maneja muy mal.	Maneja regular.
Se levanta a las 5:00.	Se levanta a las 6:00.	Se levanta a las 7:00.

Características:

Edad
Ingresos
Familia

Coche
Manejar
Hora

3-50 Más comparaciones Refuta la siguiente información con comparaciones adecuadas.

Ejemplo: La periodista corre tres kilómetros cada día.

La periodista corre menos de tres kilómetros cada día.

La peluquera	La maestra	El actor
25 años	30 años	50 años
1.500 dólares al mes	2.500 dólares al mes	4.500 al mes
Corre cinco kilómetros.	Corre un kilómetro.	No corre.
un sedán	un auto deportivo	una motocicleta

1. La peluquera tiene 20 años.
2. La maestra tiene 50 años.
3. La peluquera es mayor que el gerente.
4. El gerente gana 6.000 dólares al mes.
5. La peluquera gana 900 dólares al mes.
6. La maestra gana menos que la peluquera.
7. La peluquera corre tres kilómetros cada día.
8. El gerente corre más que nadie.
9. La motocicleta del gerente cuesta 5.000 dólares.
10. El auto de la peluquera es el vehículo más caro.

CAPÍTULO 4
LA DIVERSIÓN Y EL TIEMPO LIBRE

ACAMPAR EN ACONCAGUA, EL PICO MÁS ALTO DE SUDAMÉRICA. ¿CUÁLES SON TUS PASATIEMPOS PREFERIDOS?

Jason Maehl/Used under license from Shutterstock

PRIMERA ETAPA:
CONVERSACIÓN

SUGERENCIAS PARA APRENDER EL VOCABULARIO: Juegos de mesa

VOCABULARIO EN ACCIÓN: Los deportes y el ocio

SEGUNDA ETAPA:
FUNCIONES

FUNCIÓN 4-1: Cómo expresar causa y efecto

FUNCIÓN 4-2: Cómo expresar emociones y juicios de valor

FUNCIÓN 4-3: Cómo expresar entidades y eventos no específicos

TERCERA ETAPA:
LECTURA

SUGERENCIAS PARA LA LECTURA: Cómo identificar la idea principal

LECTURA CULTURAL: «¡Desafía la altura!»

LECTURA LITERARIA: «Del buen suceso que el valeroso don Quijote tuvo en la espantable y jamás imaginada aventura de los molinos de viento, con otros sucesos dignos de felice recordación» (fragmento), por Miguel de Cervantes Saavedra

ANÁLISIS LITERARIO: La voz de la narrativa

CUARTA ETAPA:
CULTURA EN DIRECTO

VÍDEO: Un aficionado de los deportes

REPASO DE GRAMÁTICA

PERSPECTIVA LINGÜÍSTICA: Mood

PERSPECTIVA GRAMATICAL:

Estructura 4-1: Commands

Estructura 4-2: Subordinate clauses

Estructura 4-3: Present subjunctive

PRIMERA ETAPA

CONVERSACIÓN

Raúl Diego Rivera Hernández

¿Qué haces en tu tiempo libre? Según la encuesta en un periódico de Madrid, el «ABC», al 68 por ciento de los jóvenes mayores de dieciocho años le gusta viajar. Pero hay otras formas también de pasar las horas de ocio. ¿Te gusta leer libros? ¿ver la televisión? ¿hacer deporte? En este capítulo, vamos a averiguar qué deportes, pasatiempos y juegos son populares en los países hispanos.

RAÚL DIEGO RIVERA HERNÁNDEZ, MÉXICO, D.F., MÉXICO

Courtesy Donna Long & Jan Macián

SUGERENCIAS PARA APRENDER EL VOCABULARIO

JUEGOS DE MESA One of the most enjoyable ways to learn vocabulary is getting together with a group of friends to play word-related board games. Scrabble sets in Spanish are commercially available, but if you have an English version at home, it can be easily altered. Traditionally, the letters **ch, ll,** and **rr** were considered to be separate letters. Today, however, they have been merged with the letters, **c, l,** and **r,** respectively, so the only letter lacking in the English alphabet is the **ñ;** a stroke with a magic marker can alter one or two of the *n* tiles. Other adaptable games are Boggle, Bingo, and Hangman. Crosswords, word searches, word mazes, and charades are other enjoyable ways to meet with friends and learn new words. Just be sure to appoint someone as the "judge" to look up in a dictionary any terms of which you are unsure.

LOS DEPORTES Y EL OCIO

En el siglo I, cuando el gran filósofo romano, Lucio Anneo Séneca, nacido en Córdoba, España, habló del **ocio**, él se refería al **descanso**. Esto era normal, pues en el mundo romano el trabajo era intenso. Sin embargo, desde la revolución industrial, son cada día menos los **esfuerzos físicos** que tenemos que **realizar.**

Sin embargo, las **responsabilidades diarias** del trabajo no son sólo físicas, sino también mentales. Así, nos vemos **obligados** a buscar una manera ociosa para **descansar.** Una buena posibilidad es **dedicar** el tiempo del ocio a la cultura, entendiendo que ésta no constituye solamente el cultivo de las expresiones artísticas, como se creía antes. Realmente, la cultura es una dinámica social que se vive en una circunstancia dada: por ejemplo, la música, el **deporte,** la **buena cocina,** la **lectura,** las **artes plásticas,** la **tertulia** y hasta las actividades sociales.

Para informar a la gente sobre las diferentes formas de diversión, aparecen **guías del ocio** en los periódicos o revistas. Allí incluyen información

MOSAICO ROMANO. ¿QUÉ ACTIVIDADES ESTÁN PRACTICANDO?

Andreapaggiaro/Dreamstime LLC

sobre recitales, conciertos, **espectáculos, exposiciones, museos, salas de cine,** restaurantes, **parques de atracciones,** libros, grupos musicales que están de moda y **excursiones** para pasar un fin de semana.

La **naturaleza** también se ha convertido desde hace unos años en la gran protagonista para el ocio de los **deportistas.** Una reacción contra la **vida sedentaria** del pasado ha promovido los **deportes radicales** y ha hecho que palabras nuevas como *rafting, kayak* (piragüismo) y **ciclismo de montaña** hayan entrado a ser parte del idioma. Son deportes en que los protagonistas no dudan en **navegar** por las rápidas **corrientes** de un río, **lanzarse al vacío** en **paracaídas** o **escalar una pared** sólo con las manos. Es la aventura por **tierra, mar** y aire.

PALAU DE LES ART REINA SOFÍA, EN LA CIUDAD DE LAS ARTES Y CIENCIAS, VALENCIA, ESPAÑA. ¿QUÉ FORMAS DE ARTE TE GUSTAN?

David Acosta Allely/Used under license from Shutterstock

As you read, list or underline the cognates that are related to the topic and be sure to use them as you do the **activities**.

Guía para el lector

As you read «**Los deportes y el ocio**», use the following questions as a guide.

1. ¿Quién era Séneca? ¿Dónde nació?
2. ¿Cómo era el trabajo en el mundo romano?
3. ¿Qué pasó después de la revolución industrial?
4. ¿Qué es la cultura?
5. ¿Cuáles son algunos de los ejemplos de la cultura?
6. ¿Qué tipo de información se incluye en las guías del ocio?
7. ¿Qué tipo de deporte es una reacción contra la vida sedentaria?
8. ¿Cuáles son algunos ejemplos de los deportes radicales?

Using the **Tema para la conversación** questions as a guide, enter the *De paseo* message board at **www.cengage.com/login** to share your comments and opinions on this interactive site.

Tema para la conversación 4-1

¿Cuánto tiempo dedican ustedes al ocio? En grupos pequeños, conversen acerca de la cantidad y los tipos de ocio que prefieren.

Tema para la conversación 4-2

¿Qué hay que hacer en su ciudad? En grupos pequeños, identifiquen diez actividades que se podrían incluir en una guía del ocio de su ciudad.

Tema para la conversación 4-3

¿Qué deportes practican ustedes? En grupos pequeños, identifiquen sus deportes preferidos. ¿Son deportes extremos o regulares?

artes plásticas *f. pl.* visual, three-dimensional arts

ciclismo de montaña mountain biking

buena cocina gourmet cooking

corriente *m.* current *(of a stream or river)*

dedicar *v. tr.* to dedicate *(time)*

deporte *m.* sport

deporte radical *m.* extreme sport

deportista *m./f.* sportsperson

descansar *v. tr.* to rest

descanso rest, relaxation

escalar una pared *v. tr.* to climb a wall

esfuerzo físico physical effort

espectáculo show, entertainment

excursión *f.* excursion, day trip

exposición *f.* exhibition, showing

guía del ocio leisure-time guide

lanzarse al vacío *v. prnl.* to leap into the void

lectura reading (matter)

mar *m.* sea

museo museum

naturaleza nature

navegar *v. tr.* **(a la vela)** to go boating (to sail)

obligado/obligada required

ocio spare time, leisure time

paracaídas *m.* parachute

parques de atracciones *m. pl.* amusement park

realizar *v. tr.* to carry out, execute; to make

responsabilidad diaria daily responsibility

sala de cine movie theater

tertulia gathering or discussion

tierra earth, land

vida sedentaria sedentary life

Vocabulario en acción

4-1 ¿Quiénes son? En grupos pequeños, enfóquense en la información de «Los deportes y el ocio». Identifiquen las diferentes maneras de descansar o divertirse, mencionen una o dos personas que conocen que practican estas actividades e indiquen qué deportes les parecen los más (o menos) interesantes, peligrosos, aburridos, etcétera.

4-2 Palabras relacionadas ¿Qué palabras están relacionadas con el tiempo libre y la diversión? En parejas, mientras estudian «Los deportes y el ocio»...

- busquen las palabras en la lectura que están relacionadas con las categorías siguientes.
- piensen en otras palabras para completar cada lista.
- compartan sus listas con las de los demás grupos de la clase.

Pasatiempos	Deportes y juegos	Excursiones
Acciones	Equipo deportivo	Otras palabras

4-3 Los deportes y el ocio Estudia la lista siguiente e indica qué deportes practicabas cuando eras joven (J), qué formas de recreo practicas ahora (P), qué actividades te gustaría probar (si tuvieras el tiempo o el dinero necesarios) (I) y qué actividades simplemente te gusta ver (V). Después, en parejas, conversen sobre sus preferencias.

_____ acampar

_____ bailar

_____ bucear

_____ caminar

_____ cazar

_____ cocinar

_____ coleccionar (sellos, tarjetas de béisbol, etcétera)

_____ correr

_____ cultivar un jardín

_____ hacer una caminata

_____ dibujar

_____ escribir (cuentos, poesía, etcétera)

_____ hacer crucigramas

_____ hacer esquí acuático

_____ hacer gimnasia

_____ hacer manualidades

_____ hacer piragüismo

_____ hacer *windsurf*

_____ ir al cine

_____ ir al teatro

_____ jugar a las cartas

_____ jugar al ajedrez

_____ jugar al baloncesto

_____ jugar al béisbol

_____ jugar al fútbol

_____ jugar al fútbol americano

_____ jugar al golf

_____ jugar al hockey sobre hielo

_____ jugar al tenis

_____ leer

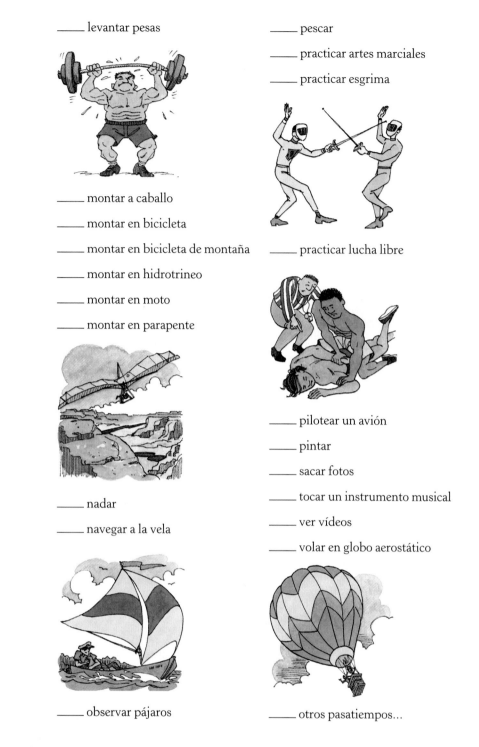

_____ levantar pesas

_____ pescar

_____ practicar artes marciales

_____ practicar esgrima

_____ montar a caballo

_____ montar en bicicleta

_____ montar en bicicleta de montaña

_____ practicar lucha libre

_____ montar en hidrotrineo

_____ montar en moto

_____ montar en parapente

_____ pilotear un avión

_____ pintar

_____ sacar fotos

_____ tocar un instrumento musical

_____ nadar

_____ ver vídeos

_____ navegar a la vela

_____ volar en globo aerostático

_____ observar pájaros

_____ otros pasatiempos…

¡Adelante!

You should now complete the **Primera etapa** of the **Diario de actividades,** pages 68–73.

4-4 ¿Cuáles son los mejores? Los deportes y pasatiempos son buenos para el cuerpo y la salud mental. Algunos ayudan a fortalecer los músculos y otros alivian la tensión. En parejas…

- repasen la lista anterior.
- seleccionen cinco deportes que sean buenos para el cuerpo.
- seleccionen cinco actividades que sean muy relajantes.
- comparen la lista con las de los demás miembros de la clase.

FUNCIÓN 4-1: **Cómo expresar causa y efecto**

En una clase de yoga. ¿Cómo te relajas tú?

《 *Las clases de yoga combinan las posturas, la respiración y la meditación. Hay muchos estilos de yoga, por lo que es fácil encontrar una rama que te quede bien.* 》

iofoto/Used under license from Shutterstock

MARÍA ESTER RINCÓN, MANZANARES, CIUDAD REAL, ESPAÑA

4-5 ¿Qué sugieres? En parejas, estudien los siguientes comentarios e intenten aconsejarse mutuamente, usando expresiones de causa y efecto.

Ejemplo: Estudiante 1: *El montañismo es un deporte peligroso.*
Estudiante 2: **Sugiero que vayas** *a un escalódromo para practicarlo.*

1. Leer novelas es un pasatiempo relajante.
2. Hacer una caminata es muy bueno para la salud.
3. Pilotear un avión es muy costoso.
4. Hacer gimnasia requiere buena coordinación.
5. Levantar pesas es bueno para el estrés.
6. Hacer crucigramas es un ejercicio bueno para el cerebro.
7. Para mostrar una colección se necesita un espacio adecuado.
8. Ver televisión resulta en una pérdida de condición física.

4-6 Nos gusta comer Desayunar, almorzar o cenar en un restaurante son entretenimientos que les gustan a todos. En grupos pequeños, hagan sugerencias con respecto a sus restaurantes favoritos. Usen expresiones de causa y efecto.

Ejemplo: Estudiante 1: *Recomiendo que desayunen en el restaurante Galaxia.*
Estudiante 2: *Sugiero que coman los huevos en adobo.*

4-7 Programa de ejercicio Para muchas personas es difícil comenzar un programa de ejercicio. En grupos pequeños, sugieran estrategias para la persona que quiere comenzar a hacer ejercicio. Usen una variedad de expresiones de causa y efecto.

Ejemplo: *Recomiendo que vaya a una clase de yoga.*

¡Alto!

Review **Estructura 4-1** in the **Repaso de gramática** on pages 113–115 at the end of this chapter and complete the accompanying exercises.

¡Adelante!

Now that you have completed your in-class work on **Función 4-1,** you should complete **Audio 4-1** in the **Segunda etapa** of the *Diario de actividades,* pages 74–77.

FUNCIÓN 4-2: **Cómo expresar emociones y juicios de valor**

Ron Chapple/Index Open

Jugar en computadora. ¿Qué juegos virtuales te gustan?

≪ Hoy en día hay muchos aficionados de los juegos de estrategia y simulación para computadoras. Uno de los juegos más populares es Los Sims, en el cual los jugadores crean personajes y construyen una vida virtual para ellos. ≫

GERARDINA GARITA-LACEY, SAN JOSÉ, COSTA RICA

¡Alto!

Review **Estructura 4-2** in the **Repaso de gramática** on pages 115–117 at the end of this chapter and complete the accompanying exercises.

4-8 Los deportes competitivos A muchas personas les gustan los deportes competitivos. A otros les disgustan. En grupos pequeños, usen expresiones de emoción y juicios de valor para comentar los deportes competitivos.

> **Ejemplo:** Estudiante 1: **Es bueno que** los niños **jueguen al fútbol americano.**
> Estudiante 2: *Sí, pero* **es importante que tengan cuidado.**

4-9 Los deportes más difíciles El billar artístico, el fútbol americano, el golf y el salto con pértiga son algunos de los deportes más difíciles. En parejas, comenten estos deportes con expresiones de emoción y juicios de valor.

> **Ejemplo:** el tenis
> *Es necesario que los jugadores de tenis tengan coordinación física y mental.*

¡Adelante!

Now that you have completed your in-class work on **Función 4-2,** you should complete **Audio 4-2** in the **Segunda etapa** of the *Diario de actividades,* pages 77–80.

4-10 Situaciones frustrantes En parejas, comenten una variedad de situaciones frustrantes que enfrentan los estudiantes en la vida real. Usen una variedad de expresiones de emoción y juicio de valor en sus comentarios.

> **Ejemplo:** Estudiante 1: *Buscar un espacio para aparcar el auto en el recinto es frustrante.*
> Estudiante 2: *Es preferible que uses transporte público en vez de conducir todos los días.*

FUNCIÓN 4-3: Cómo expresar entidades y eventos no específicos

Una familia hispana se relaja en el parque. ¿Qué haces tú cuando vas al parque?

≪ *Estados Unidos podría aprender un poco acerca de cómo se maneja el ocio en la comunidad hispana. Por ejemplo, los parques públicos en Estados Unidos podrían organizar actividades para toda la familia los fines de semana. A diferencia de los no hispanos, quienes usan las instalaciones durante la semana laboral para hacer ejercicio, los hispanos suelen salir en familia los domingos para descansar, conversar y comer al aire libre.* ≫

MIGUEL ESQUIROL RÍOS, LA PAZ, BOLIVIA

Ron Chapple/Index Open

4-11 Los deportes radicales ¿Son locos o muy valientes los que practican los deportes radicales? En parejas, comenten los siguientes deportes, usando expresiones de entidades y eventos no específicos.

> Ejemplo: *windsurf*
>
> > Estudiante 1: **No conozco a nadie** *que practique* windsurf.
> > Estudiante 2: **No hay ningún lugar** *cerca de aquí donde se practique* windsurf.

1. escalar
2. ciclismo de montaña
3. paracaidismo
4. parapente
5. *rafting*
6. *snowboard*

¡Alto!

Review **Estructura 4-3** in the **Repaso de gramática** on pages 117–124 at the end of this chapter and complete the accompanying exercises.

4-12 ¡Vamos a viajar! ¿Les gusta explorar nuevos lugares? En parejas, planeen un viaje a un lugar que no conozcan, usando expresiones de entidades y eventos no específicos para hablar de ese lugar.

> Ejemplo: las islas Galápagos
>
> > Estudiante 1: **No conocemos a nadie** *que viva en las islas Galápagos.*
> > Estudiante 2: *Tenemos que buscar* **una aerolínea que tenga vuelos económicos** *a las islas porque queremos explorar las islas en kayak.*

4-13 Juegos de mesa Los juegos de mesa siguen siendo muy populares. En grupos pequeños, comenten sobre el jugador ideal de algunos de estos juegos.

> Ejemplo: Scrabble
>
> > *Busco un jugador que tenga un vocabulario amplio.*

1. Monopolio
2. dominó
3. Operación
4. póquer
5. ¿Quién es culpable? (*Clue*)
6. canasta
7. serpientes y escaleras
8. lotería (*Bingo*)

¡Adelante!

Now that you have completed your in-class work on **Función 4-3,** you should complete **Audio 4-3** in the **Segunda etapa** of the *Diario de actividades*, pages 81–84.

LECTURA CULTURAL: «Practicar deportes radicales»

Los deportes radicales que combinan la naturaleza, la aventura y el riesgo atraen al deportista aventurero que está cansado de lo rutinario y lo común. ¿Cuáles son algunos de los ejemplos de esta nueva forma de divertirse? En realidad, muchos de los deportes llamados radicales, como el buceo, el *rafting*, el *windsurf*, el *snowboard*, el ciclismo de montaña y el esquí, no son ni tan peligrosos ni tan nuevos. Las razones por las cuales se clasifican estos deportes como radicales son la intensidad y el lugar donde se practican. Por ejemplo, el buceo se practica en la profundidad del mar, mientras que el rafting se practica en los ríos bravos que bajan por las montañas. Para aquellos que deciden participar en uno de estos deportes y no tienen todo el equipo necesario, hay agencias que organizan todo tipo de excursiones y cursos de iniciación. Estas agencias también resuelven los trámites burocráticos y obtienen las licencias y los seguros. En el artículo «¡Desafía la altura!» vamos a leer sobre una forma de practicar montañismo en medio de la ciudad.

SUGERENCIAS PARA LA LECTURA

CÓMO IDENTIFICAR LA IDEA PRINCIPAL Now that you have practiced skimming for the gist of the topic and scanning for specific items of information, you are ready to look for the topic sentence that will help you identify the main idea of each paragraph.

Because the topic sentence may be located anywhere in the paragraph, you must read carefully to determine which sentence serves as a summary for the rest of the paragraph. For example, the following sentence indicates that the rest of the article will probably talk about the growth of climbing as a popular sport and why it has such a wide audience.

Escalar se ha vuelto el deporte de moda en todo el mundo.

Topic sentences may also indicate whether the author intends to offer more details, contrasts, causes, or consequences to support the statement. As you read the article **«¡Desafía la altura!»**, underline the topic sentence of each paragraph as well as the information the writer offers to support the main idea.

Antes de leer

4-14 Equipo y deportes ¿Qué necesitas para practicar los deportes radicales? Frecuentemente el vocabulario que se utiliza para describir estas actividades es muy especializado, pero también hay muchos cognados o palabras parecidas en inglés. Empareja cada deporte radical con algunos de sus elementos.

1. el ciclismo de montaña
2. el buceo
3. el esquí
4. el hidrotrineo (*jet ski*)
5. el *rafting*
6. el *snowboard*
7. el *windsurf*

a. balsa y salvavidas
b. casco y pantalones largos
c. guantes y botas
d. lago o mar, traje de baño
e. tabla y nieve
f. tabla y vela
g. tanque de oxígeno y aletas

4-15 Un deporte nuevo Para hablar de un deporte nuevo, no sólo hay que describir la acción; también hay que tener todo el equipo necesario para poder practicarlo. En grupos pequeños...

- seleccionen uno de los deportes de la **Actividad 4-3**.
- describan dónde se practica este deporte normalmente y las condiciones que son necesarias para practicarlo.
- indiquen el equipo necesario para poder practicar el deporte.
- compartan su descripción con los demás miembros de la clase.

PEQUEÑO DICCIONARIO

El artículo «¡Desafía la altura!» de la revista mexicana «Eres» nos informa sobre la escalada en roca, un deporte popular en todo el mundo. Antes de leer el artículo y hacer las actividades, busca las palabras en el texto y usa dos o tres para escribir oraciones originales en una hoja aparte.

agarrar *v. tr.* Tomar fuertemente con la mano.
amarrar *v. tr.* Atar, sujetar, asegurar con cuerdas.
anilla Anillo o aro metálico.
arnés *m.* Conjunto de cinchas para sujetar el cuerpo.
atraído/atraída Fascinado/Fascinada.
chavito/chavita Niño/ Niña joven.
cima Parte más alta de una montaña o un monte, cúspide.
cuerda Conjunto de hilos torcidos para atar; lazo.

ARNÉS

entrenamiento Preparación para un deporte.
escalada Acción de subir a una gran altura.
grieta Abertura.
mojado/mojada Húmedo/Húmeda a causa de algún líquido.
mosquetón *m.* Tipo de anilla que se abre.
suceder *v. intr.* Ocurrir, pasar.
temor *m.* Miedo.
vencer *v. tr.* Triunfar, ganar.

CUERDA

A leer

«¡DESAFÍA LA ALTURA!»

Escalar se ha vuelto el deporte de moda en todo el mundo: niños, jóvenes y personas adultas se sienten atraídos por la adrenalina que despide su cuerpo al vencer los obstáculos de las montañas y el temor a las alturas para, después de un gran esfuerzo, llegar a la cima.

¿Qué es un escaló-dromo? Del español: *escalar* (subir, trepar) y del griego: *dromos* (carrera). Un escaló-dromo es aquel lugar en el que puedes practicar la escalada en roca, sin necesidad de tener que salir de la ciudad e ir en busca de una montaña natural.

En los escalódromos encuentras los muros artificiales montados con rutas que van desde grados de dificultad mínimos, hasta rutas creadas especialmente para los profesionales en este deporte.

Ventajas de un esca-lódromo: La más importante es que se encuentra →

Guía para el lector

As you read **«¡Desafía la altura!»**, use the following questions as a guide.

1. ¿Qué es un escalódromo?
2. ¿Qué se puede encontrar allí?
3. ¿Cuáles son algunas de las ventajas del escalódromo?
4. Según el artículo, ¿por qué puede ser aburrido escalar en roca natural?
5. ¿Qué ventajas ofrece el escalódromo cuando hace mal tiempo o si no hay tiempo durante el día para practicar?
6. ¿A qué edad pueden empezar a escalar los niños?
7. ¿Qué equipo hace falta?
8. ¿Dónde puedes practicar este deporte en México? ¿Cuánto terreno escalable hay?
9. ¿Qué posibilidades hay para escalar?
10. Si quisieras escalar, ¿qué grado de dificultad escogerías tú?

Information and photos of Escalódromo Carlos Carsolio can be found at http://www.escalodromo.com/.

dentro de la ciudad. Lo que anteriormente significaba salir un día entero de excursión, ahora se reduce a pocas horas de entrenamiento (esto es excelente cuando no se dispone de mucho tiempo). No es necesario que busques un entrenador. En el escalódromo encuentras personas especializadas para ayudarte en cualquier momento; esto permite que practiques con todas las normas de seguridad necesarias. En cuanto a las rutas, pueden ir variando continuamente; de este modo no hay posibilidad de que te aburras al escalar siempre el mismo lugar (lo que puede suceder en la roca natural).

En las temporadas de lluvia igual puedes escalar sin problemas de que las rocas estén muy mojadas. Tampoco importan los horarios. Por ejemplo, si vas a la escuela, puedes ir por la tarde a practicar un rato o, en el caso de que trabajes, te puedes ir por la noche a escalar para no perder tu condición física.

Aunque parezca mentira, a los niños les encanta escalar y realmente te encuentras con chavitos de seis años que lo hacen mucho mejor que los jóvenes.

El equipo: No necesitas llevar el equipo completo. Si aún no tienes los zapatos especiales, puedes practicar con tenis. El arnés te lo alquilan ahí mismo, las cuerdas están siempre en el escalódromo y, para aquellos expertos que quieran llegar a la cima del muro, encuentran anillas y mosquetones.

En el caso de que seas principiante, es importantísimo estar amarrado para poder pasar una determinada altura; también es muy importante que la persona de seguridad abajo se encuentre anclada en la tierra.

¿Dónde practicar? En el pasado, los muros artificiales consistían solamente en una pared con agarres y eso era todo. Actualmente te puedes encontrar con sitios mucho mejor montados; por ejemplo, el escalódromo más grande de México: Escalódromo Carlos Carsolio.

Nos contaron que en este lugar te encuentras con un terreno escalable de 2.500 metros y con 3.000 piezas de agarre. Las posibilidades que tienes para escalar son: muros verticales, extraplomados (la pared está hacia ti), techos horizontales, grietas movibles en las que puedes abrir las fisuras cuando tú quieras, el techo más grande de América Latina (de 8 metros) y una cueva de 25 metros. En medio del terreno hay dos torres, una especial para escalar y la otra para enseñar a bajar. En cuanto a altura y grados de dificultad, los muros miden 12 metros y los grados van desde el 5.7 para los niños y principiantes, hasta 5.14 (el grado más alto en el mundo es 5.17).

Además de los muros, montaron un gimnasio especial para escaladores en donde se puede desarrollar los músculos de los brazos, antebrazos y dedos, practicar equilibrio y flexibilidad, y desarrollar fuerza en las piernas. Si quieres más informes, comunícate al Escalódromo Carlos Carsolio al teléfono 752–7574 o 742–7595.

Eres. Año IX, Núm. 209, marzo 1997.

Después de leer

4-16 Ventajas y desventajas ¿Cuáles son las ventajas de escalar en un escalódromo? En parejas...

- conversen sobre las ventajas.
- piensen también en las desventajas.
- decidan si es mejor practicar el deporte en un escalódromo o en una montaña natural.

4-17 ¿Cómo es un escalódromo? Si tuvieras que describirle un escalódromo a alguien, ¿cómo lo harías? ¿Cómo son las personas que escalan allí? Escríbele una carta a un amigo/una amiga para describirle la foto siguiente. Menciona...

- cómo es el escalódromo (tamaño, material, estructura, etcétera).
- qué ropa y aparatos llevan las personas.
- qué está pensando el deportista.

4-18 Unos mandatos ¿Qué crees que le diría un entrenador/una entrenadora a un nuevo escalador/una nueva escaladora? Escribe seis o siete sugerencias que utilizarías para el entrenamiento de principiantes de escalódromo.

Ejemplo: *Hay que revisar todo el equipo antes de empezar a escalar.*

Jan Paul Schrage/istockphoto.com

EN EL ESCALÓDROMO. ¿CÓMO DESAFÍAS TÚ LA ALTURA?

4-19 Un anuncio Busca información sobre un escalódromo u otro sitio de recreo (gimnasio, pista de patinaje, etcétera) en tu área o estado. En parejas...

- diseñen un anuncio para un periódico estudiantil.
- describan el lugar.
- mencionen algunos de los aspectos atractivos del sitio.
- mencionen el precio.
- escriban una lista del equipo que está incluido en el precio.
- indiquen el horario (días y horas).
- incluyan una foto o un dibujo.

LECTURA LITERARIA: **Biografía**

Se cree que Miguel de Cervantes Saavedra nació el 29 de septiembre de 1547 en Alcalá de Henares, España. Por su situación económica difícil, la familia Cervantes se mudaba con frecuencia de una o otra ciudad en España. Miguel asistió a un colegio de los jesuitas en la ciudad de Córdoba y en 1566 se trasladó a Madrid. Se metió en problemas y tuvo que huir a Roma en 1569. Poco después se hizo soldado. En el transcurso de la famosa Batalla de Lepanto contra los turcos, Cervantes recibió tres heridas; una de ellas lastimó la mano izquierda para siempre, lo que le valió el apodo de «el manco de Lepanto». Al embar-

MIGUEL DE CERVANTES SAAVEDRA.
¿CÓMO SE VE?

carse otra vez para España en 1575, Cervantes y su hermano menor, Rodrigo, fueron capturados por piratas berberiscos y fueron mantenidos en cautiverio en Argel. Rodrigo fue rescatado en 1577 y Miguel en 1580. Su primera novela, «La Galatea», fue publicada en 1585. En 1605 apareció su obra maestra, «El ingenioso hidalgo don Quijote de la Mancha», la cual trata acerca de unas aventuras muy parecidas a las suyas. Además de ser novelista, Cervantes era dramaturgo y poeta, pero es más reconocido por ser el creador de la novela moderna.

Antes de leer

4-20 La literatura épica ¿Conocen los cuentos del rey Arturo y sus caballeros de la mesa redonda? ¿Los libros o las películas de «El señor de los anillos» o «Harry Potter»? ¿El poema griego «Odisea»? ¿Cómo son los protagonistas de este tipo de épica? ¿Cómo son sus aventuras? En grupos pequeños, identifiquen las características de las obras épicas y sus héroes.

4-21 El realismo y la fantasía No es nada raro que los escritores combinen la realidad con la fantasía en sus obras. En grupos pequeños, elijan una obra épica de ficción (novela, película o poema) que se caracterice por una mezcla de realismo y fantasía e identifiquen tres o cuatro elementos de cada tipo.

> **Ejemplo:** *En los libros de Harry Potter, el protagonista usa una capa mágica para hacerse invisible (fantasía). Harry tiene que estudiar y practicar como cualquier otro estudiante (realismo).*

4-22 Introducción La introducción al capítulo VIII expone «Del <u>buen</u> suceso que el <u>valeroso</u> don Quijote tuvo en la <u>espantable</u> y <u>jamás imaginada</u> aventura de los molinos de viento con otros sucesos <u>dignos</u> de <u>felice</u> recordación». En grupos pequeños, conversen acerca de las palabras y frases subrayadas. ¿Cómo pueden ayudarnos a anticipar lo que ocurre en el capítulo?

PEQUEÑO DICCIONARIO

El fragmento de la novela de Cervantes narra una aventura fantástica. Antes de estudiarlo y hacer las actividades, busca las palabras en el texto y usa dos o tres para escribir oraciones originales en una hoja aparte.

acometer *v. tr.* Intenta.

aposento Casa de viajantes.

aspa Aparato exterior del molino de viento que parece una cruz.

desaforado/desaforada Grande con exceso, fuera de lo común.

desgajar *v. tr.* Separar con violencia, romper algo.

embestir *v. tr.* Ir con ímpetu sobre alguien o sobre algo.

empinar *v. tr.* Levantar en alto.

encomendar *v. tr.* Ponerse en manos de alguien.

enriquecer *v. tr.* Hacer rica a una persona.

escudero Hombre que antiguamente se ocupaba de atender a un señor o persona distinguida. De la palabra **escudo**.

espada Arma larga, recta, aguda y cortante.

maltrecho/maltrecha Maltratado/maltratada.

molino de viento Máquina para moler grano cuyo movimiento es producido por el viento.

pesaroso/pesarosa Arrepentido/arrepentida de lo que se ha dicho o hecho.

regocijadamente Alegremente.

rodela Arma defensiva redonda y delgada que, embrazada en el brazo izquierdo, cubría el pecho.

socorrer *v. tr.* Ayudar.

ventura Felicidad.

voltear *v. tr.* Volver algo de una parte a otra hasta ponerlo al revés de cómo estaba colocado; girar.

ESPADA

MOLINO DE VIENTO

ESCUDO

Guía para el lector

As you read «Del buen suceso que el valeroso don Quijote… », use the following questions as a guide.

1. ¿Qué cree don Quijote que sean los molinos de viento? ¿Qué intentó hacer?
2. ¿Quién era el compañero de don Quijote? ¿Qué consejos le dio a don Quijote?
3. ¿Cómo se vestía don Quijote? ¿Por qué?
4. ¿Quién era Dulcinea? ¿Rocinante?
5. ¿Qué ocurrió durante la batalla de don Quijote y los molinos de viento?
6. ¿Con quién se compara don Quijote? ¿Por qué?
7. ¿Cuáles eran las responsabilidades de Sancho Panza?
8. ¿Qué ocurrió después de la batalla?

A leer

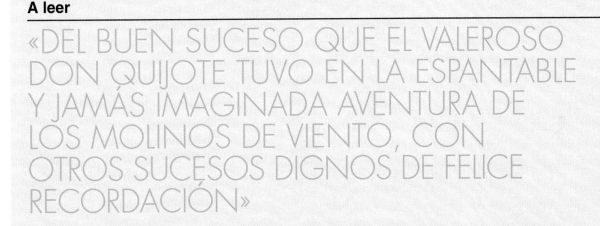

«DEL BUEN SUCESO QUE EL VALEROSO DON QUIJOTE TUVO EN LA ESPANTABLE Y JAMÁS IMAGINADA AVENTURA DE LOS MOLINOS DE VIENTO, CON OTROS SUCESOS DIGNOS DE FELICE RECORDACIÓN»

(fragmento del Capítulo VIII de la primera parte de **El ingenioso hidalgo don Quijote de la Mancha**)

En esto, descubrieron treinta o cuarenta molinos de viento que hay en aquel campo; y, así como don Quijote los vio, dijo a su escudero:

—La ventura va guiando nuestras cosas mejor de lo que acertáramos a desear, porque ves allí, amigo Sancho Panza, donde se descubren treinta, o pocos más, desaforados gigantes, con quien pienso hacer batalla y quitarles a todos las vidas, con cuyos despojos comenzaremos a enriquecer; que ésta es buena guerra, y es gran servicio de Dios quitar tan mala simiente de sobre la faz de la tierra.

—¿Qué gigantes? —dijo Sancho Panza.

—Aquellos que allí ves —respondió su amo de los brazos largos, que los suelen tener algunos de casi dos leguas.

—Mire vuestra merced —respondió Sancho— que aquellos que allí se parecen no son gigantes, sino molinos de viento, y lo que en ellos parecen brazos son las aspas, que, volteadas del viento, hacen andar la piedra del molino.

—Bien parece —respondió don Quijote— que no estás cursado en esto de las aventuras: ellos son gigantes; y si tienes miedo, quítate de ahí, y ponte en oración en el espacio que yo voy a entrar con ellos en fiera y desigual batalla.

Y, diciendo esto, dio de espuelas a su caballo Rocinante, sin atender a las voces que su escudero Sancho le daba, advirtiéndole que, sin duda alguna, eran molinos de viento, y no gigantes, aquellos que iba a acometer. Pero él iba tan puesto en que eran gigantes, que ni oía las voces de su escudero Sancho ni echaba de ver, aunque estaba ya bien cerca, lo que eran; antes, iba diciendo en voces altas:

—Non fuyades, cobardes y viles criaturas, que un solo caballero es el que os acomete.

Levantóse en esto un poco de viento y las grandes aspas comenzaron a moverse, lo cual visto por don Quijote, dijo:

—Pues, aunque mováis más brazos que los del gigante Briareo, me lo habéis de pagar.

Y, en diciendo esto, y encomendándose de todo corazón a su señora Dulcinea, pidiéndole que en tal trance le socorriese, bien cubierto de su rodela, con la lanza en el ristre, arremetió a todo el galope de Rocinante y embistió con el primero molino que estaba delante; y, dándole una lanzada en el aspa, la volvió el viento con tanta furia que hizo la lanza pedazos, llevándose tras sí al caballo y al caballero, que fue rodando muy maltrecho por el campo. Acudió Sancho Panza a socorrerle, a todo el correr de su asno, y cuando llegó halló que no se podía menear: tal fue el golpe que dio con él Rocinante.

—¡Válame Dios! —dijo Sancho—. ¿No le dije yo a vuestra merced que mirase bien lo que hacía, que no eran sino

Rafael Macia/Photo Researchers

MOLINOS DE VIENTO. ¿QUÉ TE PARECEN?

molinos de viento, y no lo podía ignorar sino quien llevase otros tales en la cabeza?

—Calla, amigo Sancho —respondió don Quijote—, que las cosas de la guerra, más que otras, están sujetas a continua mudanza; cuanto más, que yo pienso, y es así verdad, que aquel sabio Frestón que me robó el aposento y los libros ha vuelto estos gigantes en molinos por quitarme la gloria de su vencimiento: tal es la enemistad que me tiene; mas, al cabo al cabo, han de poder poco sus malas artes contra la bondad de mi espada.

—Dios lo haga como puede —respondió Sancho Panza.

Y, ayudándole a levantar, tornó a subir sobre Rocinante, que medio despaldado estaba. Y, hablando en la pasada aventura, siguieron el camino del Puerto Lápice, porque allí decía don Quijote que no era posible dejar de hallarse muchas y diversas aventuras, por ser lugar muy pasajero; sino que iba muy pesaroso por haberle faltado la lanza…

Después de leer

4-23 Don Quijote y Sancho Panza ¿Cómo es la relación entre don Quijote y Sancho Panza? En grupos pequeños, conversen acerca de la pareja.

4-24 ¿Locura u otra cosa? Un debate sobre el estado mental de don Quijote ha continuado por más de 400 años. Si «el ingenioso hidalgo» no está loco, ¿por qué anda peleando contra molinos de viento? En grupos pequeños, conversen acerca de un posible significado metafórico del capítulo VIII.

4-25 La voz de la narrativa ¿Cómo se narra este fragmento? En parejas, analicen la voz de la narrativa usando los términos literarios adecuados.

ANÁLISIS LITERARIO: LA VOZ DE LA NARRATIVA

Términos literarios Usa los siguientes términos literarios para describir «la voz» de la narrativa.

- **El narrador/La narradora** relata los hechos en una novela o en un cuento.
- **La primera persona** es el «yo». Es una voz subjetiva que puede pertenecer al protagonista, a un personaje secundario o a un testigo de la acción.
- **La tercera persona** es «él» o «ella». Es un observador externo o un testigo que ve los sucesos desde afuera.
- **Un narrador/Una narradora omnisciente** relata los pensamientos, los motivos y hasta los sentimientos de los personajes.
- **Un narrador limitado/Una narradora limitada** presenta una visión limitada de los personajes. Es probable que no sepa sus pensamientos, sus motivos y sus sentimientos.
- **El punto de vista** es la perspectiva del narrador.
- **Una narrativa** es un relato o una exposición de hechos.
- **La descripción exterior** refleja el aspecto exterior de un personaje, un escenario, etcétera. Puede centrarse en un aspecto determinado, ya sea la cara de un personaje o una actividad en concreto. Es la perspectiva de un narrador limitado y se caracteriza por el uso de la tercera persona (él, ella, ellos o ellas).
- **La descripción interior** refleja los sentimientos y los procesos mentales de un personaje. Puede hacer referencia a uno o más sentimientos o procesos. Es la perspectiva personal del narrador y se caracteriza por el uso de la primera persona (yo).
- **La descripción interior-exterior** combina los dos tipos de descripción. Puede partir del interior hasta el exterior o viceversa. Es la perspectiva de un narrador omnisciente y se caracteriza por el uso de la primera persona.

¡Adelante!

Now that you have completed your in-class work on the **Tercera etapa,** you should complete the **Redacción** in the **Tercera etapa** of the *Diario de actividades,* pages 85–90.

VÍDEO: **Un aficionado de los deportes**

You can access the *De paseo* video at www.cengage.com/login

Los deportes juegan un rol muy importante en la vida de la gente latinoamericana. Algunos juegan en las ligas menores o mayores; otros participan desde los estadios o desde sus casas, como espectadores. En este vídeo, Raúl nos va a explicar un poco sobre la importancia de los deportes en México y otros países de Latinoamérica.

AFICIONADOS DEL FÚTBOL. ¿CUÁL ES TU EQUIPO PREFERIDO?

Antes de ver

4-26 ¿De qué hablará? En grupos pequeños, repasen la lista de deportes en este capítulo y intenten predecir los que va a mencionar Raúl en el vídeo.

4-27 En Estados Unidos Si tuvieras que mencionarle a alguien de otro país dos o tres deportes que tienen mucha importancia en Estados Unidos, ¿qué deportes elegirías? ¿Qué dirías sobre ellos?

PEQUEÑO DICCIONARIO

El vídeo describe los deportes en América Latina. Antes de verlo y hacer las actividades, busca las palabras en el vídeo y úsalas para escribir oraciones originales en una hoja aparte.

brincar *v. intr.* Dar saltos con ligereza.
colina Elevación natural de terreno redondeada y menor que una montaña.
columpio Asiento suspendido con dos cuerdas o barras metálicas atadas en alto que sirve para balancearse o mecerse.

COLUMPIO

convivir *v. intr.* Vivir en compañía de otro u otros, cohabitar.
disfrutar *v. intr.* Deleitarse, gozar, sentir satisfacción.
entrenamiento Adiestramiento y preparación física y técnica que se realiza para perfeccionar el ejercicio de una actividad deportiva.
esparcimiento Recreo, entretenimiento, pasatiempo.
peñasco Monte grande y elevado.
radicar *v. intr.* Estar en determinado lugar.
realizar *v. tr.* Efectuar, hacer algo real y efectivo.
recorrido Paso por un lugar.
reunirse *v. prnl.* Juntarse varias personas para tratar un asunto.
selva Tipo de bosque ecuatorial y tropical.
vincular *v. tr.* Unir o relacionar una persona o cosa con otra.

A ver

4-27 Guía para la comprensión del vídeo Antes de ver los dos segmentos del vídeo, estudia las siguientes preguntas. Mientras ves los segmentos, busca las respuestas adecuadas.

Segment 1:

1. ¿Cuál es el deporte más popular en Latinoamérica?
2. Según Raúl, ¿qué países tienen mucha afición al fútbol?
3. ¿Cuáles son los nombres de algunos de los equipos que menciona Raúl y de dónde son?
4. ¿Cómo describe este evento? ¿Quiénes van al estadio?
5. ¿Qué hace la familia que no puede asistir a un partido en el estadio?
6. ¿Cuál es el segundo deporte más popular en México y Latinoamérica?
7. ¿Dónde se juega este deporte?
8. ¿Qué países latinoamericanos tienen mucha afición al básquetol (baloncesto)?

Segment 2:

1. ¿Qué es la importancia de los deportes radicales?
2. ¿A quiénes puede beneficiar el turismo?
3. ¿Quiénes se benefician de hacer una caminata por el bosque?
4. ¿Qué tipo de turismo es importante para Raúl?
5. ¿Cuáles son algunas de las actividades más fuertes e intensas?
6. En México, ¿dónde se puede hacer *rafting*?
7. Para la gente que lo practica, ¿qué exige el escalar montañas?
8. ¿Cuál es el último deporte radical que menciona?

Después de ver

4-28 Deportes y preferencias De los primeros tres deportes que mencionó Raúl, ¿cuál prefieres tú? ¿Por qué? En grupos pequeños conversen sobre sus gustos y preferencias.

4-29 La naturaleza Raúl pone mucho énfasis en las actividades físicas y la naturaleza. En parejas, escriban una lista de las actividades en que se puede aprovechar el medio ambiente. Después, comparen su lista con la de los demás miembros de la clase.

4-30 Investigación Ahora, usando la explicación de Raúl como modelo, elige una actividad o deporte y haz una investigación sobre su importancia en los países hispanohablantes. Comparte tu información con los demás miembros de la clase vía el *message board*.

Enter the **De paseo** message board at www.cengage.com/login to share your comments and opinions on this interactive site.

To access flash-based grammar tutorials on the topics covered in this chapter, visit www.cengage.com/login.

PERSPECTIVA LINGÜÍSTICA

Mood

As you probably learned in your previous courses, Spanish has two principal moods or modes **(modos):** indicative and subjunctive. Rather than thinking of these concepts as two separate systems of tenses, it is better to think of them as one system with two different perspectives. The indicative perspective reflects what is objectively known or believed to be true. The subjunctive perspective, however, is subjective and deals with the realm of internal perceptions. For example:

INDICATIVE	SUBJUNCTIVE
Creo que el *kickboxing* **es** el deporte del futuro.	**No creo que** el *kickboxing* **sea** el deporte del futuro.

In these examples, the indicative verb indicates certainty, while the subjunctive verb indicates a personal opinion about the future of kickboxing.

Although English also has a subjunctive mood, it is not frequently used in everyday speech and, therefore, it is not really a good point of departure for studying the Spanish subjunctive. For the curious, however, the following examples are provided.

INDICATIVE	SUBJUNCTIVE
I insist that he *studies* every day. (I assert that he really does study.)	I insist that he *study* every day. (I order him to study.)

In English, too, the subjunctive casts a shadow of doubt. Will my insisting actually make him study every day or not? This use of the subjunctive reflects the speaker's wishes rather than an objective event, since the insisting may or may not cause him to study.

In the past, grammarians have devised many elaborate methods for determining when one should use the Spanish subjunctive and which form should be used. Most of these methods are based on Latin grammar and, again, are not very good references for Spanish. In this chapter, you will study three basic concepts related to the subjunctive: cause-and-effect relationships, nonspecific states, and subjective reactions. These are large, «rough-tuned» categories that will make the subjunctive mood easier for you to understand.

PERSPECTIVA GRAMATICAL

Estructura 4-1: Commands

Commands (**Mandatos**) are strong, direct expressions in which one person tries to make another person or persons take a specific action, for example:

¡Hablen en voz alta! ¡Hagan la tarea!

As you probably remember from your beginning Spanish course, all commands, except for the affirmative **tú** and **vosotros/vosotras** forms, are based on the present subjunctive. This makes a lot of sense when you remember that one of the concepts underlying the subjunctive is that of cause and effect. In fact, you might want to think of commands as part of a complete sentence, such as the following example.

Quiero que ustedes lean el cuento. → **¡Lean** el cuento!

As you can see, the full sentence is transformed into a formal command by dropping off the main clause **Quiero que.** The subject pronoun **ustedes** is also deleted because it is clearly understood when one person gives an order to another. Here is a reminder of how to form the **usted** and **ustedes** forms of the present subjunctive: You drop the **-o** ending from the **yo** form of the present tense and add **-e** for **-ar** verbs and **-a** for **-er** and **-ir** verbs for the **usted** command; for the **ustedes** command, you add **-n** to the **usted** command.

¡Alto!

These activities will prepare you to complete the in-class communicative activities for **Función 4-1** on page 99 of this chapter.

	INDICATIVE YO FORM	SUBJUNCTIVE STEM	SINGULAR FORMAL COMMAND	PLURAL FORMAL COMMAND
-ar: hablar	hablo	habl-	hable	hablen
-er: leer	leo	le-	lea	lean
-ir: decir	digo	dig-	diga	digan

In order to make negative formal commands, just place **no** before the verb. For example:

¡**No** hablen! ¡**No** lean! ¡**No** digan!

Reflexive and object pronouns are attached to the end of affirmative commands (note the accent mark) but precede negative commands. For example:

¡Acuéstense temprano! ¡No **me** llame en casa!

C → QU	G → GU	Z → C
sacar	pagar	empezar
saque	pague	empiece

The command forms of verbs ending in **-car**, **-gar**, or **-zar** undergo a spelling change.

Several formal commands have irregular stems. The most common ones are shown below.

INFINITIVE COMMAND	SINGULAR FORMAL COMMAND	PLURAL FORMAL
dar	(no) dé	(no) den
estar	(no) esté	(no) estén
ir	(no) vaya	(no) vayan
saber	(no) sepa	(no) sepan
ser	(no) sea	(no) sean

4-31 ¿Qué quiere usted? Escribe los mandatos afirmativos singulares y plurales para las siguientes frases.

Ejemplo: montar en bicicleta

¡*Monte en bicicleta! ¡Monten en bicicleta!*

1. bucear con tanque de oxígeno
2. correr un maratón
3. hacer ejercicio aeróbico
4. jugar al tenis
5. levantar pesas
6. ver la televisión
7. irse de vacaciones
8. acostarse temprano

4-32 ¡No lo haga! Escribe los mandatos negativos para las siguientes oraciones según las indicaciones.

Ejemplo: Quiero echar una siesta.

¡*No eche una siesta!*

1. Quiero escuchar la radio.
2. Queremos jugar al fútbol americano.
3. Quiero hacer montañismo.
4. Queremos ir a un restaurante.
5. Quiero construir aviones de control remoto.
6. Queremos competir en un maratón.
7. Quiero rendirme a mi oponente.
8. Queremos divertirnos en el parque de atracciones.

4-33 Mandatos formales Escribe las formas singulares y plurales y los mandatos negativos de los siguientes verbos.

Ejemplo: decir *diga, no diga; digan, no digan*

1. escuchar
2. leer
3. vivir
4. tener

5. ir
6. poner
7. dormir
8. perder

4-34 Primeros auxilios Cambia los infinitivos en las siguientes instrucciones del club de deportes por mandatos formales singulares.

Ejemplo: Buscar urgentemente asistencia médica. *busque*

1. No mover a la víctima.
2. Si el accidentado lleva casco, no quitárselo.
3. Si la víctima no respira, limpiar las vías respiratorias.
4. Si hay pulso, practicar la respiración artificial.
5. Si hay que dar respiración de boca a boca, colocar a la víctima boca arriba.
6. Aflojar las prendas que rodeen el cuello.
7. Girar la cabeza a un lado y con los dedos eliminar cualquier obstáculo de la cavidad bucal.
8. Inclinar la cabeza hacia atrás y poner su propia mano debajo del cuello.
9. Cerrar con los dedos la nariz y abrirle la boca.
10. Hacer una inspiración profunda y colocar su boca sobre la de la víctima.
11. Transmitir el contenido de sus pulmones en los del accidentado.
12. Repetir la secuencia cada cinco segundos.

Estructura 4-2: Subordinate clauses

¡Alto!

These activities will prepare you to complete the in-class communicative activities for **Función 4-2** on page 100 of this chapter.

As you continue your study of the subjunctive mood, it is important that you understand the concepts known as complex sentences and subordinate, or dependent, clauses.

Complex sentences may be considered as two thoughts, one complete and one incomplete, joined together in the same sentence, for example:

COMPOUND SENTENCE		COMPLEX SENTENCE	
main clause +	independent clause	main clause +	subordinate clause
Yo juego al ajedrez...	... y Jorge juega a las damas.	Yo prefiero...	... que juguemos al ajedrez.

In both examples, the main clause is a complete thought; it is actually a complete sentence, albeit a short one. The complete thought is known as the main or independent clause. The incomplete thought is called the subordinate or dependent clause. The latter can have many different grammatical functions. In the example above, the subordinate clause functions as the direct object. Notice that the subjunctive mood occurs *only* in the subordinate clause of a complex sentence.

There are three different types of subordinate clauses in both English and Spanish: noun clauses, adjective clauses, and adverb clauses. Spanish subordinate clauses are generally introduced by **que** or a conjunction including **que,** such as **en que, para que, antes de que,** etc.

A noun clause is a subordinate clause that functions like a noun. It can either be the subject or the direct object of a sentence. If the noun clause reports factual information, the verb in the noun clause is indicative. On the other hand, if the noun clause is a commentary, opinion, subjective reaction, or value judgment, the verb in the noun clause is subjunctive.

INDICATIVE	SUBJUNCTIVE
Es verdad **que la fotografía es interesante.**	Dudo **que la fotografía sea interesante.**

An adjective clause is a subordinate clause that functions like an adjective. If the adjective clause reports factual information about a specific subject, the verb in the adjective clause is indicative. If the adjective clause comments on a nonspecific subject (nonexistent or hypothetical), the verb in the adjective clause is subjunctive.

INDICATIVE	SUBJUNCTIVE
Conozco un restaurante **que se especializa en platos vegetarianos.**	Buscamos un restaurante **que se especialice en cocina caribeña.**

In both examples above, the entire adjective clause can be replaced by a simple adjective, such as **famoso.**

Conozco un restaurante **famoso.**   Buscamos un restaurante **famoso.**

An adverb clause is a subordinate clause that functions like an adverb. It adds information (time, place, manner, frequency, duration, reason, cause, conditions, etc.) about the action or event described by the verb in the independent clause of the sentence. In both English and Spanish, adverb clauses are sometimes introduced by expressions other than **que.** For example, the expression **tan pronto como** tells us that the adverb clause modifies the verb in terms of the notion of time. If the adverb clause refers to an action that has already taken place or that is habitual, the verb is expressed in the indicative. Otherwise, a subjunctive verb is used.

INDICATIVE	SUBJUNCTIVE
Siempre los ayudo **cuando me lo piden.**	Voy a ayudarlos **cuando me lo pidan.**
Los ayudé ayer **cuando me lo pidieron.**	Esta noche voy a ayudarlos **tan pronto como pueda.**

> Other expressions that introduce adverb clauses include **antes de que, aunque, con tal (de) que, de modo que, después de que, en cuanto, hasta que, luego que, mientras, para que, siempre que, sin que.**

4-35 El ejercicio Escribe una **X** ante las oraciones complejas (las que contienen una cláusula independiente y una subordinada).

Ejemplo: __X__ Me gusta que compres una raqueta nueva.

_____ 1. Se recomienda que hagamos ejercicio aeróbico todos los días.
_____ 2. Es bueno que camines una hora todos los días.
_____ 3. Tengo que levantar pesas para fortalecer los huesos.
_____ 4. Mis amigos y yo vamos al gimnasio tres veces por semana.
_____ 5. Los estudiantes necesitan aliviar el estrés.
_____ 6. Me aconsejen que practique yoga.
_____ 7. No conozco a nadie que boxee.

4-36 Identificación Subraya la cláusula subordinada en cada una de las siguientes oraciones. ¡**Ojo!** No todas las oraciones contienen una cláusula subordinada.

1. Espero que lo pases bien.
2. Los estudiantes quieren divertirse en la playa.
3. Los instructores de buceo quieren que sepamos nadar.
4. Insistimos en que nos enseñen a bailar merengue.
5. A los niños les gusta jugar al escondite.
6. No me gusta que perdamos en *Scrabble*.
7. Ese jugador de fútbol nunca mete un gol.
8. Dudan que me arriesgue en el montañismo.

9. ¿Quién sabe jugar al póquer?
10. ¿Te alegras de que nuestro equipo gane terreno?

4-37 Una cena divertida Subraya e identifica (nominal, adjetival, adverbial) la cláusula subordinada en las siguientes oraciones.

Ejemplo: No conocemos ningún restaurante <u>que sirva mole poblano</u>. *adjetival*

1. Anoche Raúl y yo visitamos a Alejandra, una amiga que sabe cocinar muy bien a la mexicana.
2. El teléfono sonó cuando yo salía de la casa. Era Alejandra.
3. Ella me dijo que necesitaba unos dientes de ajo.
4. Sabe que yo siempre tengo ajo en casa.
5. Me gusta cocinar con ajo porque es muy bueno para la salud.
6. Yo no sabía que iba a preparar el mole poblano de pollo.
7. Alejandra tiene una receta que usa tres tipos de chiles. Es muy, pero muy, picante.
8. El pobre de Raúl no está acostumbrado a la comida picante. Se bebió un vaso entero de agua tan pronto como comió el primer bocado.
9. Era obvio que no le gustaba nada el mole.
10. Es interesante que Raúl pidiera la receta antes de irse.

Estructura 4-3a: Present subjunctive of regular verbs

The present subjunctive almost always occurs in the subordinate clause of a complex sentence. However, as you saw in the previous examples, not every complex sentence requires a verb in the subjunctive form. If the sentence is merely reporting a fact, an indicative verb is used in the subordinate clause. If the sentence expresses one of the following types of condition, a subjunctive verb is used in the subordinate clause.

¡Alto!

These activities will prepare you to complete the in-class communicative activities for **Función 4-3** on page 101 of this chapter.

- In cause-and-effect relationships, the subject of the main clause has a direct influence on the subject of the subordinate clause.

  Te sugiero que compitas en el triatlón.

- In nonspecific entities and events, the adjective clause refers to a person, place, or thing in the main clause that is nonspecific, unknown, hypothetical, pending, nonexistent, or doubtful.

  No conozco a nadie que practique deportes radicales.

- In subjective reactions, the main clause expresses an opinion, an emotion, or a value judgment about the subject of the subordinate clause.

  Me sorprende que su madre sea campeona de *kickboxing*.

The following verbs and expressions indicate these three general uses of the subjunctive.

Ojalá is an expression derived from an Arabic phrase meaning *May Allah grant . . .* Its form does not vary.

VERBS AND PHRASES THAT EXPRESS CAUSE AND EFFECT		
aconsejar	mandar	prohibir
decir	ojalá	querer (ie)
desear	pedir (i, i)	recomendar (ie)
esperar	permitir	requerir (ie, i)
insistir en	preferir (ie, i)	sugerir (ie, i)

Review the formation of **gustar** and similar verbs on pages 29–32 of your textbook.

VERBS AND PHRASES THAT EXPRESS NONSPECIFIC ENTITIES AND EVENTS

cuando	en cuanto
mientras (que)	(no) es posible que…
no hay nadie que…	puede ser que….
después de que	hasta que
no conocer a nadie que…	(no) es probable que…
no hay ningún/ninguna que…	tan pronto como

VERBS AND PHRASES THAT EXPRESS SUBJECTIVE REACTIONS

alegrarse de que…	no creer que…
asombrarse de que…	quejarse de que
dudar que…	quizá(s)
enojarse de que…	sentir (ie, i) que…
importarle a uno que…	sorprenderle a uno que…
lamentar que…	temer que…
molestarle a uno que…	tener (ie) miedo de que…
negar (ie) que…	

Subjunctive verbs are formed in the same manner as formal commands. The following charts show the patterns for various types of verbs in the subjunctive.

PRESENT SUBJUNCTIVE OF REGULAR VERBS

	-ar: hablar	-er: aprender	-ir: vivir
yo	hable	aprenda	viva
tú	hables	aprendas	vivas
usted/él/ella	hable	aprenda	viva
nosotros/nosotras	hablemos	aprendamos	vivamos
vosotros/vosotras	habléis	aprendáis	viváis
ustedes/ellos/ellas	hablen	aprendan	vivan

4-38 Los entrenadores Completa las siguientes oraciones con las formas adecuadas de los verbos indicados.

> **Ejemplo:** Los entrenadores quieren que los jugadores... no cansarse
>
> *no se cansen*
>
> Los entrenadores quieren que los jugadores...

1. estar atentos
2. no acalorarse
3. no empatar
4. correr mucho
5. descubrir la estrategia del oponente
6. competir bien
7. no rendirse

4-39 En equipo Completa las siguientes oraciones con la forma adecuada del verbo entre paréntesis.

> **Ejemplo:** Mis amigos prefieren que yo les *dibuje* sus retratos. (dibujar)

1. Los aficionados quieren que tú _____ todo lo necesario para ganar. (preparar)
2. Los entrenadores prefieren que nosotros _____ las movidas básicas. (ensayar)
3. Es importante que el capitán del equipo _____ la jugada. (arreglar)
4. Es necesario que ellos _____ la línea ofensiva de sus oponentes. (romper)
5. Es importante que nosotros _____ en este torneo. (competir)
6. La entrenadora insiste en que los jugadores _____ el campo adecuadamente. (cubrir)
7. Espero que nuestros oponentes no _____ gol. (meter)

4-40 Alejandra y el mole poblano Escribe oraciones completas basadas en las siguientes indicaciones.

> **Ejemplo:** yo / alegrarse de / ustedes / gustar cocinar
>
> *Me alegro de que a ustedes les guste cocinar.*

1. Alejandra / querer / ustedes / aprender a / cocinar / plato típico mexicano
2. yo / estar segura / ustedes / gustar / el mole poblano
3. una leyenda / decir / un grupo de monjas / inventar / el plato
4. yo / recomendar / ustedes / comprar los ingredientes / en una tienda mexicana
5. yo / sugerir / ustedes / no prepararlo / demasiado picante
6. es obvio / ustedes / deber / servir un vaso de agua fría / con el plato
7. ojalá / ustedes / comer / ese plato pronto

4-41 La Noche Vieja Completa las siguientes oraciones sobre una fiesta de Noche Vieja. Usa la siguiente lista (u otros verbos regulares) y no repitas verbos.

bailar	comportarse bien	pasarlo bien
beber	faltar	quedarse en casa
celebrar	invitar	reunirse
comer	organizar una fiesta	

Ejemplo: No quiero… → *No quiero que invites a Tomás.*

1. Quiero que…
2. Sé que mis amigos y yo…
3. Es importante que…
4. Estoy seguro/segura de que…
5. Mis amigos temen que yo…
6. Ellos prefieren…
7. Yo dudo que mis amigos…
8. Es cierto que…
9. Es una lástima que…
10. Ojalá que…

Estructura 4-3b: Present subjunctive of stem-changing verbs

Verbs that have stem changes **o → ue** and **e → ie** in the present indicative have the same changes in the present subjunctive *except* for the **nosotros/ nosotras** and **vosotros/vosotras** forms. Verbs that have stem changes **e → i** in the present indicative retain the stem change throughout all forms of the present subjunctive.

PRESENT SUBJUNCTIVE OF STEM-CHANGING VERBS			
	o → ue: poder	e → i: pedir	e → ie: pensar
yo	pueda	pida	piense
tú	puedas	pidas	pienses
usted/él/ella	pueda	pida	piense
nosotros/nosotras	podamos	pidamos	pensemos
vosotros/vosotras	podáis	pidáis	penséis
ustedes/ellos/ellas	puedan	pidan	piensen

4-42 Consejos de los padres Completa las siguientes oraciones con las formas adecuadas de los verbos que están entre paréntesis.

Ejemplo: No quieren que nosotros *pidamos* otro préstamo. (pedir)

1. Recomiendan que vosotras _____ mucho en una carrera. (pensar)
2. Les gusta que nosotras _____ ganarnos la vida. (poder)
3. Quieren que vosotros _____ los valores que os enseñaron. (recordar)
4. Prefieren que nosotros _____ puestos excelentes. (conseguir)
5. Esperan que vosotras no _____ los errores del pasado. (repetir)
6. Mandan que nosotras _____ adelante. (seguir)
7. Os dicen que vosotros _____ bien. (vestirse)

4-43 Pasatiempos de niños Escribe recomendaciones para los siguientes juegos infantiles, según las indicaciones. Usa una variedad de verbos en las cláusulas independientes, como, por ejemplo: **recomiendo, prefiero, es bueno, es mejor.**

> **Ejemplo:** jugar al escondite
>
> *Recomiendo que juegues al escondite en la casa.*

1. volar los papalotes (cometas de papel)
2. reírse mucho
3. resolver rompecabezas
4. divertirse con los juegos de mesa
5. vestirse de fantasía

4-44 En el gimnasio Completa las siguientes oraciones con las formas adecuadas de los verbos que están entre paréntesis.

> **Ejemplo:** Es importante que usted _piense_ en un programa de ejercicios. (pensar)

1. Es importante que usted _____ un programa de ejercicios con cuidado. (comenzar)
2. Consulta con un fisiólogo para que te _____ los ejercicios más benéficos. (recomendar)
3. Es necesario que usted _____ mantenerse en buen estado de salud. (querer)
4. Para obtener mejores resultados, no se recomienda que usted _____ su rutina. (perder)
5. Es mejor que usted _____ el programa todos los días. (seguir)
6. Es bueno que los niños, los adultos y los ancianos _____ hacer ejercicio. (poder)

4-45 Consejos para los aficionados ¿Qué les aconsejarías a los aficionados de los pasatiempos indicados? Escribe dos recomendaciones lógicas para cada caso usando verbos de la siguiente lista.

> **Ejemplo:** el escalar
>
> *Es importante que no _pierdas_ el equilibrio.*

almorzar	dormir	mostrar	recordar
cerrar	elegir	pedir	reír
comenzar/empezar	encontrar	pensar	repetir
conseguir	entender	perder	seguir
contar	jugar	poder	volver
decir	mentir	querer	

1. (los parques de atracciones) Es importante que…
2. (el billar) Recomiendo que…
3. (el golf) Es necesario que…
4. (el piragüismo) Sugiero que…
5. (la colección) Espero que…
6. (la cocina) Es bueno que…

Estructura 4-3c: Present subjunctive of verbs with spelling changes

Verbs that end in **-car, -gar,** and **-zar** have the same spelling changes in the present subjunctive as they do in the first-person singular of the preterite.

PRESENT SUBJUNCTIVE OF VERBS WITH SPELLING CHANGES			
	-car: practicar	-gar: pagar	zar: comenzar
yo	practique	pague	comience
tú	practiques	pagues	comiences
usted/él/ella	practique	pague	comience
nosotros/nosotras	practiquemos	paguemos	comencemos
vosotros/vosotras	practiquéis	paguéis	comencéis
ustedes/ellos/ellas	practiquen	paguen	comiencen

4-46 ¿Qué debemos hacer? Usando los elementos siguientes, forma oraciones completas en español.

Ejemplo: yo / pedir / ellos / pagar / las deudas

Les pido que paguen las deudas.

1. ellos / prohibir / nosotros / comunicarse / con ellos
2. los consejeros / aconsejar / tú / comenzar / tu carrera
3. yo / no creer / él / cargar / todo / a su tarjeta de crédito
4. ella / no conocer / nadie / criticar / tanto
5. él y yo / recomendar / ustedes / utilizar / un programa de computadora

4-47 Ir al cine Escribe las formas adecuadas de los verbos que están entre paréntesis.

Ejemplo: Es probable que la película *empiece* a las ocho. (empezar)

1. Es posible que ustedes _____ las entradas con tarjeta de crédito. (pagar)
2. Me alegro de que las películas _____ con distintos horarios. (comenzar)
3. Es importante que nos _____ con los otros antes de elegir una película. (comunicar)
4. Es necesario que alguien me _____ la trama de la película. (explicar)
5. Es bueno que Norberto siempre _____ las películas. (analizar)
6. Es malo que nosotros siempre _____ tarde. (llegar)
7. Es una molestia que Andrea siempre _____ mis actores favoritos. (criticar)
8. Es una lástima que Roberto y Carlos _____ a ir con nosotros. (negarse)

4-48 Un día en el río Escribe recomendaciones para un día de ocio, según las indicaciones.

Ejemplo: Es importante que.. analizar el ambiente antes de pescar →

Es importante que analices el ambiente antes de pescar.

(No) Es importante que…

1. almorzar temprano
2. aparacar lejos del río
3. pescar con equipo caro

4. los peces no oírte
5. no destruir el hábitat
6. no caerte en el río
7. gozar de la experiencia

Estructura 4-3d: Irregular present subjunctive verbs

There are only five verbs that are irregular in the present subjunctive. Their forms must be memorized.

IRREGULAR PRESENT SUBJUNCTIVE VERBS					
	dar	estar	ir	saber	ser
yo	dé	esté	vaya	sepa	sea
tú	des	estés	vayas	sepas	seas
usted/él/ella	dé	esté	vaya	sepa	sea
nosotros/nosotras	demos	estemos	vayamos	sepamos	seamos
vosotros/vosotras	deis	estéis	vayáis	sepáis	seáis
ustedes/ellos/ellas	den	estén	vayan	sepan	sean

4-49 ¡Insisto! Escribe oraciones completas, convirtiendo las siguientes frases en cláusulas subordinadas.

Ejemplo: el volumen de la radio (tú)

Insisto en que bajes el volumen de la radio.

1. ir al museo de arte (nosotros)
2. darme los vídeos (ellos)
3. ser seguro (el equipo deportivo)
4. estar en guardería infantil
5. saber nadar antes de meterse a la piscina (tú)

4-50 ¿Qué quieres? Es tu cumpleaños. Escribe oraciones completas en español, según las indicaciones.

Ejemplo: nadie / saber

No quiero que nadie sepa que es mi cumpleaños.

1. mis amigos / darme
2. mis amigos y yo / ir
3. el día / ser
4. mi mejor amigo / amiga / estar
5. todo el mundo / saber

4-51 Un regalo para mi hija Escribe los equivalentes en español de las siguientes oraciones.

1. My daughter wants me to give her a car.
2. I hope that she is responsible.
3. I want her to go to driving school (**autoescuela**).
4. She thinks that I don't know anything.
5. She doesn't want me to be so nervous.

CAPÍTULO 5
EL MEDIO AMBIENTE: ENFOQUE EN NUESTRO PLANETA

Carolina/Used under license from Shutterstock

TURBINAS DE VIENTO EN EL SUR DE ESPAÑA. ¿QUÉ HACES TÚ PARA AHORRAR ENERGÍA?

María Ester Rincón

En español se conoce por muchos nombres: el ambientalismo, la ecología, el ecologismo, la defensa de la naturaleza… todos éstos son términos que aparecen diariamente en la prensa hispana para informar al público sobre la necesidad de proteger la naturaleza y ponerla a salvo de los problemas ocasionados por la industrialización moderna. En este capítulo vas a leer artículos y escuchar comentarios sobre los esfuerzos que se están haciendo en los países hispanos para tener un planeta más habitable.

MARÍA ESTER RINCÓN, MANZANARES (CIUDAD REAL), ESPAÑA

SUGERENCIAS PARA APRENDER EL VOCABULARIO

CÓMO APRENDER LOS HOMÓNIMOS Homonyms are words that sound alike but have different meanings and usually different spellings. For example, *sea* and *see*, *ate* and *eight*, *feet* and *feat*. Spanish has approximately two dozen common words but, unlike English, employs a written accent instead of spelling changes to eliminate ambiguities. These forms must be memorized. As you read and write, pay particular attention to the following words and their meanings.

Sin acento	**Con acento**
aun even *(adverb)*	**aún** still *(adverb)*
como as *(preposition)*	**cómo** how *(adverb)*
de of *(preposition)*	**dé** give *(pres. subj. of **dar**)*; give! *(formal singular command of **dar**)*
el the *(definite article)*	**él** he, it *(pronoun)*
este, ese, aquel this, that, that (over there) *(adjective)*	**éste, ése, aquél** this, that, that (over there) *(pronoun)*
mas but *(conjunction)*	**más** more *(adverb)*
se yourself, himself, herself, itself, yourselves, themselves *(reflexive pronoun)*	**sé** I know *(present indicative of **saber**)*; be! *(familiar singular command of **ser**)*
mi my *(possessive adjective)*	**mí** me *(object of preposition)*

solo alone *(adjective)*	**sólo** only *(adverb)*
si if *(conjunction)*	**sí** yes *(adverb)*; oneself *(pronoun)*
te you *(object pronoun)*	**té** tea *(noun)*
tu your *(possessive adjective)*	**tú** you *(subject pronoun)*

Guía para el lector

As you read **«El medio ambiente»,** use the following questions as a guide.

1. ¿En qué concurso fue finalista la Universidad Politécnica de Madrid?
2. ¿Qué diseñó el equipo español?
3. ¿Por qué es llamado por el apodo «caja mágica» este invento?
4. ¿Qué es la «mochila tecnológica»?
5. ¿Qué es el cultivo biológico?
6. ¿Cuáles son algunos de los detrimentos al entorno asociados con los autos?

EL MEDIO AMBIENTE

En España y otros países hispanos, vivir «verde» es un aspecto muy importante de la vida. La Universidad Politécnica de Madrid, por ejemplo, fue una finalista en el Solar Decathlon, un **concurso** internacional organizado por el Departamento de Energía de Estados Unidos. El equipo español diseñó el prototipo de una innovadora vivienda autosuficiente; es decir, una vivienda ecológica que genera la energía que consume. Esta «caja mágica» minimiza el impacto en el entorno mientras optimiza la habitabilidad en su interior. La **fachada** sur de la casa está cubierta de **paneles solares;** la fachada norte queda totalmente ciega para evitar la radiación solar directa de la tarde. Los materiales de construcción mezclan de una manera interesante el **vidrio** y el metal con la madera y los paneles vegetales. Adentro, una «mochila tecnológica» controla los sistemas de ventilación, los recuperadores de calor, el agua sanitaria y el **reciclaje** de energía que busca el **equilibrio** entre la generación y el consumo.

Muchas personas practican el **cultivo biológico** en los **jardines,** prescindiendo de los insecticidas y herbicidas, porque es beneficioso para el **medio ambiente.** Estos jardines reducen tanto la **contaminación** del aire como la **erosión del suelo.** También reciclan todo lo que es posible, separando los desechos en **botes de basura** distintos: los

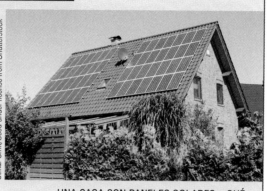

Olmar Smit/Used under license from Shutterstock

UNA CASA CON PANELES SOLARES. ¿QUÉ TAN «VERDE» ES TU VIVIENDA?

residuos no reciclables (como los plásticos); el **papel,** el vidrio y el metal; los **desechos orgánicos** (como los restos de verduras y frutas); y la basura **peligrosa** (como los medicamentos, las pinturas, los disolventes, los insecticidas y demás sustancias químicas).

En cuanto a los autos, el mejor auto es aquel que permanece estacionado. Muchas veces se puede utilizar el transporte público, **transportarse** en bicicleta o aun ir a pie. El precio que tiene que pagar la **naturaleza** a cambio de nuestros autos es enorme. Un automóvil consume en una hora la misma cantidad de oxígeno que 200 personas en un día. La contaminación del automóvil contribuye a la **lluvia ácida** que es directamente responsable de la destrucción de los bosques, el **efecto invernadero,** el **calentamiento global** y las enfermedades **respiratorias.** Aunque es imposible **renunciar** totalmente a nuestros autos, por lo menos hay que aprender a usarlos más razonablemente.

As you read the following passage, list or underline the cognates that are related to the topic and be sure to use them as you do the activities.

Using the **Tema para la conversación** questions as a guide, enter the *De paseo* message board at **www.cengage.com/login** to share your comments and opinions on this interactive site.

Tema para la conversación 5-1

¿Participa su universidad en concursos como el Solar Decathlon? En grupos pequeños, conversen acerca de las iniciativas ecológicas de su universidad o comunidad.

Tema para la conversación 5-2

¿Es fácil o difícil reciclar? En grupos pequeños, conversen acerca de los programas de reciclaje de su universidad o su ciudad.

Tema para la conversación 5-3

¿Usan auto u otro tipo de transporte? En grupos pequeños, conversen acerca de las ventajas y desventajas de diferentes modos de transporte. Mencionen el impacto que cada uno tiene en el entorno.

UN HUERTO DE NARANJAS BIOLÓGICO EN ESPAÑA. ¿QUÉ EJEMPLOS DEL CULTIVO BIOLÓGICO CONOCES?

VOCABULARIO PARA LA CONVERSACIÓN

bote de basura *m.* trash can

calentamiento global global warming

concurso contest

contaminación *f.* pollution

cultivar *v. tr.* to cultivate

cultivo biológico organic gardening

desechos orgánicos organic waste

efecto invernadero greenhouse effect

erosión del suelo soil erosion

fachada façade, front of a building

jardín *m.* garden

lluvia ácida acid rain

medio ambiente *m.* environment

naturaleza nature

panel solar *m.* solar panel

papel *m.* paper

peligroso/peligrosa dangerous

plantar *v. tr.* to plant

reciclaje *m.* recycling

renunciar *v. tr.* to give up

residuo no reciclable nonrecyclable waste

respiratorio/respiratoria respiratory

transportarse *v. prnl.* to get around

vidrio glass

Vocabulario en acción

5-1 En la lectura Estudia el informe sobre el medio ambiente y escribe una lista de las palabras homónimas y el significado de cada una de estas palabras.

5-2 Oraciones originales Escoge cinco pares de homónimos de la lista de la páginas 126–127 y escribe oraciones, usando los homónimos con ambos significados.

Ejemplo: aun / aún

Aun de día hace frío.

Aún no llueve aquí.

5-3 ¿Qué podemos reciclar? ¿Sabías que no reciclar una tonelada de plásticos es como tirar una tonelada de petróleo? En parejas...

- identifiquen cinco artículos que sean reciclables.
- identifiquen cinco artículos o productos que sean tóxicos.
- comparen sus listas con las de las demás parejas de la clase.

5-4 Una isla desierta En parejas, escriban una lista de las ciudades más contaminadas del mundo. ¿Preferirían vivir en una de estas ciudades o en una isla desierta lejos de todos los problemas, como el hombre del dibujo? Expliquen por qué.

¡Adelante!

You should now complete the **Primera etapa** in the *Diario de actividades,* pages 92–95.

La Tercera, 25, noviembre de 1991

«Consuelo, ¡qué bueno es estar libre de asaltos, smog y productos contaminados!».

FUNCIÓN 5-1: **Cómo hablar de situaciones hipotéticas y hacer peticiones con cortesía**

La capa polar ártica se derrite más rápido que nunca. ¿Cómo afectará el entorno?

<< *Algunos científicos informan que la capa polar Ártica ya está muy delgada. Los modelos hechos por computadora predecían hace años que el Polo Ártico **quedaría** sin hielo para el 2030 y el nivel del mar **aumentaría**. Es sólo cuestión de tiempo. **Tendría** que ocurrir una secuencia de inviernos y veranos muy fríos para reestablecer la capa de hielo.* >>

EVELYN SILVA, CIENFUEGOS, CUBA

¡Alto!

Review **Estructura 5-1** in the **Repaso de gramática** on pages 148–152 at the end of this chapter and complete the accompanying exercises.

5-5 Encuesta ¿Qué opinan del reciclaje y otros asuntos relacionados con el medio ambiente? En parejas, hagan preguntas y contéstenlas, según las indicaciones. Apoyen sus respuestas.

Ejemplo: comprar un abrigo de piel

Estudiante 1: ¿***Comprarías*** *un abrigo de piel?*
Estudiante 2: *No, no* ***compraría*** *un abrigo de piel porque no me gusta llevar ropa hecha de piel de animales.*

1. usar un horno de microondas para preparar la comida
2. instalar un purificador de agua en tu casa
3. cazar animales en vías de extinción
4. ponerse desodorante envasado en aerosol
5. construir una casa «ecológica»
6. montar en bicicleta en lugar de ir en auto

5-6 ¿Qué le dirías tú? ¿Qué harían para salvar nuestro planeta? En parejas, representen las siguientes situaciones. Hagan peticiones acerca de la ecología y contéstenlas con cortesía.

Ejemplo: Tu vecino/vecina recoge la hierba cortada en bolsas de plástico y las pone en los basureros.

Estudiante 1: ¿***Podría*** *dejar la hierba cortada en el jardín? Al descomponerse provee elementos nutritivos para el jardín.*
Estudiante 2: *No sabía eso. Gracias por la información.*

1. Tu vecino/vecina siempre tira los botes de aluminio a la basura.
2. Tu vecino/vecina nunca recicla los periódicos.
3. Tu amigo/amiga conduce un auto grande que gasta mucha gasolina.

4. Tu compañero/compañera de cuarto pone el televisor al entrar a su apartamento aunque no se siente a verlo.
5. Tu colega compra café en tazas desechables.
6. Alguien que fuma quiere participar en tu *car pool*.
7. Una tienda exclusiva de tu ciudad vende muebles de maderas tropicales.
8. Una fábrica de tu comunidad emite malos olores.

5-7 Madre, ¿podría yo...? En grupos pequeños, jueguen a «Madre, ¿podría yo...?», según las indicaciones.

Ejemplo: reciclar las bolsas de plástico

Estudiante 1: *Madre, ¿podría yo tirar las bolsas de plástico?*
Madre: *No, no podrías tirar las bolsas de plástico. Podrías reciclarlas.*

1. comprar un abrigo de piel
2. hacer ecoturismo en Costa Rica
3. echar el aceite de motor al desagüe
4. reciclar los cartuchos de tinta para la computadora
5. lavar la ropa con detergente no biodegradable
6. sembrar un árbol el día del árbol

¡Adelante!

Now that you have completed your in-class work on **Función 5-1,** you should complete **Audio 5-1** in the **Segunda etapa** of the *Diario de actividades,* pages 96–99.

FUNCIÓN 5-2: Cómo expresar causa y efecto, juicio de valor, emoción y lo desconocido en el pasado

Parque natural marítimo terrestre, Cap de Creus, el límite oriental de los Pirineos. ¿Dónde se puede hacer ecoturismo en Estados Unidos?

《《 *Hace veinte años no había ninguna fundación, agencia ni portal que **promoviera** el ecoagroturismo en España. Hoy en día hay docenas de programas para hacer eco-birding, eco-gourmet, eco-activa y agroturismo. Fue bueno que las empresas turísticas empezaran a certificarse en el ecoturismo hace poco.* 》》

MARÍA ESTER RINCÓN, MANZANARES (CIUDAD REAL), ESPAÑA

5-8 Cómo trataban el medio ambiente Hoy en día sabemos mucho más que nuestros antepasados acerca del medio ambiente. En parejas, conversen acerca de las acciones comunes del pasado que afectaban el medio ambiente. Usen las siguientes frases como punto de partida.

Ejemplo: Estudiante 1: *Era común que **echaran** los residuos en los ríos.*

Estudiante 2: *Era necesario que **cortaran** los árboles antes de sembrar.*

Era bueno que...	Era imposible que...
Era común que...	Era malo que...
Era dudoso que...	Era necesario...
Era importante que...	Era probable que...

¡Alto!

Review **Estructura 5-2** in the **Repaso de gramática** on pages 152–155 at the end of this chapter and complete the accompanying exercises.

5-9 Despertar la conciencia En los años sesenta la gente comenzó a notar los efectos que su modo de vida tenía en el medio ambiente y poco a poco fue cambiando de costumbres. Este proceso sigue lentamente en la actualidad. En grupos pequeños, terminen las siguientes oraciones de una manera original, para reflejar el cambio de actitudes hacia la naturaleza.

1. Hace cinco años, no conocíamos a nadie que...
2. En los años noventa, no había programas que...
3. Hace diez años, no queríamos usar ningún producto que...
4. En los años noventa, la gente buscaba un auto que...
5. Hace un año, queríamos comprar ropa que...
6. Antes de 1976, no había ningún producto de limpieza que...

¡Adelante!

Now that you have completed your in-class work on **Función 5-2**, you should complete **Audio 5-2** in the **Segunda etapa** of the *Diario de actividades*, pages 100–103.

5-10 ¿Qué les recomendaban? Cuando eran niños, ¿qué les decían las personas mayores acerca de la naturaleza? En grupos pequeños, mencionen cinco o seis sugerencias que les daban y que todavía son aplicables para los jóvenes de hoy.

Ejemplo: Estudiante 1: *Me decían que no **tirara** la basura en la calle.*

Estudiante 2: *Me recomendaban que **apagara** las luces cuando saliera de un cuarto.*

FUNCIÓN 5-3: Cómo hablar de lo hipotético en el pasado

Mono tití costarricense. ¿Qué especies están en peligro de extinción?

« *Si cambiáramos nuestra manera de vivir, la mayoría de las especies de animales y plantas se salvaría.* »

GERARDINA GARITA-LACEY, SAN JOSÉ, COSTA RICA

¡Alto!

Review **Estructura 5-3** in the **Repaso de gramática** on pages 155–156 at the end of this chapter and complete the accompanying exercises.

5-11 ¿Cómo sería el planeta...? ¿Cómo sería el planeta si la gente lo tratara mejor (o peor)? En grupos pequeños, comenten la condición hipotética del planeta Tierra, según las condiciones indicadas.

Ejemplo: Si todo el mundo usara más aerosoles...

Estudiante 1: *la capa de ozono **disminuiría**.*

Estudiante 2: ***habría** más casos de cáncer de la piel.*

1. Si más personas usaran el transporte público en lugar de autos particulares...
2. Si las fábricas continuaran de echar los residuos tóxicos en los ríos...
3. Si se cazara a los gorilas hasta su extinción...
4. Si compráramos más productos que fueran reciclables...

5. Si los bosques tropicales desaparecieran...
6. Si todo el mundo dejara de fumar...
7. Si hubiera más especialistas en el medio ambiente...
8. Si no utilizáramos más productos biodegradables...

5-12 La «selva urbana» En parejas, conversen acerca de la vida de la «selva urbana» en las siguientes situaciones.

Ejemplo: contaminación de las aguas

> Estudiante 1: *¿Cómo sería la "selva urbana" si no contamináramos el agua?*
>
> Estudiante 2: *Si no contamináramos el agua, beberíamos el agua con confianza.*

1. ausencia de zonas verdes
2. embotellamientos de tránsito
3. contaminación del aire
4. basura en las calles
5. ruidos altos
6. falta de cortesía
7. congestión en lugares públicos
8. cólera en la autopista

5-13 Sugerencias para vivir mejor En grupos pequeños, sugieran algunas ideas para mejorar las condiciones de vida, según las indicaciones. Hagan dos o tres sugerencias para cada indicación.

Ejemplo: Se conservaría más energía si...

> Estudiante 1: *fuéramos en bicicleta a la universidad.*
> Estudiante 2: *usáramos agua fría para lavar la ropa.*

1. Se gastaría menos energía si...
2. Se salvarían más especies en vías de extinción si...
3. Se acabaría con la contaminación si...
4. Se usaría menos agua si...
5. Se talarían menos bosques si...

¡Adelante!

Now that you have completed your in-class work on **Función 5-3,** you should complete **Audio 5-3** in the **Segunda etapa** of the *Diario de actividades*, pages 103–106.

LECTURA CULTURAL: «La moda y la ecología: noticias breves»

La ropa, tanto como la energía renovable, la contaminación y las especies en peligro de extinción, se ha convertido en un tópico del ecologismo. Los pantalones vaqueros, por ejemplo, contaminan tanto, que los bioingenieros quieren producir algodón azul para ahorrar dinero y reducir la contaminación. Pero el algodón orgánico no soluciona todos los problemas. El Programa de Naciones Unidas para el Medio Ambiente (PNUMA) ha producido un vídeo para la televisión española que ofrece consejos sobre el cuidado de los vaqueros para ser más respetuoso del medio ambiente. Aconseja que usemos los *jeans* al menos tres veces antes de lavarlos, que los lavemos con agua fría, que nos olvidemos de la secadora y que dejemos la plancha. Así, usaríamos cinco veces menos energía.

Khafizov Ivan Harisovich/Used under license from Shutterstock

UNA LAVADORA ECOLÓGICA. ¿QUÉ APARATOS Y PRODUCTOS DE LIMPIEZA «VERDES» USAS TÚ?

En esta lectura vamos a estudiar algunas conexiones entre el mundo de la moda y la ecología y a pensar en las mil maneras en que la actividad humana puede influir, negativa o positivamente, sobre el medio ambiente.

The engaging PNUMA video can be viewed at the following http://videos.diariometro.es/video/iLyROoafY2JG.html.

SUGERENCIAS PARA LA LECTURA

CÓMO BUSCAR DETALLES IMPORTANTES In the previous chapter you picked out the topic sentences and practiced reading for the main idea. Now, you will practice reading more closely for detail. To read for details, use the following strategy: First of all, look at the heading of the series of short articles on pages 136–137 and turn it into a question: **¿Qué influencia tiene la ecología en la moda de hoy?** After you have considered the topic, read the general introduction to gain a deeper, more detailed understanding of the passage. To do this, locate the main verb and subject in the introduction and find the descriptive nouns and adjectives: **Al pensar en una posible relación entre la moda y la ecología, naturalmente uno piensa en rechazar las prendas de origen animal.** In this introduction to the news briefs, there are four key words: **relación, moda, ecología** and **rechazar.** As yourself: **¿Qué tiene la moda que ver con la ecología? ¿Por qué se debería rechazar las prendas de origen animal?**

Antes de leer

5-14 La ropa y la ecología ¿Han considerado los efectos posibles de su estilo personal en la naturaleza? En grupos pequeños, conversen acerca de sus prendas preferidas, las fibras y su modo de confección.

> **Ejemplo:** *Me gusta llevar pantalones vaqueros porque son cómodos. Sin embargo, su modo de confección contamina mucho el medio ambiente.*

5-15 Cada cosa en su lugar Aunque no llevarías un traje de baño a clase, es la prenda perfecta para la playa. ¿Dónde se puede y dónde no se puede llevar pantalones vaqueros, pantalones cortos y otra ropa casual? En grupos pequeños identifiquen cinco lugares y ocasiones aceptables, y cinco lugares y ocasiones no aceptables.

> **Ejemplo:** *Yo siempre llevo pantalones cortos a clase. No es aceptable llevarlos en la oficina donde trabajo.*

5-16 ¿Somos conscientes de la naturaleza? En grupos pequeños identifiquen algunos artículos (ropa, cosméticos, artículos de limpieza, etcétera) en sus casas que contienen elementos que pueden contribuir a la destrucción de la flora y la fauna, o mencionen algunas cosas que hacen que pueden ser perjudiciales para el medio ambiente, la naturaleza o los humanos.

> **Ejemplo:** *Mi madre tiene un abrigo de visón.*

PEQUEÑO DICCIONARIO

La serie de artículos en «La moda y la ecología: noticias breves» explica la relación entre el ecologismo y la moda. Antes de leer el noticiario y hacer las actividades, busca las palabras en el texto y usa dos o tres para escribir oraciones originales en una hoja aparte.

aportar *v. tr.* Contribuir.
alcanzar *v. tr.* Llegar hasta cierto punto.
asequible Que puede conseguirse.
estampado/estampada *adj.* Que tiene diferentes labores, diseños o dibujos.
especie *f.* Cada uno de los grupos en que se dividen los géneros y que se componen de individuos que, además de los caracteres genéricos, tienen en común otros caracteres por los cuales se asemejan entre sí y se distinguen de los de las demás **especies**. La **especie** se subdivide a veces en variedades o razas.
estética Relativo a la percepción o apreciación de la belleza.

extraer *v. tr.* Sacar.
ficha Pieza pequeña.
materia prima Principio puramente potencial y pasivo que constituye la esencia de todo cuerpo.
químico Persona que estudia la estructura, propiedades y transformaciones de la materia a partir de su composición atómica.
tejido Tela formada al entrelazar varios elementos.
transpirar *v. intr.* Destilar agua a través de los poros.

As you read **«La moda y la ecología: noticias breves»,** use the following questions as a guide:

1. ¿Qué propiedades tiene la tela de bambú? ¿Por qué es ecológica?
2. ¿Cómo se parecen las prendas de bambú a las prendas de otras telas?
3. ¿Qué es la moda verde?
4. ¿Qué tipo de material se usa en las corbatas tecnológicas?
5. ¿Qué ventajas hay de usar una corbata al sol?
6. ¿Qué características tienen los accesorios como la corbata al sol?
7. ¿Cuánta agua consume la lavadora inventada en la Universidad de Leeds?
8. ¿Cómo limpia la ropa?
9. ¿Cómo sale la ropa de esta lavadora?

A leer

«LA MODA Y LA ECOLOGÍA: NOTICIAS BREVES»

Al pensar en una posible relación entre la moda y la ecología, naturalmente uno piensa en rechazar las prendas de origen animal. Entre ellas se incluyen los abrigos de piel, los zapatos de piel de cocodrilo y los suéteres de angora. Sin embargo, hay otras conexiones entre el mundo de la moda y la ecología. La actividad humana no sólo consiste en evitar la compra de ciertas prendas sino en elegir prudentemente ropa hecha de recursos renovables, confeccionada de manera ecológica y que no contamina el medio ambiente al lavarla. ¡El siguiente noticiero indica que la moda ecológica no es nada aburrida!

Karen Elshout/St. Louis Post-Dispatch/MCT/Newscom

UNA PRENDA ECOLÓGICA. ¿USAS TÚ ALGUNAS PRENDAS ECOLÓGICAS?

100% bambú

Olvídese del lino, del algodón o la lana. El nuevo tejido natural de moda es el bambú: higiénico, suave como la seda, transpirable y ecológico. Parece una prenda de vestir cualquiera, pero es tan suave como la seda, absorbe el sudor, transpira, protege contra los rayos ultravioletas y es antibacteriana, además de ecológica. Por si esto fuera poco se trata de una tela hipoalergénica que conserva siempre un olor fresco. Y lo que es más sorprendente, no pierde ninguna de sus propiedades ni siquiera después de 50 lavados. Además, su precio es totalmente asequible. El secreto está en su composición: 100% bambú. Ante semejante enumeración de bondades, es fácil entender por qué han surgido empresas como Bambooclothing, PandaSnack o Bamboosa que se han apuntado a la «moda verde» y utilizan esta materia prima para todas sus prendas. Por otra parte, el bambú también ofrece grandes ventajas desde el punto de vista del cultivo. No en vano es la planta de más rá-

pido crecimiento, capaz de alcanzar un ritmo de un metro diario en algunas especies.

Corbatas al sol

Estar a la última moda y ser ecológico es compatible si llevas esta corbata solar, un invento de la Universidad de Iowa que usa tejidos fotovoltaicos en los que materiales que atrapan la luz se disponen creando originales estampados. En el reverso, la prenda incluye un discreto bolsillo donde puedes guardar tu móvil mientras se recarga con la luz del sol. Ahora ya tienes una excusa para ir siempre con corbata al trabajo. Según afirma uno de sus creadores, el ingeniero Joseph Hynek, en el último número de la revista «Journal of Textile and Apparel Technology and Management», el invento demuestra que es posible crear accesorios con la última tecnología en los que la estética y la funcionalidad guarden equilibrio. Por eso, Hynek y su equipo sugieren aplicarlo en chaquetas, bolsos y otras prendas.

Para lavar casi sin agua

El año que viene se pondrá a la venta una lavadora que consume una sola taza de agua en cada lavado y deja la ropa casi seca. La máquina utiliza unas novedosas fichas de plástico que se ocupan de extraer y absorber la suciedad, haciendo desaparecer incluso manchas de chocolate, café o lápiz de labios. Las fichas se pueden utilizar hasta 100 veces, el equivalente a seis meses de lavado. Sus creadores, químicos de la Universidad de Leeds (Reino Unido), aseguran que el electrodoméstico permitirá ahorrar millones de litros de agua. Las cifras hablan por sí solas: en la actualidad cada hogar consume 21 litros de agua al día para lavar la ropa. Con la nueva lavadora, que será comercializada por la compañía Xeros Ltd., el consumo de agua y energía se reducirá a un 2%. Sin olvidar que, puesto que la ropa sale prácticamente seca, también evitará el uso de las secadoras.

Después de leer

5-17 ¿Verdadera o falsa? Ahora, estudia el artículo de nuevo y decide si las oraciones siguientes son verdaderas (**V**) o falsas (**F**).

_____ 1. Estar a la última moda y ser ecológico es compatible.

_____ 2. Las corbatas al sol son poco atractivas.

_____ 3. Uno puede recargar su reproductor de mp3 usando la corbata tecnológica.

_____ 4. Las prendas de bambú tienen una textura incómoda.

_____ 5. Las prendas de bambú protegen a la persona que las lleva puestas de los rayos dañinos del sol.

_____ 6. La tela de bambú es más frágil que la de otras fibras.

_____ 7. La nueva lavadora ecológica usa productos químicos para limpiar la ropa.

_____ 8. Aunque ahorra agua, la nueva lavadora gasta más energía.

_____ 9. La lavadora quita bien las manchas difíciles.

5-18 En tu casa En el proceso de cuidar la ropa, se malgastan agua y energía y se utilizan detergentes y otros productos químicos. En grupos pequeños...

- conversen acerca de cómo cuidan de la ropa.
- sugieran maneras para proteger los recursos naturales y evitar el uso de productos químicos.

5-19 La ropa usada Ahora no solamente se puede reciclar vidrio, latas de aluminio y papel, sino también ropa. Así, se puede sacar más provecho del producto. En grupos pequeños, conversen sobre algunos usos de la ropa que ya no sirve porque es vieja o demasiado pequeña.

Ejemplo: *Ayer vi una mochila hecha de unos* jeans *reciclados.*

LECTURA LITERARIA: **Biografía**

Gregorio López y Fuentes (1897–1966) nació en el estado de Veracruz, México. Hijo de agricultor, López y Fuentes conocía los tipos de campesinos que describía en sus novelas y cuentos. Después de graduarse de maestro, empezó a trabajar como periodista en la ciudad de México y siguió la vocación de escritor. López y Fuentes escribió sobre la vida mexicana en sus novelas y cuentos y pintó las costumbres y la psicología de la gente de una manera verosímil. Su novela, «El indio» (1935), ganó el Premio Nacional de Literatura.

Antes de leer

5-20 Campaña ecológica ¿Recuerdan algún programa de conservación? En grupos pequeños...

- identifiquen tres campañas públicas.
- escriban el lema y nombren la mascota u otro símbolo que se asocie con cada campaña.
- determinen por qué el programa fue un éxito o un fracaso.

Ejemplo: campaña: *prevención de incendios en los bosques*
lema: *«Only you can prevent forest fires.»*
mascota: *Smokey Bear*
éxito o fracaso: *Éxito: Fue un programa muy popular, sobre todo con los niños.*

PEQUEÑO DICCIONARIO

Este cuento corto describe una campaña antialcohólica que se convierte en una compaña ecológica. Antes de estudiarlo y hacer las actividades, busca las palabras en el texto y usa dos o tres para escribir oraciones originales en una hoja aparte.

acudir *v. intr.* Ir uno al sitio adonde le conviene o lo llaman.

ágape *m.* Banquete.

aguas negras Aguas que contienen excremento humano.

alcalde *m.* Presidente de un municipio.

asco Repugnancia.

atraso Subdesarrollo.

caudal *m.* Cantidad de agua.

cohete *m.* Tipo de fuegos artificiales.

comitiva Gente que acompaña.

COHETE

detrito Resultado de la descomposición de una masa sólida.

embriagarse *v. prnl.* Tomar alcohol en exceso, emborracharse.

hallazgo Descubrimiento.

hilera Formación en línea de varias cosas.

huerta Terreno destinado al cultivo de árboles frutales.

impreso Panfleto, folleto.

insoportable Intolerable, insufrible.

limo Barro que forma la lluvia en el suelo.

maguey *m.* Cacto del cual se produce el tequila y el pulque.

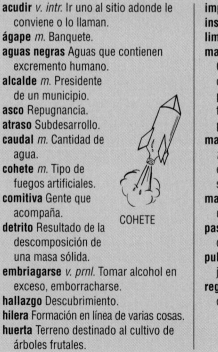
MAGUEY

manifestación *f.* Reunión pública en la que los participantes expresan sus deseos.

manta Trozo rectangular de tejido que se usa para cubrirse.

pasto Hierba que sirve para el sustento de un animal.

pulque *m.* Bebida alcohólica hecha del jugo del maguey.

regidor/regidora Persona que gobierna o dirige.

«NOBLE CAMPAÑA», POR GREGORIO LÓPEZ Y FUENTES

El pueblo se vistió de domingo en honor de la comisión venida de la capital de la República: manta morena, banderas, flores, música. De haberse podido, hasta se hubiera purificado el aire, pero eso no estaba en las manos del Presidente Municipal. El aire olía así porque a los ojos de la población pasa el río, un poco clarificado ya: es el caudal que sale de la ciudad, los detritos de la urbe, las llamadas aguas negras…

Desde que llegó la comisión, más aún, desde que se anunció su visita, se supo del noble objeto de ella: combatir el alcoholismo, el vino que, según los impresos repartidos profusamente entonces, constituye la ruina del individuo, la miseria de la familia y el atraso de la patria.

Otros muchos lugares habían sido visitados ya por la misma comisión y en todos ellos se había hecho un completo convencimiento. Pero en aquel pueblo el cometido resultaba mucho más urgente, pues la región, gran productora del pulque, arrojaba, según decían los oradores, un mayor coeficiente de vicios.

Dos bandas de música de viento recorrieron las calles, convocando a un festival en la plaza. El alcalde iba y venía dando órdenes. Un regidor lanzaba cohetes a la altura, para que se enteraran del llamado hasta en los ranchos distantes. Los vecinos acudían en gran número y de prisa, para ganar un sitio cerca de la plataforma destinada a las visitas y a las autoridades.

El programa abrió con una canción de moda. Siguió el discurso del

LOS DETRITOS DE LA URBE. ¿CÓMO SE PUEDEN EVITAR?

jefe de la comisión antialcohólica, quien, conceptuosamente, dijo de los propósitos del Gobierno: acabar con el alcoholismo. Agregó que el progreso es posible únicamente entre los pueblos amigos del agua, y expuso el plan de estudio, plan basado naturalmente en la Economía, que es el pedestal de todos los problemas sociales: industrializar el maguey para dar distinto uso a las extensas tierras destinadas al pulque.

Fue muy aplaudido. En todas las caras se leía convencimiento.

Después fue a la tribuna una señorita declamadora, quien recitó un bellísimo poema, cantando la virtud del agua en sus diversos estados físicos…

¡Oh, el hogar donde no se conoce el vino! ¡Si hay que embriagarse, pues a embriagarse, pero con ideales!

Los aplausos se prolongaron por varios minutos. El Presidente Municipal —broche de oro— agradeció a los comisionados su visita y, como prueba de adhesión a la campaña antialcohólica —dijo enfáticamente— no había ni un solo borracho, ni una pulquería abierta, en todo el pueblo...

A la hora de los abrazos, con motivo de tan palpable resultado, el funcionario dijo a los ilustres visitantes que les tenía preparado un humilde ágape. Fue el mismo Presidente Municipal quien guió a la comitiva hacia el sitio del banquete, una huerta de su propiedad situada a la orilla del río. A tiempo que llegaban, él daba la explicación de la fertilidad de sus campos: el paso de las aguas tan ricas en limo, en abono maravilloso y propicio a la verdura.

No pocos de los visitantes, en cuanto se acercaban al sitio del banquete, hacían notar que el mal olor sospechado desde antes en todo el pueblo, iba acentuándose en forma casi insoportable...

—Es el río —explicaban algunos vecinos—. Son las mismas aguas que vienen desde la ciudad, son las aguas negras, sólo que por aquí ya van un poco clarificadas.

—¿Y qué agua toman aquí?

—Pues, quien la toma, la toma del río, señor... No hay otra.

Un gesto de asco se ahondó en las caras de los invitados.

—¿No se muere la gente a causa de alguna infección?

—Algunos... Algunos...

—¿Habrá aquí mucha tifoidea?

—A lo mejor: sólo que tal vez la conocen con otro nombre, señor...

Las mesas, en hilera, estaban instaladas sobre el pasto, bajo los árboles, cerca del río.

—Y esa agua de los botellones puestos en el centro de las mesas, ¿es del río?

—No hay de otra, señor... Como ustedes, los de la campaña antialcohólica, sólo toman agua... Pero también hemos traído pulque... Perdón, y no lo tomen como una ofensa, después de cuanto hemos dicho contra la bebida...

Aquí no hay otra cosa.

A pesar de todo, se comió con mucho apetito. A la hora de los brindis, el jefe de la comisión expresó su valioso hallazgo:

—¡Nuestra campaña antialcohólica necesita algo más efectivo que las manifestaciones y que los discursos: necesitamos introducir el agua potable a todos los pueblos que no la tienen...!

Todos felicitaron al autor de tan brillante idea, y al terminar la comida, los botellones del agua permanecían intactos, y vacíos los de pulque...

Después de leer

5-21 ¿Cómo son? Fíjense en los personajes del cuento. En grupos pequeños...

- escriban una descripción física y psicológica de los personajes siguientes del cuento.
- preséntenles sus descripciones a los demás miembros de la clase para que adivinen quiénes son.

1. el jefe de la comisión antialcohólica
2. el Presidente Municipal
3. la declamadora
4. un/una habitante del pueblo en el ágape

5-22 Síntesis El cuento presenta los sucesos desde la perspectiva de la Comisión Antialcohólica. En grupos pequeños, escriban un resumen del cuento desde el punto de vista del alcalde del pueblo.

5-23 Idea central La idea central de este cuento es que las necesidades de la vida importan más que los planes y las campañas más ilustres. En grupos pequeños...

- comenten uno de los problemas ecológicos más urgentes de su universidad.
- planeen el tema, el lema y la mascota que mejor representen el problema.
- compartan sus ideas con los demás grupos de la clase.

ANÁLISIS LITERARIO: LA ORGANIZACIÓN DE LOS CUENTOS

Términos literarios Usa los siguientes términos para hablar sobre el lenguaje de los cuentos.

- **El lenguaje literal** se refiere al significado directo de las palabras, como, por ejemplo:
  El río Amazonas es el más largo de Sudamérica.
- **El lenguaje figurado** adorna o embellece la expresión del pensamiento y sirve de representación o figura de otra cosa.
  El listón plateado serpentea por las selvas amazónicas.
- Una **metáfora** es una figura retórica que compara directamente un elemento con otro. En una metáfora simple, el sujeto y el predicado se conectan con el verbo **ser**.
  El río Amazonas es un listón plateado.
  En una metáfora compleja, no hay una conexión explícita. El lector tiene que inferir el significado, por ejemplo:
  El listón plateado sostiene a los habitantes.
- Un **símil** es una comparación indirecta de dos cosas. Las dos cosas se conectan con la palabra **como**, por ejemplo:
  El río Amazonas es como un listón plateado.
- Una **imagen** es la representación de un objeto o de una experiencia por medio del lenguaje. Por ejemplo, un escritor describe a una mujer de la siguiente manera.
  «Era más que hermosa... era perfecta, perfecta como el oro, o como el vino; era primordial, como un latido y era intemporal, como un planeta».
- La **ironía** es una figura que consiste en dar a entender lo contrario de lo que se dice, como, por ejemplo:
  «Éste es el mejor día de mi vida», dijo Pablo al quitarse sus zapatos arruinados. «Me encanta la estación de las lluvias».
- Un **símbolo** es la relación entre un elemento concreto y uno abstracto. El elemento concreto explica el abstracto. Por ejemplo, en algunas culturas el búho es un símbolo de la muerte y, en otras, de la sabiduría.

5-24 Lenguaje metafórico ¿Hay ejemplos de lenguaje metafórico en este cuento? En grupos pequeños...

- dividan el cuento en secciones.
- revisen el cuento, buscando metáforas y símiles.
- subrayen los ejemplos.
- descifren los significados de las metáforas y de los símiles.

¡Adelante!

Now that you have completed your in-class work on the **Tercera etapa**, you should complete **Redacción** in the **Tercera etapa** of the *Diario de actividades,* pages 107–112.

5-25 Figuras retóricas Hay varios ejemplos de figuras retóricas en el cuento. En grupos pequeños, busquen ejemplos de las figuras retóricas siguientes en «Noble campaña».

1. la imagen
2. la ironía
3. la metáfora
4. el símbolo
5. el símil

VÍDEO: **Los ecosistemas, energías renovables y esfuerzos personales**

You can access the *De paseo* video at www.cengage.com/login.

En todos los países hispanohablantes hay campañas para cuidar del medio ambiente, con anuncios que aparecen en la prensa, en las calles e incluso en los negocios. En este vídeo, María Ester va a explicar un poco sobre la importancia de la ecología en Expaña y otros países de Latinoamérica.

Antes de ver

5-26 ¿Qué saben? En grupos pequeños, conversen acerca de las siguientes organizaciones y conceptos e intenten determinar la importancia que tienen para la protección del medioambiente o su importancia en el ecosistema.

1. las cataratas del Iguazú
2. Doñana
3. energía eólica
4. energía hidráulica
5. las islas Galápagos
6. Salto del Ángel
7. UNESCO
8. Unión Europea

Marina Cano Trueba/Used under license from Shutterstock

LOS LINCES IBÉRICOS ESTÁN EN PELIGRO DE EXTINCIÓN. ¿CÓMO PODEMOS PROTEGERLOS?

5-27 En peligro La variedad de las especies es frágil y está en peligro debido a la irresponsabilidad del hombre, quien sigue acelerando el ritmo natural de extinción de la biodiversidad. Estudia la ilustración y, en parejas, conversen sobre su significado.

«Reproducido con la autorización del diario ABC, 31–5–92.»

El vídeo contiene palabras y frases relacionadas con el medio ambiente. Antes de verlo y hacer las actividades, busca las palabras en el vídeo y úsalas para escribir oraciones originales en una hoja aparte.

autóctona Que se ha originado o ha nacido en el mismo país o lugar en que se encuentra.

caudaloso/caudalosa Corriente de agua que tiene mucha cauda; mucha cantidad de agua.

lograr *v. tr.* Conseguir lo que se intenta.

molino Máquina usada para moler, triturar o pulverizar.

MOLINO

papel *m.* Función que desempeña una persona o cosa.

selva Terreno extenso, sin cultivar y muy poblado de árboles; Tipo de bosque ecuatorial y tropical.

techo Parte superior de una construcción, que la cubre y cierra.

TECHO

A ver

5-28 Guía para la comprensión del vídeo Antes de ver los dos segmentos del vídeo, estudia las siguientes preguntas. Mientras ves los segmentos, busca las respuestas adecuadas.

Segment 1:

1. Según María Ester, ¿qué aspecto es muy importante en el mundo hoy en día?
2. ¿Cómo describe los ecosistemas en el norte? ¿en el sur?
3. En Ecuador, ¿dónde se pueden encontrar las tortugas gigantes o las iguanas marinas?
4. ¿Qué animal está en peligro de extinción en España?
5. Para conservar estos ecosistemas, ¿cuál es uno de los programas importantes que crearon los gobiernos de los países hispanos?
6. ¿Cuáles son dos de los parques nacionales en Latinoamérica?
7. ¿Cómo se llama el parque más representativo que fue creado en España? ¿Dónde está?
8. ¿Por qué tiene tanta importancia este parque?
9. ¿Qué otras organizaciones trabajan para proteger la flora y fauna del parque?
10. ¿Qué especies se pueden encontrar allí?

Segment 2:

1. ¿Qué otro aspecto relacionado con la ecología es importante?
2. ¿Por qué es muy factible el uso de energía solar en la mayoría de los países de Centroamérica y España?
3. Según María Ester, ¿qué es la energía eólica?
4. ¿Desde hace cuanto tiempo existen los molinos de viento en España?
5. ¿Dónde se localizan estos molinos?
6. ¿Dónde hay una central hidrológica muy importante?
7. A nivel del usurario, a nivel de la persona, ¿qué se puede hacer para conservar el medioambiente?
8. ¿Qué usan para facilitar el reciclaje en España?
9. ¿Cuál parece ser el principal elemento para el futuro?
10. ¿Qué sugiere María Ester para gastar menos agua en casa?

Después de ver

5-29 Comparaciones En grupos pequeños, compara las actividades que mencionó María Ester con los esfuerzos de ecologistas de Estados Unidos para proteger la naturaleza, recursos naturales o animales en peligro de extinción.

5-30 Investigación Ahora, usando como modelo las explicaciones de María Ester sobre la ecología y los esfuerzos que se están haciendo a nivel internacional, nacional y personal, haz una investigación sobre algún proyecto ecológico en algún país hispanohablante. Después, comparte tu información con los demás miembros de la clase vía el *message board*.

Enter the *De paseo* message board at **www.cengage.com/login** to share your comments and opinions on this interactive site.

To access flash-based grammar tutorials on the topics covered in this chapter, visit www.cengage.com/login.

PERSPECTIVA LINGÜÍSTICA
Verbs of being

The English verb *to be* can be expressed by many different words in Spanish, depending on the context, as, for example: **encontrarse, estar, haber, hacer, hallarse, quedar, resultar, salir, sentar, tener, verse.** The following list provides a few examples.

hacer	**Hace** frío hoy.	*It is cold today.*
hallarse	Manuel **se halla** enfermo.	*Manuel is ill.*
quedar	¿En qué **quedamos**?	*So what is it to be?*
resultar	La película **resultó** interesante.	*The film was interesting.*
tener	**Tengo** prisa.	*I am in a hurry.*

Traditionally, however, only **estar, haber,** and **ser** are treated as verbs of being, and many textbooks present **estar** and **ser** as a contrastive set. In the following sections, rather than contrasting these verbs, we will describe the unique features of **estar, haber,** and **ser.**

Haber

Haber is a unique Spanish verb because it is «impersonal,» that is, it does not have a subject (unless it is being used as an auxiliary verb). Therefore, the various time frames of **haber** are reflected in a single form.

Indicative Mood		**Subjunctive Mood**	
present	**hay**	present	**haya**
imperfect	**había**	imperfect	**hubiera**
preterite	**hubo**		
conditional	**habría**		
future	**habrá**		

Although **haber** does not have a subject, it may have a *direct object* (noun or pronoun), as in the following examples.
—¿Hay ardillas en el parque?
—Sí, **las** hay.
—¿Había niños en la fiesta?
—No, no **los** había.

Estar

Uses of *estar*

- In progressive tenses as an auxiliary verb.

  Estoy comprando frutas producidas sin insecticidas para el almuerzo.

- To express location of people, places, and things. Also *is located,* in a figurative sense.

  La Universidad Estatal de Ohio **está** en Columbus.

  Javier **está** en su primer año de universidad.

- Used with adjectives to imply change in condition.

  Jorge **está** muy flaco. (after he has been on a diet)

Estar with adjectives

For native speakers of English, **estar** + *adjective* (versus **ser** + *adjective*) is one of the most complicated concepts. This is because the use of **estar** (or **ser**) depends on the idea that the speaker or writer is trying to convey. Modern linguists agree that **estar** implies a change in condition, as demonstrated in the following examples.

Después de la lluvia, la hierba **está** muy verde. (normally, it's not that green)

Nosotros **estamos** tristes. (usually, we're not sad)

¡Qué lindas **están** las casas! (they look extraordinary today)

The implication of change may reflect a drastic difference or only an enhanced degree of some normal characteristic. Change is related to time, implying that the current characteristic occurred after a previous condition. Therefore, we can say that **estar** is also contingent on time.

Ser

The verb **ser** also has multiple uses in Spanish. Study the summary below.

Uses of *ser*

- Telling time.

  Son las diez y media.

- Identifying and equating people, places, and things.

  Ella **es** ecologista.

  Hoy **es** martes. **Es** el 29 de julio.

  Éste **es** el centro de reciclaje.

- Origin, possession, identification, makeup.

  Ellos **son** de Nicaragua.

  La bicicleta **es** de Ramiro.

  Es un sistema para purificar el agua.

  El suéter **es** de lana pura.

- Used with adjectives to characterize an entity.

  Los estudiantes **son** inteligentes.

Ser with adjectives

Ser + *adjective* sets up a neutral relationship between an entity (person or thing) and its characteristic. This relationship is free from time constraints and, therefore, expresses what the speaker or writer considers to be the norm.

La nieve **es** blanca.

Estar and *ser* in identical contexts

Estar and **ser** may be used within identical contexts, but with different meanings, for example:

Estar	Ser
El agua **está** clara.	El agua **es** clara.
The water looks exceptionally clear.	*The water is clear, as usual.*
Carolina **está** muy alta.	Carolina **es** muy alta.
Carolina seems much taller.	*Carolina is a very tall person.*

PERSPECTIVA GRAMATICAL

Estructura 5-1a: Conditional of regular verbs

Within the Spanish tense system, some tenses are oriented toward a certain point in time in the present (present, future). Other tenses are oriented toward a point of time in the past (past perfect, preterite, imperfect). These tenses indicate how matters stood "back then" instead of "right now". The **modo condicional** is also oriented toward the past and indicates an event that follows the recalled point. The following chart shows this relationship visually.

Prior action ← | → Posterior action

Recalled point in the past

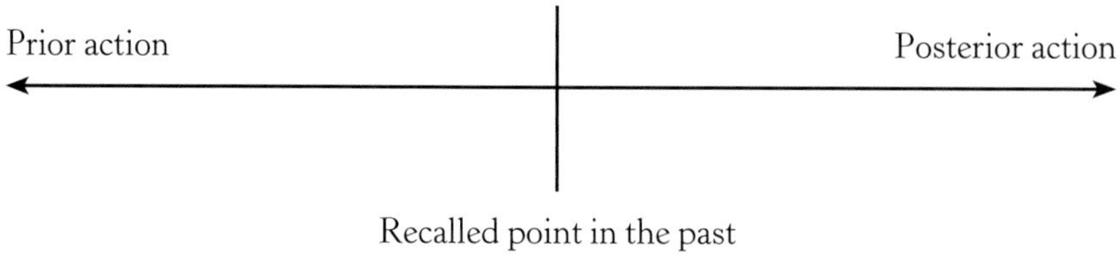

Prior to recalled point	Recalled point in past	Posterior to recalled point
past perfect indicative	preterite/imperfect	conditional
Lo **habían reciclado.**	Lo **reciclaron/reciclaban.**	Lo **reciclarían.**
They had recycled it.	*They did recycle/were recycling it.*	*They would recycle it.*

Hypothetical situations

The conditional is used to indicate hypothetical situations, such as the following.

Después de ganarte la lotería, ¿**comprarías** un abrigo de piel?

Normalmente **reciclaríamos** los periódicos, pero hoy no vamos a hacerlo.

¡OJO!

Many linguists consider the conditional to be a mood **(el modo potencial)** rather than a tense because it refers to hypothetical situations, not reality. In English, this idea is expressed by **would.**

¡Alto!

These activities will prepare you to complete the in-class communicative activities for **Función 5-1** on pages 130–131 of this chapter.

Polite requests

The conditional is also used to make polite requests.

¿**Podrías** prestarme tu bicicleta?

Formation of the conditional

The conditional uses the entire infinitive as its stem. The first- and third-person singular forms are identical but can usually be determined from context.

CONDITIONAL OF REGULAR VERBS			
	-ar: hablar	-er: comer	-ir: vivir
yo	hablaría	comería	viviría
tú	hablarías	comerías	vivirías
usted/él/ella	hablaría	comería	viviría
nosotros/ nosotras	hablaríamos	comeríamos	viviríamos
vosotros/ vosotras	hablaríais	comeríais	viviríais
ustedes/ellos/ ellas	hablarían	comerían	vivirían

5-30 ¿Qué dirías? Escribe los siguientes verbos en el modo condicional.

Ejemplo: yo / decir

diría

1. tú / acabar
2. él / ahorrar
3. usted / desperdiciar
4. nosotros / describir
5. vosotras / aprovecharse
6. ustedes / destruir
7. ellas / disminuir
8. yo / proteger
9. ellos / ver
10. ella / deber

5-31 En anticipación de un terremoto Completa las siguientes oraciones usando el modo condicional en cada una.

Ejemplo: *Escucharía* la radio para obtener información. (escuchar)

1. _____ los estantes a la pared y las lámparas y sistemas de iluminación al techo. (sujetar)
2. _____ los objetos pesados o que se quiebran fácilmente en estantes bajos. (colocar)
3. _____ objetos pesados sobre camas o sofás. (no colgar)
4. _____ los maceteros interiores y exteriores que puedan caerse. (asegurar)
5. _____ productos inflamables en gabinetes no muy altos y cerrados. (meter)
6. _____ a los lugares seguros dentro de su casa o fuera de ella. (ir)
7. _____ un punto de reunión, por si la familia se encuentra dispersa. (establecer)

5-32 Acciones para conservar el medio ambiente Escribe oraciones completas, basándote en las siguientes frases, según el ejemplo. Incorpora sujetos lógicos en las oraciones: **los ciudadanos, el gobierno, el público, los ecólogos,** etcétera.

> **Ejemplo:** considerar la protección del medio ambiente como deber ético
>
> *El gobierno consideraría la protección del medio ambiente como deber ético.*

1. respetar el medio ambiente
2. cesar de despojar los recursos naturales
3. plantear una política ambiental específica
4. guardar los sistemas naturales
5. defender el patrimonio natural
6. establecer un desarrollo económico sostenible
7. restaurar los espacios afectados
8. disminuir los impactos ambientales negativos
9. compatibilizar la preservación de los recursos con el desarrollo

5-33 Compañeros Completa la siguiente conversación acerca de una excursión ecológica con las formas adecuadas de los verbos entre paréntesis.

Eduardo:	Me _____ invitar a Ramón. (gustar)
	1
Julia:	Pero él _____ casi todo el día. (dormir)
	2
Eduardo:	Es cierto. Bueno, Héctor y Marta _____ con nosotros. (ir)
	3
Julia:	Sí, _____ muy divertido ir con ellos. (ser)
	4
Eduardo:	Irene _____ los mejores precios. (encontrar)
	5
Julia:	Sí, pero no le _____ nada una excursión ecológica. (interesar)
	6
Eduardo:	Estoy de acuerdo. Ella _____ de todo. (quejarse)
	7
Julia:	Yo _____ a Isolda. (preferir)
	8
Eduardo:	Claro, y su novio Manuel la _____. (acompañar)
	9
Julia:	Estoy segura de que Manuel _____ bien. (comportarse)
	10
Eduardo:	Aunque nosotros nunca lo _____ porque siempre _____ sacando fotos. (ver; estar)
	11 12
Julia:	Pues, bien. Nosotros _____ invitar a Héctor, a Marta, a Isolda y a Manuel. (deber)
	13
Eduardo:	De acuerdo.

5-34 Cómo salvar el planeta Escribe oraciones completas en español basadas en los siguientes fragmentos.

> **Ejemplo:** Nosotros / plantar / árboles *Nosotros plantaríamos árboles.*
>
> *Para salvar el planeta…*

1. Yo / usar / detergentes biodegradables
2. Mis amigos / votar / por los candidatos «verdes»
3. La gente / reciclar / aluminio, papel y vidrio
4. Tú y yo / no comer / productos alterados genéticamente

5. Todos / insistir en / mantener limpias / las vías fluviales

6. Las industrias / cumplir / con las leyes contra la contaminación

7. Los científicos / descubrir / combustibles eficientes y limpios

Estructura 5-1b: Verbs with irregular stems in the conditional

Many commonly used verbs have irregular stems in the conditional. The following chart shows several of these verbs.

VERBS WITH IRREGULAR STEMS IN THE CONDITIONAL			
infinitive	**stem**	**infinitive**	**stem**
caber	cabr-	querer	querr-
decir	dir-	saber	sabr-
haber	habr-	salir	saldr-
hacer	har-	tener	tendr-
poder	podr-	valer	valdr-
poner	pondr-	venir	vendr-

Remember that any compound of these verbs (**componer, retener,** etc.) will have the same stem change (**compondr-, retendr-,** etc.).

5-35 ¿Qué pasaría? Completa las siguientes oraciones con las formas adecuadas del condicional de los verbos que están entre paréntesis.

Ejemplo: Los ecólogos _mantendrían_ los bosques por medio de programas de reforestación. (mantener)

1. Los campesinos _____ de las zonas rurales para irse a las ciudades si no pudieran talar los bosques. (salir)

2. Los pescadores no _____ pescar si a los peces les faltara el hábitat adecuado. (poder)

3. Los activistas _____ que el planeta está en peligro de extinción si no hubiera leyes. (decir)

4. _____ más contaminación del aire si todavía usáramos gasolina con plomo. (haber)

5. El público _____ más atención al calentamiento ambiental si hubiera más publicidad. (poner)

6. Nosotros _____ reciclar más si esto nos ahorrara tiempo y dinero. (querer)

7. Los estudiantes _____ más acerca de la ecología si estudiaran la biología ambiental. (saber)

8. Estados Unidos _____ ecoturismo si hubiera más biodiversidad en el país. (tener)

9. Los recursos naturales _____ más si fueran más escasos. (valer)

10. Mucha gente _____ a la universidad si tuviéramos una campaña ambiental. (venir)

5-36 Un futuro «verde» ¿Cómo sería un futuro verde? Escribe oraciones originales sobre los siguientes temas usando el condicional de los verbos que están entre paréntesis.

> **Ejemplo:** zonas verdes (salir)
>
> Saldríamos para gozar las zonas verdes de la ciudad.

1. vehículos de combustibles limpios (poder)
2. prendas fabricadas con procesos «verdes» (ponerse)
3. excursiones ecológicas con mis amigos (hacer)
4. casas biológicas (tener)
5. ecologistas (venir)
6. productos reciclados (valer)
7. contaminación del aire (haber)

5-37 Excursiones ecológicas Escribe los equivalentes de las siguientes preguntas que le harías a un agente de viajes respecto a las excursiones ecológicas.

> **Ejemplo:** Would you take a trip through the tropical forest?
>
> *¿Harías un viaje por el bosque tropical?*

1. Would you tell us the itinerary?
2. Could we go at any time of the year?
3. Would you put us on a waiting list?
4. At what time would we leave?
5. Would we have to take special equipment?
6. Would a guide come with us?
7. How mucho would the excursion cost (be worth)?

Estructura 5-2: Imperfect subjunctive

The imperfect subjunctive is used in a subordinate clause following expressions of cause-and-effect, nonspecific entities and events, and emotional reactions and value judgments, just as the present subjunctive is used. Whereas the present subjunctive is used only when the verb in the main clause is in the present tense, the imperfect subjunctive may be used when the verb in the main clause is in the present, the imperfect, or the preterite.

Present subjunctive	Imperfect subjunctive
Quiero que mis hijos **aprendan** a respetar el medio ambiente.	Quería que mis hijos **aprendieran** a respetar el medio ambiente.
Mis padres esperan que yo **estudie** ecología.	Mis padres esperaban que yo **estudiara** ecología.
Es una lástima que ella **compre** un abrigo de piel.	Es/Fue una lástima que ella **comprara** un abrigo de piel.

Imperfect subjunctive in polite requests Another use of the imperfect subjunctive is to make extremely polite requests. An English equivalent for requests of this type would be: "If it isn't too much trouble, I would like . . ."

> **Quisiera** otro café con leche.
>
> *¿**Pudieran** ustedes ayudarnos?*

¡Alto!

These activities will prepare you to complete the in-class communicative activities for **Función 5-2** on pages 131–132 of this chapter.

¡OJO!

Don't forget that many common verbs have irregular preterites. Review the irregular preterite verbs on pages 64–65 of your textbook.

Formation of the imperfect subjunctive

The imperfect subjunctive is formed from the third-person plural of the preterite tense, minus the final **-ron**. The following chart shows the formation of regular verbs in the imperfect subjunctive. There are two sets of endings for the imperfect subjunctive. (They are equivalent forms, but usage varies from region to region.)

Notice that both sets of endings are used for all three conjugations.

ALTERNATE FORMS OF THE IMPERFECT SUBJUNCTIVE

	-ar: hablar		-er: comer		-ir: vivir	
yo	hablara	hablase	comiera	comiese	viviera	viviese
tú	hablaras	hablases	comieras	comieses	vivieras	vivieses
usted/él/ella	hablara	hablase	comiera	comiese	viviera	viviese
nosotros/ nosotras	habláramos	hablásemos	comiéramos	comiésemos	viviéramos	viviésemos
vosotros/ vosotras	hablarais	hablaseis	comierais	comieseis	vivierais	vivieseis
ustedes/ ellos/ellas	hablaran	hablasen	comieran	comiesen	vivieran	viviesen

5-38 Formas plurales Escribe las dos formas de los siguientes verbos en imperfecto de subjuntivo, según las indicaciones.

Ejemplo: yo / hablar

hablara

1. usted / sobrevivir
2. yo / poder
3. nosotras / andar
4. ellas / ir
5. tú / prevenir
6. vosotros / salir
7. yo / estar
8. ustedes / decir

5-39 En una reserva de animales Escribe oraciones completas acerca de una visita a una reserva de animales, usando las formas adecuadas de los verbos que están entre paréntesis.

Ejemplo: Nos gustó que _hubiera_ animales salvajes. (haber)

1. Nos impresionó que _____ aves acuáticas. (encontrarse)
2. Era bueno que la reserva _____ similar a su medio natural. (resultar)
3. Nos alegramos de que los animales _____ en buen estado de salud. (estar)
4. Nos sorprendió que los visitantes _____ siempre acompañados por un guía. (ser)
5. Era admirable que los oficiales _____ contra el tráfico de especies amenazadas. (combatir)
6. Era importante que los animales _____ de hábitats y climas semejantes al ambiente de la reserva. (provenir)
7. Lamentamos que todo el mundo no _____ el mensaje de conservación. (oír)

5-40 Contaminación del aire ¿Qué decían los expertos durante un congreso sobre la contaminación del aire? Escribe oraciones completas, según el ejemplo.

Ejemplo: exigían / nosotros no usar sustancias que contaminan el aire

Exigían que no usáramos sustancias que contaminan el aire.

1. recomendaban que / todos evitar el ejercicio físico durante un estado de alerta
2. sugerían que / ancianos permanecer bajo techo
3. querían que / reglamentos proteger la salud pública
4. insistían (en) que / nosotros tomar decisiones responsables acerca del transporte
5. pedían que / oficiales reforzar las leyes
6. deseaban que / no haber más «nieblas asesinas» como la que ocurrió en Londres en 1952
7. aconsejaban que / las industrias no destruir el ozono estratosférico

5-41 El Club de Ecología Completa la siguiente conversación sobre lo que pasó en la reunión del Club de Ecología, usando las formas adecuadas de los verbos que están entre paréntesis.

Miguel: Fue interesante que el Sr. Tellez _____ un ecotour en Costa Rica el verano pasado. (hacer) [1]

Alejandro: Sí. Recomendó que todos los miembros del Club _____ allí. ¿Crees que él _____ en serio cuando lo mencionó? (ir; hablar) [2] [3]

Miguel: Claro que sí. Fue obvio que él hablaba muy en serio porque insistió en que nosotros _____ algunas actividades para recolectar fondos. (planear) [4]

Alejandro: Algunos de los miembros no creían que nosotros _____ hacerlo. (poder) [5]

Miguel: Es verdad. Pero son las mismas personas que dudaron que nosotros _____ un centro de reciclaje en la universidad. (construir) [6]

Alejandro: ¡Hombre! Hace un año que este proyecto está en marcha. Pues, no perdamos tiempo. El consejero quería que nosotros_____ ¡Manos a la obra! (empezar) [7]

5-42 Noble campaña Los socios del Club de Ecología planearon una campaña de ecología en la universidad. Escribe oraciones completas basadas en los siguientes fragmentos.

Ejemplo: La presidenta les pidió a los socios que… (imprimir carteles)

La presidenta les pidió a los socios que imprimieran carteles.

La presidenta les pidió a los socios que…

1. no comer productos alterados genéticamente
2. reciclar todo lo que poder
3. andar a pie, en bicicleta o tomar transporte público
4. no destruir la capa del ozono con aerosoles

5. proteger las especies en vías de extinción
6. hacer una campaña ecológica
7. producir folletos sobre la ecología
8. tener buena información para repartir

Estructura 5-3: *Si* clauses

The imperfect subjunctive is used after **si** or **como si** to express a hypothetical condition under which an action would take place, as shown in the following charts.

¡Alto!

These activities will prepare you to complete the in-class communicative activities for **Función 5-3** on pages 132–133 of this chapter.

SI		
	imperfect subjunctive	**conditional**
Si	yo **tuviera** más espacio	**tendría** un jardín grande.

OR

SI		
conditional		**imperfect subjunctive**
Tendría un jardín grande	si	**tuviera** más espacio.

In the example above, the hypothetical condition is «if I had more space,» and the conclusion, expressed in the conditional, is «I would have a big flower garden.» Sometimes these expressions are called contrary-to-fact, because they contradict the existing state of affairs.

COMO SI		
future/present/ imperfect/preterite		**imperfect subjunctive**
Antonia hablará/ habla/ hablaba/habló	como si	**fuera** experta en ecología.

The example above states that Antonia speaks (will speak, spoke, etc.) «as if she were an ecology expert,» which she may or may not be.

5-43 La situación actual Escribe dos oraciones hipotéticas, usando las siguientes frases, según el ejemplo.

Ejemplo: cazar ballenas

Si cazáramos ballenas desaparecerían de los mares.
Las ballenas desaparecerían de los mares si las cazáramos.

1. talar los bosques
2. desperdiciar los recursos naturales
3. encender los combustibles fósiles
4. echar los contaminantes a los ríos
5. destruir los hábitats de los animales salvajes

5-44 En el pasado ¿Cómo se comportaban nuestros antepasados con respecto al medio ambiente? Escribe siete oraciones completas, según las indicaciones.

> **Ejemplo:** Malgastaban el agua…
>
> *Malgastaban el agua como si fuera un recurso inagotable.*

1. Talaban los bosques…
2. Echaban desperdicios tóxicos…
3. Cazaban los animales…
4. Usaban artículos desechables…
5. Conducían autos grandes…
6. Usaban aerosoles con clorofluorocarbonos…
7. Rociaban las cosechas con insecticidas…

5-45 Si fuera presidente Escribe cinco oraciones sobre lo que harías si fueras presidente del Club de Ecología.

> **Ejemplo:** *Si yo fuera presidente del Club de Ecología, comenzaría una campaña de reciclaje.*

5-46 ¿Qué harías tú? Completa las siguientes oraciones con las formas adecuadas de los verbos que están entre paréntesis.

> **Ejemplo:** Todos reciclarían más si _fuera_ más fácil. (ser)

1. Mis amigos no usarían los *jeans* si _____ qué tan contaminante es su proceso. (entender)
2. Mi esposo usaría detergentes biodegradables si el supermercado los _____. (vender)
3. Yo no manejaría tanto si _____ un transporte público conveniente. (haber)
4. Los estudiantes no comerían tanta comida instantánea si _____ los ingredientes que contiene. (saber)
5. Los profesores organizarían una campaña de ecología si _____ más tiempo. (tener)
6. ¿Tú comprarías más productos orgánicos si no _____ tanto? (costar)
7. Nosotros plantaríamos más árboles si _____. (poder)

5-47 En un simposio de la ecología Completa las siguientes oraciones de una manera lógica. No repitas verbos.

> **Ejemplo:** El moderador gritó como si… *los participantes no lo oyeran.*

1. Los políticos hablaron como si…
2. Los consumidores se quejaron como si…
3. Los fabricantes insistieron como si…
4. El moderador presidió como si…
5. Los reporteros escribieron como si…
6. Los espectadores pusieron atención como si…

CAPÍTULO 6
MENTE SANA, CUERPO SANO

Jupiter Images

ERES LO QUE COMES. Y TÚ, ¿QUIÉN ERES?

Courtesy Donna Long & Jan Macián

María Teresa Beltrán-Aponte

Hoy hay una filosofía de nueva vida, basada en una forma de alimentación. Esta alimentación consiste en una combinación de ingredientes tradicionales o actualizados mediante las tecnologías modernas, en recetas y estilos culinarios de la zona, la cultura y los estilos de vida típicos del Mediterráneo. En este capítulo vamos a investigar no solamente la famosa dieta mediterránea, sino también las formas alternativas de mantener la mente sana y el cuerpo sano.

MARÍA TERESA BELTRÁN-APONTE, BOGOTÁ, COLOMBIA

ORIENTACIÓN: In the **Primera etapa** you will expand your vocabulary and use it to talk about key themes. A short introduction to the chapter theme is followed by a reading that highlights the chapter theme and introduces key vocabulary in context. These words and phrases will help you understand and talk about the chapter theme. Pay particular attention to the elements in **boldface** and try to guess the meanings of these words and phrases in context.

Remember that learning to use cognates is an excellent way to increase vocabulary. As you read, do not forget to write a list or underline the cognates that are related to the topic and to be sure to use them as you do the accompanying activities.

ORIENTACIÓN: Sugerencias para aprender el vocabulario will help you learn the key words and phrases of the chapter and expand your use of vocabulary.

ORIENTACIÓN: Guía para el lector is intended to guide the reading process. The questions are meant to provide you with strategic practice as you read and may also be used as quick comprehension checks. For example: **¿Cómo se llaman algunas de las dietas famosas? ¿Es fácil o difícil seguir estas dietas?**

SUGERENCIAS PARA APRENDER EL VOCABULARIO

CÓMO RECONOCER VARIACIONES REGIONALES Spanish, a language that is spoken by more than 300 million people, varies from country to country. Just as the English spoken in Australia or England differs from that of the United States, Spanish vocabulary varies among the Spanish-speaking countries of the world. For example, in Spain a green bean is called **una judía**; in Chile, **un poroto**; in Venezuela, **una vainita**; and in Argentina, **una chaucha**. You will notice these vocabulary differences in the articles and short stories that were selected from different countries.

LA DIETA MEDITERRÁNEA

Por sus características especiales, la **dieta mediterránea** está reconocida como la más **saludable** de todas las existentes. La dieta mediterránea tradicional es aquella que **se caracteriza** por la abundancia de elementos vegetales como **pan**, pasta, **verduras, ensaladas, legumbres, frutas** y **frutos secos**; **aceite de oliva** como principal **fuente de grasa;** consumo de **pescado, pollo, productos lácteos** y **huevos;** pequeñas cantidades de **carnes rojas** y moderadas cantidades de **vino, consumido** en las comidas. A ello hay que **añadir** los siguientes **hábitos saludables: levantarse** y **acostarse** a horas regulares, no **preocuparse** mucho, **dar paseos, disfrutar** de los bailes clásicos, **participar en tertulias** y **echar siestas.**

La dieta mediterránea nació del estudio de la forma de **alimentarse** de las poblaciones del mar Mediterráneo, quienes demostraron **poseer** índices de colesterol mucho más bajos que otros pueblos. Cuando, en la década de los años cincuenta, se empezó a conocer la dieta mediterránea, muchos comenzaron a **tomar conciencia** de que la buena alimentación era uno de los pilares de la buena **calidad de vida** y, por lo tanto, de un **bienestar general del cuerpo y del espíritu.**

Aunque los países mediterráneos no poseen todas las mismas **recetas**, sí comparten entre ellos los elementos de esas recetas y las cantidades, ya que éstas se adaptan a la abundancia de esos alimentos en la región. Según estas costumbres, **se diseñó** la denominada «pirámide de la dieta mediterránea», que **se estructura** de la siguiente manera:

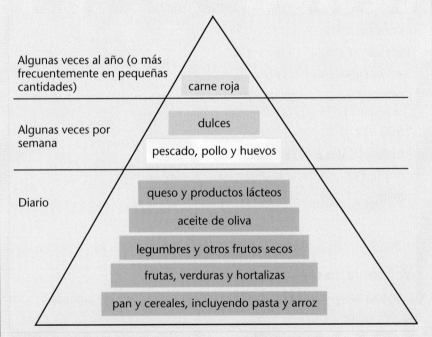

Algunas veces al año (o más frecuentemente en pequeñas cantidades) — carne roja

Algunas veces por semana — dulces / pescado, pollo y huevos

Diario — queso y productos lácteos / aceite de oliva / legumbres y otros frutos secos / frutas, verduras y hortalizas / pan y cereales, incluyendo pasta y arroz

MEDITERRANEAN DIET PYRAMID.

Además de **guiarse** por la conveniencia de **respetar** las cantidades que sugiere la «pirámide de la dieta mediterránea», hay que añadir otros factores, como la forma especial de entender la vida y también la alimentación de los habitantes de esta zona. La presentación de **platos atractivos y sabrosos**, elaborados con cuidado y **sin prisa**, es muy importante. El **sentarse** a comer rodeados de familiares y amigos en reuniones que duran horas, que **se prolongan** a través de una **sobremesa** y que pueden **terminarse** con una buena siesta, **se relajan** y **alivian** del **estrés cotidiano.**

Using the **Tema para la conversación** questions as a guide, enter the **De paseo** message board at **www.cengage.com/login** to share your comments and opinions on this interactive site.

Tema para la conversación 6-1

Se dice que los estudiantes estadounidenses aumentan de peso quince libras en su primer año de universidad por comer más y hacer menos ejercicio. En grupos pequeños conversen acerca de su dieta típica y sus hábitos saludables.

Tema para la conversación 6-2

En grupos pequeños conversen acerca de la dieta mediterránea. ¿Por qué es considerada saludable? ¿Qué otras dietas étnicas son consideradas saludables?

Tema para la conversación 6-3

La vida estudiantil puede ser estresante. En grupos pequeños, compartan sus sugerencias para aliviar el estrés relacionado con la vida estudiantil.

Guía para el lector

As you read **«La dieta mediterránea»,** use the following questions as a guide.

1. ¿Cuáles son algunos de los elementos típicos de la dieta mediterránea?
2. ¿Qué comida se debe comer en pequeñas cantidades?
3. ¿Qué otros hábitos saludables que hay que seguir?
4. ¿De dónde salió la dieta mediterránea?
5. ¿Cuándo se empezó a conocer la dieta mediterránea?
6. Según la pirámide de la dieta mediterránea, ¿cuáles son las comidas más saludables y necesarias?
7. ¿Qué tipos de actividades sociales son importantes?
8. ¿Cómo se deben terminar estas actividades sociales?

VOCABULARIO PARA LA CONVERSACIÓN

aceite de oliva *m.* olive oil

acostarse *v. prnl.* to go to bed

alimentarse *v. prnl.* to feed oneself

aliviar *v. tr.* to relieve, soothe, alleviate

añadir *v. tr.* to add

bienestar del cuerpo y del espíritu *m.* well-being of body and spirit

calidad de vida *f.* quality of life

caracterizarse *v. prnl.* to be characterized

carne roja *f.* red meat

consumido/consumida consumed

dar paseos *v. tr.* to go for walks/strolls

dieta mediterránea Mediterranean diet

diseñar *v. tr.* to design, plan

disfrutar *v. tr.* to enjoy something, have fun

echar una siesta *v. tr.* to take a nap

ensalada salad

espíritu *m.* spirit

estrés cotidiano *m.* daily stress

estructurar *v. tr.* to organize, structure

fruta fruit

fruto seco nuts and dried fruit

fuente de grasa *f.* source of fat

guiar *v. tr.* to guide

hábito saludable healthy habit

huevo egg

legumbre *f.* vegetable, legume

levantarse *v. prnl.* to get up, stand up

pan *m.* bread

participar en tertulias *v. tr.* to take part in social gatherings to discuss philosophy, politics, art, etc.

pescado fish

platos atractivos y sabrosos attractive and delicious dishes/meals

pollo chicken

poseer *v. tr.* to own, have, hold

preocuparse *v. prnl.* to worry

producto lácteo milk product

prolongar *v. tr.* to go on, carry on

receta recipe

relajarse *v. prnl.* to relax

respetar to respect

saludable healthy

sentarse *v. prnl.* to sit

sin prisa not in a hurry

sobremesa after-lunch/after-dinner conversation

terminar *v. tr.* to run out

tomar conciencia *v. tr.* to realize

verduras vegetables, greens

vino wine

Vocabulario en acción

6-1 ¿Y tu vida? Basándose en la información de «**La dieta mediterránea**», en grupos pequeños…

- decidan qué elementos de la pirámide de la dieta mediterránea incluyen ustedes en su dieta.
- conversen sobre qué otros factores hay en sus vidas que contribuyen al bienestar del cuerpo.
- indiquen otras comidas o costumbres que se deben incluir para llevar una vida más sana.

6-2 ¿Cómo se dice...? En las lecturas, vas a encontrar palabras que varían de país en país. Busca variaciones del vocabulario de la lista siguiente en tu diccionario. Escribe también las regiones o los países donde se emplean las palabras, si esta información está incluida en tu diccionario.

Ejemplo: ice cream cone

En la América Latina se dice cucurucho de helado. En España se dice barquillo. En Colombia es cono y, en Venezuela, barquilla.

1. yogurt
2. candy
3. fast food
4. low-fat
5. cake

6. cookies
7. shrimp
8. hot dog
9. steak
10. corn on the cob

6-3 Dime cómo comes Los hábitos alimenticios de cada persona dicen mucho sobre ella. Descubre cuál es tu actitud ante la comida y aprende de paso a mejorar tus costumbres al respecto. En parejas, contesten el cuestionario y decidan quién tiene los mejores hábitos alimenticios.

1. Cuando estás aburrido/aburrida en casa viendo la televisión, ¿qué haces?
   a. Me entretengo comiendo chocolate, frutos secos o algo parecido.
   b. Como la hora de la cena está lejos, espero a que llegue el «momento crítico» y me como una manzana.
   c. Trato de contenerme porque sé que comer entre horas es fatal para la dieta.
2. Después de una comida abundante...
   a. no pasa nada porque mañana me pongo a dieta.
   b. sufro porque estoy pensando en la cantidad de calorías que contiene cada bocado.
   c. no suelo cometer excesos y, si los cometo, esa misma noche decido cenar algo de fruta.
3. Vas a un restaurante y tus acompañantes piden aperitivo, dos platos y postre. ¿Haces lo mismo?
   a. Si el restaurante es bueno, creo que el no hacerlo sería un crimen.
   b. Sí, siempre pido postre después de comer.
   c. No, nunca lo hago.
4. ¿Qué haces después de enfadarte con alguien o recibir malas noticias?
   a. Voy directamente al refrigerador y empiezo a comer (mejor si es algo con chocolate).
   b. Salgo a la calle para dar un paseo.
   c. Para consolarme tomo uno de los alimentos prohibidos en mi dieta.
5. ¿Qué te gusta tomar de postre?
   a. Fruta.
   b. Café con sacarina.
   c. Café con leche y tarta de chocolate.
6. Generalmente, ¿de qué se compone tu menú?
   a. Legumbres, carne o pescado y yogur.
   b. Lo que haya en casa.
   c. Pasta, carne o pescado, ensalada y fruta.

6-4 Unos cambios Ahora, conversen en grupos pequeños sobre cómo pueden incorporar algunos elementos de la dieta mediterránea en su estilo de vida para modificar la manera de comer y vivir.

¡Adelante!

You should now complete the **Primera etapa** of the *Diario de actividades,* pages 114–116.

FUNCIÓN 6-1: **Cómo hablar de verdades**

Un café al aire libre. ¿A qué cafés vas tú?

《 *Aquí tienen algunos refranes tradicionales…*
Beber *y* **comer** *son cosas que hay que* **hacer.**
Comer *para* **vivir** *y no* **vivir** *para* **comer.**
Vivir *para* **ver** *y* **ver** *para* **saber.** 》

MIGUEL ESQUIROL-RÍOS, LA PAZ, BOLIVIA

¡Alto!

Review **Estructura 6-1** in the **Repaso de gramática** on pages 176–179 at the end of this chapter and complete the accompanying exercises.

ORIENTACIÓN: In this section, you will work on three language functions in contexts that relate to the chapter theme and to the **Perspectiva gramatical** at the end of the chapter. Each **Función** is followed by pair and small-group activities.

6-5 Refranes Muchos refranes en español suelen contener ejemplos del infinitivo como sustantivo. En parejas, lean en voz alta los siguientes fragmentos de la columna A y busquen sus conclusiones de la columna B. Después, conversen sobre el significado de cada uno.

Ejemplo: **Errar es humano,** *perdonar es divino.*

Estudiante 1: *Este refrán significa que todos erramos.*
Estudiante 2: *Significa también que no debemos juzgar a otros.*

A	B
1. Hablar poco y mal…	y al vino, vino.
2. Tener amigos es bueno…	es mucho hablar.
3. Acostarse temprano y levantarse temprano…	aunque sea en el infierno.
	hace al hombre activo, rico y sano.
4. Una cosa es decir…	no es mentir.
5. Comer hasta enfermar…	no es de hombre prudente.
6. Ir contra la corriente…	y otra es hacer.
7. Llamar al pan, pan…	y ayunar hasta sanar.
8. El fingir…	

6-6 Prevención de enfermedades La salud oral es parte integral de la salud general. En parejas, entrevístense sobre la salud oral, según las indicaciones.

Ejemplo: cepillarse / dentífrico con flúor

Estudiante 1: *¿Te cepillas los dientes con dentífrico con flúor?*
Estudiante 2: *Sí. Cepillarse los dientes con dentífrico con flúor previene las caries.*

1. usar / hilo dental
2. fumar / tabaco
3. visitar / dentista / dos veces al año
4. beber / agua tratada con flúor

5. obtener / ayuda profesional
6. promover / bienestar de las personas
7. tener / seguro dental
8. sufrir / depresiones y estrés crónico

6-7 ¿Qué comes? Comer es una parte importante de la rutina personal. En grupos pequeños, intercambien información con respecto a sus comidas. Usen los siguientes verbos auxiliares: **acabar de, desear, gustar, intentar, ir a, pensar, preferir, querer, soler, tender a, tener que.**

Comidas: el desayuno, el almuerzo, la comida, la merienda, la cena

Ejemplo: soler

Estudiante 1: *¿Qué sueles comer para el desayuno?*
Estudiante 2: *Suelo comer cereal y tomar jugo de naranja.*

6-8 En la tienda de comidas dietéticas Muchas personas prefieren comprar en tiendas de comidas dietéticas. En parejas, conversen sobre los productos que compran en ese tipo de tienda, según el ejemplo.

Ejemplo: Estudiante 1: *¿Qué buscas en la tienda de comida dietética?*
Estudiante 2: *Busco verduras orgánicas para comer. ¿Y tú?*

1. ¿Qué buscas?
2. ¿Qué necesitas?
3. ¿Qué pides?
4. ¿Qué quieres?
5. ¿Qué compras?

¡Adelante!

Now that you have completed your in-class work on **Función 6-1,** you should complete **Audio 6-1** in the **Segunda etapa** of the *Diario de actividades,* pages 117–121.

FUNCIÓN 6-2: **Cómo hablar de la rutina**

Un cafecito y el periódico. Y tú, ¿cómo te relajas?

« *Los días que tengo clases* **me levanto** *a las seis de la mañana,* **me baño, me visto** *y salgo para la universidad. Después de las clases vuelvo a casa, ceno, estudio y* **me acuesto** *a las once de la noche. Los sábados y los domingos* **me gusta relajarme** *por la mañana tomando un café y leyendo el periódico.* »

MARISA VARGAS, LIMA, PERÚ

¡Alto!

Review **Estructura 6-2** in the **Repaso de gramática** on pages 179–181 at the end of this chapter and complete the accompanying exercises.

6-9 ¿Qué tenemos en común? ¿Cómo se comparan las rutinas de los estudiantes? En grupos pequeños, entrevístense sobre su rutina, según las indicaciones.

Ejemplo: hora de levantarse

Estudiante 1: *¿A qué hora te levantas?*
Estudiante 2: *Me levanto a las seis. ¿Y tú?*
Estudiante 1: *Me levanto a las ocho.*

1. hora de despertarse
2. actividades regulares (asistir a clases, trabajar, comer, etcétera)
3. aseo personal (afeitarse, bañarse, cepillarse los dientes, lavarse las manos, peinarse, etcétera)
4. diversión (hacer ejercicio, escuchar música, ver televisión, etcétera)
5. hora de acostarse
6. echarse una siesta

6-10 Te echo de menos Todos tenemos amistades a distancia. En parejas, conversen sobre los siguientes temas.

Ejemplo: escribirse cartas

Estudiante 1: *¿Se escriben cartas?*
Estudiante 2: *Sí. Mi amiga y yo nos escribimos cartas.*

1. animarse mucho
2. llamarse por teléfono
3. enviarse mensajes por correo electrónico
4. verse con frecuencia en *Facebook* o *MySpace*
5. defenderse siempre
6. conocerse hace mucho tiempo (pretérito)
7. escribirse periódicamente

¡Adelante!

Now that you have completed your in-class work on **Función 6-2,** you should complete **Audio 6-2** in the **Segunda etapa** of the *Diario de actividades*, pages 121–124.

6-11 ¿Qué te pasa, calabaza? En grupos pequeños, entrevístense sobre sucesos inesperados, según las siguientes indicaciones. Alternen las formas singulares con las plurales.

Ejemplo: romperse (singular)

Estudiante 1: *¿Se te rompió algo recientemente?*
Estudiante 2: *Sí, se me rompió un plato.*

1. apagarse
2. arrugarse
3. caerse
4. cerrarse
5. doblarse
6. ensuciarse
7. irse
8. ocurrirse
9. olvidarse
10. pararse
11. pasarse
12. quedarse
13. quemarse
14. quitarse
15. romperse (plural)

FUNCIÓN 6-3: Cómo hablar del futuro

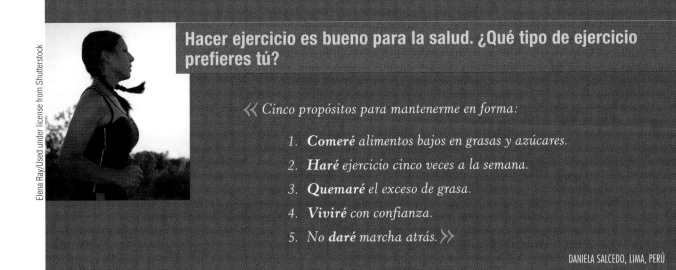

Hacer ejercicio es bueno para la salud. ¿Qué tipo de ejercicio prefieres tú?

≪ *Cinco propósitos para mantenerme en forma:*

1. **Comeré** *alimentos bajos en grasas y azúcares.*
2. **Haré** *ejercicio cinco veces a la semana.*
3. **Quemaré** *el exceso de grasa.*
4. **Viviré** *con confianza.*
5. *No* **daré** *marcha atrás.* ≫

DANIELA SALCEDO, LIMA, PERÚ

6-12 Hoy y mañana ¿Cuáles son sus planes para el año que viene? En parejas, conversen sobre las actividades que harán en el futuro.

Ejemplo: tomar cursos

Estudiante 1: *¿Qué cursos tomarás el próximo año?*
Estudiante 2: *Tomaré cursos de física y español.*

1. cursar estudios
2. comprar
3. hacer planes
4. querer hacer
5. ir
6. divertirse

6-13 Cambios en el futuro En grupos pequeños, predigan cómo cambiarán en el futuro las siguientes costumbres actuales.

Ejemplo: viajar diariamente en auto

Viajaremos diariamente en avioneta.

1. asistir a clases en persona
2. leer libros impresos
3. ver la televisión
4. comer en restaurantes de comida rápida
5. hacer ejercicio en el gimnasio
6. comunicarse por teléfono
7. vivir en casas de madera, ladrillos o bloques
8. ir al consultorio del médico/dentista

¡Alto!
Review **Estructura 6-3** in the **Repaso de gramática** on pages 181–184 at the end of this chapter and complete the accompanying exercises.

6-14 ¿Dónde estará ahora? En grupos pequeños, indiquen la probabilidad de las actividades de las siguientes personas.

Ejemplo: el cirujano / la cirujana general

Estudiante 1: *¿Qué hará el cirujano general ahora?*
Estudiante 2: *El cirujano general dará un discurso ante una asociación de médicos.*

1. el presidente / la presidenta de Estados Unidos
2. el presidente / la presidenta de la universidad
3. el director / la directora del centro de salud de su universidad
4. el director / la directora de un instituto de salud
5. el médico / la médica
6. el/la dentista
7. los enfermeros / las enfermeras de las escuelas
8. el mejor amigo / la mejor amiga

¡Adelante!

Now that you have completed your in-class work on **Función 6-3**, you should complete **Audio 6-3** in the **Segunda etapa** of the *Diario de Actividades*, pages 124–128.

6-15 A los sesenta y cuatro años ¿Qué harán para mantener la salud en la «tercera edad»? En grupos pequeños, comenten los siguientes temas.

Ejemplo: la salud oral

Estudiante 1: *Usaré hilo dental todos los días.*
Estudiante 2: *Tendré un examen físico dos veces al año.*

1. los males del corazón
2. la flexibilidad y la energía
3. la demencia
4. el apetito y la digestión
5. la soledad y la depresión

LECTURA CULTURAL: «Cómo reducir el estrés»

Cada vez hay más evidencia científica de que el aislamiento y la represión de los sentimientos —entre las causas fundamentales del estrés— influyen en las enfermedades del corazón, mientras que la intimidad y el apoyo social pueden ser saludables. Esta intimidad no sólo incluye las relaciones con los demás, sino también un mejor conocimiento de uno mismo. Es difícil dedicarse tiempo a uno mismo, sobre todo cuando se trabaja con metas que deben cumplirse en tiempo y forma, cuando las tareas se acumulan y la lista de los asuntos pendientes sigue creciendo. En esta etapa vas a aprender a reducir el estrés, neutralizar las tensiones y encontrar alivio de una vida agitada en actividades sencillas, como una conversación con un buen amigo, un paseo por el parque o un estiramiento de todo el cuerpo.

BelleMedia/Used under license from Shutterstock

LA VIDA ESTUDIANTIL PUEDE RESULTAR EN EL ESTRÉS. ¿CUÁL ES EL FACTOR MÁS ESTRESANTE PARA TI?

SUGERENCIAS PARA LA LECTURA

CÓMO RECONOCER LA FUNCIÓN DE UN TEXTO Determining the function of the text or why it was written will help you interpret the author's message. Some of the more common functions are to analyze, to advise, to announce, to critique, to review, to describe, or to report factual information. You have already read a wide selection of articles that comment upon the opinions of a famous singer, describe a Mayan legend, and offer advice on different types of employment. As you read the articles in this chapter, practice defining the function or purpose of the text. One of the best indicators of a text's function is the title.

For example, in the article **«¡Desafía la altura!»** you probably expected to find comments about overcoming a fear of heights or about a sport involving high altitudes, perhaps sky diving. As you read the sections in this chapter, confirm your hypothesis by checking the author's vocabulary, style, and tone.

ORIENTACIÓN: The **Lectura cultural** section presents newspaper and magazine articles, selected from a variety of sources, that expand upon the chapter theme. **Antes de leer** helps you prepare to read. Activities in the **A leer** section assess your comprehension. In the **Después de leer** section, you will discuss topics related to the **Lectura cultural** with your classmates.

ORIENTACIÓN: In **Sugerencias para la lectura,** you will learn reading strategies and do activities to prepare for the reading.

Antes de leer

6-16 Causas del estrés En parejas, estudien la siguiente tabla y decidan si están de acuerdo o no con las causas del estrés y el orden en que están presentadas. ¿Cuáles creen que se deben quitar de la lista? ¿Cuáles creen que se deben incluir?

Muerte del esposo/de la esposa	100	Pareja que deja de trabajar	26
Divorcio	73	Empezar o terminar la	26
Separación	65	universidad	
Muerte de un miembro	63	Cambios en la forma de vivir	25
de la familia		Problemas con el jefe/la jefa	23
Enfermedad grave	53	Cambios en el horario de	20
Matrimonio	50	trabajo	
Despedida de un trabajo	47	Cambio de residencia	20
Jubilación	45	Cambio de universidad/	20
Embarazo	40	facultad	
Nuevo trabajo	39	Cambio de pasatiempos	19
Dificultades financieras	36	Cambio en actividades sociales	19
Préstamo de más de $1.000,00	31	Cambio en las horas de dormir	16
Cambios en las	30	Reuniones familiares	15
responsabilidades laborales		Cambio en las comidas	15
Hijo o hija que sa va de casa	29	Vacaciones	13
Problemas con los suegros	29	Fiestas de Navidad	12
Tener éxito en el trabajo	28	Recibir una multa	11

6-17 El estrés personal Todo el mundo tiene algunas cosas que le causan estrés. ¿Cuáles son algunas de las cosas que les afectan más? En grupos pequeños, escriban una lista y después organícenla, siguiendo el modelo de la tabla anterior.

PEQUEÑO DICCIONARIO

El artículo de la revista «Prevención» nos propone un plan para reducir el estrés en nuestra vida. Antes de leer este artículo y hacer las actividades, busca las palabras en el texto y usa dos o tres para escribir oraciones originales en una hoja aparte.

acumular *v. tr.* Juntar y amontonar.
desquiciar *v. tr.* Descomponer una cosa, hacerle perder su seguridad, firmeza o control.
estar sometida/sometido *v. intr.* Recibir o soportar cierta acción.
estirón corporal *m.* Una forma de ejercicio.
meta Fin a que se dirigen las acciones o deseos de una persona.

semáforo Poste indicador con luces verde, naranja y roja que regula el tránsito en las vías públicas.
volante *m.* Rueda que sirve de control de dirección en los automóviles.

SEMÁFORO

VOLANTE

A leer

«REDUZCA SU ESTRÉS»

Nuestro plan de cinco puntos para reducir el estrés puede mejorar su salud emocional y física

Todos sabemos que el ejercicio y una dieta saludable son factores esenciales para mantener una buena salud cardíaca. En este artículo, les presentamos un método para ayudarle a controlar los aspectos emocionales que tanto contribuyen a la aparición de las enfermedades cardíacas.

El plan es fácil. Mientras mayor sea el esfuerzo que usted debe realizar para ejecutar la actividad, más puntos acumula. Se concede un punto por aquellas actividades cotidianas que contribuyen a reducir tensiones a corto plazo; por ejemplo, una cena informal con amigos o disfrutar de su programa de televisión favorito. Se logran dos puntos por realizar actividades que requieren un gran esfuerzo para incluirlas en su rutina diaria, tales como ir a un salón de masajes o caminar por un lugar donde pueda estar en contacto con la naturaleza. Las actividades dirigidas específicamente a reducir el estrés, como las prácticas de yoga o meditación, reciben tres puntos.

Su meta consiste en acumular un mínimo de cinco puntos diarios. Esto significa, por ejemplo, que usted puede lograr su «cuota de tranquilidad» diaria con un estirón corporal de diez segundos al levantarse por la mañana, otro por la tarde y el último antes de acostarse por la noche; una caminata a la hora del almuerzo (que también se toma en cuenta para su total de ejercicios diarios) que le añade dos puntos; compartir algún tiempo con su familia, su compañero/compañera o su mascota cuando regresa del trabajo aporta otro punto; y leer un capítulo de un libro interesante en la cama para el último punto.

Un punto

Comparta su tiempo con sus amistades

Lea un libro o una revista

Disfrute de su entretenimiento favorito: cocinar, pintar, hacer labores de jardinería, etcétera

Disfrute de las películas o programas de televisión

Haga tres estiramientos corporales

Haga cinco sesiones de meditación de un minuto cada una

Comparta tiempo con su familia, sus compañeros o su mascota

Tómese un descanso de cinco minutos

Escuche música

Duerma una siesta

Dos puntos

Tome un baño caliente prolongado

Hágase dar un masaje

Participe en un deporte de equipo

Siéntese en silencio durante diez minutos o más

Realice trabajos comunitarios

Camine (o haga ejercicios) durante treinta minutos

Converse con sus amistades

Tres puntos

Tome clases de yoga

Medite durante quince minutos o más

Asista a una reunión de un grupo de apoyo organizado

Escriba en un diario sus sentimientos y emociones

ORIENTACIÓN: You will notice that the selections in **Lectura** are not glossed. They are meant to provide you with strategic practice in reading authentic texts and to help you make an easier transition to more advanced-level courses in which there is very little support for comprehension. The activities in this section are designed to guide the reading process and should be done cooperatively in small groups.

Guía para el lector

As you read **«Reduzca su estrés»**, use the following questions as a guide.

1. ¿Qué dos factores son esenciales para mantener la salud cardíaca?

2. ¿Qué debemos controlar para evitar las enfermedades cardíacas?

3. ¿Cuántos puntos hay que acumular por día para conseguir la «cuota de tranquilidad»?

4. ¿Cuántos puntos ganas por hacer tres estirones corporales?

5. ¿Cuándo tienes que hacer cada estirón?

6. ¿Qué actividad da más puntos, una caminata o leer un libro?

7. De las actividades de un punto, ¿cuál es la más difícil? ¿la más fácil?

Después de leer

6-18 Mis actividades favoritas ¿Cuáles son tus actividades favoritas de las listas anteriores? Escoge cuatro actividades de cada categoría y ponlas en el orden de tu preferencia. Después piensa en dos actividades más que consideres equivalentes para incluir en cada lista.

6-19 La guerra entre conductores En parejas, conversen sobre lo que normalmente hacen cuando están en el tráfico y se encuentran con conductores que no son muy corteses o que conducen de manera muy peligrosa.

LECTURA LITERARIA: **Biografía**

North Wind Picture Archives

ÁLVAR NUÑEZ CABEZA DE VACA.

ORIENTACIÓN: In this section, you will learn basic elements of literary analysis. You may then apply these strategies and concepts after reading an article, a poem, a short story, or an essay.

Álvar Nuñez Cabeza de Vaca nació en Jerez de la Frontera, España, aproximadamente en 1490. Se dedicó a ser soldado cuando era adolescente. Por sus acciones en el ejército español fue nombrado uno de los oficiales principales de la expedición de Pánfilo de Narváez al Nuevo Mundo en 1527. Sólo cuatro personas sobrevivieron esa trágica exploración que comenzó cerca de Tampa, Florida, y terminó en Nuevo México o Arizona. Durante ocho años la mayoría de los exploradores sucumbió a las fiebres, el hambre, la exposición a las condiciones climáticas y los ataques de las tribus indígenas. Los supervivientes, Nuñez Cabeza de Vaca, Dorantes, Castillo y Esteban, fueron esclavizados por los indígenas de la región, pero se escaparon y, en última instancia, llegaron a la ciudad de México. Al volver a España, Núñez Cabeza de Vaca expuso sus experiencias en un informe al rey de España, Carlos V. **La relación** fue publicada en 1542 y es considerada una joya de la literatura colonial española.

Antes de leer

6-20 En el siglo XVI En grupos pequeños, conversen acerca de las posibles condiciones de Álvar Nuñez Cabeza de Vaca y sus compañeros después de su huida del cautiverio.

¡OJO!

It is certain that you will find several unknown words and phrases in every text. Resist the temptation to overuse your bilingual dictionary. Not only will it take a lot of time, but also you will lose your train of thought. Try to guess the meanings of unknown words from context. Remember, you do not have to know the meaning of every word. What is most important is that you understand the main ideas.

PEQUEÑO DICCIONARIO

El texto describe un encuentro entre españoles e indígenas. Antes de leer la relación y hacer las actividades, busca las palabras en el texto y usa dos o tres para escribir oraciones originales en una hoja aparte.

amparar *v. tr.* Proteger.
arder *v. intr.* Estar en combustión.
areito Canto y baile de los indios que poblaban las Grandes Antillas.
bocado Un poco de comida.
doliente *m.* Enfermo.
gavilla Conjunto pequeño de ramas, hierba, etcétera.
hoyo Concavidad u hondura formada en la tierra.
jornada Día (período que equivale a 24 horas).
leña Parte de los árboles y matas que, cortada y hecha trozos, se emplea como combustible.
lumbre *f.* Materia combustible encendida.
mata Planta de poca alzada o tamaño.
merced *f.* Perdón.
misericordia Atributo de Dios, en cuya virtud perdona los pecados y miserias de sus criaturas.

paja Órgano de las plantas que se prolonga en sentido contrario al de la raíz y sirve de sustentáculo a las hojas, flores y frutos.

PAJA

rogar *v. tr.* Pedir por gracia algo.
sanar *v. tr.* Restituir a alguien la salud que había perdido.
santiguar *v. tr.* Hacer la señal de la cruz desde la frente al pecho y desde el hombro izquierdo al derecho, invocando a la Santísima Trinidad.
Señor *m.* Dios, Jesús.
tión *f.* Tronco.
tuna Fruto del cacto nopal.
venado Ciervo.
víbora Culebra venenosa. Serpiente.

TUNA

VENADO

VÍBORA

A leer

«CAPÍTULO XXI: DE CÓMO CURAMOS AQUÍ UNOS DOLIENTES», POR ÁLVAR NÚÑEZ CABEZA DE VACA

Aquella misma noche que llegamos vinieron unos indios a Castillo, y dijéronle que estaban muy malos de la cabeza, rogándole que los curase; y después que los hubo santiguado y encomendado a Dios, en aquel punto los indios dijeron que todo el mal se les había quitado; y fueron a sus casas y trajeron muchas tunas y un pedazo de carne de venado, cosa que no sabíamos qué cosa era; y como esto entre ellos se publicó, vinieron otros muchos enfermos en aquella noche a que los sanase, y cada uno traía un pedazo de venado; y tantos eran, que no sabíamos adónde poner la carne. Dimos muchas gracias a Dios porque cada día iba creciendo su misericordia y mercedes; y después que se acabaron las curas comenzaron a bailar y hacer sus areitos y fiestas, hasta otro día que el sol salió; y duró la fiesta tres días por haber nosotros venido, y al cabo de ellos les preguntamos por la tierra adelante, y por la gente que en ella hallaríamos, y los mantenimientos que en ella había. Respondiéronnos que por toda aquella tierra había muchas tunas, mas que ya eran acabadas, y que ninguna gente había, porque todos eran idos a sus casas, con haber ya cogido las tunas; y que la tierra era muy fría y en ella había muy pocos cueros. Nosotros viendo esto, que ya el invierno y tiempo

Guía para el lector

As you read **«Capítulo XXI: De cómo curamos aquí unos dolientes»,** use the following questions as a guide:

1. ¿De qué padecían los indios?
2. ¿Cómo los curó Castillo?
3. ¿Cómo pagaron a los españoles los indígenas?
4. ¿De qué les informaron los indígenas a los españoles?
5. ¿Qué le pasó a Álvar Nuñez Cabeza de Vaca después de quedarse cinco días con los indígenas?
6. ¿Cómo se vestía Álvar Nuñez Cabeza de Vaca?
7. ¿De qué tenía miedo Álvar Nuñez Cabeza de Vaca cuando el fuego cayó en la paja?
8. Después de cinco días de estar perdido, ¿qué descubrió Álvar Nuñez Cabeza de Vaca?

frío entraba, acordamos de pasarlo con éstos. A cabo de cinco días que allí habíamos llegado se partieron a buscar otras tunas adonde había otra gente de otras naciones y lenguas. Y andadas cinco jornadas con muy grande hambre, porque en el camino no había tunas ni otra fruta ninguna, llegamos a un río, donde asentamos nuestras casas, y después de asentadas fuimos a buscar una fruta de unos árboles, que es como hieros; y como por toda esta tierra no hay caminos, yo me detuve más en buscarla; la gente se volvió, y yo quedé solo, y viniendo a buscarlos aquella noche me perdí, y plugo a Dios que hallé un árbol ardiendo, y al fuego de él pasé aquel frío aquella noche, y a la mañana yo me cargué la leña y tomé dos tizones, y volví a buscarlos, y anduve de esta manera cinco días, siempre con mi lumbre y carga de leña, porque si el fuego se me matase en parte donde no tuviese leña, como en muchas partes no la había, tuviese de qué hacer otro tizones y no me quedase sin lumbre, porque para el frío yo no tenía otro remedio, por andar desnudo como nací. Y para las noches yo tenía este remedio, que me iba a las matas del monte, que estaban cerca de los ríos, y paraba en ellas antes que el sol se pusiese, y en la tierra hacía un hoyo y en él echaba mucha leña, que se cría en muchos árboles, de que por allí hay muy gran cantidad y juntaba mucha leña de la que estaba caída y seca de los árboles, y al derredor de aquel hoyo hacía cuatro fuegos en cruz, y yo tenía cargo y cuidado de rehacer el fuego de rato en rato, y hacía unas gavillas de paja larga que por allí hay, con que me cubría en aquel hoyo, y de esta manera me amparaba del frío de las noches; y una de ellas el fuego cayó en la paja con que yo estaba cubierto, y estando yo durmiendo en el hoyo, comenzó a arder muy recio, y por mucha prisa que yo me di a salir, todavía saqué señal en los cabellos del peligro en que había estado. En todo este tiempo no comí bocado ni hallé cosa que pudiese comer; y como traía los pies descalzos, corrióme de ellos mucha sangre, y Dios usó conmigo de misericordia, que en todo este tiempo no ventó el norte, porque de otra manera ningún remedio había de yo vivir. Y a cabo de cinco días llegué a una ribera de un río, donde yo hallé a mis indios, que ellos y los cristianos me contaban ya por muerto, y siempre creían que alguna víbora me había mordido. Todos hubieron gran placer de verme, principalmente los cristianos, y me dijeron que hasta entonces habían caminado con mucha hambre, que ésta era la causa que no me habían buscado; y aquella noche me dieron de las tunas que tenían, y otro día partimos de allí, y fuimos donde hallamos muchas tunas, con que todos satisficieron su gran hambre, y nosotros dimos muchas gracias a nuestro Señor porque nunca nos faltaba remedio.

Después de leer

6-21 Más que explorador Además de ser explorador y escritor, Álvar Nuñez Cabeza de Vaca es considerado uno de los primeros defensores de los derechos de los indígenas del Nuevo Mundo. En grupos pequeños, analicen cómo describe Álvar Núñez Cabeza de Vaca a los indígenas en el Capítulo XXI.

6-22 La relación La relación no sólo es un relato de las aventuras de Álvar Núñez Cabeza de Vaca sino una obra de gran importancia antropológica, una ciencia que estudia los aspectos biológicos y sociales de los seres humanos. En grupos pequeños, identifiquen los elementos de importancia antropológica del Capítulo XXI.

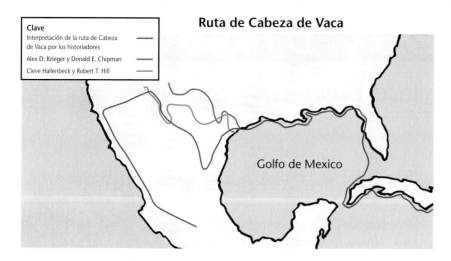

Ruta de Cabeza de Vaca

Clave
Interpretación de la ruta de Cabeza de Vaca por los historiadores
Alex D. Krieger y Donald E. Chipman
Cleve Hallenbeck y Robert T. Hill

Golfo de Mexico

MAPA DE LA RUTA DE ÁLVAR NÚÑEZ CABEZA DE VACA.

6-23 La ruta de Cabeza de Vaca Hay diferencias de opinión entre los historiadores con respecto a la ruta de Álvar Núñez Cabeza de Vaca. En grupos pequeños, estudien las tres rutas del mapa. Identifiquen los estados por los cuales pasaron los exploradores y conversen acerca del terreno de cada uno.

ANÁLISIS LITERARIO: EL ENSAYO

Términos literarios Usa los siguientes términos literarios para hablar sobre el ensayo.

El **ensayo** es un tipo de prosa en que el autor brevemente analiza, interpreta o evalúa un tema. Esta forma literaria comenzó con el escritor francés Michel de Montaigne en el siglo XVI, pero aparece abundantemente en la literatura contemporánea. El ensayo difiere del cuento en que es una forma literaria no novelesca. El ensayo se basa en sucesos reales y es de carácter **universal,** aunque puede adoptar una perspectiva **subjetiva.** Con frecuencia, el ensayo trata de un **tema cultural** y este tema es más evidente que en otras formas literarias. El ensayo tiene varios propósitos, entre ellos:

- revolucionar con ideas.
- interrogar al mundo.
- exponer algún sistema de pensamiento o de ideas.
- interpretar.
- persuadir.

6-24 El ensayo En grupos pequeños, determinen los elementos de «**Capítulo XXI: De cómo curamos aquí unos dolientes**» que corresponden a los propósitos típicos de los ensayos.

6-25 Temas del ensayo El ensayo es una de las formas literarias hispanas más populares y uno de los temas más destacados es la identidad de uno mismo, de su origen y de su cultura. En grupos pequeños, conversen acerca de cómo se relaciona «**Capítulo XXI: De cómo curamos aquí unos dolientes**» con el tema de la identidad.

¡Adelante!

Now that you have completed your in-class work on the **Tercera etapa,** you should complete the **Redacción** in the **Tercera etapa** of the *Diario de actividades,* pages 129–136.

VÍDEO: **La Ciclovía**

🎧 You can access the *De paseo* video at **www.cengage.com/login**.

El Instituto de Tránsito y Transporte de Bogotá, Colombia inauguró la Ciclovía en 1974. Hoy en día las principales vías de la ciudad, más de 120 kilómetros, donde usualmente circulan autos, se convierten en un espacio de recreación y deporte todos los domingos y días festivos del año. En este vídeo, María Teresa nos va a explicar un poco sobre la Ciclovía y su importancia para los ciudadanos de Bogotá, Colombia.

resonants/istockphoto.com

LA CICLOVÍA, BOGOTÁ, COLOMBIA. ¿TE MONTAS EN BICICLETA FRECUENTEMENTE?

Antes de ver

6-26 En bicicleta ¿Te gusta montar en bicicleta? ¿Hay vías dedicadas a bicicletas en tu ciudad? En parejas, conversen sobre algunas rutas que conoces. Menciona la ruta, su distancia y por qué son o no son agradables para pasear.

6-27 En un mundo ideal Si fueras una persona encargada de diseñar las rutas para las bicicletas y los peatones, ¿qué incluirías? En grupos pequeños, escriban una lista de los servicios que crees que una buena ruta debe ofrecer a los usuarios. Después, compartan su lista con los demás miembros de la clase.

PEQUEÑO DICCIONARIO

Este vídeo describe un programa municipal muy importante en Bogotá, Colombia. Estudia las siguientes palabras para comprender mejor el vídeo. Busca las palabras en el vídeo y usa dos o tres para escribir oraciones originales en una hoja aparte.

alcaldía Oficio o cargo de la persona que preside un ayuntamiento o corporación que administra el municipio.

ambulante Que va de un lugar a otro, que no está fijo.

campal *m.* Un campo abierto.

enriquecer *v. tr.* Hacer rico.

fijo/fija *adj.* Invariable, que no cambia.

gaseosita Forma diminutiva de *gaseosa*. Bebida refrescante, efervescente, de sabor dulce y sin alcohol.

gratuito/gratuita *adj.* Que no cuesta dinero, que se consigue sin pagar.

monopatín *m.* Patín formado por una tabla provista de ruedas en su parte inferior para desplazarse.

MONOPATÍN

parada Lugar o sitio donde se interrumpe un movimiento o acción.

patín *m.* Plancha que se adapta a la suela del calzado o que va incorporada a una bota, provista de una especie de cuchilla o de ruedas, según sirva para ir sobre el hielo o sobre un pavimento duro, liso y muy llano.

PATÍN

realizar *v. tr.* Efectuar, hacer algo real y efectivo.

sudar *tr.* Humedecer en líquido claro y transparente que segregan las glándulas de la piel.

tarima Entablado o plataforma colocado a poca altura del suelo.

vía Camino por donde se transita.

A ver

6-28 Guía para la comprensión del vídeo Antes de ver los dos segmentos del vídeo, estudia las siguientes preguntas. Mientras ves los segmentos, busca las respuestas adecuadas.

Segment 1:

1. ¿Cuándo se puede usar la Ciclovía?
2. ¿Quiénes la utilizan? ¿Qué servicios ofrecen para los animales?
3. ¿Qué puedes comprar mientras paseas por la ruta?
4. ¿Cuáles son algunos de los servicios que ofrecen los médicos ambulantes?
5. ¿Qué hay en los parques?
6. ¿Cuánto se paga?
7. ¿Qué piensa María Teresa sobre estas actividades?

Segment 2:

8. ¿Cuándo hubo un cambio importante en la Ciclovía?
9. ¿Cuál fue el primer grupo organizador de la Ciclovía?
10. ¿Quién tomó cargo después?
11. ¿De qué está encargado este grupo?
12. ¿Qué fue una de las primeras cosas que hicieron?
13. ¿Qué hicieron con los vendedores ambulantes?
14. ¿Qué hay en los parques Simón Bolívar y Olaya Herrera?
15. ¿Qué dice María Teresa acerca de los alcaldes de Bogotá?
16. ¿Cuántas personas usan la Ciclovía?
17. ¿Cómo describe a la gente de Colombia?

6-29 Puntos de encuentro El Ciclovia ofrece unos puntos de encuentro; paradas donde uno llega y habla con otras personas. También ofrecen otros servicios. Escucha la narración y apunta los otros servicios que ofrecen.

Después de ver

6-30 Normas de comportamiento. ¿Al hacer uso de la Ciclovía, los ciclistas deben conocer y respetar algunas normas de conducta. En parejas, escriban una lista de mandatos formales para los usuarios. Después, compara tu lista con las sugerencias que aparecen en Internet: «Información general de las CicloRutas de Bogotá».

6-31 ¿Qué es un corredor de Ciclovía? Son carriles y calzadas utilizadas para el tráfico vehicular de ciclistas, patinadores y peatones, de lunes a sábado y habilitadas los domingos y días festivos. Pero hay muchas otras actividades para la gente en Botogá. Busca más información en Internet bajo el término «corredor de Ciclovía».

Enter the *De paseo* message board at www.cengage.com/login **to** share your comments and opinions on this interactive site.

To access flash-based grammar tutorials on the topics covered in this chapter, visit www.cengage.com/login.

PERSPECTIVA LINGÜÍSTICA

Uses of *se*

Is **se** a confusing word for you in Spanish? **Se** or another object form (**me, te, nos, os**) either precedes or is attached to a verb in Spanish. When you are in doubt about a specific use of **se,** there are several quick and easy tests that you can perform in order to determine the best English equivalent. Study the following information about **se** when it refers to the subject of a sentence.

- Does the subject refer to two human beings?
  Then it's likely that the **se** conveys the idea of *each other.*

  Rosita y Ricardo **se** conocieron en Tulum.
  Rosita and Ricardo met each other at Tulum.

- Is the subject a single person?
  Then the **se** could have the general meaning of *-self.*

  Jesús **se** miró en las aguas transparentes del lago.
  Jesus looked at himself in the clear waters of the lake.

- Does the subject refer to people in general instead of to a particular person or persons?
  Then **se** conveys an impersonal subject such as *one* or *they.*

  Se puede tomar el *ferry* en Puerto Peñasco.
  One can take (They can take) the ferry in Puerto Peñasco.

Study the following items about **se** when it refers to the verb of a sentence.

- Does the verb refer to an emotional reaction?
  Then the best English equivalent for **se** is *get.*

  Los niños **se** aburren en los museos.
  Children get bored in museums.

- Can you add a word like *up, down,* or *get* to the verb?
  Then **se** is probably an *intensifier* of the verb.

  Mela siempre **se** come todos los bombones.
  Mela always eats up all the candy.

- Is **se** used with a transitive verb and a nonhuman subject?
  Then **se** conveys a *passive voice.*

  Las calculadoras **se** vendían a diez dólares.
  Calculators are sold for ten dollars.

PERSPECTIVA GRAMATICAL

Estructura 6-1: Infinitives

Spanish infinitives end in **-ar, -er, -ir,** and, in a few cases, **-ír.** The infinitive may act as a *verb* (without person or number) or as a *noun* (always masculine singular). In this section, you will learn some of the specific uses for the infinitive. Study the following sections.

¡Alto!

These activities will prepare you to complete the in-class communicative activities for the **Función 6-1** on pages 162–163 of this chapter.

Uses of the infinitive as a verb

- Governed by a conjugated verb (only if the subject of the main verb and the action of the infinitive refer to the *same* person or thing). Some of the more common verbs that govern the infinitive include **acabar de, aprender a, desear, enseñar a, esperar, gustar, ir a, poder, querer, saber,** and **tener que.**
  Queremos **comprar** una máquina de fax.

- After **oír** or **ver** to indicate a completed action.
  Te vi **entrar.**

- After many subordinators (only if the subject of the main verb and the action of the infinitive refer to the *same* person or thing). Some of the more common subordinators include **a pesar de, al, antes de, con tal de, después de, en caso de, hasta, para,** and **sin.**
  Entramos sin **verte.**

- As an abbreviated imperative in instructions, for example, on a test.
  Llenar los espacios.

- After **que,** in certain expressions. After **buscar, necesitar, pedir,** and **querer, para** is used rather than **que.**
  Tenemos mucho que **hacer** mañana.
  Necesitan algo para **comer.**

Uses of the infinitive as a noun

- Always masculine singular. The English equivalent for the infinitive used as a subject is generally, but not always, the *-ing* form.
  Usar la computadora hace más fácil el trabajo.
  Perdonar es divino.

- Qualified by an adjective or noun phrase, it is preceded by **el** or **un.**
  El pasar de los autos...
  En un abrir y **cerrar** de ojos *(In a heartbeat)*...

6-32 ¿Qué conjugación es? Completa cada uno de los siguientes infinitivos con la terminación adecuada.

Ejemplo: com-
   comer

1. absten-	6. fractur-	11. manten-	16. recuper-
2. coc-	7. fum-	12. mord-	17. sufr-
3. cuid-	8. golpe-	13. obstru-	18. torc-
4. esteriliz-	9. infect-	14. part-	19. tos-
5. exist-	10. llor-	15. quem-	20. vacun-

6-33 Dichos sobre la salud Completa cada uno de los siguientes dichos con el infinitivo adecuado, según las indicaciones.

Ejemplo: _____ ligero al atardecer. *(eating dinner)*
   Es bueno cenar ligero al atardecer.

Es malo...
1. _____ cigarros, puros y pipas. *(smoking)*
2. _____ con un estómago repleto y pesado. *(going to bed)*
3. demasiado azúcar de mesa, sal, harinas refinadas, arroz refinado, grasas animales, aceites vegetales hidrogenados o parcialmente hidrogenados, alcohol, nicotina, cafeína y todos los alimentos procesados o fritos. *(consuming)*

Es bueno...

4. _____ la serenidad y _____ el estrés. *(promoting/ preventing)*

5. _____ profunda y pausadamente. *(breathing)*

6. _____ frutas y _____ jugos de frutas frescas desde la mañana hasta el mediodía. *(eating/drinking)*

6-34 La aromaterapia ¿Qué es la aromaterapia? Empareja elementos de las columnas A y B para formar oraciones completas.

A	**B**
____ 1. Desde la antigüedad se han usado diferentes esencias para...	**a.** agradar a los dioses y a las divinidades.
____ 2. El fin de la aromaterapia es...	**b.** alejar influencias negativas y despertar estados de conciencia.
____ 3. Hoy en día se usan las esencias para...	**c.** sacar aceites esenciales.
____ 4. Se cree que los beneficios de la aromaterapia incluyen...	**d.** inhalar indirectamente de un vaporizador o un difusor.
____ 5. Se usan las esencias odoríferas de vegetales para...	**e.** la reducción del estrés, el establecimiento del equilibrio y la estimulación de la mente.
____ 6. Uno de los métodos de aplicación de la aromaterapia es...	**f.** curar diversas enfermedades.

6-35 La vida sana Completa el siguiente párrafo, usando los infinitivos de la siguiente lista:

actuar   buscar   cambiar   conseguir   decidir   poder   quedarse   tomar

El ser humano ha evolucionado durante miles de años lentamente hasta _____ ser un organismo muy evolucionado. Podemos ver, sentir, oler, movernos, oír y pensar. Tenemos, ante todo, un sistema nervioso muy evolucionado que nos da una maravillosa capacidad de análisis para _____ pensar y luego _____. Eso, por supuesto, tiene sus ventajas y desventajas. Las ventajas son que en cualquier momento de nuestras vidas podemos _____ decisiones importantísimas para nosotros y para los demás. Podemos _____ incluso modificar nuestra dieta, para bien y para mal. Podemos angustiarnos por determinadas situaciones o _____ soluciones. Podemos _____ siempre anclados en los mismos hábitos o mejorarlos. Vivir en una zona o intentar _____ a otra.

6-36 El ejercicio físico Completa cada una de las siguientes sugerencias para el ejercicio físico con un infinitivo adecuado elegido de la lista.

causar   crear   evitar   hacer   mantener   recibir   ser   tomar

Ejemplo: El ejercicio físico es una manera excelente para _____ las calorías.

quemar

1. Se recomienda _____ el pulso después del ejercicio.

2. Para _____ la sobrecarga de los músculos, varía los movimientos y toma descansos.

3. Las personas mayores de 65 años deben _____ una revisión médica antes de comenzar un programa de ejercicio.

4. Los antiguos griegos consideraban la gimnasia un método de _____ la armonía y la belleza del cuerpo.

5. Es importante _____ la constancia con respecto al ejercicio físico.

6. El verano es la época del año más proclive para _____ ejercicio físico.
7. El ejercicio no debe _____ agotador. Recuerda que no todo el ejercicio es beneficioso.
8. El ejercicio demasiado intenso puede _____ calambres y molestias musculares.

6-37 Aprender los primeros auxilios Escribe los equivalentes en español de los siguientes primeros auxilios.

CLÍNICA GONZÁLEZ OFRECE CLASES DE PRIMEROS AUXILIOS

Aprenda cómo

1. _____ respiración boca a boca (*give*)
2. _____ mordeduras de animales (*bandage*)
3. _____ fracturas (*stabilize*)
4. _____ hemorragias nasales (*stop*)
5. _____ plantas venenosas (*recognize*)
6. _____ picaduras de insectos (*alleviate*)
7. _____ sobredosis de drogas (*avoid*)
8. _____ *shocks* eléctricos (*treat*)

Estructura 6-2: Reflexive verbs

Reflexive pronouns (**me, te, se, nos, os, se**) are always the same person and number as the subject of the verb that they accompany. Verbs that are used with reflexive pronouns are called *pronominal* verbs. Some pronominal verbs are reflexive in meaning; the subject performs some action on or for himself/herself. Other pronominal verbs have different meanings. The following examples show the various types of pronominal verbs and their meanings. Note the use of the pronoun in each case. When a sentence has an auxiliary verb (like **ir a...** or **tener que...**), the pronoun may either precede the auxiliary or be attached to the infinitive, as, for example:

Me voy a lavar el cabello esta noche.
Tenemos que ver**nos** mañana.

Meanings of pronominal verbs

- Reflexive
  Me lavo las manos antes de comer.

- Reciprocal (plural verbs only)
  Marta y yo **nos llamamos** todos los días.

- Accidental or unplanned actions
  ¿**Se te cayeron** los libros?
  Se me olvidó el anillo.

- Point of departure
  Nos fuimos de la fiesta.

- Make a transitive verb intransitive (action just "happens" without an agent)
  La puerta **se abrió.**

- Impersonal construction
  Se come bien en casa de mi abuela.

- Intensify verb
  Te bebiste la botella de vino entera.

¡Alto!

These activities will prepare you to complete the in-class communicative activities for the **Función 6-2** on pages 163–164 of this chapter.

6-38 La salud Escribe el pronombre reflexivo que corresponde a cada uno de los siguientes verbos.

> **Ejemplo:** El dolor *se* agudiza.

1. Los dolores _____ alivian con analgésicos.
2. _____ aseguramos de que el dentista aceptelos seguros.
3. _____ cuido bien porque no quiero enfermarme.
4. ¿Es verdad que _____ curas de los resfriados sin medicamentos?
5. ¿_____ hacéis miembros de ese gimnasio?
6. En un crucero al Caribe _____ mareamos mucho.
7. Los pacientes _____ ponen las compresas de aceites esenciales.
8. A veces, uno _____ enferma con el cambio de clima.
9. ¿Por qué _____ quejas tanto del ejercicio?
10. ¿_____ sentís mejor después de los tratamientos?

6-39 ¿Cómo nos afectamos? Completa cada una de las siguientes oraciones con la forma adecuada del verbo que está entre paréntesis.

1. Los miembros de mi familia querían _____. *(help one other)*
2. Mis amigos españoles _____ al encontrarse. *(kissed one other)*
3. Mi mejor amiga y yo _____ todos los días. *(used to communicate with each other)*
4. Los niños _____ ayer. *(met one another for the first time)*
5. Los hermanos _____ todo. *(told one another)*
6. ¿_____ demasiado? *(criticized yourself)*
7. ¿Ustedes tenían que _____ tan temprano? *(say good-bye)*
8. Los hombres _____ con un abrazo. *(greeted each other)*
9. Nosotros siempre _____ bien. *(got along)*
10. _____ amigos el verano pasado. *(they became)*

6-40 Diario de enfermera Escribe un diario en español, dando la idea de que las cosas siguientes sucedieron accidentalmente.

> **Ejemplo:** Unintentionally we left three patients in the elevator.
>
> *Se nos quedaron tres pacientes en el ascensor.*

1. I unintentionally dropped a bottle of aspirins.
2. We ran out of elastic bandages.
3. The doctor's sterilizer broke.
4. The laboratory rats escaped from the researchers.
5. A student ran away from me upon seeing the hypodermic needle.
6. A brilliant idea occurred to me.
7. The nurse lost her protective lenses.
8. The students spilled (**derramar**) the hot water.
9. The researcher broke a beaker.
10. The patient's prescription expired.

6-41 La gripe afecta la rutina Contesta las siguientes preguntas con oraciones completas en español. Menciona tu rutina normal y tu rutina cuando tienes gripe.

> **Ejemplo:** ¿A qué hora te levantas?
>
> *Normalmente me levanto a las seis y media, pero cuando tengo gripe me levanto a las diez.*

1. ¿A qué hora te acuestas?
2. ¿Con qué frecuencia te bañas?
3. ¿Cómo te vistes?

4. ¿Te duermes temprano?
5. ¿Con qué frecuencia te afeitas?

6-42 ¿Cuándo te sientes así? Escribe oraciones completas en las que expreses tus emociones.

1. quejarse
2. enojarse
3. divertirse
4. sentirse triste
5. preocuparse
6. sentirse feliz

6-43 La familia Martínez Completa las siguientes oraciones, según las indicaciones.

Ejemplo: Raúl y yo/despertar (*each other*)

Raúl y yo nos depertamos.

1. Antonio y yo / llamar (*each other*)
2. Gabriel y Ramón / criticar (*each other*) demasiado
3. Cristina y Marta / visitar (*each other*) todos los veranos
4. Luisa, María y Ana / escribir (*each other*) muy a menudo
5. Rafael y Leticia / querer (*each other*) mucho
6. Jorge, Samuel y Manolo / ayudar (*each other*) siempre

Estructura 6-3a: Future tense of regular verbs

Uses of the future tense The future tense in Spanish is used to indicate events that will occur in the future, for example:

Estudiaremos el uso de bases de datos en la clase de computación.

In addition to this very logical use, the future may also be used to indicate probability.

—¿Quién toca a la puerta? —**Será** Pepito. Siempre se le olvidan las llaves.

Formation of the future Most verbs use the complete infinitive as the stem for the future tense. There is only one set of endings for all three verb conjugations.

FUTURE TENSE OF REGULAR VERBS			
	-ar: calcular	**-er: aprender**	**-ir: seguir**
yo	calcular**é**	aprender**é**	seguir**é**
tú	calcular**ás**	aprender**ás**	seguir**ás**
usted/él/ella	calcular**á**	aprender**á**	seguir**á**
nosotros/nosotras	calcular**emos**	aprender**emos**	seguir**emos**
vosotros/vosotras	calcular**éis**	aprender**éis**	seguir**éis**
ustedes/ellos/ellas	calcular**án**	aprender**án**	seguir**án**

¡Alto!

These activities will prepare you to complete the in-class communicative activities for **Función 6-3** on pages 165–166 of this chapter.

You may also use the present tense to talk about events that will happen in the near future, for example: **¿Compro los discos compactos mañana?**

6-44 Formas del futuro Escribe oraciones con las formas del tiempo futuro de los siguientes verbos reflexivos, según las indicaciones.

Ejemplo: yo / prepararse con cuidado

Me prepararé con cuidado.

1. yo / cepillarse los dientes
2. tú / ducharse con agua tibia
3. usted / acostarse temprano
4. ella / peinarse bien
5. nosotras / no quejarse
6. vosotros / ponerse cómodos
7. ustedes / vestirse según el clima
8. ellos / dedicarse a vivir una vida sana

6-45 Nos cuidaremos mejor Escribe los siguientes propósitos en español.

Todos los días...
1. I will eat a healthy diet.
2. You will drink eight glasses of water.
3. She will use dental floss.
4. We will take yoga classes.
5. You (pl.) will sleep more.
6. You (pl.) will go to the gym.
7. They will reduce stress.

6-46 La medicina del futuro ¿Cómo será el tratamiento médico del futuro? Cambia los verbos de las siguientes oraciones por el tiempo futuro.

Ejemplo: El diagnóstico no se **basa** sólo en la enfermedad del órgano afectado.

se basará

1. La medicina **trata** al individuo como un todo.
2. **Busca** el origen de su enfermedad en todo su cuerpo.
3. Los pacientes **presentan** síntomas por medio de un desequilibrio del cuerpo y la mente.
4. Los médicos **restablecen** la armonía de la unidad.
5. Así **desaparecen** los síntomas.
6. El objetivo de este tratamiento **es** personalizar al paciente.
7. El paciente **cuenta** con un tratamiento único.

6-47 Un mensaje electrónico Escribe las formas adecuadas del tiempo futuro de los verbos que están entre paréntesis.

Ejemplo: Yo _viajaré_ mañana. (viajar)

Querida Matilde:

¿Qué tal? ¿Cómo van tus estudios en la medicina? Creo que el puesto en la ciudad de México _____ (ser) una gran oportunidad para ti. ¿Cuándo
    1
_____ (ir) allí para la entrevista? Estoy segura de que todo _____
    2   3
(resultar) muy bien. Me preguntas lo que yo _____ (estudiar). Pues, me
    4
imagino que primero yo _____ (buscar) un trabajo bien pagado y
    5
_____ (tratar) de ahorrar dinero para hacer un viaje a Europa. Algún día
    6
mi novio Gerardo y yo _____ (casarse). Mis padres _____ (estar)
    7   8

muy contentos porque Gerardo les cae muy bien a ellos. Nosotros _____
(comprar) una casa pequeña y tú nos _____ (visitar) con frecuencia. ¿Me
_____ (llamar) inmediatamente después de la entrevista, ¿no es cierto?
¡Buena suerte!

Abrazos,
Alicia

6-48 La buena salud Escribe en español los siguientes propósitos para la buena
salud.

1. I will lose 10 pounds.
2. I will drink eight glasses of water every day.
3. I will practice yoga three times per week.
4. I will reduce the stress in my life.
5. I will eat only organic foods.
6. I will sleep seven hours every night.
7. I will buy an aquarium and goldfish.
8. I will spend more time with my family.

Estructura 6-3b: Future tense of irregular verbs

The same verbs that have irregular stems in the conditional have identical
irregular stems in the future. For example: Any compound of these verbs will
also have an irregular stem, such as **componer → compondr-**.

VERBS WITH IRREGULAR STEMS IN THE FUTURE TENSE

infinitive	stem		infinitive	stem	
caber	cabr-	-é	querer	querr-	-é
decir	dir-	-ás	saber	sabr-	-ás
haber	habr-	-á	salir	saldr-	-á
hacer	har-	-emos	tener	tendr-	-emos
poder	podr-	-éis	valer	valdr-	-éis
poner	pondr-	-án	venir	vendr-	-án

6-49 Preguntas personales Contesta las siguientes preguntas con oraciones
completas en español.

Ejemplo: ¿Qué harás en tu tiempo libre?

Saldré con mis amigos.
En cinco años...

1. ¿Qué querrás más en la vida?
2. ¿Qué clase de amistades tendrás?
3. ¿Qué habrás logrado en tu trabajo?
4. ¿Cómo podrás vivir?
5. ¿Que harás para ayudar a tus seres queridos?

6-50 Mis predicciones Escribe cinco predicciones para el año 2020.

> **Ejemplo:** mi universidad
>
> *En 2020, mi universidad ofrecerá muchos cursos virtuales.*

6-51 Si gano la lotería Completa el siguiente párrafo con las formas adecuadas de los verbos que están entre paréntesis.

Yo te _____ (decir) lo que _____ (hacer) si gano la lotería. Yo _____
⎯⎯1⎯⎯   ⎯⎯2⎯⎯   ⎯⎯3⎯⎯
(tener) tiempo para hacer las cosas que realmente me interesan. Mi esposo
y yo _____ (hacer) un viaje a Sudamérica. Después de volver, nuestros
    ⎯⎯4⎯⎯
vecinos _____ (tener) una fiesta para nosotros. Ellos _____ (querer) ver las
       ⎯⎯5⎯⎯   ⎯⎯6⎯⎯
fotos de nuestro viaje. Todos nuestros amigos _____ (venir) a la fiesta
                                              ⎯⎯7⎯⎯
y _____ (haber) mucha diversión. Nosotros _____ (poder) revivir las
 ⎯⎯8⎯⎯   ⎯⎯9⎯⎯
vacaciones y nuestros amigos _____(salir) hartos de nuestras anécdotas. ¡Ni
                            ⎯⎯10⎯⎯
modo! Nosotros _____ (poner) las fotos en un álbum y las _____ (mirar)
              ⎯⎯11⎯⎯   ⎯⎯12⎯⎯
cuando queramos.

6-52 Las uñas enterradas Completa el siguiente párrafo con las formas adecuadas de los verbos que están entre paréntesis.

Como todo el mundo, padezco de uñas enterradas de vez en cuando. Para evitar esta condición dolorosa en el futuro voy a seguir los siguientes consejos médicos:

1. Yo _____ problemas en el pie. (prevenir)
2. Yo _____ el esfuerzo de revisarme los pies frecuentemente. (hacer)
3. Yo _____ limpios y secos los pies. (mantener)
4. No me _____ calzado puntiagudo porque lastiman los pies. (poner)
5. Yo no _____ con tenis todos los días. La suela es demasiado suave para usarlos como calzado diario. (salir)
6. La uña no _____ si las orillas quedan más largas que la uña, por lo que me cortaré las uñas con cuidado. (caber)
7. Yo _____ una consulta con mi dermatólogo. (tener)
8. El esmalte también provoca las uñas enterradas. Yo _____ pintarme las uñas, pero sólo para ocasiones especiales. (poder)

CAPÍTULO 7
LOS LATINOS EN ESTADOS UNIDOS

Kim Karpeles/Alamy

UN MURAL LATINO DE CHICAGO, ILLINOIS. ¿CONOCES ALGUNOS MURALES FAMOSES?

Courtesy Donna Long & Jan Macián

Evelyn Silva

La presencia de los hispanos en Estados Unidos se nota cada día más. Podemos apreciar la riqueza de las culturas hispanas en la lengua, la arquitectura, la comida y los festivales. Además, la prensa escrita y los programas de radio y televisión que se dirigen exclusivamente a los hispanohablantes enfatizan la importancia que los hispanos tienen en el comercio y en la política. En este capítulo van a estudiar la vida diaria de los hispanos y el futuro de este grupo.

EVELYN SILVA, CIENFUEGOS, CUBA.

Guía para el lector

As you read «**Los hispanos**», use the following questions as a guide.

1. ¿Cuántas personas de origen hispano hay en Estados Unidos?

2. ¿Qué países poseen la mayor población hispana del mundo?

3. ¿A quiénes les dieron la ciudadanía estadounidense en 1848?

4. ¿Cuál fue una de las consecuencias de el Tratado de Guadalupe-Hidalgo?

5. ¿Cuándo empezaron a llegar los puertorriqueños a Estados Unidos?

6. ¿Cuál es el estado de los puertorriqueños?

7. ¿Dónde vive la mayoría de los cubanoamericanos?

8. Dentro de 500 años, ¿cuántos norteamericanos van a tener parentesco hispano?

SUGERENCIAS PARA APRENDER EL VOCABULARIO

LA PRESENCIA HISPANA EN ESTADOS UNIDOS Have you ever spent a weekend in Las Vegas or visited the zoo in San Diego? As a child, did you want to travel to Florida to visit Disney World or camp with your friends in one of the parks in Colorado? All of these places have one thing in common—Las Vegas, San Diego, Florida, and Colorado are all Spanish words. Many of these cities have maintained and preserved their cultural heritages not only in their city names but also in their street names, architecture, and ethnic neighborhoods. In this section, you will not only investigate place names but also use these words in different contexts.

LOS HISPANOS

Hoy en día, más de 45.000.000 **habitantes** de origen hispano viven en Estados Unidos. Esto hace que Estados Unidos posea la tercera población hispana más grande del mundo, después de México y Colombia. La mayoría de los hispanos de Estados Unidos no nació aquí. En los últimos cuarenta años, millones han venido de los veintiún países **hispanohablantes.** Aunque todos comparten la misma lengua y algunos **rasgos culturales,** cada grupo tiene sus propias características.

Seis de cada diez hispanos en Estados Unidos son de origen mexicano. Muchos mexicanoamericanos no tuvieron que **emigrar** porque ya vivían al norte del Río Bravo (que es como se le llama al Río Grande en los países hispanohablantes). Por eso, se les dio la **ciudadanía** estadounidense en el **Tratado** de Guadalupe-Hidalgo de 1848, **por medio del cual** México perdió la mitad de su territorio y a Estados Unidos se incorporó un tercio de lo que hoy son sus tierras. Este tratado reconoció los estados de California, Nevada, Utah, la mayoría de Nuevo México y Arizona y parte de Colorado y Wyoming como territorio **perteneciente** a Estados Unidos.

Uno de cada diez hispanos es de origen puertorriqueño. Los habitantes de esa **isla** empezaron a **inmigrar** en grandes cantidades después de la Segunda Guerra Mundial. A diferencia de todos los demás hispanos, los puertorriqueños han sido **ciudadanos nominales** de Estados Unidos desde 1917, aunque no tienen representantes en el Congreso y no votan en las elecciones a la presidencia. Hoy en día, hay casi tantos puertorriqueños en Estados Unidos como en su isla.

Uno de cada veinte hispanos en Estados Unidos es de origen cubano. A pesar de que antes de 1960 ya había muchos cubanos establecidos aquí, a partir de ese año comenzaron a llegar cientos de miles de **refugiados** que **huían de la revolución** comunista. En 1980 otra **ola** de refugiados, más de 100.000, llegó al país. Hoy en día los cubanos forman el núcleo **minoritario** más importante de Florida y hay concentraciones importantes en Nueva York, Nueva Jersey y Chicago.

La llegada de otros grupos de **inmigrantes** en los últimos años está contribuyendo a la **diversidad** de las comunidades y cambiando su **fisonomía demográfica.** Los latinos en Estados Unidos son predominantemente urbanos. Nueve de cada diez viven en ciudades, especialmente en grandes metrópolis como Nueva York, Los Ángeles, Chicago, Miami y San Antonio. Tienden a vivir juntos, en sus propios **barrios.** Nueve de cada diez de los inmigrantes hablan español en casa pero cerca del 44 por ciento de los adultos hispanos son **bilingües.** Algunos calculan que para el año 2050, las personas de **parentesco** hispano en Estados Unidos se triplicarán y constituirán el 29 por ciento de la población total.

As you read, list or underline the cognates that are related to the topic and be sure to use them as you do the activities.

Using the **Tema para la conversación** questions as a guide, enter the *De paseo* Message Board at www.cengage.com/login to share your comments and opinions on this interactive site.

Tema para la conversación 7-1
¿Pueden nombrar los veintiún países hispanohablantes? En grupos pequeños intenten crear una lista completa. ¿Dónde están estos países?

Tema para la conversación 7-2
¿Han visitado los estados pertenecientes a México antes del Tratado de Guadalupe-Hidalgo? En grupos pequeños, conversen sobre los rasgos culturales mexicanos que notaron en esos estados.

Tema para la conversación 7-3
¿Cuáles son las dificultades que enfrentan los inmigrantes? En grupos pequeños conversen sobre dos o tres.

Tema para la conversación 7-4
¿Cuáles son los grupos minoritarios en su comunidad o estado? En grupos pequeños conversen sobre sus orígenes y sus contribuciones.

Greg Kreller/Idaho Press-Tribune/AP Photo

EL CINCO DE MAYO EN DENVER, COLORADO. ¿CONOCES OTROS DÍAS FESTIVOS HISPANOS?

VOCABULARIO PARA LA CONVERSACIÓN

aportar *v tr.* to contribute

barrio neighborhood

bilingüe bilingual

ciudadanía citizenship

ciudadanos nominales nominal citizens

diversidad diversity

emigrar *v. intr.* to emigrate (move away)

fisonomía demográfica demographic features

habitante *m./f.* inhabitant

hispanohablante *m./f.* Spanish-speaking

huir de la revolución to escape from the revolution

inmigrante *m./f.* immigrant

inmigrar *v. intr.* to immigrate (move to)

isla island

minoritario/minoritaria minority

ola wave

parentesco relationship, kinship

perteneciente belonging to

por medio del cual through which

rasgo cultural cultural feature

refugiado/refugiada refugee

tratado treaty

Vocabulario en acción

7-1 La presencia hispana ¿Dónde se nota la presencia hispana en Estados Unidos? En parejas...

- decidan qué estados tienen la mayor concentración de personas de habla española según el mapa siguiente y la lectura de la página 187. Si es posible, deben identificar los países de origen de estas personas y explicar también por qué creen que decidieron vivir en estos lugares.
- usen Internet o vayan a la biblioteca para explorar algunos museos, centros culturales, barrios o festivales anuales en dos de estos estados, por ejemplo:
- el Centro Cultural de la Raza en San Diego, California.
- el Museo del Barrio en la Quinta Avenida de Nueva York.
- la Fiesta del Sol en el barrio mexicano de Pilsen, Chicago.
- el Festival de la Calle Ocho en Miami.
- el día de la Independencia Mexicana en San Antonio, Texas.

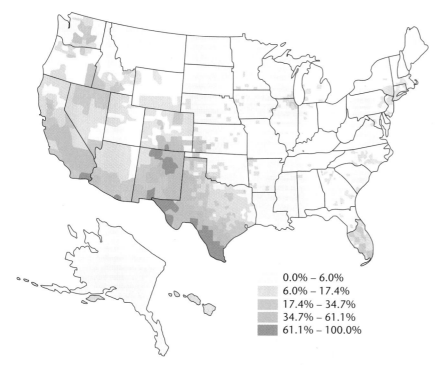

0.0% – 6.0%
6.0% – 17.4%
17.4% – 34.7%
34.7% – 61.1%
61.1% – 100.0%

7-2 ¿Qué hay en el diccionario? Empareja los siguientes estados con su significado. Usa un diccionario español-español si sea necesario. Después, utiliza cada palabra en una oración.

Ejemplo: Nevada Cantidad de nieve caída sin interrupción sobre la tierra.

Cayó una buena nevada anoche.

_____ 1. Florida
_____ 2. Montaña
_____ 3. Tejas
_____ 4. California
_____ 5. Virginia
_____ 6. Colorado
_____ 7. Carolina
      (Norte y Sur)

a. Árbol cubano de madera dura, elástica y casi incorruptible; las abejas chupan sus flores para elaborar miel
b. Gran elevación del terreno
c. Que tiene flores
d. Carrera en la que toman parte dos o más caballos
e. Que tiene color o que es de color rojo
f. Tipo de tabaco
g. Pieza de barro cocido en forma de canal, para cubrir por fuera los techos.

7-3 Las ciudades latinas ¿Han viajado a algunas de las ciudades que tienen una población hispana grande? En grupos pequeños...

- identifiquen algunos elementos «hispanos» de las siguientes ciudades.
- digan por qué se consideran hispanas estas características.

Ejemplo: San Antonio

El Álamo. Es una iglesia de adobe de la época colonial.

1. Las Vegas
2. Los Ángeles
3. San Agustín
4. San Francisco
5. Santa Fe
6. El Paso
7. otras ciudades

¡Adelante!

You should now complete the **Primera etapa** of the *Diario de actividades,* pages 138–141.

FUNCIÓN 7-1: **Cómo hablar del pasado reciente**

El Castillo de San Marcos en San Augustín, Florida. ¿Conoces otras ciudades hispanas de Estados Unidos?

《 *En los últimos años hemos visto un aumento de atención pública al asunto de la inmigración latina en Estados Unidos.* 》

JENNY FOURMAN, BOGOTÁ, COLOMBIA

7-4 Una encuesta ¿Qué han hecho últimamente? En parejas, pregunten y contesten acerca de sus actividades recientes.

Ejemplo: ir al cine

Estudiante 1: *¿Cuántas veces **has ido** al cine este mes?*
Estudiante 2: ***He ido** al cine dos veces este mes.*

1. ir al teatro
2. cenar en un buen restaurante
3. estudiar en la biblioteca
4. viajar los fines de semana
5. hacer ejercicio
6. leer algo por placer
7. volver tarde a casa
8. romper algo
9. escribir una carta
10. reunirse con un amigo / una amiga

¡Alto!
Review Estructura 7-1 in the **Repaso de gramática** on pages 210–214 at the end of this chapter and complete the accompanying exercises.

7-5 ¿Te has enterado? ¿Lees los periódicos todos los días o ves las noticias en la televisión? En parejas, cuenten lo que han leído en las últimas noticias sobre la comunidad latina en Estados Unidos. Incorporen varias categorías de noticias (deportes, nacionales, internacionales, etcétera).

Ejemplo: *El periodismo en español ha experimentado un importante boom.*

7-6 ¿Qué han hecho últimamente? En grupos pequeños, conversen sobre las actividades recientes de estos latinos.

Ejemplo: Jennifer López, cantante

Jennifer López ha filmado una película.

1. Daddy Yankee, cantante
2. Gael García Bernal, actor
3. Salma Hayek, actriz y directora
4. Eva Longoria, actriz
5. Ricky Martin, cantante
6. Johan Santana, lanzador de béisbol
7. Shakira, cantante
8. Jessy Terrero, director de cine

7-7 Contribuciones de los latinos ¿Conocen las contribuciones de los latinos a nuestro país? En grupos pequeños, emparejen los siguientes latinos con sus contribuciones. Después, conversen sobre la importancia de cada una.

_____ 1. Ricardo Chavira

_____ 2. Marisol Deluna

_____ 3. América Ferrera

_____ 4. Manu Ginóbili

_____ 5. José Limón

_____ 6. Mario López

_____ 7. Juan Pablo Montoya

_____ 8. Lorena Ochoa

_____ 9. Albert Pujols

_____ 10. Bill Richardson

a. Ha hecho el papel de Carlos Solís en el programa de televisión «Desperate Housewives».

b. Ha sido actor, locutor y concursante de «Dancing with the Stars».

c. Ha bailado y dirigido la coreografía de su propia compañía.

d. Ha diseñado textiles, bolsas, accesorios y ropa.

e. Ha sido diplomático, gobernador y candidato político.

f. Ha sido un jugador de básquetbol popular.

g. Ha sido jugador de béisbol para el equipo de San Luis.

h. Ha sido jugadora de golf y presidenta de una fundación que apoya a niños pobres.

i. Ha sido un piloto de *NASCAR*.

j. Ha protagonizado el papel principal del programa de televisión «Ugly Betty».

7-8 Relato de un padre latino Completa el siguiente testimonio con la forma adecuada del verbo en el presente perfecto de indicativo.

En mi juventud no tuve oportunidad de estudiar. Por eso, ahora que soy adulto, empecé a ayudar a mi hija, Carolina, en sus estudios porque _____ (yo: darse cuenta) de que para triunfar en la vida hace falta tener una educación. Carolina tuvo dificultades para leer y escribir cuando era pequeña y para mí fue muy difícil ayudarla con sus tareas. Decidí hablar con sus maestros y ellos me explicaron cómo debía trabajar con mi hija. Desde entonces _____ (yo: mantenerse) en contacto con sus maestros y Carolina _____ (alcanzar) notas de 4.0 en sus cursos. Nos _____ (sentir) muy orgullosos de nuestro trabajo y ella _____ (saber) que siempre puede contar con mi ayuda y mi apoyo.

¡Adelante!

Now that you have completed your in-class work on **Función 7-1,** you should complete **Audio 7-1** in the **Segunda etapa** of the *Diario de actividades*, pages 142–145.

FUNCIÓN 7-2: **Cómo reaccionar a lo que ha pasado**

Un patio en Santa Fe, Nuevo México

Gary Conner/Index Open

《 *Es importante que los latinos hayan hecho contribuciones invaluables a la experiencia estadounidense.* 》

GERARDINA-GARIA LACEY, SAN JOSÉ, COSTA RICA

7-9 ¿Cómo reaccionan? ¿Cómo reaccionarían si los siguientes incidentes ocurrieran? En parejas, estudien los siguientes incidentes y reaccionen, usando los verbos que están a continuación como punto de partida.

Reacciones: me alegro de   me preocupa   me da lástima   (no) me gusta
me da pena   (no) me sorprende   me molesta

Ejemplo: Tu amigo acaba de recibir una beca.

Me alegro de que mi amigo haya recibido una beca.

1. Tu compañero/compañera de cuarto acaba de ensuciar tu suéter.
2. Un amigo/Una amiga acaba de tener un accidente con tu auto.
3. Tus padres o abuelos acaban de celebrar su aniversario.
4. Tu instructor/instructora acaba de recomendarte para un premio importante.
5. Tu jefe/jefa acaba de pedirte que trabajes el sábado por la noche.
6. Los administradores de tu universidad acaban de subir la matrícula.
7. Tu mejor amigo/amiga acaba de comprometerse.
8. Tu compañero/compañera de cuarto acaba de comprar un perro.

7-10 Veteranos latinos   En parejas, estudien los siguientes hechos y coméntenlos, según el ejemplo. Varíen los comentarios.

Ejemplo: Estudiante 1: Miles de soldados latinos han respondido al llamado para servir.
Estudiante 2: *Es bueno que miles de soldados latinos hayan respondido al llamado para servir.*

1. Los latinos han contribuido mucho a la defensa de Estados Unidos.
2. La comunidad hispana ha tenido una larga conexión con el servicio militar en Estados Unidos.
3. Hay casi un millón de veteranos latinos que han participado en servicio activo.
4. Treinta y ocho latinos han ganado la Medalla del Congreso al Honor, la condecoración más alta como premio al valor.
5. Guy Gabaldón ha capturado a más de 1.000 soldados enemigos: más que cualquier otra persona en la historia de los conflictos militares.
6. Muchos hombres y mujeres latinos han hecho el mayor sacrificio en defensa de la libertad.

¡Alto!

Review **Estructura 7-2** in the **Repaso de gramática** on pages 214–215 at the end of this chapter and complete the accompanying exercises.

7. En Tejas y otros estados, a soldados latinos muertos en combate y condecorados se les ha negado el ser enterrado en el cementerio de la localidad donde residían.

8. Es nuestro deber recordar que cuando se trata de dar la sangre por la patria, por Estados Unidos, los hispanos han estado siempre en primera fila.

7-11 ¿Creer o no creer? ¡Vamos a jugar! En grupos pequeños, cuenten cinco actividades verdaderas o ficticias que hayan hecho. Pregúntense el uno al otro acerca de estas actividades e intenten adivinar si la otra persona miente o dice la verdad.

Ejemplo: Estudiante 1: *He aprendido a pilotear un avión.*
Estudiante 2: *¿Dónde has tomado clases?*
Estudiante 1: *En la Universidad Estatal de Ohio.*
Estudiante 2: *¿Cuánto te han costado las clases?*
Estudiante 1: *Trescientos dólares.*
Estudiante 2: *No creo que hayas aprendido a pilotear un avión porque las lecciones cuestan más de trescientos dólares.*

Here is more information on the Crypto-Jews: La reestructuración de los judíos hispanos duró casi 100 años, comenzando en 1391 en la ciudad de Sevilla. Pero en 1492 los Reyes Católicos expulsaron a los judíos de España y con esto se acabó la era más importante de los tiempos medievales para la comunidad judía. Sangrientas masacres tomaron lugar y se extendieron por otras partes de España. De los miles de judíos en España, un tercio fue asesinado, un tercio salvó su vida convirtiéndose al cristianismo y el último tercio continuó practicando su fe en secreto. Algunos de esos cripto-judíos huyeron del país y se establecieron en Nueva España, o lo que es hoy el suroeste de Estados Unidos.

7-12 Los cripto-judíos en Estados Unidos Algunas familias del suroeste de Estados Unidos tienen sus raíces en los judíos expulsados de España en 1492. En grupos pequeños, estudien la siguiente información y coméntenla, usando las expresiones siguientes.

(No) Es posible...   No hay nadie...

(No) Es probable...   No hay ningún/ninguna...

No conocer a nadie...   Puede ser...

Ejemplo: Para la mayor parte de los cripto-judíos, las tradiciones son parte de su vida familiar, pero no las atribuyen a sus orígenes judíos.
Estudiante: *Es probable que se hayan olvidado de sus orígenes.*

1. Muchos descendientes de estos judíos secretos han vivido como católicos o protestantes.
2. No se han dado cuenta que sus tradiciones familiares son manifestaciones de sus orígenes judíos.
3. Muchas familias han celebrado encendiendo velas los viernes por la noche.
4. Algunos han comido una variación de matzo, hecha de maíz molido, en la Pascua o Semana Santa.
5. Algunas mujeres han continuado celebrando la fiesta de Santa Esther, que corresponde al festival judío de Purím.
6. Han mantenido en sus tradiciones familiares el no comer puerco.
7. En los antiguos camposantos se ha encontrado la estrella de David en algunas lápidas.
8. Mucha información sobre la herencia judía en el suroeste se ha sabido recientemente gracias a numerosas investigaciones.
9. Algunos individuos han expresado interés en volver a practicar la fe judía.
10. Otros han decidido mantener su religión católica o protestante, pero no han dejado de estar intrigados por su origen y su historia.

¡Adelante!
Now that you have completed your in-class work on **Función 7-2,** you should complete **Audio 7-2** in the **Segunda etapa** of the *Diario de actividades,* pages 145–146.

FUNCIÓN 7-3: Cómo explicar lo que ocurrirá antes de un momento determinado

En el viejo San Diego. ¿Qué otras ciudades californianas tienen nombres españoles?

« *Para el año 2050 el número de personas de parentesco hispano en Estados Unidos se habrá triplicado.* »

MARIA ELENA ALFARO-CHACÓN, SAN JOSÉ, COSTA RICA

alysta/Used under license from Shutterstock

7-13 ¿Qué habrán hecho? ¿Qué habrán hecho los famosos para el fin de este año? En parejas, comenten lo que habrán hecho las siguientes personas para el fin de este año.

Ejemplo: Penélope Cruz

　　　　Estudiante 1: *Habrá filmado otro anuncio para la televisión.*
　　　　Estudiante 2: *Habrá dirigido su propio programa de televisión.*

1. Christina Aguilera	6. Salma Hayek
2. Antonio Banderas	7. Enrique Iglesias
3. Cameron Díaz	8. Jennifer López
4. Jessica Alba	9. Ricky Martin
5. Marc Anthony	10. Charlie Sheen

¡Alto!

Review **Estructura 7-3** in the **Repaso de gramática** on pages 216–218 at the end of this chapter and complete the accompanying exercises.

7-14 Los latinos de Estados Unidos Se dice que para el próximo censo, los latinos serán el grupo minoritario más grande de Estados Unidos. En parejas, pronostiquen lo que habrán hecho los varios grupos latinos para el año 2020, según las indicaciones. Después, expliquen cómo justifican sus pronósticos.

Ejemplo: la política

　　　　Estudiante 1: *Para el año 2020, los latinos de Estados Unidos habrán elegido gobernadores latinos en varios estados.*
　　　　Estudiante 2: *¿Por qué lo crees?*
　　　　Estudiante 1: *Porque el poder político de los latinos aumenta cada vez más.*

1. el cine	5. la salud
2. la economía	6. las artes
3. la educación	7. los deportes
4. la ciencia	8. los medios de comunicación

7-15 Mi agenda Los estudiantes siempre están ocupados. En grupos pequeños, conversen sobre sus agendas para la semana que entra.

Ejemplo: *Para el miércoles de la semana que entra, habré escrito un informe para mi curso de historia.*

7-16 Nuestro futuro Ya hablaron sobre lo que habrán hecho los latinos en el futuro. ¿Qué habrán hecho ustedes? En grupos pequeños, conversen sobre sus propias esperanzas.

Ejemplo: Para el año 2020...

Para el año 2020, habré establecido mi propio negocio.

Para el año...

1. 2005
2. 2010
3. 2015
4. 2020
5. 2025

¡Adelante!

Now that you have completed your in-class work on **Función 7-3,** you should complete **Audio 7-3** in the **Segunda etapa** of the *Diario de actividades,* pages 147–151.

LECTURA

LECTURA CULTURAL: «**Unos recuerdos felices**»

Las recetas para los platos típicos no solamente representan lazos con el país de origen, sino que también reflejan su propia cultura. En «El festín de mi abuela», el narrador habla de su niñez y los recuerdos felices de las celebraciones familiares. El olor a galletas, torta y pollo asado despierta memorias de cuando toda la familia se reunía para celebrar las ocasiones especiales. «El festín de mi abuela» explica cómo la magia de la cocina mexicana transciende fronteras y generaciones.

SUGERENCIAS PARA LA LECTURA

CÓMO LLEGAR A COMPRENDER When you are reading the newspaper or a magazine, do you stop, glance up from the page, and consider what the writer has stated? Do you agree or disagree with the author's opinion? In this chapter, you should practice using different techniques to monitor your comprehension as you read. Stop as you read each paragraph—find the topic sentence. Can you restate it simply, using your own words? As you continue to read, look for the essential information to support the topic sentence. Could you explain this information to someone? Does it make sense to you? Now, find the concluding remarks. Do you understand them? As you read the selections in this chapter, use the orientation questions as a guide. They will help you to check your comprehension at different points throughout the readings.

Antes de leer

7-17 Algunos platos típicos ¿Cuáles son algunos de los platos típicos de los países hispanohablantes? Busca platos o bebidas de España, Argentina, Cuba, Costa Rica y México en Internet o en libros de cocina. Menciona también la provincia o región de origen y el ingrediente principal.

Ejemplo: *En España la paella es un plato muy importante de la comunidad de Valencia. El ingrediente principal de la paella es el arroz.*

Martin Jacobs/Jupiter Images

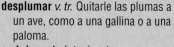

7-18 Fiestas tradicionales Piensa en una de las fiestas más inolvidables que hayas celebrado con toda la familia y, en grupos pequeños, comparen estos días festivos.

PEQUEÑO DICCIONARIO

El cuento **«El festín de mi abuela»** trata no solamente de una comida excelente, sino también de unos recuerdos de la juventud del autor. Antes de estudiar el relato y hacer las actividades, busca las palabras en el texto y usa dos o tres para escribir oraciones originales en una hoja aparte.

abarrotar *v. tr.* Llenar, atestar.

acariciar *v. tr.* Tocar con cariño o amor.

aderezado/aderezada Condimentado.

ahumado/ahumada Con sabor evocador del humo.

ajo Bulbo blanco, redondo y de olor fuerte, utilizado como condimento.

aletear *v. intr.* Menear un ave las alas rápidamente.

AJO

amargo/amarga Con sabor agrio y desagradable.

azafrán *m.* Condimento amarillo hecho del estigma de una planta de la familia de las iridáceas.

bocado Un poco de comida.

bodega Pieza grande en que se guardan comestibles.

calabacín *m.* Pequeña calabaza cilíndrica de corteza verde y carne blanca.

CALABACÍN

canela Condimento de color marrón extraído de la corteza de un árbol.

cazuela Recipiente de cocina, ancho y poco profundo.

cilantro Planta de hojas verdes que se usa como especia.

clavo Especia de color marrón oscuro, aromática y picante.

crudo/cruda Que no está cocido.

curtido/curtida Marinado, inmerso en vinagre.

desplumar *v. tr.* Quitarle las plumas a un ave, como a una gallina o a una paloma.

embriagante Intoxicante.

guarnición *f.* Complemento de hortalizas o legumbres que se sirve con la carne o el pescado.

impregnar *v. tr.* Saturar, infiltrar.

jamaica Bebida hecha de flores de hibisco.

nabo Planta comestible de raíz carnosa y de color blanco o amarillento.

palomar *m.* Caseta o lugar donde viven las palomas.

perejil *m.* Planta de hojas verdes que se usan como especia.

NABO

pichón *m.* Paloma joven.

piloncillo Azúcar morena en forma de cono.

puchero Cocido, sopa con carne y legumbres.

raja Sección que se corta a lo largo de un melón, una cebolla, etcétera.

remaduro/remadura Más que maduro.

PILONCILLO

res *f.* Vaca, toro.

sancocho de guayaba Fruto de la guayaba cocido con azúcar y canela.

GUAYABA

A leer

«EL FESTÍN DE MI ABUELA»

El festín comenzó con un furioso aletear. Mi abuela Delfina había decidido deshacerse de los pichones que abarrotaban el palomar del patio de mi tía en el barrio de Canta Ranas, en el sureste de Los Ángeles.

Eran los años cincuenta y yo tenía como ocho años. A mi primo y a mí nos tocó la tarea de limpiar la bodega abandonada al lado de la casa —un cuarto lleno de olor a fruta remadura, polvo y cilantro— donde la comida se podía servir con más comodidad. Y en el patio de mi tía Estela, mi padre y sus hermanos se encargaban de limpiar y desplumar docenas de aves.

Delfina, como supe mucho después, había mirado hacia el pasado para este festín. La receta de sopa de pichones venía de una colección copiada en una caligrafía elegante por mi tatara-tía-abuela, Catalina Clementina Vargas. Estaba fechada el 7 de junio de 1888 y tenía poco que ver con la comida mexicana *nouvelle* o los platos tex-mex que asociamos hoy día con la cocina del suroeste. En vez, la vieja receta de Catalina era típica de la cocina de Guadalajara, cuya complejidad es comparable a la cocina cantonesa o de las provincias de Francia. En Los Ángeles, la historia ha enterrado este aspecto de la cocina mexicana. Pero es parte de una tradición urbana de más de cuatrocientos años que sobrevive en familias como la mía.

Mi abuela cocinó los pichones con perejil, cebolla y ajo en una vieja y enorme cazuela. En el caldo de los pichones hirvió el arroz, añadiéndole clavos molidos, canela y azafrán. Minutos antes de servirlo, regresó los pichones a la cazuela con el caldo y el arroz aromatizados con esas especias de paella. El truco, mi tía aún recuerda, consistía en dejar suficiente caldo para impregnar los pichones con las especias sin que se secara el arroz.

Mientras tanto, mi primo y yo habíamos dejado un espacio limpio en la bodega para una larga fila de mesas. Al atardecer, cuando todo el mundo había llegado, mi abuela y mi tía hicieron una gran entrada con platos de pichón sobre montes de arroz color fuego-naranja. También sirvieron guarniciones de cebolla cruda en rajas inmersas en vinagre, sal y un poco de orégano, y galones de jamaica fría, con su sabor agridulce.

No recuerdo qué más preparó Delfina. Mi tía dice que la comida probablemente comenzó con puchero, una sopa robusta hecha con zanahorias, nabos, calabacines, perejil, huesos de res, pollo y garbanzos o arroz.

Una simple ensalada de lechuga aderezada con aceite de oliva y vinagre podía haber precedido el plato fuerte. Y todo debió haber terminado con un sancocho de guayaba, un postre típico mexicano de mitades de

➔

Guía para el lector

As you read **«El festín de mi abuela»**, use the following questions as a guide.

1. ¿Dónde vivía la abuela de Víctor?
2. ¿Cuándo celebraron la fiesta?
3. ¿Cuál fue la tarea de Víctor y su primo?
4. ¿Qué hicieron su padre y sus tíos?
5. ¿De dónde consiguió la abuela la receta de la sopa de pichones?
6. ¿Con qué se cocinaron los pichones?
7. ¿Qué es el puchero?
8. ¿Cuál fue el postre?
9. ¿Qué queda en la memoria de Víctor?
10. ¿Qué hizo Víctor después del festín?

guayaba cocidas con canela y piloncillo, un azúcar sin refinar.

Pero lo que queda en mi memoria es el sabor de los pichones y el azafrán. La intensidad ahumada y ligeramente amarga del azafrán, embravecida con los clavos y la canela, era embriagante. Entre bocados de cebolla curtida, yo chupaba la carne de los huesos diminutos y probablemente me ensuciaba la camisa. Después se pusieron las mesas a un lado y nuestros padres comenzaron a bailar. Yo recosté la cabeza sobre las faldas de mi abuela y me quedé dormido pensando en el festín que acabábamos de tener, mientras ella me acariciaba la frente.

Después de leer

7-19 Algunos detalles Mientras lees el relato otra vez, contesta las siguientes preguntas.

1. ¿Dónde ocurrió la fiesta?
2. ¿Cuándo ocurrió?
3. ¿Quiénes fueron los invitados?
4. ¿Qué sirvieron?

7-20 En el supermercado La mayoría de los supermercados ofrece productos importados de países hispanos. Visita un supermercado y escribe una lista de ocho a diez productos hispanos. Incluye la marca de la comida y el país de origen.

Ejemplo: *Las aceitunas rellenas de anchoa, marca «La española», son de Alicante, España.*

7-21 Tu plato favorito Usando la siguiente receta como guía, describan en parejas una de tus ensaladas o uno de tus postres favoritos, incluyendo todos los ingredientes necesarios para prepararlo. También indica para quién o para qué te gustaría preparar ese plato y menciona con qué otras comidas o bebidas te gustaría comerlo.

Verduras y ensaladas

ENSALADA DE AGUACATE

Blanco y Negro

Para seis personas

Tiempo de preparación:
20 minutos + 10 minutos de reposo.

Dificultad:
Ninguna. Para principiantes.

Ingredientes:
– Tres aguacates maduros.
– Tres tomates medianos rojos.
– Una cucharada de cebolla picada.
– Dos pepinos.
– Un diente de ajo.
– Un decilitro de aceite.
– Medio decilitro de vinagre de manzana.
– El zumo de una naranja.
– Una cucharadita de mostaza.
– Unos granitos de comino.
– Sal y pimienta.

Modo de hacerlo:
1.–Pelar y cortar en cuadraditos los tomates. Pelar, quitar el hueso y cortar en gajos los aguacates. Pelar los pepinos, cortarlos en cuatro a lo largo y luego en trozos de unos dos centímetros.

2.–Hacer una vinagreta batiendo muy bien (se puede usar la batidora) el aceite, vinagre, zumo de naranja, el diente de ajo picado, la mostaza, el comino, una cucharadita de agua fría, sal y pimienta.

3.–En una fuente colocar el tomate, aguacate, pepino y cebolla. Verter por encima la vinagreta y remover. Dejar reposar diez minutos y servir.

Plato

Para _____ personas

Tiempo de preparación:

Dificultad:

Ingredientes:

Modo de prepararlo:

LECTURA LITERARIA: **Biografía**

Hugo Hanriot Pérez nació en Chile en 1938 y ha vivido en Estados Unidos desde 1962. Su primera novela publicada, en 1979, fue «Mitá p'arriba, mitá p'abajo»: una crítica de la injusticia social en Chile. Una novela más reciente, «Johnny Ortiz», trata de un hispanoamericano de padres puertorriqueños que llega a ser presidente de Estados Unidos. Es una sátira política de la forma en que se elige a un candidato a la presidencia. Hugo Hanriot Pérez también ha escrito cuatro obras de teatro. Sus obras tienen la habilidad de crear situaciones fantásticas que, al mismo tiempo, son fáciles de representar.

Courtesy Donna Long & Jan Macian

Este cuento fue inspirado por las escenas del barrio Spanish Harlem en Nueva York, al cual veía el escritor camino a su trabajo. «El boricua volador» es un cuadro de costumbres. Este género literario retrata, con tono satírico o humorístico, las costumbres y los tipos populares de una región por medio de una escena típica. En «El boricua volador» hay también elementos sobrenaturales.

Antes de leer

7-22 En el barrio Si vivieran en un barrio de clase trabajadora en una ciudad grande, ¿de qué se preocuparían? En grupos pequeños, conversen acerca de estas preocupaciones.

PEQUEÑO DICCIONARIO

«El boricua volador» es un cuadro de costumbres. Antes de estudiarlo y hacer las actividades, busca las palabras en el texto y usa dos o tres para escribir oraciones originales en una hoja aparte.

acera Orilla de la calle o de otra vía pública.
achurruscar *v. tr.* Retirar contrayendo el cuerpo.
alcantarillado Acueducto fabricado para recoger las lluvias y darles paso.
alentar *v. tr.* Respirar.
arrebatar *v. tr.* Sacar de sí con pasión o afecto.
atajar *v. intr.* Ir o tomar por donde se abrevia el camino.
boricua Puertorriqueño.
bullicio Ruido que causa la mucha gente.
chavo Centavo de dólar (en Puerto Rico).
cuneta Excavación en cada uno de los lados de un camino para recibir las lluvias.
desquitar *v. tr.* Tomar satisfacción, vengar una ofensa, daño o derrota.
emisora Estación de radio.
encumbrar *v. tr.* Levantar en alto.
en picada Volar hacia abajo.
fiera Animal salvaje.

grifo Llave que regula el paso del agua de un hidrante contra incendios.
ingerir *v. tr.* Beber o comer.
malla Red.
mocetón *m.* Joven.
multa Sanción que consiste en la obligación de pagar una cantidad determinada de dinero.
persignarse *v. intr.* Hacer la señal de la cruz.
ruma Serie de cosas colocadas en línea.
sorbo Cantidad pequeña de una bebida.
tarro Recipiente para la basura.
titubear *v. intr.* Oscilar, perdiendo la estabilidad y firmeza.
tumba Tambor alto que se toca con las manos.
vejiga Órgano en el cual va depositándose la orina producida en los riñones.
volador/voladora Que va o se mueve por el aire, sosteniéndose con las alas.
zángano Persona floja y torpe.

GRIFO

TUMBA

A leer

«EL BORICUA VOLADOR», POR HUGO HANRIOT PÉREZ

Esa calurosa tarde de julio sorprendió a Nene sentado sobre una caja vacía de leche, en la esquina de la cuadra, jugando dominó con sus amigos. Los niños habían abierto el grifo de la acera del frente y corrían empujándose alrededor del chorro de agua. En las ventanas de los dilapidados edificios de esa cuadra del South Bronx, las mujeres conversaban a gritos por sobre la música que tocaban las emisoras hispanas, tratando de refrescarse con la brisa que no llegaba.

Nene bebió el último sorbo de su lata de cerveza. La miró desilusionado al notarla vacía. Después de achurruscarla entre sus dedos la arrojó a la cuneta, donde el agua del grifo terminó de empujarla sobre la reja del alcantarillado.

—Te toca jugar, Nene—le insistió uno de sus amigos.

Nene no tuvo tiempo a responderles; al agitar los brazos con mayor intensidad principió a elevarse, mientras éstos se le cubrían con plumas.

Las mujeres que conversaban en las ventanas del edificio de la esquina, vieron a Nene encumbrarse por sobre ellas y seguir ascendiendo hasta alcanzar los techos de los edificios. Pensando que a Nene lo había embrujado el dueño de la botánica, se persignaron asustadas.

—Nene, si vas al cielo saluda a mi hijo—le gritó una viejita.

Los niños habían dejado de jugar con el agua del grifo y desde el centro de la calle lo observaban volar por encima de los techos.

—¡El superman boricua!—gritaban señalándolo entusiasmados.

Ante los gritos y aplausos de los niños, Nene cobró confianza y voló bajo por sobre los autos estacionados, desde una esquina a la otra de la cuadra.

—Lévame contigo, Nene—le gritó el compadre Ismael—¡Podemos coger todo lo que encontremos en las terrazas de Nueva York!

Nene no le prestó atención al compadre y volvió a encumbrarse. El auto patrullero de la policía no tardó en llegar a la cuadra, atraído por el bullicio que provocaban las piruetas aéreas de Nene.

—¡Desquítate, Nene!—le gritaron los niños al ver al policía que se bajó del carro patrullero.

Nene, en picada, le arrebató la gorra. Ese era el policía que le empapelaba con multas su viejo Impala por no cumplir con las reglas del estacionamiento alterno. Aquel mocetón rubio no quiso nunca creerle que si no movía el auto era por falta de chavos para la gasolina.

—¡Viva el Nene!—gritaban los niños—¡Viva el superman boricua!

Las mujeres habían dejado de persignarse y ahora aplaudían a aquel héroe que se atrevió a ridiculizar al policía que multaba los carros de sus maridos.

La visitadora del Welfare, aquella mujer desagradable que acusaba de zánganos a los hombres desempleados de la cuadra, salió de uno de los edificios y se acercó al policía para observar mejor el travieso hombre-pájaro.

—¡Baje, mister Nene!—le gritó al reconocerlo. —Con su habilidad para volar, mi oficina puede encontrarle empleo en el correo.

Nene voló en círculos sobre la visitadora social y el policía. Ambos lo alentaban a acercarse. El hombre-pájaro, hinchada la vejiga por las cervezas ingeridas durante las partidas ➤

Study the first paragraph carefully. Read it aloud, focusing on the sounds and rhythm. Next, focus on the descriptive words. What effect was the writer trying to achieve? In small groups, share your ideas with your classmates. Your opinions may differ from theirs, but that is the way it should be. When reading a literary work, every reader reads a different text, because of his/her unique life experiences.

Guía para el lector

As you read «El boricua volador», use the following questions as a guide.

1. ¿Qué actividades practica la gente del barrio?
2. ¿Qué le ocurre a Nene?
3. Al principio, ¿cómo reaccionan las mujeres? ¿Los niños?
4. ¿Por qué llegan los policías? ¿Cómo reaccionan los vecinos?
5. ¿Cómo es la visitadora del Welfare?
6. ¿Qué hacen el compadre Ismael y sus amigos?
7. ¿Qué le hace Nene a los policías, al dueño de los edificios y al yerbatero?
8. ¿Quién es Provi? ¿Qué quiere que haga Nene?
9. ¿Cómo capturan a Nene?
10. Al final, ¿qué le ocurre a Nene?

de dominó, descargó la presión, recibiendo el policía y la visitadora social aquella lluvia amarillenta, que los bañó hasta que lograron protegerse dentro del carro policial.

La cuadra se remeció con risas y aplausos. Nene volvió a encumbrarse por sobre los techos. Abajo, el compadre Ismael y sus amigos cerraban con los tarros de basura las dos bocacalles.

—¡No se salga de la cuadra, compadre! ¡Vamos a cobrar la entrada a los que quieran verlo volar!—le gritó Ismael.

Nene le obedeció volando suave, en círculos, sobre los techos de la cuadra. Desde esa altura podía divisar a la gente del barrio, avanzando en una masa alegre y curiosa hacia su cuadra para verlo volar. A sus oídos llegaban los ritmos de las tumbas y guitarras con que la avalancha se acompañaba.

—¡Vean al hombre-pájaro de Santurce! ¡La maravilla boricua! ¡Por sólo un peso!—aprovechaba Ismael a hacer negocio.

El propietario mayor del barrio trató de cruzar la barrera que había levantado el compadre Ismael sin pagar. Alegaba que como dueño de los edificios no tenían por qué cobrarle.

—Aquí los únicos que pasan sin pagar son las cámaras del canal 41 y 47 —lo atajaba Ismael.

Por coincidencia, en ese momento arribaban las camionetas con las cámaras de los dos canales hispanos de televisión en Nueva York.

—Fotografíenlo de ladito—les advirtió Ismael, abriéndole la barrera a las camionetas. —Mi compadre tiene un perfil chévere.

Nene, para darle una manito a su compadre en la discusión que todavía sostenía con el dueño de los edificios, bajó en picada entre redobles de timbales. Y usando nuevamente su poderosa vejiga, bañó con el chorro amarillo al dueño de los edificios. La cuadra explotó en un ¡Viva el Nene!

que soltó los ladrillos de los dos edificios abandonados de la esquina.

El dueño de la botánica había salido de sus negocio con un manojo de hierbas, asegurando que eran las que le había dado los poderes de hombre-pájaro a Nene. El superman boricua, molesto por el engaño, descendió con su arma orgánica en acción, y lo obligó a refugiarse en el negocio. Esta vez los niños siguieron aplaudiéndolo, mientras las mujeres, desde las ventanas, le protestaban airadamente su falta de respeto al dueño de la botánica.

El hombre-pájaro comenzó a sentirse cansado. Mientras volaba por sobre los techos distinguió a Provi, aquella muchacha guapa que sólo aceptaba a los comerciantes del barrio en su apartamento. Provi apareció en la escalera de incendio del edificio con una lata de cerveza, y lo llamó para ofrecérsela. Nene, atraído por la belleza de la muchacha, y por la cerveza, descendió hasta ella.

—Cógela, Nene. Es para ti—le dijo Provi, extendiéndole la lata de cerveza con la mejor de sus sonrisas.

—Gracias, mija—bebió el superman boricua.

—Estoy preparando arroz con habichuelas y lechoncito—lo tentó Provi, mientras él vaciaba la lata— ¿Quieres quedarte?

—¡Muchacha!—se entusiasmó el hombre-pájaro, saboreando la invitación.

Pero el entusiasmo de Nene no duró mucho. Sobre los techos habían aparecido dos helicópteros de la policía.

—Mister Pájaro—le hablaron por los altoparlantes los policías de uno de los helicópteros. —Queremos que se entregue sin oponerse. Tendrá derecho a permanecer callado y a pedir que lo defienda un abogado.

—¡Pero si no he hecho nada!— musitó Nene.

Miró hacia la calle. Los coches patrulleros de la policía cubrían la cuadra. De la barrera que levantó el compadre Ismael quedaban una ruma de tarros de basura sobre la calzada.

—¡No te rindas, Nene!—le gritaron los niños, las mujeres y sus amigos.—¡Dales duro! ¡Viva Puerto Rico!

Nene decidió defenderse; un buen boricua no sucumbía así nomás. Iba a elevarse nuevamente, cuando Provi lo sujetó.

—No te vayas, Nene.

—¡Muchacha! ¡Si me quedo me cogen!

—Hazme un hombre-pájaro-junior—le pidió Provi, pensando lo famosa que se haría si lograra parir un bebé con alas en Nueva York.

—¡Muchacha!

—¡Vamos, Nene!—le suplicó ella, agarrándolo de un ala.

Nene titubeó entre volar o quedarse. Antes de decidirse, observó cómo arriba, sobre los techos, el número de helicópteros aumentaba. En ese instante de distracción, una malla para atrapar fieras cayó sobre él. El policía rubio, la visitadora del Welfare, el dueño de los edificios, el yerbatero y Provi tiraron la malla para cerrarla, y luego lo empujaron dentro de la pieza.

Nene, encogido en posición fetal en la malla, se contempló las alas. Para su sorpresa, éstas habían desaparecido. Sus brazos lucían normales sin las plumas.

Después de leer

7-23 Nene Van a enfocarse en el protagonista del cuento. En grupos pequeños, conversen sobre el carácter y las cualidades de Nene. ¿Por qué se convierte en el superhéroe del barrio?

7-24 Los antagonistas En «El boricua volador» hay cinco antagonistas: el policía rubio, la visitadora del Welfare, el dueño de los edificios, el yerbatero y Provi. En grupos pequeños conversen acerca de lo que representan estos personajes para los habitantes del barrio.

7-25 Ayer y hoy «El boricua volador» cuenta una escena de la época del movimiento de los derechos civiles en Estados Unidos. En grupos pequeños, conversen acerca del tema del cuento. ¿Es tan aplicable hoy como lo fue hace tiempo?

7-26 Lo sobrenatural El hombre-pájaro es un ser sobrenatural. En grupos pequeños, describan los efectos que este elemento sobrenatural tiene en el escritor.

ANÁLISIS LITERARIO: EL TONO

Términos literarios Usa los siguientes términos para hablar sobre el tono de los cuentos.

El **tono** es el modo particular que el autor elige para escribir el texto. Es decir, el tono refleja la actitud del autor hacia el contenido del texto. El tono afecta tanto el estilo de la obra y la selección de palabras del escritor como la sintaxis que éste utiliza para escribir su obra. El tono es un elemento sumamente importante en toda la obra literaria. Aunque hay un sinfín de tonos posibles, aquí se ofrece una lista parcial.

Un tono...

- **ceremonioso** incorpora lenguaje elevado y fórmulas de cortesía.
- **cómico** divierte al lector.
- **íntimo o personal** se caracteriza por la confianza.
- **irónico** enfatiza lo contrario de lo que se dice.
- **misterioso** incorpora elementos sobrenaturales.
- **moralizante** interpreta las acciones humanas según ciertos principios morales.
- **nostálgico** se asocia con el recuerdo de algún bien perdido.
- **persuasivo** trata de inducir al lector a creer o a hacer una cosa.
- **satírico** censura o pone en ridículo un vicio o tontería social.
- **serio** es cuidadoso y solemne.

¡Adelante!

Now that you have completed your in-class work on the **Tercera etapa**, you should complete the **Redacción** in the **Tercera etapa** of the *Diario de actividades*, pages 152–156.

7-27 El tono En grupos pequeños, identifiquen el tono de «El boricua volador». ¿Hay más de un tono? Apoyen sus respuestas.

7-28 Lenguaje figurado El escritor emplea algunas metáforas en la obra. En grupos pequeños, identifiquen estas metáforas y expliquen su uso en el cuento.

VÍDEO: ¿Quiénes son los inmigrantes?

You can access the *De paseo* video at www.cengage.com/login.

Con frecuencia nos referimos a los inmigrantes latinos como si fuera un grupo homogéneo. Sin embargo, es importante recordar que hay mucha diversidad dentro de los inmigrantes hispanohablantes. En este video, Gerardina Garita-Lacey, una profe-

Bobbie DeHerrera/Getty Images

TRABAJADORES MEXICANOS CRUZAN LA FRONTERA. ¿EN QUÉ TRABAJAN?

sora de Costa Rica, va a comentar sobre los inmigrantes en Estados Unidos y la importancia de ser bilingüe.

Antes de ver

7-29 En tu familia Piensa en tus padres, abuelos, bisabuelos o tatarabuelos. ¿Cuáles son sus países de origen? ¿Cuándo vinieron a Estados Unidos? ¿Por qué decidieron cruzar el Atlántico, Pacifico u otra frontera? Si todos tus antepasados nacieron aquí, ¿conoces a alguien que haya inmigrado a Estados Unidos? En grupos pequeños, conversen sobre quiénes optaron por venir a Estados Unidos y expliquen por qué.

PEQUEÑO DICCIONARIO

Gerardina Garita-Lacey es profesora, madre y inmigrante. El vídeo nos habla sobre sus opiniones de la inmigración y el bilingüismo. Antes de verlo y hacer las actividades, busca las palabras en el vídeo y úsalas para escribir oraciones originales en una hoja aparte.

desarrollar *v. tr.* Llevar a cabo, realizar una idea, proyecto, etcétera.
requerir *v. tr.* Necesitar.

extrañar *v. tr.* Echar de menos a alguna persona o cosa.

A ver

7-30 Guía para la comprensión del vídeo Antes de ver los dos segmentos del vídeo, estudia las siguientes preguntas. Mientras ves los segmentos, busca las respuestas adecuadas.

Segment 1:

1. ¿Cuanto tiempo lleva aquí?
2. ¿Cuál fue el motivo de su llegada a Estados Unidos?
3. ¿Cuáles son algunos de los motivos por los cuales la gente deja sus países para venir a Estados Unidos?
4. ¿Quieren que sus hijos sean bilingües? ¿Por qué?
5. ¿Cómo ayudan sus hijos a sus compañeros en el colegio?

Segment 2:

1. ¿Qué otros motivos menciona Gerardina que una persona puede tener para dejar su país?
2. ¿Cuáles son algunas de las dificultades que se presentan al dejar su país?
3. ¿Qué conceptos o cosas pueden variar de país en país?
4. ¿Sobre qué habló el reportaje que vio en la televisión para el Día de la Madre?
5. Según Gerardina, ¿qué es dificilísimo?

7-31 A ti te toca Si tuvieras la oportunidad de conversar con Gerardina ¿qué preguntas les harías?

Después de ver

7-32 ¿Derechos para todos? Cada día miles de personas intentan entrar a los países ilegalmente. ¿Piensas que la gente tiene derecho a intentar mejorar su vida cruzando las fronteras ilegalmente? En grupos pequeños, piensen en cuatro argumentos a favor de la inmigración y cuatro en contra.

Enter the *De paseo* Message Board at www.cengage.com/login to share your comments and opinions on this interactive site.

To access flash-based grammar tutorials on the topics covered in this chapter, visit www.cengage.com/login.

PERSPECTIVA LINGÜÍSTICA

Auxiliary verbs

In **Capítulo 1,** you studied the present progressive, formed from the present tense of the auxiliary verb **estar** + *present participle.* In **Capítulo 6,** you studied verbs that are used with infinitives, such as **acabar de, ir a,** and **tener que.** In this chapter, you will study the remaining progressive tenses, as well as two of the perfect tenses. These are sometimes referred to as *compound tenses,* because they are compounded from an appropriate tense of the auxiliary verb plus either a present or past participle.

Estar is the auxiliary verb used for all of the progressive tenses. Remember that the progressive tenses are used primarily to indicate actions in progress at a specific point in time. The following information summarizes the formation of these tenses and provides examples of some additional uses for certain tenses.

Progressive Tenses

Present Tense

Auxiliary verb **(estar): estoy, estás, está, estamos, estáis, están**
Present participle: **estudiando, comiendo, insistiendo**
  Additional uses:

- temporary or unexpected action
  Vivo en San Antonio pero últimamente **estoy viviendo** en Chicago.

- repetitive events
  Estamos viendo muchos vídeos estos días.

- surprise or indignation
  ¿Qué nos **estás diciendo?**

Imperfect Tense

Auxiliary verb **(estar): estaba, estabas, estaba, estábamos, estabais, estaban**
Present participle: **estudiando, comiendo, insistiendo**
  Additional uses:

- repetitive events
  Cada vez que **estaban cenando** en ese café, veían a la misma mujer vieja vestida de manera muy extraña, con sus nietos.

- surprise or indignation
  ¿En **qué estabas pensando?**

Preterite Tense

Auxiliary verb **(estar): estuve, estuviste, estuvo, estuvimos, estuvisteis, estuvieron**
Present participle: **estudiando, comiendo, insistiendo**
  Additional uses:

- prolonged past action over a period of time
  Estuvieron trabajando en Albuquerque cinco años.

Future Tense

Auxiliary verb (estar): estaré, estarás, estará, estaremos, estaréis, estarán
Present participle: estudiando, comiendo, insistiendo
  Additional uses:

- events felt to be in progress already
  Estaremos manejando a El Paso mañana a esas horas.

- express probability about what is actually in progress
  Estarán estudiando a las siete.

Similar constructions are formed with **seguir** or **continuar** as the auxiliary verb to convey the idea of *to be still, to keep on,* or *to go on* doing something.

Las máquinas **siguen funcionando** porque nadie las apagó.

Continuó hablando como si fuera experto en la materia.

    Haber is the auxiliary verb used with the *perfect tenses.* These tenses and their uses will be described in **Perspectiva gramatical.**

PERSPECTIVA GRAMATICAL

Estructura 7-1a: Present perfect indicative of verbs with regular participles

¡Alto!

These activities will prepare you to complete the in-class communicative activities for the **Función 7-1** on pages 191–192 of this chapter.

The present perfect tense is generally used less often in Spanish than in English. In most Spanish-speaking countries, in fact, the preterite is used more commonly than the present perfect. The present perfect is most widely used in Spain.

  Spain: Se **han casado.**
  Other countries: Se casaron.

The present perfect indicative is formed by the present tense of the auxiliary verb **haber** plus the past participle. The following chart shows the formation and examples of the present perfect indicative.

PRESENT PERFECT INDICATIVE		
auxiliary (haber)	**participle**	**uses**
he	cantado	• events that happened in a period of time that includes the present
has	entendido	**He ido** dos veces esta semana.
ha	lucido	• very recent events
		¿No **has podido** hacerlo?
hemos		• past events relevant to the present
		¿Quién **ha dejado** este recado?
habéis		• negative time phrases
han		Hace mucho tiempo que no **hemos comido.**

    Regular past participles are formed by removing the infinitive ending and adding **-ado** (**-ar** verbs) or **-ido** (**-er** and **-ir** verbs) to the stem of the verb. Both English and Spanish have several irregular participles. In English, for example, the participle of *look* is *looked,* but the irregular participle of *took* is *taken.*

7-33 Cadena de triunfos Completa las siguientes oraciones en el presente perfecto de indicativo con la forma adecuada del verbo que está entre paréntesis.

1. La población latina de Estados Unidos _____ mucho en la última década. (crecer)
2. Los latinos _____ éxitos y fracasos en su empeño por abrirse paso en la compleja sociedad norteamericana. (tener)
3. Sus puntos débiles _____ los niveles de educación inferiores al promedio de la población. (ser)
4. Algunos latinos _____ niveles extraordinarios en sus campos. (alcanzar)
5. El actor José Ferrer _____ el Óscar por su actuación en «Cyrano de Bergerac». (recibir)
6. El Dr. Severo Ochoa _____ el Premio Nóbel de Medicina. (ganar)
7. La Coca-Cola _____ un presidente latino, Roberto Goizueta. (nombrar)
8. Los residentes de Nuevo México _____ a Edward Roybal al Congreso de Estados Unidos. (elegir)

7-34 Éxitos de los latinos en Estados Unidos Completa el siguiente párrafo en el presente perfecto de indicativo con las formas adecuadas de los verbos que están entre paréntesis.

Los latinos de Estados Unidos _____ (tener) una fuerte ética de trabajo. Los latinos emigrantes en particular _____ (trabajar) duro y _____ (perseverar). Así, muchos _____ (alcanzar) una vida mejor. Ellos _____ (renovar) el ideal norteamericano. Los latinos _____ (exhibir) también un alto grado de patriotismo. Los latinos _____ (luchar) por Estados Unidos en cada gran conflicto desde la revolución. Los latinos en Estados Unidos _____ (sostener) la economía nacional y la prosperidad de este país. La mano de obra y el sudor de los latinos _____ (ayudar) a construir esta nación. Lo más importante es que los latinos _____ (estar) entre los estadounidenses más laboriosos y _____ (dominar) industrias muy importantes como las de la agricultura, la vivienda, los servicios, los cuidados infantiles y la atención a los ancianos.

7-35 El desafío de la educación Completa las siguientes oraciones sobre la educación de los latinos en Estados Unidos con verbos escogidos de la lista que está a continuación.

ha contraatacado   ha convertido   ha logrado   ha manifestado
ha provocado   ha sido   han afectado

1. La educación entre los latinos se _____ en una crisis nacional.
2. Sólo el 10.6 por ciento de los hispanos de veinticinco años de edad o más _____ obtener al menos un diploma universitario.
3. La brecha entre los niños latinos y los no latinos se _____ en muchas dimensiones de la educación.
4. La discriminación _____ el mayor problema, porque el rápido crecimiento de la población latina _____ resentimiento en muchas áreas del país.
5. Las leyes contra la educación bilingüe y contra los emigrantes, como la del English Only, _____ a los hispanohablantes.
6. Así, la comunidad hispana _____ para que cese ese tipo de conducta.

7-36 En las noticias Completa estas oraciones acerca de Jorge Ramos, reconocido periodista de Noticiero Univisión, con las formas adecuadas de los siguientes verbos en el presente perfecto de indicativo.

afirmar   entrevistar   escribir   publicar   recibir   reportar   ser

1. Jorge Ramos _____ presentador de Noticiero Univisión desde 1986.
2. Ramos _____ eventos importantes, como la explosión terrorista de Oklahoma City, los disturbios civiles de Los Ángeles, la guerra del Medio Oriente y la caída del Muro de Berlín.
3. Ramos _____ a figuras internacionales, como a los presidentes de Estados Unidos, George Bush y Bill Clinton; al líder comunista cubano, Fidel Castro; al mexicano Carlos Salinas de Gortari; al colombiano Ernesto Samper y al escritor peruano Mario Vargas Llosa.
4. El presentador _____ numerosos reconocimientos a través de su carrera.
5. Además _____ varios libros, entre ellos *Detrás de la máscara,* en el que _____ entrevistas con varios líderes mundiales.
6. El periodista _____ también la credibilidad y confianza de la gente que «nos lee, ve y escucha».

7-37 Los niños latinos Completa las siguientes oraciones en el presente perfecto de indicativo con las formas adecuadas de los verbos que están entre paréntesis.

Ejemplo: El número de niños latinos *ha aumentado* mucho. (aumentar)

1. Se _____ que los niños latinos constituyen más del 12 por ciento de los niños estadounidenses y el 21.3 por ciento de todos los niños que viven debajo del nivel de pobreza. (estimar)
2. La proporción de latinos que no _____ estudios más allá del quinto grado es 14 veces mayor que la de los blancos. (cursar)
3. Durante décadas, los latinos _____ por establecer su identidad y por afirmar su existencia. (luchar)
4. La comunidad latina _____ en un grupo importante en la arena política. (convertirse)
5. Sin embargo, pocas organizaciones _____ la experiencia o capacitación requerida para responder a las inquietudes de los latinos. (adquirir)
6. El Consejo Nacional de Dirigentes Latinos (CLE), por otra parte, _____ fuentes de información sobre temas relativos al bienestar de los niños latinos. (desarrollar)
7. El Departamento de Salud y Servicios Humanos de los Estados Unidos _____ al CLE información con respecto a leyes y programas de reformas sociales pendientes. (solicitar)
8. El CLE también _____ y _____ en reuniones con el Comité de Miembros Hispanos del Congreso. (organizar; participar)
9. El CLE _____ con dignatarios elegidos para ayudar a crear los cambios necesarios en las políticas federales que mejorarán la calidad de vida de los latinos y de todos los niños y sus familias. (reunirse)

Estructura 7-1b: Present perfect indicative of verbs with irregular participles

In Spanish, some of the most frequently used verbs have irregular participles. You will have to memorize these forms.

IRREGULAR PAST PARTICIPLES

infinitive	participle	infinitive	participle
abrir	abierto	morir	muerto
cubrir	cubierto	poner	puesto
decir	dicho	resolver	resuelto
escribir	escrito	romper	roto
hacer	hecho	ver	visto
imprimir	impreso	volver	vuelto

¡OJO!

Any compound of these verbs will also have an irregular past participle, for example:

descubrir → descubierto
prescribir → prescrito
imponer → impuesto

It is important to remember that **-er** and **-ir** verbs that have stems ending with a vowel (**caer, creer, oír,** etc.) carry an accent over the **-í-** in the past participle (**caer → caído, creer → creído, oir → oído**).

7-38 Preparaciones para una fiesta Elena y Daniel se están preparando para hacer una fiesta. Escribe las respuestas de Daniel, según el ejemplo.

Ejemplo: Elena: ¿Abriste las botellas de vino?

Daniel: Sí, ya las _he abierto_ .

Elena: ¿Escribiste las invitaciones?

Daniel: ¿Sí, ya las _____ .

1

Elena: ¿Viste el mantel nuevo?

Daniel: Sí, ya lo _____ .

2

Elena: ¿Pusiste la mesa?

Daniel: Sí, ya la _____ .

3

Elena: ¿Cubriste los platos con papel aluminio?

Daniel: ¿Sí, ya los _____ .

4

Elena: ¿Hiciste el ponche?

Daniel: Sí, ya lo _____ .

5

Elena: ¿Le dijiste la hora a la camarera?

Daniel: Sí, ya se la _____ .

6

Elena: ¿Rompiste el florero?

Daniel: No, mi amor. Todavía no lo _____ .

7

7-39 ¿Qué has hecho hoy? Contesta las siguientes preguntas con oraciones completas en español.

1. ¿Qué has escrito?

_____

2. ¿A quién has hecho una llamada telefónica?

_____

3. ¿Qué cosa interesante has visto?

_____

4. ¿Has dicho una mentira blanca? ¿Qué?

_____

5. ¿Qué te has puesto?

_____

6. ¿A qué hora has vuelto a casa?

_____

7. ¿Qué cosa interesante has oído?

_____

8. ¿Qué cosa interesante has leído?

_____

7-40 Lo que he hecho hoy Completa las siguientes oraciones con las formas adecuadas del presente perfecto de indicativo de los verbos que están entre paréntesis.

Ejemplo: _he abierto_ las ventanas. (abrir)

Hoy, yo...

1. _____ muchas cosas hoy. (hacer)
2. _____ un informe para mi clase de español. (escribir)
3. _____ un capítulo de mi libro de historia. (leer)
4. _____ un libro a la biblioteca. (devolver)
5. _____ un programa de televisión popular. (ver)
6. _____ un rumor interesante. (oír)
7. no _____ ningún plato. (romper)

¡Alto!

These activities will prepare you to complete the in-class communicative activities for **Función 7-2** on pages 193–194 of this chapter.

Estructura 7-2: Present perfect subjunctive

The present perfect subjunctive, like the present perfect indicative, consists of a conjugated form of the auxiliary verb **haber** plus a past participle. The following chart shows the formation of the present perfect subjunctive and provides examples of its uses.

PRESENT PERFECT SUBJUNCTIVE		
auxiliary (haber)	**participle**	**uses**
haya	cantado	• in a subordinate clause following a verb that expresses an emotional reaction
hayas	entendido	Me alegro que ustedes **hayan llegado** a tiempo.
hayamos	lucido	• in a subordinate clause following a verb that expresses a value judgment
hayáis		Es imposible que **hayan salido** sin pagar.
hayan		• in a subordinate clause following a verb that expresses a nonspecific entity or event
		No conocemos a nadie que **haya vivido** en San José.

Note that the present perfect subjunctive (rather than the present subjunctive) tense is used in these examples, because the action in the subordinate clauses occurs *before* the action in the main clause.

¡OJO!

Don't forget to review the uses of the subjunctive on pages 112–118 of your textbook.

7-41 Ciencia y salud Completa las siguientes oraciones con verbos escogidos de la lista, usando el presente perfecto de subjuntivo.

afectar   contribuir   producir   responder   aprobar   desarrollar
recibir   sufrir

1. Nos asombramos de que muchas enfermedades _____ hasta dos veces más a los hispanos que al resto de la población estadounidense.
2. Es bueno que los laboratorios farmacéuticos _____ nuevos medicamentos para combatir enfermedades que afectan a millones de hispanos que viven en Estados Unidos.
3. El cincuenta y seis por ciento de los hispanos duda que su comunidad _____ cuidados médicos de menor calidad que los cuidados de los blancos no hispanos.
4. Es lamentable que los hispano-estadounidenses _____ deficiencias de salud.
5. Un factor que quizás _____ a esto es la falta de acceso al cuidado médico por falta de seguro médico.
6. Es impresionante que las empresas _____ nuevos medicamentos para combatir enfermedades que afectan desproporcionadamente a los hispanos de Estados Unidos, como el SIDA y distintos tipos de cáncer —incluyendo el cervical, el colo-rectal y el pulmonar—, la diabetes mellitus tipo 2 y los accidentes cerebrovasculares.
7. Molesta que la Oficina de Alimentos y Medicinas de Estados Unidos todavía no _____ estos nuevos medicamentos.
8. Es importante que la Asociación Nacional de Médicos Hispanos _____ a los intereses de 26.000 médicos licenciados y de 1.800 facultativos médicos hispanos dedicados a la enseñanza de la medicina y la investigación.

7-42 Mis impresiones sobre los latinos Repasa la información que has aprendido sobre los latinos en Estados Unidos y termina las siguientes oraciones, usando verbos en el presente perfecto de subjuntivo.

Ejemplo: Lamento que...

Lamento que un porcentaje bajo de latinos se haya graduado de la escuela secundaria.

1. Dudo que...
2. Es bueno que...
3. Es importante que...
4. Es malo que...
5. Es sorprendente que...
6. Me alegro de que...
7. Me asombro de que...
8. No conozco a nadie que...
9. No creo que...
10. No es posible que...
11. No es probable que...
12. No hay nadie que...
13. No hay ninguno que...
14. Puede ser que...

Estructura 7-3: Future perfect indicative

The future perfect indicative is seldom used. Its main purpose is to indicate what will have happened by a certain point in the future.

FUTURE PERFECT INDICATIVE		
auxiliary (haber)	**participle**	**uses**
habré	cantado	• actions and events that will have taken place by a particular point in the future
habrás	entendido	Para el año 2025, **habré pagado** los préstamos de la universidad.
habrá	lucido	• probability in the recent past
habréis		Ana no quiere ir al cine. Ya **habrá visto** la película.
habrán		• surprise in interrogative sentences
		¿Quién lo **habrá hecho**?

7-43 Los latinos y el censo Contesta las siguientes preguntas con oraciones completas en español, según la tabla. Usa verbos en el futuro perfecto de indicativo.

Ejemplo: ¿Con cuántas personas habrá aumentado la población hispana de Estados Unidos en 2005?

La población hispana habrá aumentado con 4.699.000 personas.

POBLACIÓN HISPANA DE ESTADOS UNIDOS			
2000	**2005**	**2015**	**2025**
31.360.000	36.059.000	46.704.000	58.925.000

1. ¿En qué porcentaje habrá crecido la población hispana entre el 2005 y el 2015?
2. ¿Con cuántas personas habrá aumentado la población hispana en 2015?
3. Según el porcentaje ¿habrá crecido más la población hispana entre los años 2005 y 2015 o 2015 y 2025?
4. En tu opinión, ¿qué estado habrá perdido más hispanos en el 2025?

7-44 Los ancianos y el censo Contesta las siguientes preguntas con oraciones completas en español, según la tabla. Usa verbos en el futuro perfecto de indicativo.

DISTRIBUCIÓN DE POBLACIÓN 60+ (PORCENTAJES)			
	2010	**2020**	**2030**
Blanco, no hispano	80.0	76.8	73.2
Norteamericano de origen africano, no hispano	8.7	9.4	9.7
Americano nativo, no hispano	.5	.5	.5
Norteamericano de origen asiático, no hispano	3.4	4.1	4.8
Hispano	7.4	9.3	11.9

1. ¿Qué grupo habrá mantenido su población durante veinte años?
2. ¿Qué grupo habrá perdido población durante veinte años?
3. ¿Qué grupo habrá aumentado más para el 2030?
4. Para el 2020, ¿qué grupos habrán ganado igual porcentaje?

7-45 Me graduaré de la universidad Completa el siguiente párrafo con las formas adecuadas del futuro perfecto de los verbos que están entre paréntesis.

Para el día de mi graduación yo _____ (tomar) una decisión sobre mi futuro.
1
Yo _____ (completar) todas las tareas y _____ (terminar) todos los exá-
2   3
menes. Mis seres queridos _____ (recibir) las invitaciones a la ceremonia
4
de graduación. Mis amigos y yo _____ (hacer) todos los arreglos para una
5
fiesta de graduación y _____ (invitar) a todo el mundo. Antes de salir de la
6
universidad yo _____ (vender) mis libros de texto. Mi amigo y yo _____
7   8
(alquilar) un apartamento en la ciudad donde vamos a trabajar. ¡Claro! Nosotros
_____ (conseguir) empleo y _____ (decir) «adiós» a la vida estudiantil.
9   10

7-46 Predicciones para tu estado ¿Cómo habrán cambiado las siguientes poblaciones de tu estado para el año 2020? Escribe tus predicciones, usando el futuro perfecto de indicativo.

Ejemplo: los latinos

Creo que la población latina de mi estado habrá aumentado el treinta por ciento para el 2020.

1. los americanos nativos
2. los ancianos
3. los hispanos
4. los jóvenes
5. los norteamericanos de origen africano

7-47 Cambios en tu universidad Para el año 2025, ¿cómo habrá cambiado tu universidad? Escribe un párrafo usando verbos en el futuro perfecto de indicativo.

Ejemplo: *Para el año 2025 mi universidad habrá cambiado mucho.*

7-48 Para las próximas elecciones Completa las siguientes oraciones con las formas adecuadas del futuro perfecto de los verbos que están entre paréntesis.

1. Los políticos _____ en cuenta los votos latinos. (tomar)
2. Los votantes _____ demandas respecto a la instrucción y los empleos. (hacer)
3. Todo el país _____ un aumento tremendo de la población latina. (ver)
4. En nuestra comunidad _____ muchas tiendas latinas. (abrirse)
5. Nosotros _____ el español por todas partes de la comunidad. (oír)
6. Los periódicos _____ más noticias positivas acerca de los latinos. (publicar)
7. Muchos niños latinos _____ a leer y escribir en dos idiomas. (aprender)
8. Yo _____ a los barrios latinos de San Antonio, Chicago, Miami y Nueva York. (ir)

CAPÍTULO 8
MUY INTERESANTE

Colman Lerner Gerardo/Used under license from Shutterstock

LOS ATLANTES DE TULA, MÉXICO: ¿GUERREROS TOLTECAS O EXTRATERRESTRES?

Courtesy Donna Long & Jan Macián

Gerardina Garita-Lacey

'Aunque no lo creas…': así empieza el famoso dicho de Robert L. Ripley, el primer hombre que dedicó su vida a recorrer el mundo en busca de cualquier cosa increíble, extraña o insólita. Después de su muerte en 1949, los cuentos de este periodista excéntrico ganaron fama mundialmente y el público siguió con interés los relatos de las mil y una maravillas que Ripley escribió en sus viajes a 198 países. Hoy en día, a la gente aún le interesan lo curioso, lo extraño y lo misterioso que muchas veces no tienen explicación lógica. En este capítulo, vas a leer sobre unos casos extraños emitidos por la radio o en la prensa amarilla o los tabloides. Investigarás los misterios de las líneas de Nazca, los moai de Rapa Nui y otros fenómenos de la naturaleza.

GERARDINA GARITA-LACEY, SAN JOSÉ, COSTA RICA

Guía para el lector

As you read **«En las noticias»**, use the following questions as a guide.

1. ¿Qué evento causó la histeria colectiva de una nación?
2. ¿Cuándo ocurrió este evento?
3. ¿Quiénes atacaron la Tierra?
4. ¿Qué hacía la gente al escuchar el programa?
5. ¿Cuál es otra de las fuentes de noticias extrañas?
6. ¿Qué tipo de noticias ofrecen?
7. ¿Qué piensa Vargas Llosa sobre este tipo de periodismo?
8. Según él, ¿cómo se puede combatir esta prensa sensacionalista?

SUGERENCIAS PARA APRENDER EL VOCABULARIO

CÓMO RECONOCER Y USAR LOS AUMENTATIVOS In many of the tabloids, the stories are "larger than life." Spanish has a variety of suffixes that are attached to nouns, adjectives, or adverbs to express largeness or intensity. For example, by simply adding **-ote,** you can change the word **libro** (*a normal book*) to **librote** (*a big, heavy book*). Other common endings are **-ota, -ón/-ona** (sillón, cajón) and **-azo/-aza** (pelotazo, paquetazo). While it is fun to experiment with words, you should be careful when using them in conversation. Some word and suffix combinations may produce words that have unpleasant or offensive meanings. You may use **grande** (*large frame*) to refer to the physical size of a person; however, referring to him or her as **grandote/grandota** (*huge, bulky, hulking*) would not be acceptable in certain contexts. If you are not sure of the appropriate use, check with your instructor, because your dictionary may not give this information.

EN LAS NOTICIAS

El pánico causado en Estados Unidos por un programa de radio **demostró** por primera vez la capacidad de los **medios de comunicación** para **provocar la histeria colectiva**. A las 8 de la tarde del 30 de octubre de 1938, la neoyorquina CBS **emitía** una recreación de la novela de H. G. Wells, «La guerra de los mundos», en la que los marcianos atacaban la Tierra con un **mortífero rayo calórico** tirando **flechazos de luz** a todas las ciudades y pueblos del mundo. El **guionista** y locutor que durante una hora **hizo enloquecer al país** con su teatralización, llena de **efectos especiales sonoros,** fue Orson Welles y su *Mercury Theatre on the Air*. La gente lloraba, salía de sus casas, **prevenía** a sus familiares de la invasión, solicitaba ambulancias, **pedía auxilio** a la policía... El tono realista de la **emisión** («La CBS interrumpe su programa para anunciar que un **meteoro** de grandes dimensiones ha caído en Grovers Hill, a pocos kilómetros de Nueva York... ») y el crédito de Welles, hicieron posible la mayor **broma** de *Halloween*.

Otra fuente de información sobre casos extraños se encuentra en los **tabloides**, la llamada **«prensa amarilla»** o **sensacionalista,** de gran éxito en Estados Unidos y en muchos países hispanohablantes. Es el resultado **impreso** de una receta **sencilla** y **eficaz:** información impactante y morbosa, verdadera o **tergiversada,** crímenes y sexo, escándalos, deportes, **avistamientos, casas encantadas,** tiras cómicas, grandes **titulares** de doble sentido y muchas fotos, a veces **trucadas** o en **fotomontaje**. Persigue la evasión y

EL MORTÍFERO RAYO CALÓRICO. ¿TE GUSTA LA CIENCIA FICCIÓN?

diversión del lector, más que su información; la representación de las noticias es provocadora e intenta reflejar y gustar, a los sectores más populares de la sociedad.

Sobre la prensa amarilla, el escritor peruano nacionalizado español, Mario Vargas Llosa, **lamentó** que sea «una **plaga de nuestro tiempo,** que por desgracia **se da por igual** en las sociedades más cultas y en las más primitivas» y que afecte a todos los países. Definió esa prensa como la que se basa en «la información malintencionada, que lo que busca es entretener, divertir, aunque sea sacrificando la vida privada de las personas, a las que muchas veces hace un daño tremendo, y destruye un poco los valores de una sociedad». Ese fenómeno, dijo, «sólo puede **ser combatido** culturalmente, **no a través de ninguna forma de censura o represión,** porque **el remedio sería peor que la enfermedad.** Si no nos vacunamos con la cultura y la educación contra ese tipo de periodismo, creo que nuestras instituciones **peligran**». ¿Qué opinas tú? ¿Es una plaga o simplemente una manera de entretenerse **haciendo cola** en el supermercado?

SAIA/Used under license from Shutterstock

As you read, list or underline the cognates that are related to the topic and be sure to use them as you do the **activities**.

Using the **Tema para la conversación** questions as a guide, enter the *De paseo* message board at **www.cengage.com/login** to share your comments and opinions on this interactive site.

Tema para la conversación 8-1

¿Han participado en bromas de *Halloween* o en otras ocasiones? En grupos pequeños, cuenten las mejores bromas que han experimentado.

Tema para la conversación 8-2

¿Conocen los títulos de algunos tabloides? En grupos pequeños, describan algunos artículos típicos de los tabloides.

VOCABULARIO PARA LA CONVERSACIÓN

avistamiento sighting (of UFOs, etc.)

broma joke

casa encantada haunted house

dar por igual *v. tr.* to not make any difference

demostrar *v. tr.* to show, demonstrate

efectos especiales sonoros special sound effects

eficaz efficient

el remedio es peor que la enfermedad the cure is worse than the illness

emisión *f.* broadcast

emitir *v. tr.* to broadcast

flechazos de luz rays of light

fotomontaje *m.* photo montage

guionista *m./f.* scriptwriter

hacer cola *v. tr.* to wait in line.

hacer enloquecer al país *v. tr.* to drive the country crazy

impreso/impresa printed

lamentar *v. tr.* to complain

medios de comunicación (mass) media

meteoro meteor

mortífero rayo calórico deadly (lethal) heat ray

no a través de ninguna forma de censura o represión not through any form of censorship or repression

pedir auxilio *v. tr.* to ask for help

peligrar *v. intr.* to be in danger

plaga de nuestro tiempo scourge of our time

prensa amarilla/sensacionalista yellow press, tabloid press, tabloids

prevenir *v. tr.* to avoid, prevent; to warn

provocar la histeria colectiva *v. tr.* to cause mass hysteria

sencillo/sencilla simple, plain; easy

ser combatido *v. intr.* to be fought against

tabloide *m.* tabloid press

tergiversado/tergiversada distorted, misrepresented

titular *m.* headline

trucado/trucada tricked, falsified

Vocabulario en acción

8-1 Las noticias de hoy ¿Qué ocurrió en las noticias esta semana? En parejas...

- cuenten y comenten algunos de los casos increíbles que ocurrieron en las noticias.
- escriban un resumen sobre uno de estos eventos y compartan la información con los demás grupos.

¡Adelante!

Now you should complete the **Primera etapa** of the *Diario de actividades,* pages 158–161.

8-2 ¿Están de acuerdo? ¿Lees los tabloides? ¿Piensas que la información es malintencionada? En grupos pequeños, decidan si la prensa amarilla puede destruir la vida de las personas o los principios de una sociedad, o si es inofensiva y simplemente una manera de entretenerse.

8-3 A practicar Estudia los aumentativos siguientes y escribe la raíz de cada palabra. Después, escribe cinco oraciones completas, usando los aumentativos.

1. ricachón
2. cochazo
3. solterón
4. codazo
5. preguntón
6. poblacho
7. cursilón
8. casota
9. palabrota
10. pajarraco

FUNCIÓN 8-1: Cómo hablar de acciones terminadas en el pasado

Wendell Metzen/Bruce Coleman, Inc./Photoshot, Inc.

La cotorra puertorriqueña. ¿Qué otras especies están en peligro de extinción?

« *Millones de cotorras puertorriqueñas (Amazona vittata)* **habían coexistido** *en una relación pacífica con los habitantes precolombinos de Puerto Rico, los taínos. Sin embargo, a causa del desarrollo, estos pájaros encantadores* **habían desaparecido** *de los bosques de la isla para mediados del siglo XX. Una coalición de científicos* **había desarrollado** *un plan para salvar a las cotorras, pero en 1989 el huracán Hugo devastó la isla y mató a la mitad de las aves. Hoy sólo hay 30 cotorras que viven en su hábitat natural.* »

ELISA MARTÍNEZ, SAN JUAN, PUERTO RICO

8-4 Fenómenos extraordinarios En grupos pequeños, describan fenómenos extraordinarios: un fenómeno de la naturaleza (las auroras, una erupción volcánica, etcétera) o un fenómeno inexplicado (círculos de luz, signos en los campos de cultivo, etcétera) que hayan experimentado. Usen las siguientes preguntas como puntos de partida.

¡Alto!

Review **Estructura 8-1** in the **Repaso de gramática** on pages 239–240 at the end of this chapter and complete the accompanying exercises.

Ejemplo: *Esa noche había mirado una película de terror en la tele.*

1. ¿Qué habías hecho ese día (esa tarde, esa noche) antes de experimentar el fenómeno?
2. ¿Habías hablado con otra persona respecto al fenómeno?
3. ¿Habías experimentado ese fenómeno anteriormente?
4. ¿Habías leído un artículo al respecto?
5. ¿Habías visto el fenómeno en la televisión o habías oído noticias en la radio?

8-5 Inventos Es probable que, al principio, muchos inventos se hayan considerado fenómenos extraños. En grupos pequeños, escojan inventos del siguiente listado y comenten lo que motivó a sus creadores. Sigan el ejemplo.

Ejemplo: los productos cosméticos

Las mujeres habían usado pomadas muy duras, coloreadas de minerales y jugos.

1. el Wii
2. el aire acondicionado
3. el avión
4. la cremallera
5. la Wi-Fi
6. el rotulador
7. la cámara digital
8. el cinturón de seguridad
9. el microondas
10. el televisor de pantalla plana
11. el reproductor de MP3
12. el teléfono celular
13. los cierres velcro
14. el cajero automático (*ATM*)

8-6 Ig Nóbel, los premios a la ciencia más chocante En parejas, estudien la lista de ganadores de los premios Ig Nóbel de los Anales de Investigaciones Improbables. Comenten las razones que motivan estas investigaciones usando el pluscuamperfecto de indicativo.

Ejemplo: *Linguística. Juan Manuel Toro, Josep Trobalon y Nuria Sebastián Gallés, de la Universidad de Barcelona por demostrar que las ratas no pueden distinguir entre el japonés y el holandés cuando son hablados al revés.*

Estudiante 1: *Los investigadores **habían hablado** el japonés y el holandés normal con las ratas.*

Estudiante 2: *Y las ratas no **habían respondido** al escuchar los idiomas hablados al revés.*

¡Adelante!
Now that you have completed your in-class work on **Función 8-1,** you should complete **Audio 8-1** in the **Segunda etapa** of the *Diario de actividades,* pages 162–166.

Ig Nóbel, los premios a la ciencia más chocante
Y los ganadores de este año son...

Coincidiendo con la solemne concesión de los Nóbel, una alegre panda° de profesores y alumnos de Harvard, agrupados bajo el nombre de «Annals of Improbable Research» (Anales de Investigaciones Improbables), concede los Ig Nóbel, también en una ceremonia pero llena de gamberradas°. Estos galardones°, que cualquiera se avergonzaría de ganar, premian las investigaciones más absurdas, bobas y pintorescas que se hayan hecho en el año. Hay que advertir que todas ellas están realizadas con rigor y que salen en las mismas revistas científicas en que publican sus hallazgos los investigadores más notables del planeta. Para que se aprecie el auténtico alcance de los Ig Nóbel, éstos son los galardonados de este año en las diversas modalidades:

- **Física.** *Ex aequo* al doctor Len Fisher, de Bath (Reino Unido), por calcular la forma óptima de mojar una galleta en el café, y al profesor Jean-Marc VandenBroeck, de la Universidad de East Anglia (Reino Unido), por calcular cómo verter a chorro una taza de té sin que la tetera gotee.
- **Biología.** A Paul Bosland, del Instituto del Chile de la Universidad de Nuevo México (Estados Unidos), por la reproducción de un chile jalapeño que no pica.
- **Sociología.** A Steve Penfold, de la Universidad de York de Toronto (Canadá), por su tesis doctoral sobre la sociología de las tiendas de donas canadienses.
- **Medio ambiente.** A Hyuk-ho Kwon, de la empresa Kolon de Seúl (Corea del Sur), por inventar una ropa para negocios autoperfumable.
- **Paz.** A Carl Fourie y Michelle Wong, de Johannesburgo (Sudáfrica), por inventar una alarma antirrobos para coches que activa un lanzallamas°.

panda *gang* **gamberradas** *hooliganism* **galardones** *awards* **lanzallamas** *flamethrower*

FUNCIÓN 8-2: **Cómo hablar de circunstancias hipotéticas**

El lago Nahuel Huapi en el sur de Argentina. ¿Es el «Nahuelito» un pariente del monstruo de Loch Ness?

*«Me había sentado en las orillas de Nahuel Huapi y algo había pasado debajo de la superficie del lago. ¿Era posible que **hubiera visto** al Nahuelito o era más probable que **hubiera soñado** despierta?»*

RAQUEL PINA, SANTA FE, ARGENTINA

RM/Used under license from Shutterstock

8-7 ¡Sorpresa! El mundo está lleno de sorpresas, ¿no? En parejas…

- mencionen tres cosas (cada uno) que les sorprendieran positiva o negativamente.
- usen una variedad de expresiones de sorpresa, según las indicaciones.

Ejemplo: *Me sorprendió que mis amigos hubieran leído sobre casos reales de la combustión espontánea.*

1. Me sorprendió que…
2. Me pareció increíble que…
3. Quedé muy impresionado/impresionada con que…
4. Nunca pensé que…
5. Jamás me imaginé que…
6. Me asombró que…
7. Era probable que…

> **¡Alto!**
> Review **Estructura 8-2 in** the **Repaso de gramática** on pages 241–242 at the end of this chapter and complete the accompanying exercises.

8-8 Películas fenomenales Todos hemos visto películas y programas de televisión que cuentan sucesos extraordinarios. En parejas, elijan una película o un programa que ambos/ambas hayan visto y conversen completando las siguientes frases de una manera lógica.

Ejemplo: la película «La momia»   (No) Habría visto…

Estudiante 1: *No habría visto «La momia» si mi amigo no me hubiera invitado al cine.*

1. (No) Habría ido…
2. (No) Habría comprado…
3. (No) Habría comido/bebido…
4. (No) Habría hecho…
5. (No) Habría tenido…
6. (No) Habría creído…
7. (No) Habría dicho…
8. (No) Me habría divertido…

8-9 Fenómenos paranormales En grupos pequeños, estudien los siguientes fenómenos científicamente inexplicables. Coméntenlos, usando estas expresiones en sus comentarios.

¡Ojalá! dudo es imposible es increíble es sorprendente niego no creo quizá tal vez

Ejemplo: De una mesa del comedor se elevó una pequeña mano de una forma muy bella, que regaló una flor.

Estudiante: *¡Ojalá que hubiera visto este fenómeno!*

1. Por los vídeos de filmaciones termodinámicas se apreciaron movimientos de energía calórica que no se detectarían con una cámara de vídeo común.
2. Se tomaban fotografías de personas (esto en una sesión de espiritismo) y en las fotografías instantáneas aparecían palabras y frases inexplicables.
3. El mito del vampiro ha estado presente desde tiempos inmemoriales, en casi todas las culturas de la Tierra.
4. Hay quienes afirman que una criatura similar a la del lago Ness existe en el lago Nahuel Huapi; esto puede deberse a diferentes causas: estrategias para atraer a turistas, fenómenos naturales mal interpretados o la verdadera existencia de una criatura, quizá no prehistórica pero sí desconocida.
5. Desde hace mucho tiempo, había casos en que el cuerpo humano se ha inflamado bruscamente sin que pueda darse una explicación convincente acerca de cómo ha podido ocurrir.
6. Gracias a los equipos de televisión y vídeo, se pueden ver imágenes del más allá. Incluso se ha descubierto que los espíritus nos espían a través de las pantallas de televisión o los monitores de vídeo, apagados o encendidos.
7. Los expertos en parapsicología advierten de los peligros de la ouija, al parecer un dispositivo capaz de desatar fuerzas que muy pocas veces son posibles de controlar.
8. En 1929, un miembro de la comitiva del presidente estadounidense Herbert C. Hoover declaró haberse topado con un fantasma en uno de los pasillos del museo Isaac Hernández Blanco.

8-10 Sucesos históricos A todos nos gustaría haber presenciado sucesos históricamente importantes. En grupos pequeños, estudien los siguientes sucesos y comenten por qué sí o por qué no les hubiera gustado participar en ellos.

Ejemplo: cruzar elefantes por el estrecho de Gibraltar con el general Aníbal

Estudiante 1: *No creo que hubiera cruzado el estrecho de Gibraltar con el general Aníbal y sus elefantes, porque me mareo fácilmente.*

Estudiante 2: *Yo, sí. Me habría encantado cruzar el estrecho de Gibraltar con el general Aníbal y sus elefantes porque me gustan los desafíos.*

1. construir la ciudad de Machu Picchu con los incas en 1450
2. ver las líneas de Nazca, Perú, desde el avión de Paul Kosok en 1940
3. desembarcar en la península de Baja California con el navegante español Fortún Jiménez en 1534
4. encontrar las cascadas de Iguazú con Álvar Núñez Cabeza de Vaca en 1541
5. escribir las primeras frases de la lengua española con los monjes de San Millán en el siglo XI
6. edificar el acueducto de Segovia en España con los romanos en el siglo I
7. inventar la primera vacuna contra la meningitis bacteriana con el doctor Vicente Vérez-Bencomo en Cuba en 1990
8. luchar por la independencia de Colombia con Simón Bolívar en 1819

¡Adelante!

Now that you have completed your in-class work on **Función 8-2,** you should complete **Audio 8-2** in the **Segunda etapa** of the *Diario de actividades,* pages 166–169.

FUNCIÓN 8-3: Cómo hablar de lo que habrías hecho en ciertas circunstancias

Los *Castellers* de Vilafranca del Penedés. ¿Si tuvieras la oportunidad, participarías en esta actividad?

<< *Una actividad cultural muy interesante de España es la de los Castellers de Vilafranca del Penedés.* **Si este grupo no se hubiera establecido en 1948,** **se habría perdido** *la tradición de construir las impresionantes torres humanas.* >>

RICARDO CONDE, VALENCIA, ESPAÑA

8-11 Si fuéramos diferentes... Casi todo el mundo quiere cambiar sus propias circunstancias de vez en cuando. En parejas, comenten sus circunstancias y los cambios que habrían hecho.

Ejemplo: Si yo hubiera nacido rico/rica, **habría comprado** un chalet en Colorado.

1. Si yo me hubiera ganado la lotería...
2. Si no me hubiera matriculado en esta universidad...
3. Si me hubiera especializado en otra materia...
4. Si yo hubiera viajado a...
5. Si yo hubiera nacido en...
6. Si yo hubiera comprado...
7. Si yo hubiera sabido...

8-12 Si lo hubiera visto En grupos pequeños, conversen acerca de los siguientes sucesos históricos desde la perspectiva de un participante o un observador. Usen los verbos que están a continuación.

Ejemplo: circunnavegar la Tierra en globo aerostático

Si hubiera circunnavegado la Tierra en globo aerostático, habría sacado muchas fotos.

Verbos: contarme, decirme, escuchar noticias, experimentar, oír de, participar, presenciar, ser testigo de, ver

1. el hundimiento del «Titanic» de 1912
2. el huracán «Katrina» de 2005
3. el terremoto de San Francisco de 1906
4. la epidemia mundial de influenza de 1918
5. la explosión del transbordador «Challenger» en 1986
6. la nevada de 1888 del este de Estados Unidos
7. el diluvio de Johnstown, Pennsylvania de 1889
8. la «tormenta perfecta» de 1991

¡Alto!
Review **Estructura 8-3 in** the **Repaso de gramática** on pages 242–244 at the end of this chapter and complete the accompanying exercises.

8-13 Las líneas de Nazca En el desierto cerca de la ciudad de Nazca, Perú, se han encontrado unas líneas que han despertado la curiosidad de todos. Vistas desde una avioneta, estas líneas forman enormes figuras, jeroglíficos, rayas y rectángulos. En parejas, estudien la foto de las líneas de Nazca y conversen sobre ellas, según las indicaciones.

Ejemplo: ver las líneas

Estudiante: *Si yo hubiera visto las líneas de Nazca, habría creído en los extraterrestres.*

1. hacer las líneas
2. descubrir las líneas
3. investigar sobre las líneas
4. poner un anuncio sobre las líneas
5. volar sobre las líneas
6. describir las líneas
7. ver fotos de las líneas

¡Adelante!

Now that you have completed your in-class work on **Función 8-3,** you should complete **Audio 8-3** in the **Segunda etapa** of the *Diario de actividades,* pages 169–173.

Jacob Halaska/Jupiter Images

EN EL DESIERTO DE NAZCA. ¿QUÉ REPRESENTAN ESTAS LÍNEAS?

LECTURA CULTURAL: «¿Cómo se construyeron los *moai*?»

Cuando estás esperando pagar en el supermercado, ¿pasas algunos minutos leyendo los periódicos sensacionalistas que se encuentran al lado de la caja? Sin embargo, los acontecimientos reales a veces son más interesantes que los ficticios. En este capítulo vas a leer un artículo acerca de las impresionantes esculturas de los *moai* en la Isla de Pascua, una isla polinesia a 3.526 kilómetros de la costa de Chile. La Isla de Pascua (o Rapa Nui, el nombre tradicional) es considerada uno de los lugares más remotos del mundo y hay teorías contradictorias con respecto a los orígenes de sus primeros habitantes.

Happy Alex/Used under license from Shutterstock

AHU TAHAI: LOS *MOAI* DE LA ISLA DE PASCUA (RAPA NUI). ¿QUÉ FENÓMENOS INTERESANTES HAS EXPERIMENTADO TÚ?

SUGERENCIAS PARA LA LECTURA

CÓMO INFERIR Several of the articles in this chapter are about places and events that were reported in newspapers and magazines from various Spanish-speaking countries. As you read, use your background knowledge about the type of information that is typically given in different news reports and also about the cultural context of the region or country in which the event took place. First of all, think about the title of the article and hypothesize about the content. A report about some ancient sculptures will describe the discovery of the sculptures, then discuss the cultures who settled in the region by summarizing the history, then possibly report on conflicts or changes through the years.

   After you have identified the main points, examine the cultural content: Who are the cultural groups? What were their beliefs? What were the political and cultural issues important to the region or country? Even though you may be able to understand the surface information, in order to interpret the author's message you must be able to «read between the lines» to make the appropriate inferences. Use the pre-reading activities and student annotations to help you.

Antes de leer

8-14 ¿Cómo son los _moai_? Rapa Nui o Isla de Pascua es conocida mundialmente por sus gigantescas estatuas de piedras volcánicas, los _moai_, y sus altares, los _ahu_. En grupos pequeños, estudien la foto de la página 229 y describan las facciones de las figuras.

Ejemplo: _Las caras son gigantescas._

8-15 Lluvia de ideas Rapa Nui, es llamada _Te Pito Te Henua_ (el ombligo del mundo) por los nativos. En grupos pequeños, generen una lluvia de ideas acerca de la importancia de ese nombre.

Ejemplo: _Es posible que fuera un centro religioso._

PEQUEÑO DICCIONARIO

El siguiente artículo del Ministerio de la Cultura de Chile explica la construcción de los famosos _moai_ en la Isla de Pascua. Antes de leer el artículo y hacer las actividades, busca las palabras en el texto y usa dos o tres para escribir oraciones originales en una hoja aparte.

adosar _v. tr._ Poner una cosa, por su espalda o por los lados.

al pie de la letra Literalmente.

cavar _v. tr._ Levantar y mover la tierra con la azada, el azadón u otro instrumento semejante.

deslizar _v. tr._ Hacer llegar algo con cuidado venciendo alguna dificultad.

develar _v. tr._ Quitar o descorrer el velo que cubre algo.

erguir _v. tr._ Levantar y poner derecho algo.

escoria Lava porosa de los volcanes.

esculpir _v. tr._ Labrar a mano una obra de escultura.

hendidura Corte en una superficie o en un cuerpo sólido cuando no llega a dividirlo del todo.

ladero/ladera Perteneciente o relativo al lado.

palanca Barra inflexible, recta, angular o curva, que se apoya y puede girar sobre un punto, y sirve para transmitir una fuerza.

PALANCA

quilla Pieza de madera o hierro.

riel _m._ Barra pequeña de metal.

socavar _v. tr._ Excavar por debajo algo.

tallar _v. tr._ Dar forma o trabajar un material.

trineo Vehículo sin ruedas usado para transportar materiales de construcción sobre el terreno.

TRINEO

Guía para el lector

As you read **«Cómo se construyeron los _moai_»**, use the following questions as a guide.

1. ¿Cómo fueron abandonados los _moai_?
2. ¿Dónde fueron construidos los _moai_?
3. ¿De qué material fueron esculpidos?
4. ¿Cómo fueron erguidos los _moai_?
5. ¿Qué hacían cuando terminaban el _moai_?
6. ¿Qué dice la tradición oral acerca del emplazamiento de los _moai_?
7. ¿Cómo fueron decorados?

A leer

«CÓMO SE CONSTRUYERON LOS MOAI»

Estamos lejos de develar el misterio de la construcción de los _moai_; sin embargo, algo podemos inferir, dado que gran parte de estos gigantes fueron abandonados a medio terminar. A continuación comentamos lo que parece ser la teoría más cercana al sentido común.

Casi todos los _moai_ que conocemos se esculpieron en la ladera de un volcán extinto, llamado Rano Raraku; las rocas que allí hay son únicas

→

en la isla, fáciles de tallar y, al mismo tiempo, suficientemente duras como para resistir el paso de los años.

Un observador diría que lo más fácil habría sido hacer rodar la piedra hasta un lugar más cómodo, pero los constructores prefirieron hacer todo el trabajo en el mismo lugar, por razones que permanecen en el misterio.

El *moai* era entonces tallado sobre la misma ladera, tal como aparece en la figura siguiente, y luego quedaba unido a ésta por la espalda.

Esta especie de quilla que lo unía por la espalda al suelo se iba socavando hasta dejarlo libre:

Entonces se deslizaba ladera abajo...

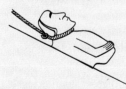

... llegando a una hendidura cavada en la base del volcán:

Allí, la estatua quedaba fija y un poco enterrada, lo que posibilitaba corregir su espalda y seguir con el dibujo de diferentes decoraciones:

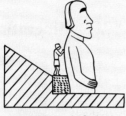

Podemos inferir esto con algo de seguridad, puesto que muchos de estos colosos quedaron a medio hacer, en diferentes etapas de su producción, como si de pronto y sin previo aviso las labores hubieran sido interrumpidas.

Una vez terminado el *moai*, comenzaba la penosa tarea de trasladarlo hasta su lugar de emplazamiento. No se sabe con exactitud cómo se realizaba esto, y la tradición oral que dice que los *moai* llegaban a sus bases «caminando», obviamente no debe tomarse al pie de la letra. Algunos experimentos han demostrado que era posible hacerlo adosando maderos a la estatua como si se tra-

tara de un trineo, y desplazándola sobre rieles hechos con troncos de árboles. Sin embargo, las últimas investigaciones demuestran la existencia de troncos inclinados en el camino por donde se realizaba el traslado, lo que hace suponer que de alguna manera este se hacía a través de un sistema de palancas.

Gran parte de los últimos *moai* construidos tiene un *pukao*, o cilindro de escoria volcánica situado sobre la cabeza. Los *pukao* se esculpían en un pequeño cráter llamado Puna Pao y tenían una coloración rojiza debido a la piedra con que eran hechos.

Cuando el *moai* llegaba al ahu, o base donde se erguiría finalmente, se alzaba poco a poco mediante la acumulación de piedras que iban formando una rampa. Es de suponer que el pukao se le colocaba cuando se alzaba a unos 45°. La última parte era la colocación de los ojos, hechos de coral y obsidiana o escoria roja. Se piensa que esto activaba de alguna manera el *mana*, o poder del *moai*.

If you would like to read a theory about the collapse of the ancient Easter Island society, see Part Two of **Collapse: How Societies Choose to Fail or Succeed** (2005) by Jared Diamond.

Después de leer

8-16 Cultura vs. ecología A veces las tradiciones culturales impactan mucho el medio ambiente. En grupos pequeños, conversen acerca de los posibles efectos de la construcción de los *moai* en el ecosistema de Rapa Nui.

8-17 Los habitantes de Rapa Nui La población nativa de la Isla de Pascua empezó a disminuir precipitadamente en el siglo XIX. En grupos pequeños, escriban una lista de las posibles causas de este fenómeno.

8-18 Investigación independiente Usando Internet, busca información acerca de la historia de Rapa Nui.

LECTURA LITERARIA: **Biografía**

Ricardo Conde (1946–) nació en Valencia, una ciudad en la costa mediterránea de España. Conde cursó estudios universitarios y dedicó sus talentos a la ingeniería electrónica y la computación. Estas experiencias proveen la inspiración para sus cuentos futuristas. Ahora, Conde reside en Estados Unidos, donde escribe cuentos y poesía y practica las artes de la fotografía, el dibujo y la cerámica.

Courtesy Donna Long & Jan Macián

RICARDO CONDE

Antes de leer

8-19 La realidad virtual El mundo que nos rodea se convierte en «ilusión» cuando las computadoras lo presentan como realidad virtual. Hoy en día, hay lentes, aparatos y tecnología que han sido diseñados para transformar la experiencia perceptiva de la persona que los usa. En grupos pequeños, contesten las siguientes preguntas.

1. ¿Pasan ustedes horas jugando con los juegos de computadora? ¿Con juegos interactivos como el *Wii*?
2. ¿Pueden ser adictivos estos juegos? ¿Por qué?
3. ¿Han experimentado ustedes la realidad virtual? ¿Dónde? ¿Cómo reaccionaron?
4. ¿Les recomendarían ustedes la realidad virtual a otros estudiantes? ¿Por qué?

A leer

«LA MUERTE», POR RICARDO CÓNDE

Juan Gutiérrez, joven gallardo, delgado, flaco, de piel blanca como leche porque nunca vio el sol, pasaba sus días y noches conectado a su ciberespacio, ese mundo enorme de realidad virtual que alimentaba sus ojos y alma por el día y lo llenaba de placer pecaminoso por la noche en aras de la perfecta cibermujer.

Un día pasó lo que no había pasado antes. Hubo una gran explosión al otro lado de la habitación que él comunicaba y de la cual nunca había salido en su efímera vida de sólo veinte años. La oscuridad era completa. Dejó de tener sensaciones. No tenía ni calor ni frío ni sentía pena ni alegría. No sentía nada. De repente, por primera vez en su vida experimentaba una sensación que nunca había sentido. Por referencia no tardó mucho en darse cuenta que esta sensación era de miedo… temía que eso fuera lo que en términos *virtuales* era la muerte. Y pensó: «No es tan malo».

Así pasó el tiempo, inmóvil, tratando de sentir y apreciar aquellos sentimientos de miedo y muerte de su cuerpo terrenal. Esos sentimientos que eran propios y no generados por la silicona. Esperaba lo que pronto empezaría y estaba atento para experimentar todas las sensaciones cuando su ser se separara de su cuerpo mortal. Lo sabía porque ya lo había experimentado en su muerte *virtual*.

Esperó y esperó y nada ocurrió. Por fin la sensación de miedo ya había desaparecido y sólo quedaba la quietud. El silencio y la oscuridad le molestaban.

Pensó que ya había muerto y que tenía que estar postrado por eternidad. No se sentía nada mal. Decidió hacer lo mejor de lo que tenía. Se sorprendió cuando movió una mano y se quitó su guante y pareció como si lo hubiera quitado de verdad. Alcanzó por sus gafas *virtuales* y se dijo: «Ya hace tiempo que quería quitarlas».

Abrió sus ojos y una habitación gris mugrienta y llena de humo apareció delante de él, muy lejos de la estancia de lujo que siempre había visto a través de sus lentes. De un flanco de la habitación, la pared presentaba un gran agujero donde una intensa luz blanca se mezclaba de polvo y humo. Se levantó, o por lo menos creyó levantarse, y se asomó por la claridad. Delante de él había un mundo diferente, perfectamente tridimensional con millones de matices verdes, te-

Guía para el lector

As you read **«La muerte»,** use the following questions as a guide.

1. ¿Cuál era la condición física de Juan Gutiérrez? ¿Por qué?
2. ¿Cómo era su «realidad»?
3. ¿Qué ocurrió un día?
4. ¿Cuánto tiempo hacía que no salía Juan de su cuarto?
5. ¿Qué creía que le había pasado? ¿Por qué?
6. ¿Qué hizo Juan?
7. ¿Qué esperaba?
8. ¿Cómo reconocía a la muerte?
9. ¿Cuáles eran las sensaciones que experimentaba?
10. ¿Qué tipo de equipo usaba Juan?
11. ¿Cómo era su cuarto comparado con la ilusión virtual que había tenido?
12. ¿Qué se veía desde el agujero en la pared?
13. ¿Cuáles eran las sensaciones que experimentaba por primera vez?
14. ¿Cómo contrastaba esto con su mundo virtual?
15. ¿Qué decisión tomó Juan?
16. ¿Por qué dijo Juan que quería estar muerto?

chado de celeste azul. Marrones, rojos y amarillos saltaban a sus ojos por dondequiera que miraba. En su existencia *virtual* no había experimentado ese cosquilleo en su piel que se llamaba viento entremezclado con el olor suave de tierra mojada. Todo en su mundo posterior, de los vivos, era fuerte, saturado y extremo.

Miró una vez atrás, vio la lugubrez de una habitación llena de monitores y aparatos electrónicos, miró hacia la luz, aspiró todo el aire que sus pulmones pudieron recoger y gritó con el rugido de un animal salvaje: «¡Quiero estar muerto!» Saltó al verde del pasto y corriendo se perdió entre árboles y follaje para nunca ser visto jamás.

Después de leer

8-20 La realidad y la «realidad» En el cuento «La muerte», el protagonista experimenta la realidad virtual y la realidad «verdadera». En grupos pequeños, cuenten algunas experiencias que hayan tenido, en las cuales hayan experimentado la realidad virtual. Después, comenten si sabían que la realidad virtual no era la realidad «verdadera». ¿Por qué?

Ejemplo: *No parecía real porque era demasiado intensa.*

8-21 La realidad virtual La realidad virtual es la simulación de un ambiente, incluyendo gráficos tridimensionales, por medio de un sistema de computadoras que usa equipo y programas interactivos. El autor de «La muerte» utiliza palabras para ofrecerle una realidad virtual al lector. En grupos pequeños, revisen el cuento y busquen palabras y frases específicas que evoquen imágenes sensoriales. Describan estas sensaciones.

Los sentidos: el gusto, el oído, el olfato, el tacto, la vista

Ejemplo: *el olor suave de tierra mojada (el olfato)*

ANÁLISIS LITERARIO: LA REALIDAD EN LOS CUENTOS

Términos literarios No hay una sola realidad asociada con un texto literario. Cualquier texto literario incorpora un sinfín de realidades porque cada lector experimenta el texto a través de sus propias experiencias. La siguiente lista de ejemplos ofrece algunas de las muchas características del lector que dan forma a un texto literario.

Usa los siguientes términos para hablar sobre los cuentos.

- **Edad** A los niños les gusta el libro *Alicia en el país de las maravillas;* los adultos entienden el cuento a un nivel más profundo.
- **Personalidad** Una persona introvertida y una persona extrovertida pueden responder de maneras opuestas al mismo poema.
- **Otros textos que has leído** Un individuo que lee muchos cuentos policíacos puede adivinar fácilmente el clímax y el desenlace.
- **Conocimiento de otra(s) cultura(s)** Una persona que ha viajado o que ha vivido en el extranjero puede entender mejor algunos de los conceptos culturales y las costumbres que se mencionan en un cuento.

Mientras estudias el cuento «La muerte», piensa en tus propias experiencias e intenta determinar cómo influyen sobre tu interpretación del cuento.

8-22 Características de los lectores Ya estudiaron varias maneras en que las características personales del lector pueden afectar su lectura. En grupos pequeños, comenten cómo sus propias experiencias afectaron su lectura de «La muerte». Después, compartan sus experiencias con los demás grupos.

Ejemplo: *He experimentado la realidad virtual, así conozco las sensaciones.*

8-23 Elementos básicos En grupos pequeños, identifiquen y describan los siguientes elementos literarios.

1. el escenario
2. los personajes
3. el narrador
4. el punto de vista
5. la descripción
6. el tono

¡Adelante!

Now that you have completed your in-class work on the **Tercera etapa,** you should complete the **Redacción** in the **Tercera etapa** of the *Diario de actividades,* pages 174–180.

VÍDEO: **Las líneas de Nazca**

You can access the *De paseo* video at www.cengage.com/login.

Ubicadas en las Pampas de Jumana en el desierto de Nazca, en una superficie de más de 750 kilómetros cuadrados, se encuentra uno de los más importantes ejemplos de las antiguas culturas pre-incas peruanas. Descubiertas en 1939 por el científico estadounidense Paul Kosok, en 1990 la UNESCO declaró las Líneas y Geoglifos de Nazca y de Pampas «Patrimonio de la Humanidad». En este vídeo, Marisa Vargas nos va a explicar un poco sobre estas figuras geométricas de animales, plantas, objetos, seres humanos y dioses.

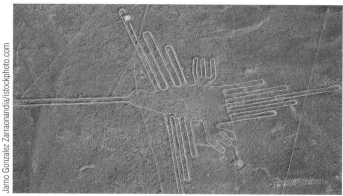

LAS LÍNEAS DE NAZCA. ¿QUÉ VES?

Antes de ver

8-24 ¿Qué representa? En grupos pequeños, describan la foto y comenten qué puede representar la imagen de las líneas.

8-25 Culturas indígenas Pensando en otras culturas indígenas que conocen, ¿qué otros imágenes forman parte de sus culturas? Trabajen en parejas y formen oraciones según el ejemplo.

> **Ejemplo:** *En la cultura Zuni un oso con una flecha significa fuerza.*

PEQUEÑO DICCIONARIO

El vídeo describe uno de los sitios más interesantes de las civilizaciones pre-colombinas. Antes de verlo y hacer las actividades, busca las palabras en el vídeo y úsalas para escribir oraciones originales en una hoja aparte.

conjunto Reunión o grupo de varias personas o cosas.
cuello Parte del cuerpo que une la cabeza con el tronco.
culebra Nombre común de algunos reptiles escamosos sin extremidades, de cuerpo cilíndrico y no venenosos en su mayoría.
geoglifo Figura construida en terrenos llanos, usando la técnica de adición

de piedras con tonalidades oscuras o retirando la capa superficial del terreno para dejar visible el fondo más claro.
pico Parte saliente de la cabeza de las aves que termina generalmente en punta y les sirve para tomar el alimento.

A ver

8-26 ¿Qué hay en Nazca? Imagina que Marisa es tu guía de turismo durante una visita a las líneas de Nazca. Mientras ves los segmentos del vídeo, toma algunos apuntes de lo que vas a ver.

8-27 Guía para la comprensión del vídeo Antes de ver los dos segmentos del vídeo, estudia las siguientes preguntas. Mientras ves los segmentos, busca las respuestas adecuadas.

Segment 1:

1. ¿Cuántos geoglifos hay?
2. ¿Cuánto mide el área?
3. ¿A qué distancia de Lima están las líneas de Nazca?
4. ¿Dónde están situadas las figuras?
5. ¿Qué tipo de figuras hay?
6. ¿Qué es lo más impresionante de estas figuras?
7. ¿Cuál es una de las más grandes? ¿Qué tan larga es?
8. ¿Qué animal forma el cuello del pájaro?
9. ¿A qué dirección apunta el pico del pájaro?
10. ¿Qué representa el mono?

Segment 2:

1. ¿Cuál es una de las cosas más interesantes de estas líneas?
2. ¿Cuál es la mejor manera de ver estas figuras?
3. Según los arqueólogos, ¿cuándo se hicieron estas líneas?
4. ¿Qué grupos indígenas hicieron estas líneas?
5. Y los arqueólogos, ¿cómo pudieron determinar las culturas que hicieron las líneas?
6. ¿Qué otra teoría hay?
7. ¿Por qué nació esta teoría?
8. Según los arqueólogos, ¿cuál es la función de las líneas?
9. ¿Qué organización nombró esta región «Patrimonio de la Humanidad»?
10. ¿Qué recomienda Marisa?

Después de ver

8-28 ¿Civilización extraterrestre? El autor suizo Erich von Däniken se hizo famoso con su hipótesis que las líneas de Nazca fueron creadas por extraterrestres. En parejas, conversen sobre si están de acuerdo con su teoría.

8-29 Una excursión a Nazca ¡Viaje a Nazca y observe las enigmáticas líneas de Nazca! Esta frase se repite en muchas agencias de viaje. Busca «viajes y turismo en Nazca» en Internet y, en parejas, planeen una excursión de un fin de semana y tomen un vuelo virtual en «YouTube».

Enter the *De paseo* message board at www.cengage.com/login to share your comments and opinions on this interactive site.

To access flash-based grammar tutorials on the topics covered in this chapter, visit www.cengage.com/login.

PERSPECTIVA LINGÜÍSTICA
Spanish word order in sentences

Compared to English, Spanish word order is much more flexible. The following sentences demonstrate this flexibility.

- El joven experimentó la sensación del viento en la piel por primera vez.
- En la piel, el joven experimentó la sensación del viento por primera vez.
- Por primera vez, el joven experimentó la sensación del viento en la piel.
- El joven por primera vez experimentó la sensación del viento en la piel.
- Experimentó por primera vez el joven la sensación del viento en la piel.
- El joven experimentó la sensación del viento en la piel por vez primera.

Some of these sentences are rather literary in style; they wouldn't be used in everyday speech. Nevertheless, what is important to observe in the examples are the "chunks" of words or phrases that go together.

el joven / experimentó / la sensación del viento / en la piel / por primera vez

The word order within the various chunks is usually *not* flexible. An exception would be the adverbial phrase:

por primera vez / por vez primera

The following section offers some guidelines on maintaining the integrity of chunks of language.

Adjectives

Descriptive adjectives generally follow the nouns that they modify.

Al joven le gustaba el equipo **electrónico.**

However, descriptive adjectives may precede their noun to effect a certain style or to change or intensify its meaning.

Le pasó un **tremendo** susto.

Articles always precede the nouns that they modify.

La realidad virtual es **un** concepto reciente.

Limiting adjectives (possessives, demonstratives, numbers) precede their respective nouns.

Hubo una explosión en **su** casa.

Ese lugar está hecho un desastre.

Hay **doce** personas en la clase de español.

Prepositional phrases

Prepositional phrases always begin with a preposition.

Por primera vez experimentó la sensación.

Negative expressions

In negative expressions, the negative word may precede the verb or follow it (if **no** precedes the verb).

Nadie vino a la reunión.

No vino **nadie** a la reunión.

PERSPECTIVA GRAMATICAL

Estructura 8-1: Past perfect indicative

The *past perfect* or *pluperfect indicative* indicates a past action that occurred before a particular point in the past. It is used to describe actions or events that took place before another action or event in the past. The event that happened further in the past is expressed with the past perfect indicative.

The more recent past event is usually expressed with the imperfect or preterite.

Cuando el médico llegó, la grúa ya se **había llevado** su auto.

Cuando tú me compraste la computadora, mi mamá ya me **había comprado** el mismo modelo.

The past perfect is a compound tense formed by the imperfect of **haber** + *past participle*.

The following chart provides examples of the formation of this tense.

¡Alto!

These activities will prepare you to complete the in-class communicative activities for the **Función 8-1** on pages 223–224 of this chapter.

PAST PERFECT INDICATIVE			
-ar: estudiar	**-er: entender**	**-ir: insistir**	**reflexivo: irse**
había estudiado	había entendido	había insistido	me había ido
habías estudiado	habías entendido	habías insistido	te habías ido
había estudiado	había entendido	había insistido	se había ido
habíamos estudiado	habíamos entendido	habíamos insistido	nos habíamos ido
habíais estudiado	habíais estudiado	habías insistido	os habíais ido
habían estudiado	habíais insistido	habían insistido	se habían ido

8-30 Antes de entrar a la universidad Completa las siguientes oraciones con las formas adecuadas de los verbos que están entre paréntesis en el pluscuamperfecto de indicativo.

Ejemplo: Mis amigos y yo *habíamos hecho* muchas fiestas. (hacer)

1. Yo _____ mi diploma de la secundaria. (recibir)
2. Mi familia _____ de mí. (despedirse)
3. La universidad me _____ mi expediente de la secundaria. (pedir)
4. La universidad _____ que tomara varios exámenes. (requerir)
5. Mis compañeros de cuarto y yo nos _____ mensajes por correo electrónico. (escribir)
6. Yo _____ una computadora portátil. (comprar)
7. Mi familia y yo _____ varias universidades. (visitar)
8. Mis amigos me _____ una fiesta de despedida. (hacer)

8-31 Hombres de negro (HDN) ¿Cuál era el propósito de las visitas de estos agentes del silencio? Completa las siguientes oraciones con las formas adecuadas de los verbos que están entre paréntesis en el pluscuamperfecto de indicativo.

1. En los informes anteriores los hombres de negro casi siempre _____ en grupos de tres. (aparecer)
2. Ellos _____ de traje negro, camisa blanca y corbata negra con zapatos de gruesas suelas. (vestirse)
3. A veces los agentes _____ la moda y otras _____ con varias décadas de retraso. (seguir; lucir)
4. En la mayoría de las visitas los agentes _____ en una limusina Cadillac; en una ocasión los misteriosos _____ un Buick anticuado que olía por dentro como un auto nuevo. (llegar; conducir)
5. En sus visitas _____ tarjetas de identidad de la CIA o de las Fuerzas Aéreas de Estados Unidos. (exhibir)
6. Casi siempre, los HDN _____ que los testigos no dijeran nada acerca de las visitas. (advertir)
7. A pesar de los avisos, los agentes _____ por su falta de violencia. (caracterizarse)

8-32 Génesis del Hombre Maravilla Completa el siguiente párrafo sobre los orígenes del superhéroe de las tiras cómicas, usando el pluscuamperfecto del indicativo.

El Hombre Maravilla _____ (ser) un ser humano, pero a través de
un arduo tratamiento se hizo un ser compuesto de energía iónica. El joven
Simón Williams _____ (heredar) la empresa de su familia. Al perder
la competitividad frente a otras empresas, el joven, siguiendo el consejo de su
hermano, _____ (establecer) una alianza con una organización criminal.
El consejo de dirección de la empresa _____ (descubrir) esta unión.
Por eso ellos _____ (denunciar) a Simón. Un tribunal lo _____
(declarar) culpable y lo _____ (condenar) a prisión. Sin embargo,
Encantadora _____ (liberar) a Simón y lo _____ (llevar) a la selva
amazónica donde su aliado, el Barón Zemo, tenía su base. Zemo, enemigo de las
empresas que _____ (amenazar) a Simón, le ofreció a éste la oportunidad
para vengarse. Al someterse al «rayo iónico», Simón adquirió la fuerza y la
resistencia sobrehumanas que Zemo le _____ (prometer).

8-33 Mi historia Completa las siguientes oraciones de una manera lógica, usando el pluscuamperfecto de indicativo.

Ejemplo: Hasta el año pasado...

*Hasta el año pasado, todavía no **había manejado** un auto.*

1. Hasta el año pasado, todavía no...
2. Antes de cumplir los dieciséis años, ya...
3. Hasta el semestre/trimestre pasado, todavía no...
4. Cuando llegué a clase hoy, ya...
5. Cuando empecé a estudiar en la universidad, ya...
6. Al graduarme de la escuela preparatoria, ya...
7. El año pasado, aún no...
8. Cuando era niño/niña, no...

Estructura 8-2: Past perfect subjunctive

The *past perfect subjunctive* follows the patterns for expressing the subjunctive in cause-and-effect relationships, nonspecific entities and events, emotional reactions and value judgments, and hypothetical situations. The past perfect subjunctive is used when the action of the verb in the subordinate clause occurred prior to the action in the main clause of the sentence. Usually, the verb in the main clause is in the imperfect or the preterite, although there are no absolute rules.

Study the following examples.

No había nadie en la clase que **hubiera oído** del Chupacabras.

Nos sorprendió que los vendedores no **hubieran preparado** sus quioscos.

Griselle me miraba como si la **hubiera insultado**.

The past perfect subjunctive is formed by the imperfect subjunctive of **haber** + *past participle*.

¡Alto!

These activities will prepare you to complete the in-class communicative activities for **Función 8-2** on pages 225–226 of this chapter.

¡OJO!

There is an alternate form of the pluperfect subjunctive that is used in Spain and parts of Latin America. The forms are: **hubiese, hubieses, hubiese, hubiésemos, hubieseis, hubiesen** + *past participle*. For example: **yo hubiese leído**.

PAST PERFECT SUBJUNCTIVE

-ar: estudiar	-er: entender	-ir: insistir	reflexivo: irse
hubiera estudiado	hubiera entendido	hubiera insistido	me hubiera ido
hubieras estudiado	hubieras entendido	hubieras insistido	te hubieras ido
hubiera estudiado	hubiera entendido	hubiera insistido	se hubiera ido
hubiéramos estudiado	hubiéramos entendido	hubiéramos insistido	nos hubiéramos ido
hubierais estudiado	hubierais entendido	hubierais insistido	os hubierais ido
hubieran estudiado	hubieran entendido	hubieran insistido	se hubieran ido

8-34 Algo misterioso Completa las siguientes oraciones sobre un ser misterioso que observaste o del que leíste, usando el pluscuamperfecto de subjuntivo.

Ejemplo: Se veía como si...

Se veía como si se hubiera maquillado.

1. Hablaba como si...
2. Se portaba como si...
3. Parecía como si...
4. Me sorprendió que...
5. Tenía miedo de que...

8-35 Tus esperanzas Escribe oraciones completas en español, expresando lo que esperabas de las siguientes personas.

Ejemplo: Jennifer López

Esperaba que Jennifer López hubiera ganado un Óscar.

1. los escritores de ciencia ficción
2. los ingenieros aeronáuticos
3. los directores de las películas de terror
4. tu mejor amigo/amiga
5. tu profesor/profesora

8-36 Cosas increíbles Completa las siguientes oraciones con las formas adecuadas de los verbos que están entre paréntesis.

Ejemplo: Mis amigo no creían que yo _hubiera vivido_ en esta ciudad. (vivir)

1. Carlota no creía que yo _____ una película extranjera. (ver)
2. Andrés y Andrea dudaban que nosotros _____ en un restaurante italiano. (comer)
3. Era imposible que tú _____ a una persona de otro país. (conocer)
4. Ellos temían que yo _____ toda la noche. (estudiar)
5. Me alegraba de que ellos _____ a un país de habla española. (ir)
6. No creían que tú _____ separado de tu familia. (vivir)

8-37 Una casa embrujada Escribe los equivalentes en español de las siguientes frases.

Ejemplo: Los estudiantes dicen que vieron una casa embrujada. Era probable que...

they had scared each other _se hubieran espantado el uno al otro_

1. they had dreamed it
2. someone had lied to them
3. they had listened to many horror stories
4. they had watched a lot of violent movies

¡Alto!

These activities will prepare you to complete the in-class communicative activities for **Función 8-3** on pages 227–228 of this chapter.

Estructura 8-3: Conditional perfect

The *conditional perfect* is frequently combined with the past perfect subjunctive in sentences that include **si** clauses expressing contrary-to-fact situations in the past. In the following examples, notice that the main clause is in the conditional perfect and that the **si** clause is in the past perfect subjunctive.

Si hubiéramos invertido nuestro dinero, **nos habríamos hecho** millonarios.

Si ustedes hubieran salido a tiempo, no **se habrían perdido** el desfile.

The order of the clauses may be reversed, as in these examples.

Nos habríamos hecho millonarios si hubiéramos invertido nuestro dinero.

No **se habrían perdido** el desfile si ustedes hubieran salido a tiempo.

The conditional perfect is formed by the conditional of **haber** + *past participle*.

CONDITIONAL PERFECT			
-ar: estudiar	**-er: entender**	**-ir: insistir**	**reflexivo: irse**
habría estudiado	habría entendido	habría insistido	me habría ido
habrías estudiado	habrías entendido	habrías insistido	te habrías ido
habría estudiado	habría entendido	habría insistido	se habría ido
habríamos estudiado	habríamos entendido	habríamos insistido	nos habríamos ido
habríais estudiado	habríais entendido	habríais insistido	os habríais ido
habrían estudiado	habrían entendido	habrían insistido	se habrían ido

8-38 Era una noche oscura y tormentosa Completa las siguientes oraciones de una manera lógica para crear un cuento misterioso, usando el condicional perfecto.

> **Ejemplo:** Si ellos no hubieran...
>
> *Si ellos no hubieran gritado, no habrían asustado al fantasma.*

1. Si yo no hubiera ido...
2. Si mis amigos no me hubieran pedido...
3. Si tú me hubieras informado...
4. Si nos hubieran avisado...
5. Si nosotros hubiéramos llevado...

8-39 ¿Qué habrías hecho? Estudia las siguientes experiencias y escribe una reacción para cada una, según el ejemplo.

> **Ejemplo:** Si yo hubiera... ver un OVNI...
>
> *Si yo hubiera visto un OVNI, se lo habría dicho a mi mejor amiga.*

Si yo hubiera...

1. encontrarse con Elvis...
2. ver al Chupacabras...
3. perder mi auto...
4. atropellar a alguien con mi bicicleta...
5. sentir la presencia de un espíritu...

8-40 Leyendas urbanas Una leyenda urbana es normalmente una historia increíble y a veces terrible que circula espontáneamente entre el público, que se narra de diversas formas y que tiende a considerarse como cierta, a pesar de la evidencia que hay en su contra. Estudia los siguientes rumores y escribe tus reacciones, según las indicaciones.

> **Ejemplo:** Si yo hubiera oído esta leyenda... no lamer los sobres porque tienen huevitos de cucaracha
>
> *Si yo hubiera oído esta leyenda, no habría lamido ningún sobre.*

Si yo hubiera oído esta leyenda...

1. Una joven muerta hace *auto stop* en la carretera.
2. Walt Disney está congelado en espera de una cura para el cáncer.
3. Las cloacas de Nueva York están infestadas de cocodrilos porque un matrimonio, cansado de tener uno como mascota, lo arrojó por el inodoro.
4. Se descubrió un nuevo virus incurable de Internet que borrará todos los datos del disco duro.
5. Un mensaje electrónico te pide que reenvíes el mensaje a todos tus amigos y conocidos. Informa que varios proveedores de servicio de Internet se han comprometido a donar un centavo por cada copia enviada, con destino a solventar los costos de una operación de un niño enfermo.

8-41 ¿Qué habríamos hecho? Escribe oraciones completas en español basadas en los siguientes elementos.

Ejemplo: Yo / terminar / tener más tiempo

Yo habría terminado si hubiera tenido tiempo.

1. El / quedarse / no estar apresurado
2. Ellos / dormir / no tomar demasiado café
3. Nosotros / ir a esa película / no ser tan violenta
4. Yo / leer más novelas / no tener tanto trabajo
5. Tú / hacer algo / (tú) no tener miedo

CAPÍTULO 9

FIESTAS Y TRADICIONES

DESFILE DEL CARNAVAL, REPÚBLICA DOMINICANA. ¿EN CUÁLES OTROS PAÍSES SE CELEBRA EL CARNAVAL?

Joe Viesti/Viesti Associates, Inc.

Courtesy Donna Long & Jan Macián

Raúl Diego Rivera Hernández

Los festejos y las diversiones son muy populares entre los hispanos. En los estados de California, Texas y Florida, la gente prefiere los meses de marzo y abril para realizar estos acontecimientos. En el Carnaval de Miami, en la Fiesta de San Antonio en Texas, así como en el resto del mundo hispano, la mayoría de la gente se reúne para llevar a cabo fiestas étnicas, exhibiciones de arte, bailes e innumerables presentaciones musicales. En este capítulo vamos a hablar de algunas fiestas, festivales y celebraciones tradicionales que se celebran en los diferentes países hispanos.

RAÚL DIEGO RIVERA HERNÁNDEZ, MÉXICO, D.F., MÉXICO.

¡OJO!

Some adjectives do not take **-ísimo/-ísima** endings. They include:

- those ending in **-í, -uo, -io,** or **-eo** (example: **rubio**).
- words stressed on the third-to-last syllable (example: **político**).
- augmentatives, diminutives, and comparatives (example: **mayor**).
- compound adjectives (example: **pelirrojo**).
- some adjectives of more than three syllables ending in **-ble** (example: **inexplicable**).

The use of capital letters with holidays differs from country to country. However, proper names and religious terms are always capitalized, for example: **San Patricio, Pascua.**

SUGERENCIAS PARA APRENDER EL VOCABULARIO

LOS SUPERLATIVOS If you wish to stress an adjective in English, you can include the words *very* or *extremely*. In Spanish, the superlative endings **-ísimo** or **-ísima** serve a similar function.

The construction is quite simple. If the adjective ends in a consonant, you simply add **-ísimo/-ísima** to the end of the singular form, and any accents on the word stem are dropped. For example, **frágil → fragilísimo.** If the adjective ends in a vowel, you must drop the final vowel before adding **-ísimo/-ísima.** For example, **bello → bellísimo.** Spelling changes occur when the final consonant of an adjective is **c, g,** or **z: riquísimo, larguísimo, felicísimo.** As you read the following sentence, notice that the suffix changes its form to agree in number and gender with the noun modified: **Mi hermana compró un libro interesantísimo sobre fiestas y tradiciones.** As you study **Celebraciones en el mundo hispano,** find the superlatives and underline them.

CELEBRACIONES EN EL MUNDO HISPANO

L a palabra **fiesta,** que proviene del latín *festa* y significa **alegría** o **diversión,** se puede aplicar a **celebraciones religiosas** o **seculares.** Aunque es difícil **agrupar** todas las celebraciones que hay en el mundo hispano en categorías bien definidas, en este capítulo vas a aprender sobre cuatro tipos de fiesta:

- las que se celebran con motivo religioso;
- las que celebran un **acontecimiento** nacional o histórico;
- las que vienen de una tradición popular;
- las que **conmemoran** eventos sociales.

En el mundo hispano, cuando se piensa en celebraciones religiosas, **vienen a la mente** las fiestas navideñas o las de la Pascua florida. En muchos países se celebra la Semana Santa una semana antes de la Pascua Florida. La Semana Santa de Sevilla, España, es conocida mundialmente por sus **procesiones solemnes.** En estas procesiones hombres y mujeres llevan en hombros estos **pasos** por las calles con estatuas religiosas que representan la vida y muerte de Jesús.

En México, las Posadas se celebran en todas las ciudades y los pueblos. Para conmemorar el viaje de María y José a Belén, la gente va de casa en casa cantando **villancicos,** pidiendo **posada** o buscando una habitación para descansar. Después, hay fiestas con **cena, baile** y **juegos,** como el de romper las piñatas.

Otras fiestas religiosas son el día de los Reyes Magos y las fiestas patronales cuyo santo o virgen protege el barrio, el pueblo o la ciudad, como el día de San José de Valencia o el de la Virgen de Guadalupe de México.

Hay fiestas que vienen del antiguo calendario ritual agrícola de los indígenas y **enlazan** los ciclos festivos de la **cosecha** con las celebraciones cristianas. Las danzas que se presentan en el Ballet Folklórico de México representan la **mezcla** de las tradiciones indígenas con las tradiciones católicas.

Michael Thornton/Inmagine Corp. LLC

SEMANA SANTA, SEVILLA, ESPAÑA. ¿QUÉ PROCESIONES RELIGIOSAS HAY EN TU COMUNIDAD?

Entre las festividades nacionales, en las Américas, una que se considera importantísima es el Día de la Independencia. Cada país tiene una fecha que conmemora una batalla o un evento con que se logró la independencia de España. En México, el 16 de septiembre se celebra el día de 1810 cuando el revolucionario padre Miguel Hidalgo y Costilla declaró las palabras que se convirtieron en el lema de la independencia mexicana, el famoso Grito de Dolores. Aunque no se saben las palabras exactas de Hidalgo, hoy en día el presidente de la patria grita «Mexicanos, ¡viva México!» desde el balcón del palacio nacional. Miles de personas reunidas en el Zócalo reponden «¡Viva!». Hoy se celebra esta fecha con fiestas, **desfiles** y un plato típico, los chiles en nogada, por sus colores rojo, blanco y verde, que representan la bandera mexicana.

Hay celebraciones que vienen de una tradición popular, como las fiestas de San José de Valencia, España, que van del 15 al 19 de marzo. Por toda la ciudad, se construyen en las calles centenares de grandísimos monumentos de carácter satírico hechos de cartón y madera. Estos monumentos se llaman «fallas» y se queman el último día de la fiesta.

Carnaval es una celebración popular que ocurre más o menos cuarenta días

➡

As you study «**Celebraciones en el mundo hispano**» write a list or underline the cognates that are related to the topic and be sure to use them as you do the activities.

Guía para el lector

As you study «**Celebraciones en el mundo hispano**», use the following questions as a guide.

1. ¿Qué significa la palabra **fiesta?**
2. ¿Cuáles son los cuatro tipos de fiestas?
3. ¿Cuál es uno de los países en que hay procesiones solemnes en Semana Santa?
4. ¿Quiénes llevan los pasos por las calles?
5. ¿Qué conmemoran las Posadas?
6. En las Américas, ¿cuál es la festividad nacional más importante?
7. ¿En qué ciudad y país se construyen monumentos gigantes de cartón sólo para quemarlos?
8. ¿Cuándo se celebra el Carnaval?
9. ¿Cuáles son algunas de las celebraciones familiares?

Using the **Tema para la conversación** questions as a guide, enter the **De paseo** message board at www.cengage.com/login to share your comments and opinions on this interactive site.

Tema para la conversación 9-1

¿Conocen otras fiestas religiosas de España o Latinoamérica o fiestas latinas de Estados Unidos? En grupos pequeños, conversan acerca de las diferentes maneras de celebrar estos días festivos.

Tema para la conversación 9-2

¿Conocen ustedes el origen del Día de la Independencia de Estados Unidos? En grupos pequeños, intenten reconstruir los eventos.

Tema para la conversación 9-3

¿Cómo se celebran los días especiales en tu familia o grupo social? En grupos pequeños, conversen acerca de las fiestas típicas familiares y sociales.

antes de la Semana Santa. La gente **se disfraza** con trajes elegantísimos y va en **carrozas** o a pie por las calles de la ciudad, cantando y bailando.

Por último, hay **celebraciones familiares** y **sociales**. Las fiestas de **cumpleaños**, las **despedidas de solteras** y **de solteros** y las **bodas** son típicas en casi todos los países. También las chicas celebran la fiesta de la **quinceañera,** evento que marca la transición de la **niñez** a la **juventud.** No menos importantes son el día del santo, que honra el **santo patrón** del nombre de la persona, el día de la madre, el día del padre, el **Día de los Enamorados** y el **Día de la Amistad.**

ESPERANDO EL «GRITO» EN EL ZÓCALO, MÉXICO, D.F. ¿CÓMO CELEBRAS EL DÍA DE LA INDEPENDENCIA DE ESTADOS UNIDOS?

UNA BELLA QUINCEAÑERA. ¿CÓMO CELEBRAN LOS JÓVENES ESTADOUNIDENSES LOS DIECISÉIS AÑOS?

VOCABULARIO PARA LA CONVERSACIÓN

acontecimiento event, happening

agrupar *v. tr.* to group together

alegría happiness, joy

baile *m.* dance

boda wedding

carroza carnival float

celebraciones familiares y sociales family and social celebrations

celebraciones religiosas o seculares religious or secular celebrations

cena dinner

conmemorar *v. tr.* to commemorate, honor

cosecha harvest

cumpleaños *m. sing.* birthday

desfile *m.* parade

despedida de soltera/soltero shower/party for bride/groom before they are married

Día de la Amistad *m.* Friendship Day (date varies from country to country)

Día de los Enamorados *m.* Valentine's Day (February 14)

disfrazarse *v. prnl.* to disguise oneself

enlazar *v. tr.* to link, tie

fiesta party, celebration; feast day

juego game

juventud *f.* youth

mezcla mixing, blending

niñez *f.* childhood

paso religious float

posada inn

procesiones solemnes solemn processions

quinceañera fifteen-year-old girl

santo patrón / santa patrona patron saint

venir a la mente *v. intr.* to come to mind

villancico Christmas carol

Vocabulario en acción

9-1 ¿Qué fiestas celebras? En el *Calendario de Fiestas Populares de México* se encuentran alrededor de 10.000 celebraciones anuales en el país. ¿Celebramos tantas fiestas en Estados Unidos? En parejas...

- escriban una lista de fiestas o celebraciones sociales, religiosas y nacionales que se celebran en Estados Unidos.
- indiquen cuáles de estas fiestas se conmemoran en sus familias.

Ejemplo: Celebración social: *cumpleaños*
Celebración religiosa: *Ramadán*
Celebración nacional: *Día de la Independencia*

9-2 En el extranjero En algunos países de América Latina, se están empezando a celebrar algunas fiestas nacionales estadounidenses, como el Día de Acción de Gracias. En parejas cuenten cómo se celebra el Día de Acción de Gracias en sus casas.

Thanksgiving Day

CAMINO REAL SAN SALVADOR

Menú Especial

- *Cóctel champagne*
- *Crema de almejas*
- *Ensalada Waldorf*
- *Filete y barra de queso*
- *Pavo al horno y salsa de arándano*
- *Jamón Virginia con salsa de piña y cereza*
- *Costilla de cerdo con salsa de barbacoa*
- *Camote y brócoli*
- *Pastel de calabaza*
- *Pastel de queso*

Reservaciones a los teléfonos: 23-3344 y 23-5790

Celebre Thanksgiving Day con la Familia Camino Real

Hotel Camino Real le invita con su familia a celebrar con nosotros este jueves 28, el Día de Acción de Gracias.

Hemos preparado en Restaurante Escorial un delicioso buffet para almuerzo y cena con un menú especial para la ocasión.

Venga con su familia y celebre el Día de Acción de Gracias en el mejor hotel.

Restaurante

Escorial

Deliciosamente incomparable

9-3 El Día de Acción de Gracias Estudien el anuncio *Thanksgiving Day* y contesten las preguntas. Después, comparen sus propias celebraciones del Día de Acción de Gracias con la celebración descrita en el anuncio.

1. ¿En qué país hispano tiene lugar esta celebración?
2. ¿Qué ofrece el menú del Hotel Camino Real?
3. ¿A quién invita el hotel a celebrar el Día de Acción de Gracias?
4. ¿A qué hora piensas que puede ir la gente a comer al hotel?

¡Adelante!

You should now complete the **Estudio de palabras** of the *Diario de actividades,* pages 183–184.

9-4 ¿Sí o no? En parejas y contestando las siguientes preguntas, decidan qué fiestas nacionales que se celebran en Estados Unidos merecen la pena.

• ¿Son divertidas?
• ¿Son demasiado comerciales?
• ¿Sólo tienen importancia porque son días feriados y no hay que ir al trabajo o a las clases?

FUNCIÓN 9-1: **Cómo identificar el agente de una acción**

William Greenblatt/UPI

Celebrando el Cinco de Mayo en St. Louis, Missouri. ¿Cómo se celebra el Cinco de Mayo en tu comunidad?

*« La caballería francesa **fue derrotada por las fuerzas mexicanas** en la Batalla de Puebla el 5 de mayo de 1862. Aunque el Cinco de Mayo es una fiesta nacional mexicana, **es celebrado** más comúnmente **por los estadounidenses.** »*

JULIANA DE LA MORA, MÉXICO, D.F., MÉXICO

9-5 Fiestas muy divertidas En parejas, narren algunas fiestas divertidas que recuerden, usando las siguientes preguntas como un punto de partida.

Ejemplo: ¿Quién limpió la casa antes de la fiesta?

La casa fue limpiada por mi compañero de cuarto.

1. ¿Quién envió las invitaciones?
2. ¿Quién pidió las flores?
3. ¿Quién compró las decoraciones?
4. ¿Quiénes pusieron la mesa?
5. ¿Quiénes trajeron los refrescos?
6. ¿Quién preparó las comidas?
7. ¿Quiénes tocaron la música?

9-6 Nuestras tradiciones favoritas ¿Cuáles son sus tradiciones favoritas? En grupos pequeños, describan cinco de sus costumbres favoritas, usando la voz pasiva en sus oraciones.

Ejemplo: *Los dulces de Navidad fueron preparados por mi abuela.*

9-7 ¿Quién lo hizo? En grupos pequeños, identifiquen los agentes en la lista siguiente. Usen una variedad de verbos para hacer las preguntas.

Ejemplo: el baile del colegio

Estudiante 1: *¿Quiénes decoraron la sala para tu baile del colegio?*
Estudiante 2: *La sala fue decorada por los alumnos.*

1. las carrozas de *homecoming*
2. la semana de descanso de la primavera
3. el Día de la Independencia
4. el Carnaval (o Mardi Gras)
5. la ceremonia de graduación
6. la despedida de soltera/soltero
7. el aniversario de boda
8. el Día de San Patricio

¡Alto!
Review **Estructura 9-1** in the **Repaso de gramática** on pages 264–266 at the end of this chapter and complete the accompanying exercises.

¡Adelante!
Now that you have completed your in-class work on **Función 9-1,** you should complete **Audio 9-1** in the **Segunda etapa** of the *Diario de actividades,* pages 185–187.

FUNCIÓN 9-2: **Cómo expresar lo negativo**

Niños panameños celebran el festival de los Congos y Diablos en Portobelo. ¿Cuáles son las raíces de este festival?

« *Las «fallas» son las fiestas más populares de la Comunidad Valencia, conocidas* **no** *sólo en el resto del país,* **sino** *también por el extranjero. Si* **nunca** *has visto* **ninguna** *falla te van a impresionar.* »

RICARDO CONDE, VALENCIA, ESPAÑA

¡Alto!

Review **Estructura 9-2** in the **Repaso de gramática** on pages 266–267 at the end of this chapter and complete the accompanying exercises.

9-8 Nuestras pertenencias En parejas, estudien la lista siguiente de pertenencias y marquen con una X (sin que sus compañeros/compañeras lo vean) las que crean que tienen sus parejas. Después, conversen acerca de sus predicciones, según el ejemplo.

Ejemplo: Estudiante 1: *Creo que tienes unos carteles de deportes.*
Estudiante 2: *No, no tengo ningún cartel de deportes. (Sí, tengo varios carteles de deportes.)*

☐ carteles de _____
☐ más de dos compañeros/ compañeras de cuarto
☐ tarjetas de crédito
☐ juegos de mesa
☐ comidas congeladas en el refrigerador

☐ colección de DVDs
☐ mascotas
☐ platos que hacen juego
☐ todos los discos compactos de _____

9-9 No hay nada que hacer A veces es difícil encontrar actividades interesantes. En grupos pequeños, quéjense de la falta de actividades en su universidad o ciudad. Usen la siguiente lista de categorías como un punto de partida e incorporen las frases negativas en la conversación.

música arte clubes deportes cine baile cafés

Ejemplo: *No hay ningún club que tenga música en español.*

9-10 Los aguafiestas Siempre hay un aguafiestas en cada grupo. En grupos pequeños conversen acerca de los aguafiestas y de las cosas que no les gustan, usando la siguiente lista como punto de partida.

película deporte actividad cultural idea diversión fiesta música

Ejemplo: DVD

No les gusta ningún DVD de nuestra colección.

¡Adelante!

Now that you have completed your in-class work on **Función 9-2,** you should complete **Audio 9-2** in the **Segunda etapa** of the **Diario de actividades,** pages 188–190.

FUNCIÓN 9-3: Cómo hablar de lo parentético

El festival Inti Raymi (el festival del Sol), Sacsayhuamán, Perú. ¿A quién representa el hombre sentado en el trono?

≪ *Para pasar los días festivos tranquilos, diles a los miembros de tu familia que van a compartir las responsabilidades de los días festivos. Pide a cada miembro de la familia que describa* **lo que** *significa «compartir las responsabilidades». Escribe una lista de todo* **lo que** *hay que comprar, cocinar o limpiar y determina al azar* **a quién** *le corresponde cada tarea.* ≫

DANIELA SALCEDO, LIMA, PERÚ

Keren Su/Danita Delimont Stock Photography

9-11 Un rompecabezas Hay muchas expresiones que usamos en Estados Unidos que no tienen un equivalente en español. En parejas, explíquenle las siguientes expresiones a un hispanohablante de otro país.

Ejemplo: *homecoming*

> Estudiante 1: *¿Qué es* homecoming?
> Estudiante 2: Homecoming *es una celebración en la que los graduados de un colegio o una universidad vuelven a reunirse con sus compañeros.*

1. *school colors*
2. *drive-thru window* (café, banco, farmacia)
3. *banana split*
4. *latch-key kid*
5. *ticket scalpers*
6. *smoothies*
7. *Buffalo wings*
8. *hayride*

¡Alto!
Review **Estructura 9-3** in the **Repaso de gramática** on pages 268–270 at the end of this chapter and complete the accompanying exercises.

9-12 ¿Qué día festivo es éste? En Estados Unidos, hay días festivos que no se celebran en el mundo hispano. En grupos pequeños, expliquen los siguientes días festivos, usando una cláusula relativa en cada explicación.

Ejemplo: *Sweetest Day*

> *Es un día festivo en que los enamorados se regalan bombones y otros artículos para demostrarse cariño.*

1. *Martin Luther King, Jr. Day*
2. *Presidents Day*
3. *St. Patrick's Day*
4. *Administrative Professionals' Day*
5. *Memorial Day*
6. *Labor Day*
7. *Halloween*
8. *Columbus Day*
9. *Veterans Day*
10. *Thanksgiving Day*

9-13 Mis propias tradiciones Cada persona tiene sus tradiciones personales y únicas. En parejas, conversen sobre sus tradiciones personales, según el ejemplo.

Ejemplo: *Mi hermana me dio una caja antigua para caramelos en la que guardo mis lápices.*

¡Adelante!
Now that you have completed your in-class work on **Función 9-3,** you should complete **Audio 9-3** in the **Segunda etapa** of the *Diario de actividades*, pages 190–195.

LECTURA CULTURAL: «El Día de los Muertos»

Nadie se escapa de su propio destino: la muerte. En México, Guatemala y algunas partes de Estados Unidos, el Día de los Muertos es una festividad que honra la memoria de los seres queridos muertos. Según la tradición católica, el día para recordar a todos los santos es el primero de noviembre y el día para recordar a los fieles difuntos es el 2 de noviembre.

En muchos países hispanos esos días se celebran de maneras muy diferentes. Sin embargo, una tradición muy popular consiste en poner altares en la casa para los seres queridos de la familia. El artículo **«Une a la familia elaborar la ofrenda para muertos»** te va a explicar cómo celebra una familia de la capital de México.

Kim Karpeles

UN ALTAR PARA UNA JOVEN DIFUNTA, GUANAJUATO, MÉXICO. ¿QUÉ SIGNIFICAN LAS OFRENDAS EN EL ALTAR?

SUGERENCIAS PARA LA LECTURA

CÓMO ENTENDER LA CULTURA Learning another language means not only acquiring a new way to express oneself but also learning about the culture and trying to understand how others relate to that culture. One of the first things to consider when thinking about different cultures is how a particular concept relates to what you already know. The information that you already possess is called "background knowledge." For example, as you study the ad **«La más hechicera»,** you recognize not only the context but also the concept of a Halloween party. The visuals and vocabulary (**noche de brujas, fantasmas, murciélagos, calabazas**) help reinforce that concept.

However, as you study **«Une a la familia elaborar la ofrenda para muertos»,** even though words such as **figuritas, altar,** and **muertos** are familiar, the concepts they represent are very different from that of **noche de brujas.** There are several things you can do to help develop a cultural understanding of cultura readings.

- Examine any photos or illustrations carefully and try to imagine what they are like in "real life."
- Look for explanations of the visuals in the text.

- Study carefully and underline or circle the words or phrases that occur in an unfamiliar context, for example, **figuritas de calabaza**. What would these figures look like? What is their relationship to the holiday?
- If the answers to your questions are not provided in the text, you may have to go to outside sources. An encyclopedia, a book on civilization and culture, or the Internet may provide you with the background information you need.

As you continue to explore the Spanish language and culture, you will find many concepts that are unfamiliar. Welcome the opportunity to explore some of these differences as exciting challenges.

Antes de leer

9-14 La más hechicera El siguiente anuncio ofrece una fiesta para celebrar *Halloween*. Estudia el anuncio, usando la **Guía para el lector** y, en parejas, escriban una lista de palabras o frases que se asocien con la noche de *Halloween*.

Guía para el lector

As you study **¡La más hechicera!**, use the following questions as a guide.

1. ¿Dónde tiene lugar esta celebración?
2. ¿Qué actividades hay para los adultos?
3. ¿Qué pueden hacer los niños?
4. ¿A qué hora empieza la fiesta para los adultos? ¿Y para los niños?

¡La más hechicera!

Le esperamos en **EL PARLAMENTO**
el jueves 31 de octubre,
desde las 20:30 horas.

¡NOCHE DE BRUJAS!
¡Los esperan con los tradicionales
fantasmas, murciélagos y calabazas!
¡Divertidísimo!

Habrá música con:

- **Agrupación Eclipse** • **Genny** •
Cherokee • **Marisol Motta** •

Además, RIFAS Y PREMIOS
a los mejores disfraces

¡Venga con su pareja!

Y en el restaurante **EL GALEÓN**,
la noche es de los niños...
¡desde las 18:00 horas!
Sorpresas, juegos y mucha alegría

9-15 Una fiesta de niños De pequeño/pequeña, ¿cómo pasabas la noche de *Halloween*? En parejas, conversen acerca de...

- cómo se preparaban para la fiesta.
- cuáles eran sus disfraces favoritos.
- dónde y con quién salían a pedir dulces.

El siguiente artículo del periódico «Diario de México» del Distrito Federal, explica algunos eventos que ocurren durante el Día de los Muertos. Antes de leerlo y hacer las actividades, busca las palabras en el texto y usa dos o tres para escribir oraciones originales en una hoja aparte.

arraigado/arraigada Establecido; fijado firmamente.

camote *m.* Tubérculo comestible de la raíz de la planta; batata.

CAMOTE

cempasúchil *m.* Planta mexicana con flores amarillas o anaranjadas y olor fuerte.

CEMPASÚCHIL

difunto Una persona muerta.

encaladilla Pastel mexicano de forma de media luna con relleno de coco.

fantasmita Imagen de una persona muerta.

fumi *m.* Sustancia moldeable, de diversos colores, que se utiliza en escultura y como material educativo; *Fimo.*

meloso/melosa Dulce.

mole *m.* Salsa espesa preparada con diferentes chiles y muchos otros ingredientes y especias.

ofrenda Pan, vino u otras cosas que ponen los fieles en un altar como sufragio a los difuntos.

papel picado *m.* Papel de varios colores, recortado en varias formas.

PAPEL PICADO

tejocote *m.* Fruto parecido a la ciruela de color amarillo.

veladora Candelero o lamparilla de aceite.

Guía para el lector

As you study **«Une a la familia elaborar la ofrenda para muertos»**, use the following questions as a guide.

1. ¿Dónde se celebra el Día de los Muertos?
2. ¿Qué fecha marca el comienzo de la celebración?
3. ¿Qué es una ofrenda?
4. ¿Qué cosas elaboran las familias?
5. ¿Cuáles son algunas de las decoraciones obligatorias?
6. ¿Cuáles son algunos de los platos tradicionales?
7. ¿Qué bebidas hay en el altar?
8. ¿Cómo se decora el altar?
9. ¿Cuándo se retira la ofrenda?
10. ¿Qué pasa con la comida del altar después de la celebración?
11. ¿Por qué se colocan los altares?
12. ¿Ha desaparecido esta tradición? ¿Qué se puede hacer para aprender cómo elaborar una ofrenda?

A leer

«UNE A LA FAMILIA ELABORAR LA OFRENDA PARA MUERTOS», POR PURI LUCENA

Como cada año, en los hogares se dedica un lugar especial al colorido del papel picado, la fruta y la bebida. Las ofrendas para el Día de Muertos, que empezaron a colocarse desde el día 28, están listas para una fecha tan especial, una actividad que en muchos casos, además, acerca a toda la familia al convertirse en un trabajo de equipo.

Dora García sabe muy bien de qué se habla. Sus hijas de 12 y 13 años esperan con ilusión la fecha para elaborar figuritas de calabaza o fantasmitas del menos tradicional fumi, que luego pasarán a integrar la ofrenda. Junto a la aportación de las más pequeñas de la familia, no pueden faltar los adornos de papel picado «que pueden ser de cualquier color, pero preferentemente naranja, lila y negro», comenta esta ama de casa a la que *Diario de México*

Jeff Greenberg/Lonely Planet Images/Getty Images

ESQUELETOS TÍPICOS, MERCADO DE ARTENSANÍAS, OAXACA, MÉXICO. ¿CÓMO SE DIFERENCIAN LOS ESQUELETOS DEL DÍA DE LOS MUERTOS DE LOS DE *HALLOWEEN*?

➔

acompañó durante la preparación de su altar.

Imprescindibles son también las veladoras, la flor de cempasúchil (de cuyos precios en algunos mercados, como el de Jamaica, se quejaban muchos capitalinos), las calaveritas de dulce y las ricas encaladillas, galletas típicas de estos días. Para los difuntos más aficionados al azúcar, también se coloca dulce de camote.

«Para los niños que mueren sin bautizar, hay que colocar un vaso de agua. También hay que colocar un pan de sal encima», explica García, cuya familia procede de una zona rural tlaxcalteca. «Siempre hay que colocar algo en la ofrenda, para aquellos difuntos que no tienen quien les ponga».

Antes de acabar con el apartado meloso, hay que dedicar un lugar especial al delicioso pan de muerto, los dulces de calabaza y los de tejocote.

«El azúcar es fundamental, sobre todo si el difunto fue goloso», ríe.

Como plato fuerte, lo habitual es algo de mole o de arroz, aunque lo mejor es preparar la comida preferida de los protagonistas del altar. Y para beber, cerveza. «O tequila o pulque, ya dependiendo lo que haya tomado el difunto». En la fruta, todo vale. «Aunque si se encuentra plátano morado, que sólo se da en estas fechas, es mucho mejor».

A partir del 3 de noviembre se va retirando la ofrenda. «Lo que está bueno, nos lo comemos en familia», indica Dora García. Aunque parezca poco creíble, algunos hogares debieron recurrir a las nuevas tecnologías, como Internet, para saber cómo elaborar una ofrenda en condiciones. A pesar de casos contados, la tradición del Día de Muertos, una de las más arraigadas en la cultura mexicana, está muy lejos de perderse.

UN CEMENTERIO MEXICANO DECORADO POR EL DÍA DE LOS MUERTOS.

Scott B. Rosen

Después de leer

9-16 Une a la familia Estudia de nuevo «**Une a la familia elaborar la ofrenda para muertos**». En grupos pequeños, conversen acerca de cómo elaborar la ofrenda puede unir a la familia.

9-17 ¿Cómo se relacionan? Escribe una breve explicación de cómo las siguientes cosas están relacionadas con el Día de los Muertos.

1. los difuntos
2. los altares
3. las tradiciones
4. los dulces

9-18 Comparar y contrastar Hay un paralelismo entre el Día de los Muertos y *Halloween*, pero también hay diferencias. En parejas, escriban una lista de semejanzas y diferencias entre estos dos días festivos.

9-19 ¿Y qué se hace... ? Mafalda está perpleja porque no sabe lo que se debe hacer con el «cadáver» de la pila. ¿Enterrarla como si fuera una mascota? Si Mafalda viviera en México, ¿qué haría por su pila en el Día de los Muertos?

"Mafalda," used by permission of Julietta Colombo Marrón for Quino América y publicaciones y autorizaciones, España.

LECTURA LITERARIA: **Biografía**

Nicolás Guillén (1902–1989) nació en Camagüey, Cuba. Durante los años treinta, mientras trabajaba de periodista en La Habana, conoció al poeta español Federico García Lorca. Éste ejerció una gran influencia sobre el joven poeta cubano y lo impulsó a que visitara las capitales de Europa y Latinoamérica. En 1953, Guillén fue expulsado de Cuba por razones políticas y se exilió en París. En 1959, después de la revolución en Cuba, Guillén volvió a su patria.

Henri Cartier-Bresson/Magnum Photos New York

NICOLÁS GUILLÉN

Antes de leer

9-20 Temas nacionales En la historia de cualquier país, hay ciertos grupos que se destacan en su cultura. En grupos pequeños, conversen acerca de la historia de Estados Unidos. Nombren algunos de los grupos étnicos que más han contribuido a la cultura estadounidense y hagan una lista de las contribuciones de estos grupos.

Ejemplo: *los norteamericanos nativos: En la época moderna han contribuido mucho a la construcción de las torres y los rascacielos.*

PEQUEÑO DICCIONARIO

El poema trata de los ancestros del poeta. Antes de estudiarlo y hacer las actividades, busca las palabras en el poema y usa dos o tres para escribir oraciones originales en una hoja aparte.

abalorio Bolita de vidrio que se usa para hacer adornos y labores.
aro Pieza de hierro o de otra materia rígida, en forma de circunferencia.

COLLAR DE ABALORIOS

caimán *m.* Reptil, cocodrilo de América.
despedazar *v. tr.* Romper en pedazos.
escoltar *v. tr.* Acompañar a una persona o cosa para protegerla.
fulgor *m.* Resplandor, brillo.
galeón *m.* Antigua nave grande de vela.
gongo Batintín, tambor.

gorguera Pieza de armadura antigua que protege el cuello.

GORGUERA

guerrero/guerrera Concerniente a la guerra.
pétreo/pétrea Como de piedra.
preso Prisionero.
repujado/repujada Labrado a martillo de chapas metálicas de modo que resulten figuras en relieve.
taita *m.* Abuelo.
vela Tela fuerte que recibe el viento y hace adelantar un barco.

A leer

«BALADA DE LOS DOS ABUELOS», POR NICOLÁS GUILLÉN

Sombras que sólo yo veo,
me escoltan mis dos abuelos.

Lanza con punta de hueso,
tambor de cuero y madera:
mi abuelo negro.

Gorguera en el cuello ancho,
gris armadura guerrera:
mi abuelo blanco.

Pie desnudo, torso pétreo
los de mi negro;
pupilas de vidrio antártico
las de mi blanco.

África de selvas húmedas
y de gordos gongos sordos...
—¡Me muero!

(Dice mi abuelo negro.)
Aguaprieta de caimanes
verdes mañanas de cocos...
—¡Me canso!
(Dice mi abuelo blanco.)
Oh velas de amargo viento,
galeón ardiendo en oro...
—¡Me muero!

→

If you would like to hear a recording of Nicolás Guillén reading **«Balada de los dos abuelos»** go to the **Biblioteca Virtual Miguel de Cervantes** web site: http://www.cervantesvirtual.com/servlet/SirveObras?portal=0&Ref=2832&audio=0.

Guía para el lector

As you study **«Balada de los dos abuelos»**, use the following questions as a guide.

1. ¿Quiénes son las dos sombras que acompañan al narrador?
2. ¿Qué llevan los abuelos?
3. ¿Cómo son los dos abuelos?
4. ¿Qué recuerda el abuelo negro?
5. ¿De qué se queja el abuelo blanco?
6. ¿Cuáles son los dos papeles del galeón en la historia de Cuba?
7. ¿Con qué compara la costa de Cuba el poeta?
8. ¿Quién se encuentra preso?
9. ¿A qué se refiere la «piedra de llanto y de sangre»?
10. ¿Quién es don Federico?
11. ¿Quién es Taita Facundo?
12. ¿Qué junta el narrador?
13. ¿En qué sentido son «los dos del mismo tamaño»?

(Dice mi abuelo negro.)
¡Oh costas de cuello virgen,
engañadas de abalorios... !
—¡Me canso!
(Dice mi abuelo blanco.)
¡Oh puro sol repujado,
preso en el aro del trópico;
oh luna redonda y limpia
sobre el sueño de los monos!

¡Qué de barcos, qué de barcos!
¡Qué de negros, qué de negros!
¡Qué látigo el del negrero!
Piedra de llanto y de sangre,
venas y ojos entreabiertos,
y madrugadas vacías,
y atardeceres de ingenio,
y una gran voz, fuerte voz,
despedazando el silencio.
¡Qué de barcos, qué de barcos!
¡Qué de negros, qué de negros!

Sombras que sólo yo veo,
me escoltan mis dos abuelos.

Don Federico me grita
y Taita Facundo calla;
los dos en la noche sueñan,
y andan, andan.
Yo los junto.
                    —¡Federico!
¡Facundo! Los dos se abrazan.
Los dos suspiran. Los dos
las fuertes cabezas alzan:
los dos del mismo tamaño,
bajo las estrellas altas;
los del mismo tamaño,
ansia negra y ansia blanca,
los dos del mismo tamaño,
gritan, sueñan, lloran, cantan.
Sueñan, lloran, cantan,
Lloran, cantan.
¡Cantan!

Después de leer

9-21 Ritmo En grupos pequeños, escojan a alguien para leer estas líneas en voz alta. Mientras el lector lee, marquen el compás con palmadas sobre los escritorios. Después, noten el número de palabras y sílabas por verso en los últimos cuatro versos y describan el efecto total de esta sección del poema.

9-22 Historia familiar En «Balada de los dos abuelos», la historia y la cultura de Cuba se ven por medio de la historia familiar del narrador. En grupos pequeños, repasen la historia familiar contada en el poema y expresen sus opiniones al respecto.

ANÁLISIS LITERARIO: EL LENGUAJE AFRICANO Y EL RITMO

Términos literarios Nicolás Guillén es conocido tanto por la musicalidad de sus poemas como por los temas de la vida popular de la gente afrocubana. Vamos a examinar algunos de los elementos destacados de la poesía guillenesca. Usa los siguientes términos literarios para hablar sobre la poesía.

- **Fuentes creadoras.** Hay dos fuentes importantes en las obras de Guillén: **la negrista,** caracterizada por el orgullo en sus raíces afrocubanas, y **la social,** caracterizada por su preocupación por la gente explotada del mundo.

- **Lenguaje africano.** Guillén utiliza vocablos africanos efectivamente en sus poemas. En el poema «Sensemayá», por ejemplo, se repite «¡Mayombe-bombe-mayombé!» Esta frase (o estribillo), que tiene su origen en la cultura yoruba, evoca el sonido del tambor que se emplea en los cultos religiosos africanos. La imitación de un sonido en un vocablo (como el del tambor en este ejemplo) se llama, en términos literarios, **onomatopeya.** Otros ejemplos son los sonidos de animales, como el «cucurrucucú» de la paloma y el «miau» del gato.

- **Ritmo del *son*.** El *son* es una forma de música y baile típica de los cubanos de origen africano. El *son* se caracteriza como un ritmo africano con letra parecida al romance tradicional español. Se originó en la provincia de Oriente, se popularizó por toda la isla de Cuba y se trasladó a Nueva York durante los años treinta. El lector experimenta el *son* en el movimiento constante y en la musicalidad de los poemas de Guillén.

- **Presencia auténtica de lo africano en Cuba.** En la poesía de Nicolás Guillén se encuentran personalidades de origen africano que aportan contribuciones de los africanos a la cultura cubana. Guillén evoca esta presencia en sus poemas con el uso del humor y el diálogo. En «Balada de los dos abuelos», la presencia africana de la cultura cubana es reafirmada por el narrador.

9-23 El verso En parejas, identifiquen la rima (asonante o consonante) y los dos planos (el personal y el representativo) de «Balada de los dos abuelos». Después, describan las técnicas literarias que emplea el poeta (símiles, metáforas, elementos visuales, etcétera).

9-24 Elementos básicos En grupos pequeños, den ejemplos de los siguientes elementos literarios en el poema.

1. el lenguaje africano
2. el ritmo del son
3. la presencia afrocubana

If you would like to read more of Nicolás Guillén's poetry, try **«Búcate plata»** (from *Motivos de son,* 1930) or «Sensemayá» (from *West Indies Limited,* 1934). Both can be found on the **Biblioteca Virtual Miguel de Cervantes** web site: http://www.cervantesvirtual.com.

¡Adelante!

Now that you have completed your in-class work on the **Tercera etapa,** you should complete the **Redacción** in the **Tercera etapa** of the *Diario de actividades,* pages 196–200.

VÍDEO: **La Santería**

You can access the *De paseo* video at www.cengage.com/login.

La cultura de un país incluye muchos aspectos, como la religión, las creencias o las supersticiones. La Santería es una religión que surgió de la unión de diferentes religiones. Hoy en día florece en muchos lugares de Latinoamérica. Las supersticiones también son parte importante de la cultura y hay diferencias y similitudes de acuerdo al país o región.

LA FIESTA DE YEMAYÁ. ¿QUÉ ESTÁN OFRECIENDO A LA DIOSA DEL MAR?

Antes de ver

9-25 Religiones Muchas religiones (la católica o la musulmana, por ejemplo) tienen características y ritos específicos, como la misa y el ayuno. En parejas, escriban una lista de dos o tres religiones y mencionen algunas de sus características o ritos.

9-26 Supersticiones Si ves una escalera mientras caminas por la calle, ¿pasas por debajo o no? Como ésta, existen muchas supersticiones. En un grupo pequeño, habla con tus compañeros de algunas supersticiones que conozcan.

PEQUEÑO DICCIONARIO

El vídeo describe la Santería, una unión de la religión católica con algunos aspectos de la religión africana. Antes de verlo y hacer las actividades, busca las palabras en el vídeo y usa dos o tres para escribir oraciones originales en una hoja aparte.

barrer *v. tr.* Limpiar el suelo con la escoba.
cinta Tira plana y estrecha de material flexible.
curandero/ curandera Persona que realiza prácticas curativas sin título oficial de médico.
escoba Utensilio para barrer el suelo, compuesto por un manojo o penacho de ramas, hilos o fibras flexibles sujetas a un mango.

CINTA

ESCOBA

juzgar *v. tr.* Valorar, formar juicio u opinión sobre algo o alguien.
maleficio Práctica mágica empleada para causar un mal o un daño.
trasiego Acción y resultado de mudar de un lugar a otro.

A ver

9-27 Palabras relacionadas Mientras ves el vídeo, escribe una lista de las palabras u objetos relacionados con la religión o con las supersticiones.

9-28 Guía para la comprensión del vídeo Antes de ver los dos segmentos del vídeo, estudia las siguientes preguntas. Mientras ves los segmentos, busca las respuestas adecuadas.

Segment 1:

1. ¿Cuándo nació la Santería?
2. Principalmente, ¿de qué parte de África era la mayoría de los esclavos que vinieron al Caribe?
3. ¿De qué tribu eran los esclavos?
4. ¿Qué religión querían los españoles que practicaran los esclavos en las islas del Caribe?
5. ¿Qué es la Santería?
6. ¿Cómo se transmiten los ritos de la Santería?
7. ¿Qué tienen que aprender los sacerdotes y las sacerdotisas de esta manera?
8. ¿Cómo describe Gerardina a la Santería?

Segment 2:

1. ¿Cuál es la opinión de Gerardina sobre la Santería?
2. ¿Cómo la hace sentirse este tipo de creencias?
3. ¿Quién vino a visitar a Gerardina al nacer su primer hijo?
4. ¿Qué le preguntó?
5. ¿Qué es el mal de ojo?
6. Para protegerse en contra de la mala suerte, ¿cómo hay que barrer la casa?
7. ¿Qué se puede hacer si tienes invitados y quieres que se vayan rápido?
8. ¿Qué nos sugiere Gerardina sobre las supersticiones?

Después de ver

9-29 ¡Cuéntame! Piensa en lo que has aprendido en el vídeo y escribe un párrafo sobre una superstición que exista en tu familia o en tu país. Describe su significado cultural.

9-30 Investigación Como nos ha dicho Gerardina, mucha gente ha oído hablar de la Santería, pero pocos saben en realidad lo que significa. Ahora busca información sobre la Santería en Internet y comparte tu información con los demás miembros de la clase.

Enter the *De paseo* message board at www.cengage.com/login to share your comments and opinions on this interactive site.

To access flash-based grammar tutorials on the topics covered in this chapter, visit www.cengage.com/login.

PERSPECTIVA LINGÜÍSTICA: VOICE

The linguistic concept called *voice* is very important in both English and Spanish. The following sentence is an example of *active voice*.

> Ángel **comió** el pollo.

In this sentence, the subject is **Ángel** and, therefore, the emphasis is on him. It is clear (and logical) that he ate the chicken. Suppose, however, that we want to focus on **el pollo** rather than on **Ángel.** By moving **el pollo** to the subject's location, we get the following sentence.

> El pollo **comió** Ángel.

Although this sentence is gramatically correct, it sounds dangerously like **El pollo comió a Ángel!** Needless to say, this would be a very improbable state of affairs! So, in order to emphasize **el pollo** as the focus and without the resulting sentence sounding really strange, we can use the *passive voice*.

> El pollo **fue comido** por Ángel.

As you can see, the passive voice enables us to emphasize what would normally be the direct object by moving it to the front of the sentence (and, in the process, making it the subject).

PERSPECTIVA GRAMATICAL
Estructura 9-1: True passive

As you learned in the **Perspectiva lingüística,** Spanish has both an active and a passive voice. In addition, you have already learned structures that are related to the passive voice: the impersonal **se (Se prepara mucho pollo en este restaurante)** and **estar** + *past participle* **(El pollo está preparado).** These two structures are distinguished from the *true passive,* however, by their lack of an explicitly stated agent. The following chart shows how the true passive is formed.

TRUE PASSIVE				
SUBJECT	**SER + *PAST PARTICIPLE***		**POR**	**AGENT**
La celebración	fue es será	planeada	por	Luisa.
Los disfraces	fueron son serán	diseñados	por	Mario.

Now, let's analyze these model sentences. In the first model sentence, the subject **la celebración** is singular shown in the box above. The form of **ser,** in this case, is also singular and can be expressed in past, present, or future time. Notice that the participle **planeada** has a feminine singular ending to agree with **la celebración.** Finally, we have the marker **por** and the agent **Luisa,** who did the planning. The second sentence has a plural subject, **los disfraces,** and, therefore, a plural form of **ser. Diseñados,** the participle, has a masculine plural ending to agree with **los disfraces.**

9-31 Festival del Tango de Buenos Aires Escribe los equivalentes en español de las siguientes oraciones.

1. The Buenos Aires Tango Festival will be celebrated by tangueros from all over the world.
2. Over 400 hours of classes at all levels will be taught by renowned teachers.
3. Live concerts will be presented by great orchestras.
4. Books, videos, CDs, footwear, and costumes will be offered by the vendors.
5. Valuable prizes and invitations will be received by the winners of the International Tournament of Tango.

9-32 Calendario festivo de España Convierte las siguientes oraciones de la voz activa a la voz pasiva.

Ejemplo: Los residentes de Alicante celebraron el Día de San Juan.

El Día de San Juan fue celebrado por los residentes de Alicante.

1. Los canarios celebrarán el Carnaval del 7 al 16 de febrero.
2. El pintor Manuel Panadero Escala diseñará el cartel oficial del Carnaval.
3. Los gallegos exaltaron los mariscos en una fiesta gastronómica desde hace mucho tiempo.
4. Los gastrónomos preparaban mariscos de la ría, como ostras, camarones y cangrejos.
5. Los habitantes de Pamplona combinaron los elementos religiosos de los sanfermines con otros elementos, como la corrida de toros.
6. En 1591 el obispo trasladó la fecha de los Sanfermines del 10 de octubre al 7 de julio.

9-33 Historia del Cinco de Mayo Vuelve a escribir el siguiente párrafo, empleando la voz pasiva.

En 1862, las fuerzas francesas esperaban la bienvenida en Puebla, México. El presidente Benito Juárez nombró a los generales para defender la ciudad. Ignacio de Zaragoza fortificó la colina de Guadalupe al norte de la ciudad. El 5 de mayo, 2.000 hombres militares y ciudadanos de Puebla vencieron a 6.000 soldados del ejército mejor entrenado de la época en un ataque frontal. El general Porfirio Díaz dirigió el repelón del ataque final francés. El presidente nombró la ciudad Puebla de Zaragoza en honor a esta victoria.

9-34 ¡Vamos a festejar! Las oraciones siguientes tratan de una fiesta. Transfórmalas a la voz pasiva.

Ejemplo: ¿Quién limpió la casa? (Felipe)

La casa fue limpiada por Felipe.

1. ¿Quiénes enviaron las invitaciones? (Carmen y Marcos)
2. ¿Quién pidió las flores? (Elena)
3. ¿Quiénes pusieron la mesa? (Martín y yo)
4. ¿Quién sirvió los refrescos? (tú)
5. ¿Quién preparó el postre? (yo)
6. ¿Quiénes trajo el nuevo disco compacto? (Ana María y Alejandro)
7. ¿Quiénes prepararon las pizzas? (nosotros)

9-35 Una cena Escribe oraciones completas acerca de una cena, según el ejemplo.

Ejemplo: las bebidas / servir / Vina

Las bebidas fueron servidas por Vina.

1. el plato principal / cocinar / Blanca
2. los postres / preparar / Ricardo y David
3. las decoraciones / confeccionar / Gilberto
4. la música / elegir / Cristina
5. las invitaciones / escribir / Maripaz
6. el ruido / oír / los vecinos
7. la cena / organizar / los Márquez

¡Alto!

These activities will prepare you to complete the in-class communicative activities for **Función 9-2** on page 252 of this chapter.

Estructura 9-2: Negative transformations

In the previous section, you learned how to transform a SAAD from active to passive voice. Now, we are going to study another type of transformation that allows us to change an affirmative sentence into a negative one. In fact, you already know how to do the simplest form of negative transformation by placing no directly in front of the verb nucleus.

Luisa planeó la celebración. ? → ?Luisa **no** planeó la celebración.

However, if another negative expression is occupying the subject's place, then **no** is omitted.

Nadie planeó la celebración.

The following chart shows the subtleties of how these two types of negative transformation might be used.

QUESTION	ANSWER
¿Quién planeó la celebración?	**Nadie** la planeó.
¿Por qué no habrá una celebración este año?	**No** la planeó **nadie.**

In the first question, the emphasis is on **¿Quién?** Therefore, in the answer, the negative subject **nadie** is placed in front and emphasized. In the second question, the emphasis is on **celebración.** The answer, therefore, conveys the same idea . . . **Nadie la planeó.** Negative words that may appear in the **no** location are shown in the following chart.

nada	*nothing*
nadie	*nobody, no one*
ni	*nor*
ni... ni	*neither . . . nor*
ninguno/ninguna	*no, no one*
ningún/ninguna	*(+ noun) no (+ noun)*
nunca	*never*
jamás	*never*
tampoco	*neither, not . . . either*

9-36 La independencia: México y Estados Unidos Cambia las siguientes oraciones con expresiones negativas, según el ejemplo.

> **Ejemplo:** En México, el presidente siempre da el «Grito de Dolores».
> En Estados Unidos... *el presidente nunca da el «Grito de Dolores».*

1. Los mexicanos siempre gritan los nombres de los héroes de la Independencia. Los estadounidenses...
2. En México, todo el mundo termina la celebración con la exclamación «¡Viva México!» En Estados Unidos...
3. Durante el mes de septiembre los mexicanos comen mole poblano y chiles en nogada. Los estadounidenses...
4. En México, todos también se visten de los colores de la bandera mexicana: rojo, blanco y verde. En Estados Unidos...
5. En México, toda plaza central tiene puestos que venden comida y recuerdos. En Estados Unidos...

9-37 El cumpleaños terrible de Silvia Transforma las siguientes oraciones a la forma negativa.

> **Ejemplo:** Tengo mi entrada también.
> *No tengo mi entrada tampoco.*

1. Todos llegaron a la fiesta a tiempo.
2. Le regalé algo bonito a la festejada.
3. La anfitriona me ofreció café y bombones.
4. Varios invitados felicitaron a la cumpleañera.
5. Silvia siempre celebra su cumpleaños de una manera divertida.

9-38 El festival del café Escribe los equivalentes en español de las siguientes oraciones.

> **Ejemplo:** I never attended a festival in Puerto Rico.
> *Nunca asistí a un festival en Puerto Rico.*

1. Neither my friends nor I knew that there is a coffee festival in Puerto Rico.
2. We had never drunk Puerto Rican coffee until we went to the festival.
3. We had not eaten Puerto Rican desserts either.
4. We did not like the **pasta de guayaba** or the **dulce de lechosa**.
5. Nevertheless, there is nothing better than a cup of Puerto Rican coffee with **flan**.

Pasta de guayaba is a fruit paste made from guava fruit. **Dulce de lechosa** is papaya cooked with sugar and cinnamon. **Flan** is baked custard.

9-39 El negativisimo Usando cinco de las siguientes expresiones, escribe un párrafo muy negativo sobre el tema «una tradición que no me gusta nada».

nada   nadie   ni   ni...ni   ninguno/ninguna/ningún   nunca/jamas
tampoco

¡Alto!

These activities will prepare you to complete the in-class communicative activities for **Función 9-3** on page 253 of this chapter.

Estructura 9-3: Relative clauses

You have already studied clauses in **Capítulo 4.** *Relative clauses* are like little sentences embedded within a noun phrase that describe it as an adjective does. Here is an example.

La mujer **que habló** planeó la celebración.

In this case, the relative clause **que habló** describes the subject of the sentence, **la mujer,** and must immediately follow it. In the next example, the relative clause **que Marta planeó** describes the direct object of the sentence.

Asistí a la celebración **que Marta planeó.**

Again, the relative clause immediately follows the noun that it describes. Relative clauses may begin with a variety of words, the most frequently used being **que,** which is used to refer to both people and things. The following chart provides a list of relative pronouns and their English equivalents with examples.

¡OJO!

Lo que and **todo lo que** and have no antecedent. They refer to an idea rather than to a particular noun.

¡OJO!

Quien/Quienes are often used in a clause that is set off by commas and that can be removed from the sentence without distorting the meaning. An example without commas is: **¿Sabes de quién estoy hablando?**

¡OJO!

El cual/La cual/Los cuales/Las cuales occur less frequently in colloquial speech and their usage is often determined by regional norms. They are more common in writing and formal speech.

¡OJO!

English and Spanish differ greatly in the use of relative clauses. In English, the relative pronoun is frequently omitted.

The party that I attended was fun. → The party I attended was fun.

English also permits a change of word order in casual, not formal, speech.

The woman with whom I spoke planned the party. → The woman I spoke with planned the party.

Neither of these transformations are permissible in Spanish.

RELATIVE	EQUIVALENT	EXAMPLE
que	*that, which*	Ella es la mujer **que** vimos en el parque.
		Éste es el festival **que** mencioné.
lo que	*what*	**Lo que** nos dijeron es muy interesante.
todo lo que	*all that, everything that*	Ellos hicieron **todo lo que** les pedimos.
el que/ la que/	*he who/she who*	Quiero hablar con
la que los que/ las que	*those who/ the one(s) who*	planeó la celebración.
quien/ quienes	*who*	Los directores, **quienes** arreglaron las festividades, acaban de llegar.
cuyo/ cuya/	*whose*	Juana es la amiga **cuyos cuyos/ cuyas** padres nos invitaron a cenar.
donde	*where*	Valencia es la ciudad de **donde** viene el escritor.
el cual/ los cuales/ las cuales	*which, who*	Fui al auditorio en **el cual** tuvo lugar el concierto.

9-40 Fiestas de Costa Rica Completa las siguientes oraciones con los pronombres relativos adecuados.

1. Costa Rica es un país _____ gran diversidad biológica, geográfica y cultural es admirable.
2. Celebran el Día de los Niños en el Museo del Niño, _____ ofrece actividades culturales y recreativas.
3. Limón es la ciudad _____ celebran carnavales con baile, desfiles y actos culturales.
4. En San Antonio de Escazú hay desfiles de carretas típicas y boyeros, _____ arrean los bueyes.
5. Todo _____ vimos en el Día de los Parques Nacionales nos fascinó.
6. Al volver a Estados Unidos les contamos a nuestros amigos _____ aprendimos en Costa Rica.

9-41 El Festival de la Calabaza Escribe los equivalentes en español de las siguientes oraciones.

1. My friends and I went to the town where they have the Pumpkin Festival.
2. Everything that we saw had to do with pumpkin.
3. The queen of the festival, whose dress looked like a pumpkin, was very pretty.
4. We ate many pumpkin foods, which were unusual but delicious.
5. What I liked best was the pumpkin turnover **(empanada).**

9-42 Música para fiestas y eventos Completa el siguiente anuncio con los pronombres relativos adecuados.

¿ _____ somos y _____ hacemos? Somos un grupo de jóvenes _____ forma una empresa para prestar servicios en el área de música y amplificación para fiestas, matrimonios y eventos. Contamos con equipos de primera calidad con _____ podemos atender cualquier tipo de evento. El repertorio de música _____ manejamos es de gran variedad. _____ caracteriza nuestra empresa es la atención a las necesidades particulares y específicas de cada cliente. Somos una empresa _____ flexibilidad permite que negociemos con los diferentes casos _____ se puedan presentar.

9-43 Fotos de una fiesta de Año Nuevo Combina las siguientes oraciones usando una cláusula relativa adecuada.

Ejemplo: Éste es el maestro de ceremonias. Vimos al maestro de ceremonias ayer en el club de deportes.

*Éste es el maestro de ceremonias **que** vimos ayer en el club de deportes.*

1. Esa chica se llama Angelita. Angelita está al lado de Isabel.
2. Angelita es mi amiga. Sus padres hacen una fiesta para el Año Nuevo.
3. Su hermano confecciona las decoraciones. Él es un estudiante de arquitectura en la universidad.
4. El Pato Azul es la bodega. El champán viene del Pato Azul.
5. Los invitados asisten a la fiesta. Los invitados dicen que es una ocasión fabulosa.

9-44 La mejor celebración de mi vida Completa las siguientes oraciones acerca de la mejor celebración de tu vida con cláusulas relativas adecuadas.

> **Ejemplo:** La mejor celebración de mi vida fue… *la que hizo mi cuñada el año pasado.*

1. La mejor celebración de mi vida fue…
2. Tuvo lugar en…
3. Sirvieron unos platos…
4. Fue una celebración…
5. Los anfitriones…eran muy simpáticos
6. …me sorprendió mucho.

CAPÍTULO 10
LAS ARTES Y LA CREATIVIDAD

Dallas and John Heaton/Stock Connection/Jupiter Images

TEMPLO EXPIRATORIO DE LA SAGRADA FAMILIA, BARCELONA, ESPAÑA. ¿CONOCES OTRAS OBRAS ARQUITECTÓNICAS DISEÑADAS POR ANTONIO GAUDÍ?

Daniela Salcedo

Las musas eran nueve diosas de la mitología griega que protegían las ciencias y las artes. Las musas eran hijas de Zeus, el padre de los dioses, y de Mnemosina, la diosa de la memoria. Vivían en el Parnaso y eran las asistentes de Apolo, el dios de la poesía. Cantaban en un coro en todos los festivales de los dioses en el Olimpo y todos los escritores siempre invocaban a una de ellas antes de empezar a escribir. Unas de las diosas y sus campos más reconocidos son: Talía, diosa de la comedia; Melpómene, diosa de la tragedia; y Terpsícore, diosa de la danza. En este capítulo vas a examinar muchas formas diferentes de las artes en los países hispanos y en Estados Unidos y vas a considerar el papel que el arte desempeña en tu vida.

DANIELA SALCEDO, LIMA, PERÚ

Courtesy Donna Long & Jan Macián

SUGERENCIAS PARA APRENDER EL VOCABULARIO

EL LENGUAJE COLOQUIAL In Spanish, just as in English, slang consists of new words and old words used in new ways. Like idiomatic expressions, slang expressions usually do not have an exact equivalent in English. Therefore, if you wanted to tell someone that you really had a good time you might use the standard verb **Me divertí.** *(I had fun, enjoyed myself)*, or you might say **Lo pasé bomba.** Although slang terms are generally not acceptable in compositions or formal speech, they are used freely among friends, and occasionally a slang expression makes its way up the usage ladder and becomes acceptable even in formal writing. You will also see slang expressions in literature that reflects the oral speech of everyday life. Slang expressions have certain characteristics in common.

- They enjoy a brief popularity and then are forgotten.
- They are usually specific to a country or region.
- They are difficult to find in reference books because they generally belong to oral communication.

Here are some common expressions from a variety of Spanish-speaking countries that have remained popular for over a decade.

Spain
abrirse = marcharse
catear = suspender (un examen)
chachi = fantástico

Argentina
macanudo = buena persona
zafar = escaparse
bancarse = aguantar

Mexico
qué buena onda = qué bueno
hacer el oso = meter la pata, equivocarse
jefe/jefa = padre/madre

EL ARTE EN MI VIDA

Germain

Para mí, el arte es **armonía,** armonía con las cosas que me **rodean.** Suena raro, pero creo que el arte es cultura; son nuestros **sentimientos** expresados en una **obra.** También pienso que se puede conocer la realidad colectiva de otros pueblos a través de nuestro arte. Soy de Camerún y, en mi cultura, expresamos todos los sentimientos, alegría, tristeza... a través del arte. Cuando una persona nace, por ejemplo, se baila mucho y se canta durante algunos días. Lo mismo pasa cuando una persona se muere. En este caso, después de llorar se canta y se baila. Otros aspectos del arte en mi tierra son las diferentes **esculturas** que expresan la relación del hombre con la naturaleza, y los **ciclos de la vida.** Cuando el arte es colectivo, este concepto **se confunde** con la cultura de nuestro pueblo. Pero también, al nivel individual es nuestra **estampa** más indeleble. Aquí la persona comunica su opinión sobre un tema o sobre el mundo, con símbolos más o menos comprensibles. Sin embargo, lo más importante es que el arte es cosa de humanos. Por eso es siempre interesante intentar conocer el arte de los demás. Es una buena puerta de entrada para una mejor comunicación entre culturas, un buen inicio para un mundo más tolerante.

Courtesy Donna Long & Jan Macián
MARÍA

María

Desde que era muy pequeña me encantaba **dibujar** y **colorear.** Luego, mi abuela, que venía a vivir por temporadas a mi casa en San Salvador, me enseñó a **bordar,** a **tejer** y a manejar la máquina de coser. Fui aprendiendo que todo eso me permitía producir cosas: vestidos para mis muñecas Barbie, tarjetas para los cumpleaños de la familia, **dibujos** para vender en la escuela (¡por lo cual me regañaron las profesoras!). Se podría decir «crear», pero prefiero la palabra producir. **Disfruto** muchísimo esa dimensión de mi vida, la de hacer cosas con mis manos. Me **deleita** el proceso y también los resultados. Claro que no toda «cosa» producida con deleite se llama arte. El terreno del arte es mucho más **restringido;** pero, igual que mis dibujos de niña, nace de la manipulación humana de algo físico o material —ya sea **sonidos, movimientos,** colores, formas o texturas— y del placer de producir algo para sí y para los demás.

Courtesy Donna Long & Jan Macián
GERMAIN

Guía para el lector

As you read **«El arte en mi vida»,** use the following questions as a guide.

1. ¿Cómo define el arte Germain?
2. ¿Por qué le gusta viajar tanto?
3. En su cultura, ¿qué expresan a través del arte?
4. A María, ¿qué le encantaba de niña?
5. ¿Qué vendía en el colegio y que hicieron sus profesoras?
6. Según María, ¿de qué nace el arte?
7. ¿Cuál es el medio artístico preferido de Leonardo y Teresa?
8. ¿Cómo define José el arte?
9. ¿Qué es ser actor?
10. ¿Qué tipo de baile estudió Carmen?
11. ¿Qué sentía cuando bailaba con su pareja?

As you read, list or underline the cognates that are related to the topic and be sure to use them as you do the activities.

Using the **Tema para la conversación** questions as a guide, enter the **De paseo** message board at **www.cengage.com/login** to share your comments and opinions on this interactive site.

Tema para la conversación 10-1
¿Expresan sus sentimientos de manera artística? En grupos pequeños, conversen acerca de las artes que prefieren hacer y las que prefieren observar.

Leonardo y Teresa

Nosotros **percibimos** el arte como una manera de expresar emociones. Nuestro medio artístico preferido es la fotografía. Este medio nos permite capturar imágenes realistas que al mismo tiempo podemos modificar para **crear una imagen inverosímil.** Cuando yo vivía en Argentina, comencé a sacarles fotografías a mis familiares y amigos. Esto despertó en mí un gran interés por la fotografía cultural. Teresa empezó a sacar fotos en Nueva York, su ciudad natal, porque le fascinaban la gente y otros aspectos de la vida urbana. Creemos que hay diferentes métodos expresivos y artísticos para cada persona. El nuestro es la fotografía, pero todos son importantes para el desarrollo de la mente, el corazón, el alma y la sociedad. ¡Inspírate!

Courtesy Donna Long & Jan Macián

LEONARDO

Courtesy Donna Long & Jan Macián

TERESA

José

Para mí el arte es la reflexión de la vida y la sociedad. Yo considero que la máxima expresión del arte es el teatro, porque combina la literatura y el arte visual. Shakespeare dijo que todo el mundo es un teatro y todos los hombres y mujeres son actores. A través del teatro, uno puede **engañar** a la naturaleza. Ser actor es vivir muchas veces porque el actor toma una personalidad diferente cada vez que sale al **escenario.** Es emocionante y **excitante** vivir otra vida que **atrae** a gente al teatro. A través del teatro el actor puede **representar el retrato de la sociedad.** Creo que, por esto, **actuar** es el arte que **trasciende** el tiempo desde el nacimiento de la civilización hasta nuestros días.

Courtesy Donna Long & Jan Macián

JOSÉ

Courtesy Donna Long & Jan Macián

CARMEN

Tema para la conversación 10-2

¿Conocen la fotografía y el teatro? En grupos pequeños, conversen acerca de las características que estos medios tienen en común.

Carmen

Cuando vivía en Madrid, iba al gimnasio varias veces a la semana. Los viernes por la tarde mis amigos y yo empezamos a dar clases de **baile de salón** en el gimnasio, de una manera informal. Nos enseñaban swing americano, tango, salsa, merengue, *foxtrot* y pasodoble español. Siempre me ha gustado bailar, pero cuando empecé a aprender estos bailes y, sobre todo, cuando empecé a **sincronizarme** con la pareja de baile que me correspondía, descubrí un nuevo mundo antes desconocido para mí. Me gustaba tanto que empecé a ir a una discoteca donde sólo ponían música para baile de salón. Cada vez que **iba desenvolviéndome** mejor en el baile y acompasándome mejor con mi compañero de baile, percibía más la comunicación que establecía con él. No sólo percibía la belleza de la música y su ritmo, sino también la interacción con la persona que tenía en frente de mí; todo ello me hizo sentir el baile como un arte.

Tema para la conversación 10-3

¿Les gusta bailar? En grupos pequeños, conversen acerca de los diferentes tipos de baile y cómo se sienten cuando bailan.

actuar *v. tr.* to perform, to act

armonía harmony

atraer *v. tr.* to attract

baile de salón *m.* ballroom dancing

bordar *v. tr.* to embroider

ciclo de la vida life cycle

colorear *v. tr.* to color

confundir *v. tr.* to confuse

crear una imagen inverosímil *v. tr.* to create an unlikely, implausible image

deleitar *v. tr.* to delight, please

dibujar *v. tr.* to draw

dibujo drawing

disfrutar *v. tr.* to enjoy

engañar *v. tr.* to deceive, mislead, fool, take in

escenario stage

escultura sculpture

estampa impression, vestige

excitante exciting, stimulating

ir desenvolviéndose *v. prnl.* to become involved in; to develop; to improve

movimiento movement

obra work *(of art, book, etc.)*

percibir to perceive/notice

representar el retrato de la sociedad *v. tr.* to represent the portrait of society

restringido/restringida limited, cut back, restricted

rodear *v. tr.* to surround, encircle

sentimiento feeling

sincronizarse *v. prnl.* to synchronize

sonido sound

tejer *v. tr.* to weave, to knit

trascender *v. tr.* to reach beyond; to have a wide effect

Vocabulario en acción

10-1 ¿Qué significa para ti? La siguiente lista representa la división clásica de las bellas artes y las artesanías. Clasifica las siguientes formas de arte según tu interés (5 = me interesa mucho; 0 = no me interesa nada en absoluto). Después, en parejas, contesten las siguientes preguntas.

- ¿Qué papel desempeña el arte en tu vida?
- ¿Te gusta ir a conciertos? ¿al teatro? ¿a exposiciones de arte?
- ¿Cuáles son algunos de tus artistas preferidos?

Las bellas artes	Las artesanías y otras expresiones artísticas
la pintura	la cerámica
la danza	los tejidos
la escultura	los bordados
la cinematografía	los decorados (adornos, ornamentos, etcétera)
la arquitectura	la ebanistería (hacer muebles)
el teatro	la orfebrería (hacer objetos artísticos de oro, plata y otros metales preciosos)
la música	
la fotografía	el diseño de carteles
la literatura	el diseño gráfico
el dibujo	la moda
	el arte en Internet

10-2 Para gustos se han hecho colores A veces una pintura o una escultura puede tener varias interpretaciones. En grupos pequeños...

- conversen acerca de sus diferentes interpretaciones.
- piensen en un título.
- escriban lo que diría el pintor.
- escriban lo que diría la oveja detrás del árbol.

OVEJA DETRÁS DEL ÁRBOL

10-3 ¿Tienes una buena imaginación? Uno de los requisitos para ser artista o escritor/escritora es tener una buena imaginación. El siguiente «examen» te ayudará a evaluar tus propios poderes de imaginación.

_____ 1. Cuando estás a punto de dormirte, ¿te encuentras frecuentemente revisando tus actividades de ese día? sí (0); a veces (1); nunca (5)

_____ 2. Cuando te despiertas por la mañana, ¿te ves suspendido/suspendida durante un rato entre el sueño y la realidad? sí (5); a veces (3); nunca (0)

_____ 3. ¿Has intentado alguna vez escribir una novela, un cuento corto o un poema? sí (5); no (0)

_____ 4. Cuando estás entre un grupo de gente desconocida, como en un restaurante o en un avión, ¿te parece interesante imaginarte la vida de quienes están cerca? sí (5); a veces (3); nunca (0)

_____ 5. Para ti, ¿son especialmente importantes las formas y los colores? sí (5); no (0)

_____ 6. Cuando lees una novela o un cuento, ¿te imaginas simultáneamente a las personas y sitios que allí se describen? sí (5); a veces (3); nunca (0)

_____ 7. ¿Crees que tu vida sería mejor si consiguieras superar ciertos problemas de personalidad? sí (5); no (0)

_____ 8. ¿Te gusta leer cuentos de ciencia ficción o cuentos sobre casos relacionados con lo sobrenatural? sí (5); a veces (3); nunca (0)

35 a 40 puntos o más: Posees una mente aguda e imaginativa. Este mismo hecho puede llevarte, sin embargo, a vivir en un mundo de ensueños y a huir de las realidades cotidianas.

20 a 34 puntos: Ésta es una puntuación saludable y normal, que combina el sentido práctico con la imaginación.

0 a 19 puntos: No tienes una mente muy imaginativa. El goce y la productividad de la imaginación pueden mejorarse si tomas un poco de tiempo para disfrutar de las artes.

¡Adelante!

You should now complete the **Primera etapa** of the _Diario de actividades_, pages 202–207.

FUNCIÓN 10-1: Cómo hablar de relaciones de tiempo, espacio, duración y propósito

Una granja con olivar. ¿Te gusta cultivar un huerto?

« Del monte en la ladera **por** *mi mano plantado tengo un huerto, que con la primavera, de bella flor cubierto, ya muestra en esperanza el fruto cierto.... »*

FRAGMENTO DE «VIDA RETIRADA» DE *POESÍAS* (1629), POR FRAY LUÍS DE LEÓN, SALAMANCA, ESPAÑA

Vera Bogaerts/Used under license from Shutterstock

10-4 Lecciones Cuando eran niños, muchos de ustedes tomaban lecciones de música, de arte o de baile. En grupos pequeños, hagan preguntas sobre las lecciones que tomaban y su duración, y contéstenlas.

> Ejemplo: Estudiante 1: *Cuando eras niña, ¿tomabas lecciones del violín?*
> Estudiante 2: *Sí, estudié el violín por ocho años.*

10-5 Direcciones En parejas expliquen cómo ir del edificio donde está su sala de clase a tres o cuatro sitios de la universidad.

> Ejemplo: la biblioteca
>
> *Sal por la puerta principal, dobla a la izquierda, pasa por la fuente, sube la colina y estás detrás de la biblioteca.*

10-6 Fechas límites Los estudiantes tienen muchas responsabilidades. En grupos pequeños, conversen acerca de las responsabilidades que tienen la semana que viene y las fechas límites para cada una.

> Ejemplo: *Para el martes que viene tengo que escribir una composición para mi curso de inglés.*

10-7 Un juego Piensen en un artículo que tengan en la mochila o en el bolsillo. Sin mostrarlo, el primer jugador describe el uso de ese artículo. Los demás jugadores intentan adivinar qué es el artículo.

> Ejemplo: Estudiante 1: *La uso para abrir la puerta de mi apartamento.*
> Estudiante 2: *Es una llave.*

¡Alto!

Review **Estructura 10-1** in the **Repaso de gramática** on pages 290–295 at the end of this chapter and complete the accompanying exercises.

In case you have forgotten the vocabulary for giving directions, here are some useful expressions:

a la derecha to the right
a la izquierda to the left
bajar go down
doblar turn
seguir derecho go straight
subir go up

¡Adelante!

Now that you have completed your in-class work on **Función 10-1,** you should complete **Audio 10-1** in the **Segunda etapa** of the *Diario de actividades,* pages 208–211.

FUNCIÓN 10-2: **Cómo hablar de la duración de una actividad**

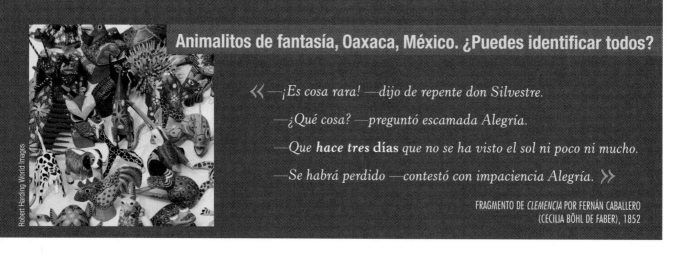

Animalitos de fantasía, Oaxaca, México. ¿Puedes identificar todos?

≪ —¡Es cosa rara! —dijo de repente don Silvestre.

—¿Qué cosa? —preguntó escamada Alegría.

—Que **hace tres días** que no se ha visto el sol ni poco ni mucho.

—Se habrá perdido —contestó con impaciencia Alegría. ≫

FRAGMENTO DE *CLEMENCIA* POR FERNÁN CABALLERO
(CECILIA BÖHL DE FABER), 1852

¡Alto!

Review **Estructura 10-2** in the **Repaso de gramática** on pages 295–297 at the end of this chapter and complete the accompanying exercises.

10-8 Una encuesta En grupos pequeños, entrevístense sobre las actividades artísticas que hayan tenido en el pasado, según las indicaciones.

acuarela   arquitectura   arte   cine   cuento   danza   dibujo   escultura
fotografía   pintura   poesía   teatro

Ejemplo: Estudiante 1: *¿Cuánto tiempo hace que pintaste con acuarelas?*
Estudiante 2: *Tomé un curso de acuarelas en el colegio hace tres años.*

10-9 Recuerdos de una exposición En grupos pequeños, describan las exposiciones de arte que les impresionaron más. Mencionen cuándo fueron a las exposiciones.

Ejemplo: *Hace cuatro años fui a una exposición de la pintora Carmen Laffón.*

¡Adelante!

Now that you have completed your in-class work on **Función 10-2**, you should complete **Audio 10-2** in the Segunda etapa of the *Diario de actividades,* pages 211–216.

10-10 Hacía tiempo que... En parejas conversen acerca de sus actividades recientes que fueron interrumpidas.

Ejemplo: *Hacía dos horas que estudiaba cuando mis amigos me invitaron al cine. Hacía tiempo que no iba al cine.*

FUNCIÓN 10-3: Cómo usar palabras descriptivas como sustantivos

Bailarinas dominicanas. ¿Qué tipos de baile prefieres tú?

《 *Amigo y vino,* **el** *más* **antiguo.** 》

《 *La fortuna ayuda a* **los osados.** 》

《 *Lo cortés no quita* **lo valiente.** 》

REFRANES TRADICIONALES

10-11 No lo menciones En grupos pequeños, conversen acerca de dos o tres de los siguientes temas. Después de mencionar el tema una vez, no lo repitan.

el baile   el cine   la escultura   la fotografía   los murales   la música
las novelas   la poesía   la pintura   el teatro

Ejemplo: Estudiante 1: *Me encantan las películas españolas porque son elegantes.*

Estudiante 2: *Las mexicanas me interesan más porque son de más suspenso.*

Estudiante 3: *Las norteamericanas tratan de temas más interesantes, como las de vaqueros.*

10-12 ¿Qué prefieres? En grupos pequeños, expresen sus preferencias con respecto a las artes. Consulten la lista de artes y artesanías de la Actividad 10-1 en la página 275 de su libro de texto.

Ejemplo: Estudiante 1: *Me gusta la pintura francesa.*
Estudiante 2: *Me gusta la española.*

10-13 Un cuadro famoso *The bus* (1929), de la artista mexicana Frida Kahlo, es un cuadro muy famoso. Viene a la mente el autobús que chocó con un tranvía en 1925. Este accidente lesionó gravemente a Kahlo y resultó en más de treinta operaciones y dolor extremo durante el resto de su vida. En grupos pequeños, describan el autobús, todos los pasajeros y el trasfondo del cuadro.

Ejemplo: Estudiante: *El autobús tiene un piso de madera.*

© Banco de México Diego Rivera & Frida Kahlo
Museums Trust. Av. Cinco de Mayo No. 2, Col. Centro,
Del. Cuauhtémoc 06059, México, D.F./Schalkwijk/Art
Resource, Inc.

¡Alto!
Review **Estructura 10-3** in the **Repaso de gramática** on pages 297–298 at the end of this chapter and complete the accompanying exercises.

¡Adelante!
Now that you have completed your in-class work on **Función 10-3,** you should complete **Audio 10-3** in the **Segunda etapa** of the *Diario de actividades,* pages 216–220.

LECTURA CULTURAL: «El humilde arte de la vida»

La artesanía es una muestra del espíritu imaginativo e inquieto de los pueblos que se ha cultivado a través de los siglos. Cada país tiene sus artesanos que se dedican a una infinidad de formas artísticas. Algunos materiales que emplean los artesanos son metales sin valor, como el latón o la hojalata, filigranas de orfebrería con oro y piedras nobles y preciosas, como ópalos o esmeraldas. El artesano usa mate-

Ken Freeman/Used under license from Shutterstock

MACETAS PARA FLORES. ¿QUÉ CULTIVARÍAS EN ESTAS MACETAS?

riales simples como el barro y el cartón para crear verdaderas maravillas. Estas obras son tan populares que hoy hay centros comerciales en las grandes ciudades que se dedican a su venta e incluso hay sitios en Internet que promocionan esta forma de arte.

SUGERENCIAS PARA LA LECTURA

UN REPASO By now you are acquainted with a variety of reading strategies and probably are incorporating many of them unconsciously as you read your articles and literary selections. To further improve your reading proficiency when you are faced with a text, you should try to recall the steps you have practiced in **De paseo** and in your **Diario de actividades** in a systematic manner.

- First, look over the text quickly, checking for visual and format clues. The setup of the text, pictures, and illustrations will help create a context for the reading.
- Then, scan the text carefully for words, phrases, and cognates as clues to the purpose of the text. Form a hypothesis about the purpose of the text.
- Next, identify the main ideas, characters, settings, and events by scanning the text again.
- Remember that each paragraph has a topic sentence, usually located at the beginning.
- At this stage, use any comprehension questions that accompany the reading selection as a guide for targeting specific information.
- After you have identified the main elements and details, read the text more slowly and carefully, checking your comprehension at different points throughout the reading.
- Now, go back and recheck your hypothesis. Did you predict correctly the purpose of the text? If so, try to summarize or restate the theme of the text in your own words.
- As a final activity, discuss the reading with others to see if they share your opinion.

Antes de leer

10-14 El que tiene arte va por todas partes Estudia la lista de artículos de artesanía que se fabrican en Estados Unidos e indica dónde se encuentra cada uno. Después, escribe cinco o seis artículos más que no estén en la lista.

Artículo	Estado o región
1. máscaras y caras de cerámica	a. Washington
2. talla de un tótem	b. Carolina del Norte
3. botas de vaquero	c. Tejas
4. símbolos de embrujo	d. Nueva Orleans
5. artículos hechos de conchas	e. Maine
6. muebles	f. Pennsylvania (Amish)
7. trampas para pescar langostas	g. Florida
8. joyería de plata	h. Nuevo México

10-15 En tu casa... El atractivo de muchos artículos de artesanía es el precio. En los países extranjeros, se pueden encontrar verdaderas maravillas a precios razonables. ¿Tienes algún ejemplo de arte popular de algún país hispanohablante en tu casa? ¿Qué recuerdos compraste cuando fuiste de vacaciones? Escribe una lista de cinco o seis artículos que tienes y menciona...

- dónde los compraste.
- si su uso es religioso, utilitario, decorativo o recreativo.

Después, compara tu lista con la de otro estudiante.

Ejemplo: *Cuando fui a Cancún compré algunas mantas multicolores. Las tengo en mi auto para proteger los asientos.*

PEQUEÑO DICCIONARIO

El artículo de la revista *Américas* define el arte popular. Antes de estudiar el artículo y hacer las actividades, busca las palabras en el texto y usa dos o tres para escribir oraciones originales en una hoja aparte.

a menudo *adv.* Frecuentemente.
amalgama Reunión de cosas no semejantes.
bastón *m.* Vara con puño para apoyarse al andar.
cortejar *v. tr.* Galantear.
crear lazos *v. tr.* Hacer amistad.
creyente *m./f.* Persona que tiene fe en algo.
crisol *m.* Recipiente usado para fundir diversas materias a elevadas temperaturas.

BASTÓN

CRISOL

embellecer *v. tr.* Arreglar, hacer algo más bonito, adornar.
encantador/encantadora Que hace viva y grata impresión.
enraizado/enraizada Establecido en un lugar, arraigado.
entretener (ie) *v. tr.* Divertir.
forjar *v. tr.* Formar, crear, proyectar.
rama de vid Tallo de la planta donde crecen las uvas.
regir (i, i) *v. tr.* Controlar, mandar, gobernar.
vid *f.* Planta trepadora cuyo fruto es la uva.

RAMA DE VID

As you read «**El humilde arte de la vida**», use the following questions as a guide.

1. ¿Qué es el arte contemporáneo?
2. ¿Cuál es el propósito del arte popular?
3. ¿Dónde está presente el arte popular?
4. ¿Cuáles son las dos maneras de clasificar el arte?
5. ¿Cuál de las cuatro formas es la más visible?
6. ¿Qué es la base fundamental del arte religioso?
7. ¿Qué son los milagros? ¿Para qué sirven?
8. ¿Cómo ha cambiado el uso de las máscaras a través del tiempo?
9. ¿Cuáles son algunos de los ejemplos del arte utilitario?
10. ¿Qué tiene por objeto el arte recreativo?
11. ¿Para qué sirve el arte decorativo?
12. ¿Qué tipo de arte son los recuerdos?

A leer

«EL HUMILDE ARTE DE LA VIDA», POR LIZA GROSS

El arte contemporáneo de América Latina, como los pueblos de la región, es una amalgama, un crisol de influencias y esfuerzos de varias direcciones. Es el propósito del arte popular que se mantiene constante.

Desde los tiempos precolombinos, el arte popular ha sido el principal vehículo a través del cual las gentes de América Latina han expresado sus sueños y miedos, cortejado a sus amantes, entretenido a sus niños, adorado a sus dioses y honrado a sus antepasados. En esta época, continúa siendo un mecanismo importante para relacionarse con los mundos físicos, sociales y espirituales. En realidad, el arte popular está presente en la mayoría de las facetas de la vida de América Latina. Existen varios métodos para clasificar el arte popular latinoamericano: por función material, técnica, lugar de origen o edad.

Para este artículo, vamos a organizar los objetos de acuerdo con su función: ceremonial, utilitaria, recreativa o decorativa. El arte ceremonial, tanto secular como religioso, es la forma más visible y dramática de la expresión popular artística latinoamericana. En toda la región, hay pintorescos desfiles y ceremonias que conmemoran hechos históricos, patrióticos o militares de la comunidad. Estos festivales crean lazos entre los miembros de una comunidad y contribuyen a forjar una identidad nacional. Las máscaras, disfraces y objetos tradicionales de significado simbólico desempeñan un papel muy importante en estas dramatizaciones populares.

La mayoría del arte ceremonial latinoamericano, sin embargo, es religioso. La base fundamental del arte religioso es el concepto de «la promesa», un voto entre el creyente y los miembros del mundo espiritual que rigen los destinos del individuo, la familia y la comunidad.

Por ejemplo, los milagros, pequeños objetos votivos que se colocan en el altar en cumplimiento de una promesa, están presentes en toda América Latina. Pequeños ojos de plata y réplicas de piernas y brazos en madera dan testimonio de los poderes curativos de un santo. Las máscaras también son una importante manifestación del arte popular religioso. Para los rituales religiosos profundamente enraizados en los tiempos precolombinos, los shámenes usaban máscaras para representar a los espíritus. En la actualidad, las máscaras se usan mayormente durante la celebración del día de santos y otras fechas importantes del calendario católico de algunos países.

Un gran porcentaje del arte popular latinoamericano es utilitario, una respuesta a las circunstancias físicas, sociales o económicas de una comunidad. Ropa cosida a mano, muebles, utensilios de cocina u otros objetos de uso diario sobreviven en grandes cantidades, a pesar de que éstos van siendo reemplazados gradualmente por objetos fabricados masivamente.

Inger Hogstrom/Danita Delimont Stock Photography

LA VIRGEN DE GUADALUPE. ¿POR QUÉ ES LA SANTA PATRONA DE MÉXICO?

A pesar de que los artistas populares tienen como prioridad cumplir con ciertos requisitos impuestos por el medio ambiente, van más allá de las consideraciones puramente prácticas, embelleciendo y decorando sus objetos con imágenes creativas basadas en tradiciones. Los bastones aparecen adornados con serpientes y ramas de vid, los recipientes tienen forma de llamas o cabras y los bancos parecen armadillos o caballos. Los productos textiles, particularmente los utilizados en el vestido, también son una manifestación común del arte popular.

El arte popular recreativo que tiene por objeto entretener y divertir incluye juguetes, como autobuses y aeroplanos, así como juegos y miniaturas. A primera vista, las piezas de arte popular recreativo pueden considerarse meramente juguetes, pero a menudo revelan aspectos fundamentales de la vida social y religiosa. Los diablos de Ocumicho, México, son figuras encantadoras, pero también sirven para recordar el eterno conflicto entre el bien y el mal. Los niños y niñas juegan con herramientas agrícolas y muñecas en preparación para sus futuros trabajos en su vida adulta.

MUÑECAS DE ECUADOR. ¿CÓMO SE VISTEN?

A pesar de que el arte popular decorativo —los objetos utilizados para adornar el cuerpo, el hogar y otros lugares— refleja las costumbres y los valores estéticos locales, la forma de estos objetos no está necesariamente relacionada con su función. Son obras de arte en sí mismas, a pesar de que permanecen circunscritas a las tradicionales culturales de sus creadores. Los recuerdos evocan imágenes de sucesos importantes o de visitas realizadas a lugares específicos.

Después de leer

10-16 Fantasía y arte ¿Cuáles son las diferentes clasificaciones del arte popular? Estudia el artículo de nuevo y subraya las categorías de acuerdo con su función. Después, en los márgenes, anota algunos ejemplos específicos de cada categoría.

10-17 Arte cotidiana El artículo destaca varias formas de artesanía típica de América Latina. En grupos pequeños,

- revisen el artículo y elijan cinco de las artesanías mencionadas.
- describan los materiales usados para crear las artesanías y sus usos típicos.
- cada miembro del grupo debe explicar cuáles artículos compraría y por qué, y dónde los pondría.

Ejemplo: una máscara
> Estudiante: *La máscara es de pasta de papel y pintura. Su uso típico es ceremonial. La compraría para decorar la pared de mi dormitorio.*

10-18 Bueno, bonito y barato Usando tu libro de texto como guía, busca en Internet o en libros de turismo como *Fodor's Travel Guide* el arte popular o artículos de artesanía que sean típicos de cinco de los países siguientes. Menciona...

- el artículo.
- el país.
- una descripción.

1. Argentina   3. Colombia   5. España   7. Perú
2. Chile   4. Ecuador   6. México   8. Venezuela

LECTURA LITERARIA: **Biografía**

El poeta chileno Pablo Neruda (1904–1973) ganó el Premio Nóbel de Literatura en 1971. Su nombre auténtico era Neftalí Ricardo Reyes Basoalto. Pasó sus primeros años en Temuco, un pueblo del sur de Chile, donde conoció a Gabriela Mistral, otra poeta premiada con el Nóbel. A los trece años empezó a publicar sus versos y artículos. Además de ser poeta, Neruda tuvo una larga carrera diplomática en Birmania, Ceilán, Java, Singapur, España, Francia y Argentina. Entre sus obras más conocidas están el poema épico *Canto general* (1950). Pablo Neruda escribió tres colecciones de odas: *Odas*

Keystone/Eyedea/Everett Collection

PABLO NERUDA

elementales (1954), *Nuevas odas elementales* (1956) y *Tercer libro de odas* (1957). Estos poemas celebran lo elemental (los comestibles, los animales, la ropa, la naturaleza) tanto como lo famoso (Walt Whitman, Valparaíso).

Antes de leer

10-19 ¿Cómo es una alcachofa? Como las artesanías descritas en la **Lectura cultural**, las odas de Pablo Neruda se enfocan en objetos del mundo cotidiano. En grupos pequeños, escriban una lista de frases y palabras que describan una alcachofa, tanto su sabor como su apariencia.

Ejemplo: Estudiante: *Una alcachofa es una verdura verde y espinosa.*

PEQUEÑO DICCIONARIO

«Oda a la alcachofa» celebra una planta humilde. Antes de estudiar el poema y hacer las actividades, busca las palabras en el texto y usa dos o tres para escribir oraciones originales en una hoja aparte.

bruñido/bruñida Reluciente.
cúpula Obra en forma de una media esfera que cubre un edificio.
escama Órgano seco o membranoso semejante a una hoja.
encrespar *v. tr.* Enfurecer, irritar, agitar.
espadaña Planta alta y pelusa.
granada Proyectil hueco de metal que contiene un explosivo.
hilera Formación en línea.

CÚPULA

ESPADAÑA

GRANADA

mariscal *m.* Oficial importante militar.
milicia Tropa o gente de guerra.
repollo Verdura con hojas firmes y comprimidas. Especie de col.
sarmiento Parte de la vid largo, delgado y flexible.
zarcillo Órgano largo de ciertas plantas, como la calabaza y el guisante.

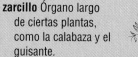

SARMIENTO

ZARCILLO

«ODA A LA ALCACHOFA», POR PABLO NERUDA

Guía para el lector

As you read **«Oda a la alcachofa»,** use the following questions as a guide.

1. ¿Por qué se viste de guerrero la alcachofa?
2. ¿Cómo se compara la alcachofa con los otros vegetales?
3. ¿Con qué compara el mercado el poeta?
4. ¿Quiénes son «los hombres con sus camisas blancas»?
5. ¿Quién compra la alcachofa? ¿Qué hace con el vegetal?
6. ¿Cómo termina la historia de la alcachofa?

La alcachofa
de tierno corazón
se vistió de guerrero,
erecta, construyó
una pequeña cúpula,
se mantuvo
impermeable
bajo
sus escamas,
a su lado
los vegetales locos
se encresparon,
se hicieron
zarcillos, espadañas,
bulbos conmovedores,
en el subsuelo
durmió la zanahoria
de bigotes rojos,
la viña
resecó los sarmientos
por donde sube el vino,
la col
se dedicó
a probarse faldas,
el orégano
a perfumar el mundo,
y la dulce
alcachofa
allí en el huerto,
vestida de guerrero,
bruñida
como una granada,
orgullosa,
y un día
una con otra
en grandes cestos
de mimbre, caminó
por el mercado
a realizar su sueño:
la milicia.
En hileras
nunca fue tan marcial
como en la feria,
los hombres
entre las legumbres
con sus camisas blancas
eran
mariscales
de las alcachofas,
las filas apretadas,
las voces de comando,
y la detonación
de una caja que cae,
pero
entonces
viene
María
con su cesto,
escoge
una alcachofa,
no le teme,
la examina, la observa
contra la luz como si fuera un huevo,
la compra,
la confunde
en su bolsa
con un par de zapatos,
con un repollo y una
botella
de vinagre
hasta
que entrando a la cocina
la sumerge en la olla.
Así termina
en paz
esta carrera
del vegetal armado
que se llama alcachofa,
luego
escama por escama
desvestimos
la delicia
y comemos
la pacífica pasta
de su corazón verde.

Después de leer

10-20 Forma del poema En grupos pequeños, observen y describan la forma del poema. Decidan si su forma se relaciona de alguna manera con el contenido.

10-21 Imágenes En grupos pequeños, revisen el poema e indiquen las imágenes visuales evocadas en él.

10-22 Metáfora En «Oda a la alcachofa», Neruda presenta la alcachofa en su sentido metafórico. En grupos pequeños, identifiquen la metáfora sencilla y la metáfora extendida del poema. Escriban una lista de las palabras y frases relacionadas con la metáfora.

10-23 Sentimientos El propósito de la poesía lírica es evocar ciertos sentimientos en el lector. Identifica los sentimientos que «Oda a la alcachofa» evoca en ti y escribe las palabras y frases que evocan esos sentimientos. Después, en grupos pequeños, comparen y contrasten sus sentimientos y las listas de palabras y frases.

ANÁLISIS LITERARIO: LA METÁFORA

Términos literarios Usa los siguientes términos para hablar sobre la poesía.

- Muchas veces la poesía puede entenderse en dos planos: el plano **literal** y el **metafórico**.
- Una **metáfora** es una comparación tácita entre dos términos que comparten alguna semejanza. Uno de los términos conlleva el sentido recto de la palabra o frase y el otro se usa en sentido **figurado**. En otras palabras, la expresión se usa fuera de su contexto normal. Por ejemplo, «el otoño de la vida» significa la madurez o la mediana edad.
- Una **metáfora extendida** se emplea por lo largo de un poema u otra obra literaria.
- Los escritores usan metáforas como recursos literarios para destacar **atributos nuevos, desconocidos o inesperados** de las palabras.
- La **oda** es una composición poética del género lírico. La poesía lírica expresa los **sentimientos** del autor y se propone evocar en el lector los mismos sentimientos.

¡Adelante!

Now that you have completed your in-class work on the **Tercera etapa,** you should complete the **Redacción** in the **Tercera etapa** of the *Diario de actividades,* pages 221–224.

VÍDEO: **La artesanía de Perú**

You can access the *De paseo* video at www.cengage.com/login.

Perú cuenta con una increíble variedad de artesanía reconocida en todo el mundo. Cada año, estos artículos generan ventas anuales por más de 200 millones de dólares. Cerámica, alfombras, joyería, máscaras, instrumentos musicales… un sinfín de productos producidos por gente de todas las edades. Daniela nos va a contar sobre algunos ejemplos de artesanía que se encuentra en tres regiones, la costa, la sierra y la selva.

Kymri Wilt/Mira Terra Images

TEJIDOS PERUANOS. ¿QUÉ EJEMPLOS DE ARTESANÍA VES EN ESTA FOTO?

Antes de ver

10-24 Artesanía y artesanos Piensa en las diferentes regiones de Estados Unidos (u otro país) y escribe una lista de unos artículos de artesanía que suele vender en cada región.

Región o Estado	Artesanía
Nuevo México	*joyería de plata*

10-25 Recuerdos felices Comprar recuerdos es uno de los pasatiempos favoritos de los turistas. Piensa en tu último viaje y escribe una descripción de dos o tres de las cosas que compraste.

PEQUEÑO DICCIONARIO

Este vídeo describe las varias formas de artesanía de Perú. Estudia las siguientes palabras para comprender mejor el vídeo. Busca las palabras en el vídeo y úsalas para escribir oraciones originales en una hoja aparte.

surgir *v. intr.* Manifestarse, aparecer.
jarrón *m.* Vasija grande, sin asas y generalmente de porcelana o cristal y que se utiliza como adorno.
apoyo Protección, auxilio o favor.
calabaza Fruto globoso de la calabacera, de variadas formas y colores, con muchas pepitas.
tallada Técnica escultórica para trabajar la madera o cualquier otra materia leñosa.

CALABAZA

retablo Obra compuesta por tallas escultóricas o cuadros que constituye la decoración de un altar.
bordar *v. tr.* Adornar una tela o piel con bordados, un labor de relieve ejecutada en tela o piel con aguja y diversas clases de hilo.
semilla Parte del fruto de los vegetales que contiene el germen de una nueva planta.

A ver

10-26 Descripciones Mientras escuchas los comentarios de los diferentes ejemplos de artesanía peruana, escribe una breve descripción de tres artículos mencionados.

Articulo(s)	Región/área	Material
	Chulucanas	
espejo		
	selva	

10-27 Guía para la comprensión del vídeo Antes de ver los dos segmentos del vídeo, estudia las siguientes preguntas. Mientras ves los segmentos, busca las respuestas adecuadas.

Segment 1:

1. Geográficamente ¿en cuántas regiones está dividido Perú?
2. ¿De dónde viene su cerámica?
3. ¿Cómo se representa a las mujeres?
4. ¿Qué parecen?
5. ¿De qué color es la cerámica?
6. ¿Cómo son los diseños?
7. ¿Por qué dice Daniela que el estilo es contradictorio?
8. ¿Cómo están cambiando las ventas de los productos de artesanía?

Segment 2:

1. Según Daniela, ¿cómo es la región de Ayacucho?
2. ¿Qué ocurrió en la región de Ayacucho en los años ochenta?
3. ¿Cómo describe esta zona de Perú?
4. ¿Para qué sirve el primer ejemplo de tejidos en los Andes?
5. ¿Cómo son los colores de la artesanía bordada?
6. ¿Cómo está decorado el espejo de Ayacucho?
7. ¿Dónde viven los grupos nómadas de Perú?
8. ¿De qué está hecha la última cartera de Daniela?

Después de ver

10-28 De compras en Internet Daniela sólo nos dio una explicación breve de tres tipos de artesanía. Ahora busca en Internet e investiga algunos artículos de otras regiones o departamentos de Perú. Empieza tu búsqueda usando algunas de las frases que usó Daniela, como «cerámica de Chulucanas» o «artesanía de Amazonas».

10-29 Investigación Cada año los artesanos de unos 25 países participan en la Feria Internacional de Artesanías. En parejas busca unos ejemplos de artesanía de otro país hispanohablante y compáralos con los ejemplos que nos dio Daniela. Escribe tus comentarios en tu message board y no te olvides de incluir el enlace donde encontraste los artículos.

Enter the **De paseo** message board at **www.cengage.com/login** to share your comments and opinions on this interactive site.

To access flash-based grammar tutorials on the topics covered in this chapter, visit www.cengage.com/login.

PERSPECTIVA LINGÜÍSTICA

Register

Register is a linguistic concept that refers to a continuum of formality that affects language use. Although this concept is sometimes called *style,* it does not refer only to the formal, literary language that we often think of as stylish language.

Casual ← Register continuum → Formal

The following examples indicate how moving along the register continuum affects not only structure but also vocabulary and pronunciation.

	CASUAL	FORMAL
address	tú/vos	usted
	vosotros/vosotras	ustedes
requests	Préstame tu libro.	¿Podría prestarme su libro?
formality/style	profe	profesor
pronunciation	¿'Tá bien?	¿Está bien?
vocabulary	decir	proferir

PERSPECTIVA GRAMATICAL

Estructura 10-1: *Para* and *por*

¡Alto!

These activities will prepare you to complete the in-class communicative activitie for **Función 10-1** on page 277 of this chapter.

These words are typically quite difficult for native speakers of English because we tend to equate them both with the English word *for.* The fact is, however, that **para** and **por** have many English equivalents, and trying to memorize one-to-one correspondences does not work. **Para** and **por** belong to a class of words called *relators* because they express relationships between words in a sentence. This large group of relators can be broken down into categories or clusters that help make sense of the various usages. Hopefully, **para** and **por** will be less confusing to you after you examine their underlying cluster meanings and, in some cases, see a visual representation of their relationship.

Estructura 10-1a: *Para*

Spatial and temporal relationships

Para expresses the relationship between a moving entity and its destination.

- *Destination.* **Para** is used when an entity (person or thing) sets out for, but has not yet reached, its destination.

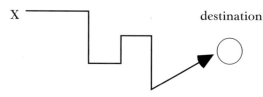

Mis amigas salieron **para** San Antonio.

- *Goal.* **Para** expresses the idea of an activity that is directed toward a goal.

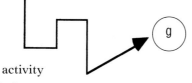

activity

Estudio **para** ser periodista.

- *Purpose.* **Para** refers to figurative «destinations» or purposes, both human and inanimate.

  Mis abuelos me dieron un estéreo **para** mi cuarto.

  Es un regalo **para** mi madre.

- *Destinations in time.* **Para** refers to deadlines.

  Hagan los ejercicios de gramática **para** mañana.

- *Lack of correspondence.* **Para** is used when making unexpected comparisons.

  Para su edad, Bentley dibuja muy bien.

Set expressions with *para*

Para is used in many set expressions, such as the following.

estar para	*to be about to*
(no) estar para bromas	*(not) to be in the mood for jokes*
no ser para tanto	*not to be that bad*
¿Para qué?	*For what?*
¿Para quién?	*For whom?*
para siempre	*forever*

10-30 Usos de *para* Explica brevemente los diferentes usos de **para** en las siguientes oraciones.

Ejemplo: Me dieron dinero para comprar el libro.

purpose / in order to

1. Mi amigo estudió para profesor de español.
2. Salimos para el congreso de poesía a las seis.
3. Para una señora mayor está en buenas condiciones de salud.
4. Compré el regalo para mi hermano.
5. Estamos para publicar un libro de poesía.
6. Voy a apreciar la pintura para siempre.
7. ¿Trabajaste para ellos?
8. Para mañana todo estará listo.

10-31 Equivalentes Escribe los equivalentes de las siguientes oraciones en español.

1. The book will be published by December.
2. The poets were walking toward the café.
3. Where are you going?
4. We are working for the political campaign.
5. She wrote that song for her friend.

10-32 ¿Adónde van? Escribe los equivalentes de las siguientes oraciones en español.

1. Carlos and Andrea are going to don Felipe's recital because they work for him.
2. My mother is going to the opera. I brought these opera glasses (**gemelos**) for her.
3. Is everyone going to the lecture? Cecilia sent her tape recorder for you all.
4. Our friends are going to the ballet. According to them, it is the best of all.
5. You and I are going to the theater, right? We need the tickets for Friday.

10-33 ¿Qué piensas? Completa de una manera lógica las siguientes oraciones sobre el arte.

Ejemplo: Llegaré para…

Llegaré para el fin de semana.

1. Para entender el arte moderno…
2. Para mí el arte…
3. El arte es para…
4. Para el año 2020 el arte…
5. Estudio arte para…

Estructura 10-1b: *Por*

Spatial and temporal relationships

Por expresses relationships between moving entities and spaces or stationary entities.

- *Through.* **Por** expresses the movement of an entity through a space or thing.

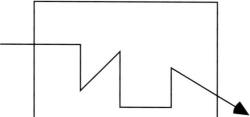

Los estudiantes viajaron **por** México.

- *Along.* **Por** expresses the movement of an entity along a path.

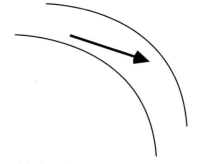

Vamos a la universidad **por** la calle Juárez.

- *Past or by.* **Por** expresses movement of an entity past or by a person, place, or thing.

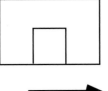

El autobús pasa **por** el Museo de Ciencia y Tecnología.
- *Over.* **Por** expresses a two-dimensional movement over a surface.

El agua se derramó **por** la mesa.
- *Time.* **Por** also refers to linear movement in clock or calendar time.
  Pensamos quedarnos en Nuevo México **por** dos meses.
  Escuché música **por** media hora.
  Hemos vivido en esta ciudad **por** mucho tiempo.
- *Task.* **Por** refers to an action remaining to be done.
  Nos queda una novela **por** leer.
- *Vague location.* **Por** refers to a vague or inexact location.
  Creo que Ana María vive **por** aquí.

Actions and their relationships

- *Agent.* **Por** is used to express the relationship between an action and its agent.
  La casa fue construida **por** José y su esposa.
- *Instrument.* **Por** expresses the relationship between an action and the instrument that accomplished it.
  Nos enviaron un paquete **por** avión.
- *Means.* **Por** expresses the relationship between an action and the means by which it is accomplished.
  Los abogados enviaron los documentos **por** avión.
- *Cause.* **Por** expresses the relationship between an action and its cause.
  No fuimos a ver esa película **por** miedo.

Notions of intensity, completeness, and thoroughness

Por is used in many expressions that refer to the extent of an action.
El huracán destruyó la comunidad **por** completo.

Notions of exchange, substitution, replacement, and representation

- *In exchange for.* **Por** is used to express the idea of exchange.
  Le pagué 60 dólares **por** el sillón.
- *Substitution or replacement.* **Por** expresses the idea of replacement or substitution.
  El profesor Ramos estaba enfermo, así que ayer yo di la clase **por** él.
- *Representation.* **Por** expresses the idea of an entity representing another entity.
  El licenciado Barrios es el diputado **por** el estado de Sonora.

- *Interest, support, and favor.* **Por** is used to express notions of interest, support, and favor.

   Mayra se preocupa **por** sus sobrinos.

   Rafael trabaja **por** su familia.

   Votamos **por** el mejor candidato.

Set expressions with *por*

Por is used in set expressions such as the following.

por cierto	*of course, surely*
¡Por Dios!	*Good Lord! For God's sake!*
por ejemplo	*for example*
por eso	*therefore, for that reason*
por favor	*please*
por fin	*finally*
¿Por qué?	*Why?*
por supuesto	*of course*

10-34 Expresiones con *por* Explica brevemente los diferentes usos de **por** en las siguientes oraciones.

   Ejemplo: Me permites el lápiz, por favor.

   set expression

1. Envié el manuscrito por correo.
2. Vendí mi antigua computadora por doscientos dólares.
3. Como estaba enferma, trabajé por Manuela.
4. Llegaron tarde por perder el autobús.
5. Mi cuñado maneja como loco, a ochenta millas por hora.
6. No puedo encontrar mis llaves, aunque estaban por aquí esta mañana.
7. Por supuesto. Lo haré inmediatamente.
8. Ese proyecto fracasó por completo.

10-35 Equivalentes Escribe los equivalentes de las siguientes oraciones en español.

1. We were walking along the Gran Vía this morning.
2. I paid twenty dollars for this dictionary.
3. Professor Santos taught the class for Professor Ramos yesterday.
4. They were very worried about the exam.
5. That museum was designed by a famous architect.
6. They arrived by car at midnight.
7. How many months did you study in Spain?

10-36 En Madrid Escribe los equivalentes de las siguientes oraciones en español.

1. Manuel and Antonia will arrive in Madrid around the first week in May.
2. They left Paris by car and plan to drive through northern Spain.
3. This postcard was written by Manuel. It arrived late because of the strike.
4. He writes that they want to walk along the Paseo del Prado on account of the architecture.
5. They miss us a lot. Therefore Antonia is taking a lot of photos.

10-37 Contrastes Completa las siguientes oraciones con **para** o **por**, según el contexto.

La semana pasada estuve en Puerto Rico _____ tres días. El día que salí

1

_____ San Juan estaba nevando mucho y el avión salió con dos horas de retraso

2

_____ la nieve. Cuando llegué al aeropuerto nadie me esperaba y _____ eso

3   4

partí _____ el hotel en taxi. _____ la tarde fui al Viejo San Juan _____ ver

5   6   7

el Moro y los otros sitios históricos. Cené en un restaurante típico porque _____

                                                                          8

mí no hay nada como la comida puertorriqueña. _____ ser tan económica la

                                                                    9

comida fue excelente.

10-38 Las artes Completa los espacios del siguiente pasaje con **para** o **por**.

Muchas personas aprecian las artes _____ sus valores estéticos, pero hay

                                                              1

muchos beneficios más _____ los que practican las artes. _____ ejemplo, el

                                  2   3

baile, como cualquier otro ejercicio aeróbico, tiene la capacidad de bajar la tensión arterial. _____ llevar los beneficios al máximo, hay que bailar tres veces

                                        4

_____ semana. _____ otra parte, la pintura y la escultura pueden reducir el

5   6

estrés. _____ pasarlo bien, se recomienda la fotografía, un pasatiempo útil

                    7

y divertido. Los aficionados a la computadora pueden usar programas gráficos _____ diseñar tarjetas, carteles y páginas de Internet. _____ iniciar un

        8   9

programa personal en las artes, muchos colegios, universidades y centros de la comunidad ofrecen cursillos de fotografía, cerámica y otras artes. _____

                                                                                            10

todas partes del mundo se respetan las artes y los artistas.

Estructura 10-2: Time expressions with *hacer*

The third-person singular form of **hacer** (hace, hacía) is used with time expressions to indicate how long an action has/had been going on or how long ago an action occurred/had occurred.

Ongoing actions (present)
- **Hace** + *time expression* + *present*
  Hace cinco años que estudio cerámica
  *I have been studying ceramics **for five years.***
- *Present* + **desde hace** + *time expression*
  Estudio cerámica **desde hace cinco años.**
  *I have been studying ceramics **for five years.***
- *Present* + **desde** + *time expression*
  Estudiamos para un examen de historia **desde ayer.**
  *We have been studying for a history test **since yesterday.***

Ongoing actions (past)
- **Hacía** + *time expression* + **que** + *imperfect*
  Hacía un año que Marta pintaba. *Marta had been painting **for a year.***
- *imperfect* + **desde hacía** + *time expression*
  Esculpíamos **desde hacía tres meses.** *We had been sculpting **for three months.***

Ago
- *Preterite* + **hace** + *time expression*
  Fuimos al museo Frida Kahlo **hace un mes.**
  *We went to the Frida Kahlo Museum **a month ago.***

¡Alto!

These activities will prepare you to complete the in-class communicative activities for **Función 10-2** on page 278 of this chapter.

10-39 Acciones en progreso Escribe oraciones completas en español, basándote en los siguientes elementos.

Ejemplo: tú y yo / tallar en madera / cinco años

Hace cinco años que tú y yo tallamos en madera.

1. José y Leonardo / sacar fotos / diez años
2. María / escribir poesía / tres meses
3. yo / tejer alfombras / seis semanas
4. Margarita y Rosa / practicar metalistería / un mes
5. Guillermo / dibujar / cuarenta años

10-40 El arte del pasado Escribe oraciones completas en español, basándote en los siguientes elementos.

Ejemplo: dos semanas / los artistas / pintar el mural

Hacía dos semanas que los artistas pintaban el mural.

1. un siglo / muchos arquitectos / construir la catedral
2. dos años / el estudio / producir cerámica
3. diez meses / Alma / esculpir en mármol
4. seis semanas / las hermanas / fabricar papel artesano
5. tres siglos / ese pueblo / tallar figuras de animales

10-41 ¿Cuándo ocurrió? Escribe las siguientes oraciones en español.

1. The animal figures in Altamira cave were painted 18,000 years ago.
2. Construction on the Sagrada Familia began 120 years ago.
3. Velázquez painted *La rendición de Breda* more than 300 years ago.
4. The modern movement in art began a century ago.
5. Moorish art in Spain flourished 1,200 years ago.

10-42 Mi historia personal ¿Qué hiciste hace tiempo? Completa las siguientes oraciones de una manera original. No repitas información.

Ejemplo: Hace una semana…

Hace una semana fui a Nashville, Tennessee.

1. Hace un año…
2. Hace cinco años…
3. Hace diez años…
4. Hace dos meses…
5. Hace tres días…

10-43 Mi formación en las artes Completa las siguientes oraciones de una manera lógica. No repitas información.

Ejemplo: Desde hace ocho años…

Desde hace ocho años estudio el violín.

1. Desde hace mucho tiempo…
2. Desde hace la semana pasada…
3. Desde hace un año…
4. Desde hace tres meses…
5. Desde hace el mes pasado…

10-44 Una exposición de arte Escribe los equivalentes de las siguientes oraciones en español.

1. The students had been preparing the exhibition for a year.
2. Ángela had been creating innovative ceramics for two months.
3. Lorenzo had been painting an enormous canvas (**lienzo**) for six weeks.
4. Alma had been designing the poster for ten days.
5. We had been selling tickets to our friends for a month.

Estructura 10-3: Nominalization

In order to avoid repetition, Spanish adjectives may become nouns. This process is called *nominalization.* Study the following example.

Me gustan las pinturas románticas.   A Alfredo le gustan las **cubistas.**
I like the romantic paintings.   *Alfredo likes the cubist ones.*

In the above sentence, it is understood that Alfredo likes cubist paintings, even though the noun is not repeated.

Araceli prefiere el torno de alfarero motorizado y Luis prefiere el **tradicional.**
Araceli prefers the motorized potter's wheel and Luis prefers the traditional one.

In the second sentence, it is clear that Luis prefers the traditional potter's wheel, because that referent was mentioned in the first clause. In addition, the article **el** clearly refers to the noun **torno.**

In addition to the marked forms of the articles **(el, la, los, las),** the neuter article **lo** may also be used to nominalize adjectives. **Lo** is always used with the masculine singular form of the adjective and expresses an abstract idea.

Lo bueno de las cámaras digitales es que puedes borrar las fotos malas.
The good thing about digital cameras is that you can erase the bad photos.

10-45 ¿Cómo se dice? Escribe las siguientes frases en español, según el ejemplo.

Ejemplo: el arte moderno

el moderno

1. las pinturas acuarelas
2. los escritores latinoamericanos
3. las novelas policíacas
4. las bombillas uruguayas
5. la escultura de mármol
6. los objetos decorativos
7. el artículo religioso

10-46 Transformaciones Transforma las siguientes oraciones, cambiando los adjetivos a sustantivos.

Ejemplo: Hay muchos colores de flores. Me gustan más las flores azules.

Me gustan más las azules.

1. Alejandra prefiere las esmeraldas a los ópalos. Sí, prefiere las piedras preciosas.
2. El profesor Ramírez enseña la escultura clásica en su curso. La profesora Delgado enseña la escultura moderna.
3. Hay muchos estilos de pintura. Se destacan el estilo barroco, el estilo clásico, el estilo realista y el estilo surrealista.
4. Los fotógrafos profesionales usan una variedad de cámaras. Algunos fotógrafos prefieren las cámaras *reflex* y otros prefieren las cámaras digitales.

¡Alto!

These activities will prepare you to complete the in-class communicative activities for **Función 10-3** on page 279 of this chapter.

5. Los artesanos modernos producen máscaras de *papier maché*. Los artesanos antiguos produjeron máscaras de cerámica.
6. Los indígenas tejen muchos tipos de textiles. Tejen textiles ceremoniales y textiles decorativos.
7. Los artículos de los artesanos son muy imaginativos. Hay artículos utilitarios y artículos puramente artísticos.

10-47 Preferencias artísticas Escribe los equivalentes en español para las siguientes oraciones.

1. Ángela prefers modern art, but Alejandro prefers classical.
2. We always listen to rock music, but our friends listen to classical.
3. I have a reflex camera and my brother has a digital one.
4. Catalina likes romantic poetry and Carlos likes epic.
5. Elena uses the synthetic dyes **(los tintes)**, but Eduardo uses the natural ones.

10-48 Transformaciones Nominaliza las siguientes frases sobre el arte y úsalas en oraciones completas, según el ejemplo.

Ejemplo: los años 60

El arte pop fue muy importante en los 60.

1. los cubistas españoles
2. la colección personal del artista
3. los elementos característicos
4. la fotografía moderna
5. el mayor logro
6. el ámbito artístico
7. las artes plásticas

10-49 En otras palabras Nominaliza los adjetivos en las siguientes oraciones.

Ejemplo: Los fabulosos retratos parecen fotos.

Los fabulosos parecen fotos.

1. El artista capta hasta los mínimos detalles.
2. Admiramos los muy delicados trazos.
3. Estos dibujos que compré son fenomenales.
4. No tiene ninguna preparación formal.
5. Dibuja las estrellas del cine.
6. Sus obras aparecen en las revistas principales.
7. Es uno de los artistas más premiados.

GLOSSARY (SPANISH–ENGLISH)

ABREVIATURAS

adj	adjetivo	*f*	femenino	*pl*	plural
adv	adverbio	*fam*	familiar	*prep*	preposición
aux	auxiliar	*interj*	interjección	*pron*	pronombre
conj	conjunción	*interr*	interrogativo	*s*	sustantivo
colloq	colloquial	*m*	masculino	v	verbo

A

a *prep* to
  a causa de *prep* because of
  a diferencia de *prep* unlike
  a fin de que *conj* in order that, so that
  a lo mejor *adv* probably
  a menos que *conj* unless
  a menudo *adv* often
  a través de *prep* through
abarcar *v* to undertake many things at once
abarrotar *v* to pack, cram
abeja *s* bee
abogado/abogada *s* lawyer
abstener (ie) *v* to abstain
abuelo/abuela *s* grandfather/ grandmother
aburrir *v* to bore
acabar *v* to finish
  acabar de (+ infinitivo) *v* to have just …
acampar *v* to camp
acariciar *v* to caress
acción *s/f* action
aceite de oliva *s/m* olive oil
aceituna *s* olive
acera *s* sidewalk
achurruscar *v* to rumple, crumple up
acierto *s* chance, casualty
aclarar *v* to clarify
acometer *v* to undertake
aconsejar *v* to advise
acontecimiento *s* event, happening
acostarse (ue) *v* to go to bed
actor/actriz *s* actor/actress
actuar (ú) *v* to act, perform
acuarela *s* watercolor
acuático: hacer esquí acuático *v* to water-ski

acudir *v* to gather together; to come to the rescue
acuerdo *s* agreement
acumular *v* to accumulate
adaptarse *v* to adapt
además *adv* besides, in addition, furthermore
aderezado *adj* covered with salad dressing
adiestrar *v* to train
adivinar *v* to guess
adosar *v* to lean something against a wall; to push something up against something
adquirir (ie) *v* to acquire
afición *s/f* avocation
aficionado *s* fan
afirmar *v* to state, declare, affirm
ágape *s/m* banquet, testimonial dinner
agarrar *v* to grab, get hold of
agobiante *adj* tiresome
agradar *v* to please, gratify
agrupar *v* to group together
aguas negras *s* contaminated water that contains animal or human excrement
aguja *s* needle
agujero *s* hole
ahora *adv* now
ahorrar *v* to save (money)
ahorro *s* savings
ahumado *adj* smoked
aire libre *s/m* outside, open air
ajedrez: jugar (ue) al ajedrez *v* to play chess
ajetreo *s* bustling about, fuss
ajo *s* garlic
al: a + el *contraction* to/at the
  al aire libre *adj* outdoor
  al contrario *adv* on the contrary
  al fin y al cabo *adv* after all

  al final a *adv* at the end
  al igual que *conj* just as, like
  al pie de la letra *adv* literally, word for word
al principio *adv* in/at the beginning
ala *s* wing
albergar *v* to house, accommodate
alcalde *s* mayor
alcantarillado *s* sewer system, drains (*pl*)
alcanzar *v* to reach
alegrarse *v* to be happy
alegría *s/f* happiness, joy
alentar *v* to breathe
aletear *v* to flap its wings
alguien *pron* someone, anyone
alimentarse *v* to feed oneself
alimento *s* food
aliviar *v* to relieve, soothe, alleviate
alma *s* soul
alrededores *s/m pl* surroundings
alzar *v* to raise
amalgama *s* a combination or blend of diverse things
amanecer *s* dawn, daybreak
amarrar *v* to tie up, do up
amasar *v* to make a dough
ambiente *s/m* environment, atmosphere, surroundings
amenazado *adj* threatening
amenazar *v* to threaten
amigo/amiga *s* friend
amistad: día de la amistad *s/m* Friendship Day (date varies)
amparar *v* to protect
amparo *s* protection, refuge
amplificar *v* to amplify, enlarge
analfabetismo *s* illiteracy
analizar *v* to analyze
andar *v* to walk
anfitrión/anfitriona *s* host/hostess

anilla *s* ring or metalic circle

animar *v* to pick up, stimulate

ánimo: estado de ánimo *s* state of mind

aniversario de bodas *s* wedding anniversary

ansioso *adj* anxious

antepasado/antepasada *s* ancestor

anteriormente *adv* previously, formerly

antes *adv* before

antes de (que) *prep (conj)* before

antigüedad *s/f* antique

anunciar *v* to announce

anuncios (clasificados) *s* (classified) ads

añadir *v* to add

año *s* year

Año Nuevo *s* New Year

apacible *adj* calm, placid

apadrinar *v* to support, back

apoderarse de *v* to take possession of, seize

aportar *v* to contribute

aposento *s* lodging

apreciar *v* to appreciate

aprender *v* to learn

aprender de memoria *v* to memorize

aprendizaje *s/m* learning; apprenticeship, training period

apresurarse *v* to be in a hurry

aprobar (ue) (un examen/curso) *v* to pass (an exam/course); to approve

aprovechar *v* to take advantage of

apuntes *s/m* class notes

apuro *s* hurry, haste

aquel/aquella *adj* that (over there)

aquél/aquélla *pron* that (over there)

aquí *adv* here

arcilla *s* clay

arco *s* arch

arder *v* to burn

áreas de estudios *s* coursework

areito *s* song and dance of the indiginous group that inhabits the Greater Antilles

armonía *s* harmony

arnés *s* harness

aro *s* hoop

arpa *s* harp

arqueólogo *s* archeologist

arraigado *adj* deeply-rooted

arrancar *v* to snatch, to tear out

arrebatar *v* to captivate, fascinate

arreglar *v* to arrange

arreglo musical *s* musical arrangement

arte *s/f* art

artes plásticas *s/f* visual/three-dimensional arts

artista *s/mf* artist

arveja *s* pea

ascendencia *s* ancestry

asco *s* disgust

asegurar *v* to assure

asemejarse a *v* to be like

asequible *adj* attainable, achievable

así *adv* thus, so

asimilarse *v* to assimilate

asistencia *s* attendance

asombroso *adj* astonishing, amazing

aspa *s* blade (of a windmill, fan)

astro *s* heavenly body

astronauta *s/mf* astronaut

astrónomo/astrónoma *s* astonomer

asumir *v* to assume, take on

atado *s* bundle

atajar *v* to go the shortest way; or cut off part of the road

ataúd *s/m* coffin

atención: prestar atención *v* to pay attention

atracción: parque de atracciones *s/m* amusement park

atractivo *adj* attractive

atraer *v* to attract

atraído *adj* attracted to, fascinated by

atraso *s* retardation, delay

atravesar (ie) *v* to cross

atropellar *v* to knock down

aumentar *v* to increase, augment

aun *adv* even

aún *adv* still

aunque *conj* although

autoridad *s/f* authority

auxilio: pedir (i, i) auxilio *v* to ask for help

avance *s/m* advance

avergonzado *adj* ashamed

averiguar *v* to find out, guess

aviso *s* warning, advice

avistamiento *s* sighting (of UFOs, etc.)

azafrán *s/m* saffron (a spice)

azotea *s* terrace roof, flat roof

B

bachillerato *s* undergraduate program; high school diploma (in some countries)

bailar *v* to dance

baile *s/m* dance

baile de salón *s/m* ballroom dancing

bajo *s* bass guitar; *adj* short; low

balada *s* ballad

balbuceo *s* stammer, stutter

balché *s* a drink made from the bark of a leguminous tree (*Lonchocarpus violaceus*), which is soaked in honey and water and fermented.

balde *s/m* bucket

baloncesto: jugar (ue) al baloncesto *v* to play basketball

banda de sonido *s* soundtrack

bandeja *s* tray

barranca *s* ravine

barrio *s* neighborhood

barro *s* mud

bastón *s/m* walking stick, cane

basura *s* trash

batalla *s* battle

batería *s* drum set

bautizo *s* baptism

beca *s* scholarship

becario *s* scholarship student

béisbol: jugar (ue) al béisbol *v* to play baseball

bejuco *s* thin or pliable reed or cane

bellas artes *s/f* fine arts

bicicleta *s* bicycle

bicicleta de montaña *s* mountain bike

bien *adv* well

bienestar *s/m* welfare; well-being

bilingüe *adj* bilingual

bilingüismo *s* bilingualism

bisabuelo/bisabuela *s* great-grandfather/great-grandmother

blanco *adj* white

bocado *s* bite, morsel

boda *s* wedding

bodega *s* wine cellar

boleto *s* ticket

bolsa (de valores) *s* stock exchange

bordar *v* to embroider

boricua *s* Rican

borinqueño/borinqueña *s, adj* Puerto Rican

bosque *s/m* forest, woods

bote *s/m* can

bote de basura *s/m* trash can

brindar *v* to give, to offer support

broma *s* joke

bruñido *adj* polished

bucear *v* to scuba dive

bueno *adj* good

buena cocina *s* gourmet cooking

bullicio *s* noise, racket

burlar *v* to evade, get around; to make fun of

buscar *v* to look for, search for

búsqueda *s* search, pursuit

butaca *s* theater seat

C

cabalgata *s* parade

caballo *s* horse

caber *v* to fit; to have enough room

cabezudo *s* carnival figure with large head

cabo: al fin y al cabo *adv* after all

cacique *s/m* chief

cadena *s* network, channel

caer *v* to fall

caer bien *v* to like; to suit

caer bien/mal *v* to like/dislike; to (not) suit

caer mal *v* to dislike; not to suit

café *s/m* cafe; coffee

caimán *s/m* caiman, cayman, alligator

calabacín *s/m* zucchini

calabaza *s* pumpkin, squash

calavera *s* skull

calentamiento global *s* global warming

calentar (ie) *v* to heat, warm

calidad *s/f* quality

calificar *v* to grade, correct papers

calle *s/f* street

calórico: mortifero rayo calórico *s* deadly (lethal) heat ray

cámara *s* camera

caminar *v* to walk

caminata: dar una caminata *v* to take a hike

camino *s* road

camote *s* sweet potato

campaña: tienda de campaña *s* tent

campo *s* country, rural area; field

campo de estudios *s* field of studies

cancha *s* court; field

canción *s/f* song

canción folklórica *s/f* folk song

canción grabada *s/f* recorded song

canela *s* cinnamon

cangrejo *s* crab

cantante *s/mf* singer

cantar *v* to sing

capa *s* layer

capa de ozono *s* ozone layer

capacitación *s/f* training

caracterizarse *v* to be characterized

cardo *s* thistle

cariño *s* affection

carmín *s/m* carmine

carnaval *s/m* carnival, Mardi Gras (celebration three days before Lent)

carne roja *s/f* red meat

carrera *s* career

carretera *s* highway

carroza *s* carnival float

carta *s* letter; playing card

carta al director *s* letter to the editor

cartel *s/m* poster, sign

casa encantada *s* haunted house

casi *adv* almost

caso: en caso de que *conj* in case

castañuelas *s* castanets

castillo *s* castle

cataclismo *s* catastrophe

catedrático/catedrática *s* university professor

caudal *s/m* flow

causa *s* cause

cavar *v* to dig

cazar *v* to hunt

cazuela *s* casserole

cebolla *s* onion

celebración *s/f* celebration

celebrar *v* to celebrate

célula solar *s* solar panel

cempasúchil *s* marigold flowers that are used in Day of the Dead celebrations

cena *s* dinner

censura *s* censorship

centro *s* center; downtown

centro ceremonial *s* ceremonial center

centro de reciclaje *s* recycling center

cerebro *s* brain

ceremonioso *adj* formal

charco *s* puddle, pool

charla *s* chat, discussion

chavito/chavita *s m/f* young boy, girl

chavo *s* one cent (of a dollar) in Puerto Rico

chorizo *s* spicy sausage

ciclismo de montaña *s* mountain biking

ciclo *s* cycle

ciclo de la vida *s* life cycle

ciclón *s/m* cyclone

ciencia *s* science

científico/científica *s* scientist

ciervo *s* deer

cilantro *s* coriander (an herb)

cima *s* peak, height

cine *s/m* cinema; film, movie

cipresal *s/m* grove or plantation of cypress trees

cisne *s/m* swan

ciudadanía *s* citizenship

ciudadano/ciudadana (nominal) *s* (nominal) citizen

ciudadela *s* citadel, fortress

clase: faltar a clase *v* to miss class

clavo *s* clove (a spice)

clima *s/m* climate

cobre *s/m* copper

cocina *s* cuisine, cookery

cocinar *v* to cook

cohete *s/m* rocket; firework

cola *s* tail, line

colar (ue) *s* to strain

coleccionar *v* to collect

colocar *v* to place, put

colorear *v* to color

combatido: ser combatido *v* to be fought against

comedia *s* comedy; play

comercio *s* trade

cómico: tira cómica *s* comic strip

comitiva *s* delegation

cómo *adv* how; like what

como *prep, conj* like; as

compacto: disco compacto *s* compact disc, CD

compañerismo *s* companionship, partnership

compañero/compañera *s* companion, partner

compartir *v* to share

compás *s/m* rhythm

competencia *s* competition

competitividad *s/f* competitiveness

complacer *v* to please

complejo *adj* complex

componer *v* to compose, form

comportamiento *s* behavior

comprar *v* to buy

comprobar (ue) *v* to prove

compromiso *s* commitment

computadora *s* computer

  computadora portátil *s* laptop computer

comunicación *s/f* communication

comunicarse *v* to communicate

con *prep* with

  con tal de que *conj* provided that

conciencia: tomar conciencia *v* to realize

concierto *s* concert

concurso *s* contest

conducir *v* to drive

conejo *s* rabbit

conferencia *s* lecture

conflicto *s* conflict

confundir *v* to confuse

conjunto *s* musical group

conmemorar *v* to honor, commemorate

conocer *v* to know; to meet

consecuencia *s* consequence

conseguir (i, i) *v* to get, obtain

consejero/consejera *s* adviser

consejo(s) *s* advice; advice column

consiguiente *adj* consequent, resulting

construir *v* to construct, build

consumido *adj* consumed

consumidor/consumidora *s* consumer

contaminación *s/f* pollution

contar (ue) *v* to tell; to count

contener (ie) *v* to contain

contraer *v* to contract

contrario: al contrario *adv* on the contrary

contribuir *v* to contribute

convenir (ie, i) *v* to convene; to agree

corregir (i, i) *v* to correct

correo electrónico *s* e-mail

correr *v* to run

corrido *s* Mexican folk song

corriente *s/m* current (of a stream or river); *adj* commonplace

cortejar *v* to court, to pay homage

cortejo *s* procession

corteza *s* bark (of a tree)

cosecha *s* crop, harvest

cosquilleo *s* tickling

costumbre *s/f* custom

cotidiano *adj* everyday, daily

crear lazos *v* to make friends

crear una imagen inverosímil *v* to create an unlikely image

crecer *v* to grow

creciente *adj* growing

crecimiento *s* growth

creer *v* to believe, think

  creo que... *v* I believe that …

creyente *s m/f* believer, s/he who has faith

criarse (í) *v* to grow up

crisol *s/m* crucible

criticar *v* to criticize

crucigrama: hacer crucigramas *v* to do crossword puzzles

crudo *adj* raw

cuadra *s* block

cuadro *s* painting

cual *adj* which, what

cuál *interr* which, what

cualidad *s/f* quality, characteristic

cuando *adv* when

cuándo *interr* when

cuanto *adv* as much as

cuánto *interr* how much

  cuánto hace que *interr* how long has it been

  cuántos *pl* how many

Cuaresma *s* Lent

cubiertos *s/pl* silverware

cucharada *s* tablespoon

cucharadita *s* teaspoon

cuchichear *v fam* to whisper

cuenta: darse cuenta de *v* to realize

cuento *s* short story, tale

cuerda *s* rope

cuero *s* leather

cuerpo *s* body

cueva *s* cave

culpabilidad *s/f* blame, guilt

culpar *v* to blame

cultivar (la tierra, el jardín) *v* to cultivate (the land, flowers)

cultivar el jardín *v* to cultivate/ garden (flowers)

cultivo biológico *s* organic gardening/farming

cultural: rasgo cultural *s* cultural feature

cumpleaños *s/m* birthday

cumplir *v* to fulfill, complete, accomplish

cuneta *s* ditch

cuota *s* quota

cúpula *s* dome, cupola

curar *v* to cure

curtido *adj* marinated with vinegar

cuyo *relative pron* whose

D

danzón *s/m* a slow Cuban dance

dar *v* to give

  dar paseos *v* to go for walks/ strolls

  dar una caminata *v* to take a hike

  dar una conferencia *v* to lecture

  darse cuenta de *v* to realize

  darse por igual *v* to not make any difference

dato *s* datum

de *prep* of; from

  de esta manera *adv* in this way

deber *v* must; to owe

debido al hecho que *conj* due to the fact that

decir (i, i) *v* to say; to tell

declarar *v* to declare

dedicar *v* to dedicate (time)

defunción *s/f* death; *pl* obituaries

degradación *s/f* degradation, debasement

dejar *v* to let, allow; to leave

del: de + el *contraction* of/of the

  del mismo modo *adv* in the same way, similarly

delito *s* misdemeanor

demandar *v* to demand

demográfico: fisonomía demográfica *s* demographic features

demostrar *v* to show, demonstrate

deporte *s/m* sport; *pl* sports section (of newspaper)

  deporte radical *s* extreme sport

deportista *s/mf* athlete; sportsperson

derecha *s* right
derribar *v* to knock down
derrochar *v* to waste
derrotar *v* to defeat
desafiante *adj* defiant
desaforado *adj* disproportionate, excessive
desamparo *s* helplessness; abandonment
desarrollarse *v* to develop
desarrollo *s* development
desastre natural *s/m* natural disaster
desatar *v* to spark
descansar *v* to rest
descanso *s* rest, relaxation
descarado *adj* brazen, shameless
descartar *v* to reject, discard, cast aside
descendiente *s/mf* descendant
desconocer *v* to be unfamiliar with
desconocido *adj* unknown
descripción *s/f* description
desde *prep* since
desear *v* to wish, want, desire
desechar *v* to discard, throw away, reject
desechos orgánicos *s* organic waste
desempeñar un papel *v* to play a role
desempleado *adj* unemployed
desempleo *s* unemployment
desenvolver: ir desenvolviéndose *v* to become involved in; to develop; to improve
desfile *s/m* parade
desgajar *v* to break off, snap off
desigualdad *s/f* inequality
deslizar *v* to slip, slide
despedazar *v* to cut into pieces
despedida *s* closing (of a letter)
  despedida de soltero/soltera *s* bachelor party/bridal shower
desperdiciar *v* to waste
desperdicio *s* waste, remains
desplomarse *v* to collapse
desplumar *v* to pluck
después *adv* afterward
  después de (que) *prep, conj* after
desquiciar *v* to unhinge, drive mad
desquitar *v* to retaliate, to take revenge
destruir *v* to destroy
detener (ie) *v* to detain
detergente ecológico *s/m* biodegradable detergent

detestar *v* to detest
detrito *s* waste product
deuda *s* debt
develar *v* to reveal, disclose
devolver (ue) *v* to return
día *s/m* day
  día de acción de gracias *s/m* Thanksgiving
  día de la amistad *s/m* Friendship Day (date varies)
  día de la raza *s/m* Columbus Day (October 12)
  día de los enamorados *s/m* Valentine's Day (February 14)
  día de los fieles difuntos All Souls' Day (November 2)
  día de los muertos *s/m* Day of the Dead (October 31)
  día de los Reyes Magos *s/m* Three Kings' Day (January 6)
  día de San Fermín *s/m* Saint Fermin's Day (July 7)
  día de San Patricio Saint Patrick's Day (March 17)
  día de San Valentín *s/m* Valentine's Day (February 14)
  día de todos los santos *s/m* All Saints' Day (November 1)
  día del santo *s/m* patron saint's day
  día del trabajo *s/m* Labor Day
  día feriado/festivo holiday
  día festivo *s/m* holiday
diario *adj* daily
dibujar *v* to sketch, draw
dibujo *s* drawing, sketch
dieta mediterránea *s* Mediterranean diet
diferencia: a diferencia de *prep* unlike
diferenciarse *v* to differ from
difunto *s* deceased
difunto: día de los fieles difuntos *s/m* All Souls' Day (Nov. 2)
diluvio *s* flood
dios/diosa *s* god/goddess
dirección *s/f* address
director: carta al director *s* letter to the editor
dirigente *s/mf* leader, head
dirigir *v* to direct, address
disco compacto *s* compact disc, CD
diseñar *v* to design, sketch, plan
diseño (gráfico) *s* (graphic) design

disfraz (pl disfraces) *s/m* disguise
disfrazarse *v* to disguise oneself
disfrutar *v* to enjoy something, have fun
disgustar *v* to annoy, displease
disminución *s/f* decrease, reduction
disminuir *v* to diminish
distinto *adj* distinct, different
diversidad *s/f* diversity
diversión *s/f* fun activity
divertirse (ie, i) *v* to have a good time, enjoy oneself
divorcio *s* divorce
doblar *v* to turn; to fold
doctorado *s* Ph.D. degree
doler (ue) *v* to hurt, ache
doliente *adj* suffering, ill
doncella *s/f* maiden
donde *adv* where
dónde *interr* where
dorarse *v* to turn brown; to be gilded
dormir (ue, u) *v* to sleep
drama *s/m* drama, play
dramaturgo *s* playwright
dudar *v* to doubt
dueño/dueña *s* owner
duración: de larga duración *adj* long-playing
durante *adv* during

E

e *conj* and (before words beginning with **i** or **hi**)
echarse una siesta *v* to take a nap
ecología *s* ecology
ecológico: detergente ecológico *s/m* biodegradable detergent
economía *s* business; economy
edad *s/f* age
edificar *v* to build, construct
edificio *s* building
efecto invernadero *s* greenhouse effect
efectos especiales sonorosos *s* special sound effects
eficaz *adj* efficient
ejecutar *v* to implement, carry out
ejemplo *s* example
ejercicio *s* exercise
el *adj* the
él *pron* he, it

elección *s/f* election

electrónica *s* electronics

electrónico *adj* electronic

elegir (i, i) *v* to choose

elevar *v* to raise

embargo: sin embargo *adv* nevertheless

embellecer *v* to beautify, improve the appearance of

embestir *v* to charge

embriagante *v* to intoxicate

embriagarse *v* to get drunk/ intoxicated

emigrante *s/mf* emigrant

emigrar *v* to emigrate, leave one's homeland

emisión *s/f* broadcast

emisora *s* radio station

emitir *v* to broadcast

empatar *v* to tie (the score)

empinar *v* to raise

empleo *s* work, job; employment

empresa multinacional *s* multinational corporation

empresa *s* business, firm

en *prep* in; on; at

en aquel entonces *adv* in those days

en caso de que *conj* in case

en cuanto a *adv* as to, with regard to

en fin *adv* finally

en picada *s* to plummet

en resumen *adv* in summary

en vías de extinción *adj* endangered

en/por fin *adv* finally

enamorado: día de los enamorados *s/m* Valentine's Day (February 14)

enamorarse *v* to fall in love

encabezamiento *s* salutation (of a letter)

encaladilla *s* Mexican pastry, an *empanada* containing sweet coconut

encantado: casa encantada *s* haunted house

encantador/encantadora *adj* charming, delightful

encantar *v* to delight; to love

encendido *adj* lit (fire, electrical appliance, etc.)

enchufar *v* to plug in

encierro *s* running of the bulls in the streets of Pamplona, Spain

encogerse de hombros *v* to shrug one's shoulders

encomendar *v* to entrust

encontrar (ue) *v* to find, encounter

encrespar *v* to get irritated

encumbrar *v* to fly

enfermedad *s/f* disease

enfermero/enfermera *s* nurse

enfrentarse *v* to face, confront

engañar *v* to deceive, mislead, fool, take in

enlazar *v* to harness; to link; to tie together

enloquecer: hacer enloquecer al país *v* to drive the country crazy

enojar *v* to anger

enraizado *adj* established, rooted

enriquecer *v* to make rich

ensalada *s* salad

ensayar *v* to practice, rehearse; to try out

ensayo *s* essay

enseñanza *s* teaching

enseñar *v* to teach

enterarse *v* to find out

enterrar (ie) *v* to bury

entonces *adv* then, next

entrada *s* ticket, entrance

entre *prep* among, between

entregar *v* to hand in; to deliver

entrenador/entrenadora *s* coach

entrenamiento *s* training

entrenar *v* to train; to coach

entretener (ie) *v* to keep amused

entretenimiento *s* entertainment

entusiasmar *v* to enthuse

envasado *adj* bottled, packed

envase *s/m* container

enviar (í) *v* to send

equipo *s* team

equivocado: estar equivocado *v* to be mistaken

érase/había una vez *adv* once upon a time

erguido *adj* erect, straight

erguir *v* to raise, lift

erosión del suelo *s/f* soil erosion

erradicar *v* to eliminate

escalada *s* climb, ascent

escalar *v* to climb, scale

escalera *s* staircase, steps

escalón *s/m* step

escama *s* scale (fish or reptile)

escasez (pl escaseces) *s/f* scarcity, shortage

escenario *s* setting; stage

escenografía *s* set design, scenery

escoger *v* to choose, select

escoltar *v* to escort

esconder *v* to hide

escondido *adv* hidden, remote

escoria *s* scoriae, volcanic ashes

escribir *v* to write

escritura *s* writing

escuchar *v* to listen

escudero *s* shield-bearer, squire or attendant of a warrior

esculpir *v* to engrave, carve

escultor/escultora *s* sculptor

escultura *s* sculpture

ese/esa *adj* that

ése/ésa *pron* that

esfuerzo *s* effort

esfuerzo físico *s* physical effort

espada *s* sword

espadaña *s* bulrush plant

especializarse *v* to major

especie *s/f* species

espectáculo *s* show; *pl* entertainment section (of newspaper)

espectador/espectadora *s* spectator

esperanza *s* hope

esperanza de la vida *s* life expectancy

esperar *v* to wait for; to hope for; to expect

espíritu *s/m* spirit

esposo/esposa *s* spouse, husband/ wife

esquela *s* obituary notice

esquí: hacer esquí acuático *v* to water-ski

esquiar (í) *v* to (snow) ski

establecer *v* to establish

estadio *s* stadium

estado de ánimo *s* state of mind

estadounidense *adj* of the United States

estafar *v* to swindle, defraud

estampa: ser nuestra estampa más indeleble *v* to be / to leave our most indelible impression

estampado *adj* printed, patterned

estar *v* to be

estar considerado como *v* to be considered as

estar equivocado *v* to be mistaken

estar seguro (de que) *v* to be sure (that)

estar sometido *v* to submit to, yield to, comply with

estatua *s* statue

este/esta *adj* this

éste/ésta *pron* this

estereotipo *s* stereotype

estética *s* aesthetics

estilo *s* style

estirón corporal *s/m* a type of physical exercise

estrella *s/mf* movie star

estrenar *v* to perform/wear for the first time

estreno *s* first performance, première

estrés *s/m* stress

estrofa *s* division of a poem consisting of several lines

estructurarse *v* to organize, structure

estudiantil *adj* student

estudio *s* study; studio

etiqueta *s* tag, price tag

étnico *adj* ethnic

evaluar (ú) *v* to evaluate

evitar *v* to avoid

examen *s/m* test, exam

examen de ingreso *s/m* entrance exam

excavar *v* to unearth

excursión *s/f* excursion, day trip

existir *v* to exist

éxito *s* hit (song); success

exitoso *adj* successful

explicar *v* to explain

exponer *v* to expose, show

exposición *s/f* exhibition, showing

extasiado *adj* ecstatic

extenderse (ie) *v* to extend

extinción: en vías de extinción *adj* endangered

extraer *v* to extract; to remove

extranjero/extranjera *s* foreigner

F

fabricado *adj* manufactured

fabricar *v* to manufacture

fachada *s* façade, front of a building

facultad de (derecho, etc.) *s/f* school of (law, etc.)

falla *s* power outage

fallas de San José *s/pl* Festival of Saint Joseph

fallecer *v* to die

faltar *v* to lack

faltar a clase *v* to miss class

familiar *s/mf* relative; *adj* (of the) family

fantasmita *s* ghost, phantom

farmacéutico/farmacéutica *s* pharmacist

fascinar *v* to fascinate

favorecer *v* to favor

faz *f* face

fecha *s* date

fecundar *v* to fertilize

feria *s* fair

feriado: día feriado *s/m* holiday

festejar *v* to celebrate

festín *s/m* banquet

festivo *adj* holiday

ficha *s* token, chip (poker), game piece

fiera *s* wild, fierce, ferocious (animal)

fiesta *s* party, celebration, feast day

fiesta de la quinceañera *s* coming-of-age celebration for a 15-year-old female

fila *s* row

filmar *v* to film

fin *s/m* end

final: al final *adv* at the end

financiar *v* to finance

firma *s* signature

físico: esfuerzo físico *s* physical effort

fisonomía demográfica *s* demographic features

flamenco *s* type of Spanish gypsy music

flauta *s* flute

flecha *s* arrow

flechazo de luz *s* ray of light

flor *s/f* flower

florido *adj* full of flowers, flowery

florido: Pascua florida *s* Easter

fomentar *v* to encourage, promote

fondo *s* background

forjar *v* to shape, forge create

fortalecer *v* to strengthen

fortaleza *s* fortress

foto(grafía) *s/f* photograph

fotógrafo/fotógrafa *s* photographer

fotomontaje *s/m* photomontage

freír (í, i) *v* to fry

frontera *s* border, frontier

fruta *s* fruit

fruto seco *s* nuts and dried fruit

fuego *s* fire

fuente de grasa *s/f* source of fat

fuerza *s* force

fuerza laboral *s* work force

fulgor *s* brilliance, glow

fumi *s* modeling and oven hardening polymer clay, Fimo

función *s/f* performance

funcionario/funcionaria *s* functionary

funcionario alto *s* high-ranking official

fútbol: jugar (ue) al fútbol *v* to play soccer

G

galeón *s/m* galleon

galería *s* principal hall; gallery

gallardo *adj* graceful, elegant

gallo *s* rooster

ganar *v* to win; to earn

gavilla *s* bundle, sheaf

gente *s/f* people

gerente *s/mf* manager, supervisor

gimnasia: hacer gimnasia *v* to do gymnastics

gimnasio *s* gym(nasium)

globo *s* balloon

golosina *s* treat

golpear *v* to hit, beat, strike

gongo *s* gong, drum

gorguera *s* neck armor

grabación *s/f* recording

grabado *adj* taped

grabar *v* to record

gracias: día de acción de gracias *s/m* Thanksgiving

graduarse (ú) *v* to graduate

gráfico: diseño gráfico *s* graphic design

granada *s* grenade

grandes titulares *s/m* headlines (in a newspaper)

grasa: fuente de grasa *s* source of fat

grave: consecuencia grave *s* serious consequence

grieta *s* crack, crevice

grifo *s* faucet, fire hydrant, fireplug

gruñir *v* to grumble, murmur angrily

guaracha *s* popular Cuban and Puerto Rican dance

guarnición *s/f* garnish

guayabera *s* loose, lightweight man's shirt

guerra *s* war

guerrero *s* warrior

guía *s* guide

  guía del ocio *s* leisure-time guide

  guía turística *s/mf* tour guide

guiarse *v* to guide

guionista *s/mf* scriptwriter

guisar *v* to stew

guiso *s* stew

gustar *v* to like

H

haber *v* *aux* to have

  había una vez *adv* once upon a time

habitante *s/mf* inhabitant (of a region, country, etc.)

hábito saludable *s* healthy habit

hace *adv* ago

  hace más de *adv* more than … ago

  hace menos de *adv* less than … ago

  hace mucho que *adv* a long time ago

  hace poco que *adv* a short while ago

hacer *v* to do; to make

  hacer cola *v* to stand in line

  hacer crucigramas *v* to do crossword puzzles

  hacer ejercicios (aeróbicos) *v* to exercise (do aerobics)

  hacer enloquecer al país *v* to drive the country crazy

  hacer esquí acuático *v* to water-ski

  hacer excursiones *v* to take short trips

  hacer gimnasia *v* to do gymnastics

  hacer hincapié *v* to stress, emphasize

  hacer montañismo *v* to climb mountains

hacer obras manuales *v* to do manual labor

hacer una gira *v* to take a tour

hacer una solicitud *v* to apply

hacer windsurf *v* to windsurf

hallar *v* to find, locate

hallazgo *s* finding, discovery

hasta *adv* until

  hasta ahora *adv* until now

  hasta aquí *adv* until this point

  hasta que *conj* until

hazaña *s* great/heroic deed

hecho (de/en) *adj* made (of/in)

hecho *s* fact

hendidura *s* fissure, crack

herida *s* wound

herido *adj* injured

hermanastro/hermanastra *s* stepbrother/stepsister

hervir (ie, i) *v* to boil

hielo: patinar sobre hielo *v* to ice skate

hierba *s* grass

hijastro/hijastra *s* stepson/ stepdaughter

hijo/hija *s* child, son/daughter

hilera *s* row

hincapié: hacer hincapié *v* to stress, emphasize

hispano *adj* Hispanic

hispanohablante *s/mf* Spanish speaker; *adj* Spanish-speaking

hispanoparlante *s/mf* Spanish speaker; *adj* Spanish-speaking

histeria: provocar la histeria colectiva *v* to cause mass hysteria

hockey: jugar (ue) al hockey sobre hielo *v* to play ice hockey

hogar *s/m* home

hombro *s* shoulder

homenaje *s/m* homage

honrar *v* to honor

horario *s* schedule

hornear *v* to bake

horóscopo *s* horoscope

hoyo *s* hollow, pit, hole

huelga *s* strike

huerto *s* vegetable garden; orchard

hueso *s* bone

huevo *s* egg

huir *v* to flee, escape

huracán *s/m* hurricane

I

identificar *v* to identify

idioma *s/m* language

iglesia *s* church

igual *adj* equal

igualdad *s/f* equality

imagen *s/f* image

imaginar *v* to imagine

imperio *s* empire

importar *v* to matter, be important

impregnar *v* to saturate with any matter or quality

impreso *s* pamphlet; *adj* printed

imprimir *v* to print

inagotable *adj* endless

inclinarse *v* to bow

incorporarse *v* to be incorporated

indeleble: ser nuestra estampa más indeleble *v* to be/ to leave our most indelible impression

indicación *s/f* direction

indígena *s/mf* Indian, native; *adj* indigenous

infantil *adj* children's

infarto *s* heart attack

informática *s* computer science

informe *s/m* report

ingeniería *s* engineering

  ingeniería electrónica *s* electronic engineering

ingeniero/ingeniera *s* engineer

ingerir *v* to ingest, consume

ingreso *s* income; entry

inmigrante *s/mf* immigrant

inmigrar *v* to immigrate

inscribirse *v* to enroll

inscripción *s/f* registration, enrollment, tuition

insoportable *adj* unbearable

instalar *v* to install

instrumento: tocar un instrumento musical *v* to play a musical instrument

intercambio *s* exchange

interesar *v* to interest

internacional: noticias (inter)nacionales *s* (inter)national news

interpretar *v* to interpret

intervenir (ie, i) *v* to intervene

introducir *v* to insert; to introduce

inundación *s/f* flood
invadir *v* to invade
invasor/invasora *s* invader
invento *s* invention
invernadero: efecto invernadero *s* greenhouse effect
inverosímil *adj* unlikely
investigación *s/f* research, investigation
investigar *v* to investigate
invitado/invitada *s* guest
ir *v* to go
   ir al cine *v* to go to the movies
   ir al museo *v* to go to the museum
   ir al teatro *v* to go to the theater
   ir de vacaciones *v* to go on vacation
   ir desenvolviéndose *v* to become involved in; to develop; to improve
isla *s* island
izquierda *s* left

J

jamaica *s* drink made of hibiscus flowers
jamás *adv* never
Jánuca *s/f* Hanukkah
jardín *s/m* garden
jaula *s* cage
jerga *s* slang
jitomate *s/m* tomato
jornada *s* day
jubilado/jubilada *s* retiree
jubilarse *v* to retire
juego *s* game (Monopoly, hide-and-seek, etc.)
jugar (ue) *v* to play (game/sport)
   jugar (ue) al ajedrez (baloncesto/béisbol/fútbol/etc.) *v* to play chess (basketball/baseball/soccer/etc.)
   jugar (ue) a las cartas *v* to play cards
   jugar (ue) a los naipes *v* to play cards
   jugar (ue) al fútbol americano *v* to play football
   jugar (ue) al tenis *v* to play tennis
juicio *s* court

junto *adv* together
juramento *s* oath
juventud *s/f* youth

L

laboral *adj* work
labrar *v* to work in stone/metal/wood
lácteo: producto lácteo *s* milk product
ladero *adj* lateral, side
ladrón/ladrona *s* thief
lagartija *s* lizard
laico *adv* secular
lamentar *v* to complain
lanzamiento *s* the act of beginning something new
lanzarse al vacío *v* to leap into the void
lavar *v* to wash
lectura *s* reading (matter)
leer *v* to read
legumbre *s/f* vegetable, legume
lema *s/m* slogan
lengua *s* language; tongue
   lengua franca *s* medium of communication between people of different languages
   lengua materna *s* native language
lente *s/m* lens
leña *s* firewood
levantar *v* to raise
   levantar pesas *v* to lift weights
   levantarse *v* to get up, stand up
leyenda *s* legend
libra *s* pound
libre *adj* free
   libre albedrío *s* free will
libro *s* book
licenciatura *s* bachelor's degree
licuadora *s* blender
líder *s/m* leader, head of government/political party/union/organization
lienzo *s* canvas
limo *s* mud, slime
limpiaparabrisas *s/m* windshield wiper
llama *s* flame
llamar *v* to call
llanto *s* weeping

llanura *s* plain, prairie
llegar *v* to arrive
   llegar a un acuerdo *v* to come to an agreement
llevar *v* to carry, take; to wear
   llevar a cabo *v* to carry out, accomplish
lluvia ácida acid rain
lo mismo *pron* the same (thing)
locutor/locutora *s* announcer
lograr *v* to achieve, attain
logro *s* achievement
luego *adv* then
   luego que *conj* as soon as
lugar *s/m* place
lúgubre *adj* excessively mournful, gloomy
lumbre *s* fire
luna *s* moon
luz (*pl* **luces**) *s/f* light

M

madera *s* wood
madrastra *s* stepmother
madrina *s* godmother
madrugada *s* early morning
maestría *s* master's degree; teaching degree
maguey *s/m* American agave used to make pulque
maíz *s/m* corn, maize
mal *adv* badly
malgastar *v* to waste
malla *s* mesh, net
malo *adj* bad; evil
maltrecho *adj* in a terrible state, battered
mandar *v* to send
mandato *s* command
manecilla *s* hand (of a watch)
manera: de esta manera *adv* in this way
manifestación *s/f* demonstration, protest march
mano *s/f* hand
manta *s* blanket
mantener (ie) *v* to maintain; to support
maña *s* skill, knack
máquina *s* machine
mar *s/m* sea
marcar *v* to dial

marciales: practicar artes marciales *v* to practice martial arts

marco *s* frame

maremoto *s* tidal wave

marfil *s/m* ivory

marginación *s* social exclusion, isolation

mariposa *s* butterfly

mariscal *s/m* marshal (military)

mármol *s/m* marble

más *adv* more

mas *conj* but

mata *s* bush, shrub

materia *s* school subject

materia prima *s* raw material

materno: lengua materna *s* native language

matiz *s/m* shade, hue

matrícula *s* tuition

matricularse *v* to register, enroll

mayoría *s* majority

medalla *s* medallion

mediante *adv* by means of

medicina preventiva *s* preventive medicine

médico/médica *s* doctor

medida *s* measurement

medio ambiente *s/m* environment

medios *s* means

medios de comunicación *s/pl* means of communication, media

medir (i, i) *v* to measure

mediterránea: dieta mediterránea *s* Mediterranean diet

mejilla *s* cheek

mejor: a lo mejor *adv* probably

melodía *s* melody

meloso/melosa *adj* sweet, honeyed

memoria: aprender de memoria *v* to memorize

menos *adj* fewer, less

mensaje *s/m* message

mentir (ie, i) *v* to lie

mercado *s* market

mercado mundial *s* world market

mercancía *s* goods (*pl*), merchandise

merced *s/f* mercy, clemency

merecer *v* to deserve, be worth

merecer/valer la pena *v* to be worth the trouble

mestizaje *s/m* racial mixture (indigenous and white)

meta *s* goal

meteoro *s* meteor

meter *v* to put (into)

metro *s* subway

mezcla *s* mixture, blending

mezclar *v* to mix

mezquita *s* mosque

mi *adj* my

mí *pron* me

miedo *s* fear

miel *s/f* honey

miembro del comité *s* committee member

mientras *adv* while

miga *s* crumb

milagro *s* miracle

milicia *s* militia

militar *s/m* soldier; *adj* military

minoría *s* minority

minoritario *adj* minority

misa *s* mass

Misa de gallo *s* Midnight Mass

misericordia *s* mercy, compassion

mismo *adj* same

mocetón *s/m* young man

modo *s* means; manner

mojado *adj* wet

mole *s/m* a Mexican sauce made from chili peppers and other spices, including chocolate

molestar *v* to bother

molido *adj* ground

molino de viento *s* windmill

monje/monja *s* monk/nun

monolingüe *adj* monolingual

montaña *s* mountain

montañismo: hacer montañismo *v* to climb mountains

montar a caballo *v* to ride horseback

montar en bicicleta *v* to ride a bicycle

montar en moto *v* to ride a motorcycle

moralizante *adj* moralizing

mortífero rayo calórico *s* deadly (lethal) heat ray

mosquetón *s/m* carabiner or **karabiner**, a metal loop with a sprung or screwed gate

mostrar (ue) *v* to show

moto(cicleta): montar en moto *v* to ride a motorcycle

movimiento *s* movement

mucho *adj* much; *pl* many

muerte *s/f* death

muerto: día de los muertos *s/m* Day of the Dead (Oct. 31)

mugriento *adj* filthy, mucky

multa *m* fine

multar *v* to fine

mundial *adj* worldwide

mundo cibernético *s* cyberworld

muro *s* wall

museo *s* museum

música (clásica, folklórica, rock, seria, tejana) *s* (classical, folk, rock, serious, Texan) music

musical: tocar un instrumento musical *v* to play a musical instrument

músico/música *s* musician

N

nabo *s* turnip

nacimiento *s* birth

nada *pron* nothing

nadar *v* to swim

nadie *pron* no one

naipe: jugar (ue) a los naipes *v* to play cards

natural: recurso natural *s* natural resource

naturaleza *s* nature

navaja *s* knife

nave *s/f* ship

navegar *v* to surf (the Web)

navegar (a la vela) *v* to go boating (to sail)

Navidad *s/f* Christmas

neblina *s* mist

negar (ie) *v* to deny

negociar *v* to negotiate

negocio *s* business

nevada *s* snowfall

ni *conj* neither, (not) either

ninguno *adj* not any, none

niñez *s/f* childhood

nivel técnico *s/m* level of technology

¿no? *interr* isn't he/she/it?

¿no crees? *v* don't you think?

Nochebuena *s* Christmas Eve

nocivo *adj* noxious, harmful

nosotros/nosotras *personal pron* we

nota *s* grade

noticias *s* news

novelesco *adj* fictional

noviazgo *s* courtship

nuevo: Año Nuevo *s* New Year

número *s* number

O

o *conj* or

  o ... o *conj* either ... or

obligado *adj* required

obra *s* work (of art, book, etc.)

obtener (ie) *v* to obtain

ocasionar *v* to cause

ocio *s* spare time, leisure time

ocultar *v* to hide

odear *v* to surround, encircle

Oficina Nacional de la Seguridad de la Patria *s* Office of Homeland Security

ofrenda *s* offering

oír *v* to hear

ojalá *interj* one hopes, may Allah grant

ola *s* (ocean) wave

  ola de refugiados *s* wave of refugees

óleo: pintar al óleo *v* to paint in oils

olla *s* cooking pot

onda *s* wave, fad

opereta *s* light opera, operetta

opinar *v* to think, have an opinion

opinión *s/f* editorial column (in newspaper/magazine)

oponer *v* to oppose

ordenador *s/m* computer (Spain)

orgánico: desechos orgánicos *s* organic waste

oro *s* gold

ortiga *s* (stinging) nettle plant

oscuro: cuarto oscuro *s* darkroom (for photography)

otorgar *v* to hand over, grant

otro *adj* another, other

oyente *s/mf* auditor, listener

P

padrastro *s* stepfather

padrino *s* godfather, godparent

pago *s* payment

paja *s* stem, stalk

palanca *s* lever, crowbar

palo *s* pole

paloma *s* pigeon

palomar *s* dovecot, pigeon loft

pan *s/m* bread

panal de abejas *s/m* honeycomb

pandemia *s* pandemic

pandereta *s* tambourine

pandillero *s* gang member

panel solar *s* solar panel

pantalla *s* screen

panza *s* belly

papel *s/m* paper; role

  papel picado *s/m* multicolored papers cut with decorative shapes used to make flags and banners

paquete *s/m* package, parcel

para *prep* for; in order to

  para que *conj* so that

paracaídas *s/m* parachute

parada *s* bus stop

parecer *v* to seem

parecerse *v* to be like, resemble

parecido *adj* alike, similar

pared *s/f* wall

pareja *s* couple, pair

parentesco *s* relationship, kinship

parque *s/m* park

  parque de atracciones *s/m* amusement park

parrilla *s* grill

párroco *s* parish

parte: por otra parte *adv* on the other hand

participar en tertulias *v* to take part in social gatherings to discuss politics, etc.

partido *s* game, match

pasar *v* to pass

  pasar lista *v* to take attendance

  pasar unas horas *v* to spend some time

  pasarlo bien *v* to have a good time

pasatiempo *s* pastime

Pascua florida *s* Easter

pasear *v* to take a walk

paseo *s* walk, stroll

paso *s* step; group of wooden statues; religious float

pasto *s* grass

pata *s* foot, paw

pataleo *s* kicking

patinar *v* to skate

  patinar sobre hielo *v* to ice skate

  patinar sobre ruedas *v* to roller skate, roller blade

patita *s* foot (animal)

patria: Oficina Nacional de la Seguridad de la Patria *s* Office of Homeland Security

patrón: santo patrón/santa patrona *s* patron saint

paz *s/f* peace

peatón/peatona *s* pedestrian

pecaminoso *adj* sinful

pedir (i, i) *v* to ask for, request

  pedir auxilio *v* to ask for help

película *s* film, movie

peligrar *v* to be in danger

peligroso *adj* dangerous

pena *s* trouble; pain

pensar (ie) *v* to think

peor *adj* worse

percibir *v* to perceive/notice (art)

perder (ie) *v* to lose

perejil *s/m* parsley

perfil *s/m* profile

periodista *s/mf* journalist, reporter

permanecer *v* to remain

pero *conj* but

perro *s* dog

persignarse *v* to cross oneself

personaje *s/m* character, person (in a story)

perteneciente *adj* belonging to

pesa: levantar pesas *v* to lift weights

pesadilla *s* nightmare

pesaroso *adj* sorrowful, full of repentance

pescado *s* fish

pescar *v* to fish

pétreo *adj* stony, of stone, hard, inflexible

picada *s* snack

picado *adj* chopped

pichón *s* young pigeon

piedra *s* stone, rock

piloncillo *s* small blocks or bricks of unrefined solid cane sugar that has been pressed into cones

pinar *s* pine wood or forest

pincel *s/m* artist's brush

pintar *v* to paint

  pintar al óleo *v* to paint in oils

pintor/pintora *s* painter

pintura *s* painting

pío *s* peep

pionero/pionera *s* pioneer

piscina *s* swimming pool

pista *s* track; rink

pitido *s* whistle

placa solar *s/m* solar panel

plaga de nuestro tiempo *s* scourge of our time

planeta *s/m* planet

planta trepadora *s* climbing plant (ivy, etc.)

plantar *v* to plant

plástico: artes plásticas *s/f* visual/three-dimensional arts

plata *s* silver

plato *s* dish, meal

plaza *s* place

población *s/f* population

poco *adj* little, not much

poder (ue) *v* to be able

político/política *s* politician; *s/f* politics; *adj* political

pollo *s* chicken

polvareda *s* dust cloud

poner *v* to put, place

por *prep* along; by; for; in exchange for; through

    por consiguiente *adv* consequently

    por ejemplo *adv* for example

    por eso *adv* therefore

    por fin *adv* finally

    por lo tanto *adv* therefore

    por medio del cual *prep* through which

    por otra parte *adv* on the other hand

    por primera vez *adv* for the first time

por qué *interr* why

pormenor *s/m* detail, the details of the incident

porque *conj* because

portarse *v* to behave oneself

portavoz *s/m* spokesperson

porvenir *s/m* future

posada *s* inn

posdata *s* postscript

poseer *v* to own, have, hold, possess

posgrado *s* postgraduate

posponer *v* to postpone, put off

pozo *s* well

practicar *v* to practice

    practicar artes marciales *v* to practice martial arts

    practicar un deporte *v* to play a sport

preferir (ie) *v* to prefer

pregonar *v* to make public

premio *s* prize

prender *v* to light

prensa amarilla/sensacionalista *s* gutter press, tabloid press

preocuparse *v* to worry

preso *s* prisoner

prestado *adj* loaned

préstamo *s* loan

prestar *v* to lend

    prestar atención *v* to pay attention

presupuesto *s* budget

prevenir (ie, i) *v* to avoid, prevent; to warn

primer(o) *adj, pron* first

    primer término *s* foreground

principio: al principio *adv* in/at the beginning

prisa: sin prisa *adv* not in a hurry

procedencia *s* origen

procesiones solemnes *s/f* solemn processions

producido en *adj* produced in

productividad *s/f* productivity

producto lácteo *s* milk product

profesorado *s* teaching position, professorship

profundización *s/f* investigation/research

programa *s/m* program; syllabus

prolongarse *v* to go on, carry on

promedio *s* average

    promedio de la vida *s* average lifespan

prometer *v* to promise

promocionar *v* to promote

pronto *adv* quickly

proponer *v* to propose, name

propósito *s* purpose, objective

protagonista *s/mf* main character

proteger *v* to protect

protestar *v* to protest

provocar la histeria colectiva *v* to cause mass hysteria

proyecto *s* project

prueba *s* quiz, test

publicar *v* to publish

público *adj* public

puchero *s* stew

puesto (de trabajo) *s* job

pulque *s* pulque (drink made from fermented cactus sap)

punto *s* point

Q

que *conj, pron* that, which; who

qué *adj, interr* what, which

    qué tal si *interr* what if

quejarse *v* to complain

querer (ie, i) *v* to wish, want; to love

    querer (ie, i) decir *v* to mean

quién *interr* who(m)

quien *pron* who

quilla *s* keel

químico *s* chemist

quince: fiesta de los quince años *s* coming-of-age celebration for a 15-year-old female

quinceañera *s* a 15-year-old female

quirúrgico *adj* surgical

quizá(s) *adv* perhaps, maybe

R

radical: deporte radical *s/m* extreme sport

radio *s/f* radio programming

raja *s* strip, slice

rama de vid *s* branch of a grape vine

Ramadán *s/m* Ramadan

rasgo *s* characteristic, feature

    rasgo cultural *s* cultural feature

raspar *v* to scrape

rastro *s* trace

rayar *v* to scratch

rayo: mortífero rayo calórico *s* deadly (lethal) heat ray

raza: día de la raza *s/m* Columbus Day (Oct. 12)

razón *s/f* right, reason

realización de operaciones comerciales *s/f* fulfillment/carrying out of commercial operations

realizar *v* to carry out, execute; to make

receta *s* recipe

rechazar *v* to refuse; to reject

reciclable *adj* recyclable

reciclaje *s/m* recycling

reciclar *v* to recycle

reciprocidad *s* in return for, act of making or doing something in return

reclamar *v* to demand (payment)

reconocer *v* to recognize

recorrer *v* to travel across

recto *adj* straight

recuperar *v* to recuperate; to recover

recurso (natural) *s* (natural) resource

red *s/f* World Wide Web; net, network

redondo *adj* round

refugiado/refugiada *s* refugee

refugiarse *v* to take refuge

regalar *v* to give as a gift

regidor/regidora *s* government oficial, councilperson,

regir (i, i) *s* to govern

regocijadamente *adv* merrily, joyfully.

regular *v* to regulate

relajar *v* to relax

religioso *adj* religious

(re)llenar una solicitud *v* to fill out an application

remaduro *adj* overripe

remedio *s* remedy

renunciar *v* to give up

repasar *v* to review

repertorio *s* repertoire

repollo *s* cabbage

reponer *v* to repose; to replace

reportero/reportera *s* reporter

representar *v* to represent

represión *s/f* repression

repujado *adj* embossed

requerir (ie, i) *v* to require

requisito *s* requirement

res *s/f* beef

residir *v* to live, reside

residuo *s* waste

   residuo no reciclable *s* nonrecyclable waste

resolver (ue) *v* to solve

respetar *v* to respect

respiratorio *adj* respiratory

responsabilidad *s/f* responsibility

restaurar *v* to restore

restringido *adj* limited, cut back, restricted

resultado *s* result

resultar *v* to result, turn out to be

resumen *s/m* summary

retener (ie) *v* to retain; to keep

retirado/retirada *s* retiree

retrato *s* portrait

retrospectivo: escena retrospectiva *s* flashback

reunirse (ú) *v* to meet, get together

revelar *v* to reveal, disclose

revelar (fotos) *v* to develop (photographs)

revolución *s/f* revolution

riel *s* rail

riesgo *s* risk

rima *s* rhyme

ritmo *s* rhythm

rivalidad *s/f* rivalry

robo *s* robbery

rocío *s* dew

rodeado *adj* surrounded by, blocked

rodela *s* shield, a round buckler or target

rogar *v* to beg, request, ask

rollo *s* roll of film

Rosh Hashanah *s* Rosh Hashanah

rueda: patinar sobre ruedas *v* to roller skate, roller blade

ruido *s* noise

ruma *s* series of ítems placed in a line; pile, heap

S

saber *v* to know

sabio/sabia *s* wise person, sage; *adj* wise

sabroso *adj* delicious

sacar *v* to take out

   sacar buenas/malas notas *v* to get good/bad grades

   sacar fotos *v* to take pictures

   sacar prestado *v* to check out (from library)

sacerdote *s/m* priest

saciar *v* to satisfy; quench

sala *s* living room

   sala de cine *s* movie theater

   sala de recreación *s* recreation room

salir *v* to leave

   salir bien/mal en un examen *s* to pass/fail a test

salón *s/m* hall, ballroom

salsa *s* Cuban/Puerto Rican dance music

saltar *v* to skip, miss a line while reading

salubridad *s/f* healthiness

salud *s/f* health

saludable *adj* healthy

saludo *s* greeting

salvar *v* to save (a life)

sanar *v* to heal, recover

sancocho de guayaba *s* a dish composed of guava, sugar, and cinnamon

santiguar *v* to cross oneself, make the sign of the cross

santo *s* saint; *adj* holy

   santo patrón/santa patrona *s* patron saint

sarmiento *s* vine shoot

sartén *s/f* skillet

satélite *s/m* satellite

se *pron* yourself, himself, herself, itself, oneself, yourselves, themselves

secar *v* to dry

secuestrado *adj* kidnapped

secular *adj* secular

sede *s* headquarters, head office

sedentario *adj* sedentary

seguir (i, i) *v* to follow, continue

segundo *adj* second

seguridad: Oficina Nacional de la Seguridad de la Patria *s* Office of Homeland Security

sello *s* stamp

selva *s* jungle

semáforo *s* stoplight

Semana Santa *s* Holy Week

semejante *adj* similar

sencillo *s* single (record); *adj* simple, plain; easy

sendero *s* path

sensacionalista: prensa sensacionalista *s* gutter press, tabloid press

sensibilizar *v* to raise awareness

sentarse *v* to sit

sentimiento *s* feeling

sentir (ie, i) *v* to feel

señor/señora *s* lord, Sir, Mr.; lady, madam, Mrs.

sequía *s* drought

ser *v* to be

   ser combatido *v* to be fought against

   ser muy corriente *v* to be commonplace

   ser nuestra estampa más indeleble *v* to be/to leave our most indeleble impression

serio *adj* serious

serpiente *s/f* snake

sí *adv* yes

si *conj* if

siempre *adv* always

siesta: echarse una siesta *v* to take a nap

silueta *s* silhouette

silvicultura *s* forestry

sin *prep* without

   sin embargo *adv* nevertheless

   sin prisa *adv* not in a hurry

   sin que *conj* without

sinagoga *s* synagogue

sincronizarse *v* to synchronize

sindicato *s* labor union

sino *conj* but

sirviente *s/mf* servant

sitio *s* place

sobrar *v* to be left over, be more than enough

sobremesa *s* after-lunch/after-dinner conversation

sobresalir *v* to stand out, excel, be outstanding

sobrevivir *v* to survive

socavar *v* to excavate, to undermine

sociedad *s/f* society

socorrer *v* to help, come to the aid of

sol *s/m* sun

solar: placa/célula solar *s* solar panel

solemne *adj* solemn

solicitar (una beca) *v* to apply (for a scholarship)

solicitud *s/f* application

sollozo *s* sob

solo *adj* alone

sólo *adv* only

soltero: despedida de soltero/soltera *s* bachelor party/bridal shower

solucionar *v* to solve

sombra *s* shadow

someterse *v* to submit, surrender

son *s/m* popular Cuban dance

sonido *s* sound

sonrosado *adj* blushing

sorbo *s* a sip

sordo *adj* hearing-impaired

sorprender *v* to surprise

sostener (ie) *v* to sustain

suceder *v* to happen

suceso *s* current event, happening

sueldo *s* salary

suelo *s* soil, dirt; floor

sugerir (ie, i) *v* to suggest

sumergirse *v* to submerge

súper estrella internacional *s* international superstar/celebrity

superar *v* to overcome

supervivencia *s* survival

suplantar *v* to impersonate, pass oneself off as

suponer *v* to suppose

sustentable *s* defensible, sustainable

T

tablado *s* stage

tablero *s* bulletin board

tabloide *s/m* tabloid press

tachado *adj* crossed off/out

taita *s/m* grandfather

tal *adj* such, such a

tallado *adj* carved

tallar *v* to carve, sculpt, cut

taller *s/m* workshop, studio

también *adv* also

tambor *s/m* drum

tampoco *adv* neither, (not) either

tan *adv* so

   tan pronto como *conj* as soon as

tanto *adj* so much

taquilla *s* box office

tararear *v* to hum

tarea *s* homework; task

tarjeta *s* card

   tarjeta de residente *s* resident card

   tarjeta verde *s* green card

tarro *s* jar

tasca *s* coffee shop, bar

taza *s* cup

te *pron* (to) you

té *s/m* tea

teatro *s* theater

techado *adj* covered with a roof, under cover

teclado *s* (computer) keyboard

técnico/técnica *s* technician; *s/f* technique; *adj* technical

tejado *s* roof

tejano *adj* Texan, referring to Texas

tejer *v* to weave, to knit

tejido *s* texture, fabric, web, a woven thing

tejocote *s/m* a fruit resembling a plum

tela *s* cloth, fabric

telaraña/Telaranya *s* spider web; World Wide Web

televisión *s/f* television

telón *s/m* theater curtain

temer *v* to fear

temeroso *adj* frightful

temor *s* fear

templo *s* temple

tender *v* to tend toward

tenderete *s* stall (for sales)

tener (ie) *v* to have

   tener éxito *v* to be successful

   tener que ver con *v* to have to do with

   tener razón *v* to be right

   tenerle (ie) cariño a alguien *v* to feel affection for someone

tenis *s/m* tennis

tercer(o) *adj, pron* third

   tercera edad *s/f* retirement years, old age

tergiversado *adj* distorted, misrepresented

terminarse *v* to run out

término: primer término *s* foreground

terremoto *s* earthquake

terrorismo *s* terrorism

tertulia *s* gathering or discussion

testigo *s/mf* witness

textil: elaboración textil *s/f* textile production

tiempo *s* time; weather

   tiempo libre *s* free time

tienda de campaña *s* tent

tierra *s* earth, land

timbal *s/m* kettledrum

tiniebla *s* darkness

tizón *s/m* charred stick/log

tira *s* strip

   tira cómica *s* comic strip

titubear *v* to hesitate

titular *s/m* headline

título *s* degree; title

tocar *v* to touch

   tocar un instrumento musical *v* to play a musical instrument

todo *adj* all

toldo *s* canopy

tomar *v* to take; to drink

   tomar conciencia *v* to realize

tomillo *s* thyme

toro *s* bull

    toros *s/pl* bullfights

torpe *adj* stupid

trabajador/trabajadora *s* worker

trabajo *s* work, job; employment;
    paper (for class)

traducir *v* to translate

traductor/traductora *s* translator

traer *v* to bring

tragedia *s* tragedy

trama *s* plot

trampa *s* trick

transpirar *v* to perspire, sweat

transportarse *v* to get around

transporte público *s/m* public
    transportation

trascender *v* to reach beyond; to
    have a wide effect

trasladarse *v* to get around

tratado *s* treaty

tratar de *v* to deal with,
    speak about

    tratarse de *v* to be a question of

trepadoro: planta trepadora *s*
    climbing plant (ivy, etc.)

tribu *s/f* tribe

trimestre *s/m* quarter

trineo *s* sleigh

trucado *adj* tricked, falsified

tu *adj* your

tú *pron* you

tumba *s* tomb

tuna *s* prickly pear

U

u *conj* or (before words beginning
    with **o** or **ho**)

ubicación *s/f* location

universitario/universitaria
    s university student; *adj*
    university

usted *pron* you (formal)

V

vacaciones *s/f pl* vacation

vacío: lanzarse al vacío *v* to leap
    into the void

valer (la pena) *v* to be worth (the
    trouble)

valor: bolsa de valores *s* stock
    exchange

varón *s/m* male

vasija *s* container

veintena *s* twenty, score

vejiga *s* bladder

vela: navegar a vela *v* to sail

veladora *s* candlestick or oil lamp

venado *s* deer

vencer *v* to defeat, vanquish

vencido *adj* expired

vender *v* to sell

venir (ie, i) *v* to come

venir a la mente *v* to come to
    mind, think about

ventaja *s* advantage

ventura *s* happiness

ver *v* to see

verdad *s/f* truth

    ¿verdad? *interr* right?

verde *s/m, adj* green

verduras *s* vegetables, greens

vestuario *s* wardrobe; costume

vez (pl veces) *s/f* time, occasion

vía *s* way, road

viajero/viajera *s* traveler

víbora *s* viper

vida *s* life

    vida cotidiana *s* daily life

    vida sedentaria *s* sedentary life

vidrio *s* glass

viento *s* wind

vientre *s/m* womb

viernes Santo *s/m* Good Friday

villancico *s* Christmas carol

vino *s* wine

vista *s* view

    vista oral *s* court hearing

vivir *v* to live

    vivir juntos *v* to live together

volador *adj* flying

volante *s* steering wheel

voltear *v* to turn around

voluntariado *s* volunteering; a
    group of individuals who offer
    to volunteer

volverse (ue) *v* to become

votar *v* to vote

voto *s* vote

voz *s/f* voice

Y

y *conj* and

ya *adv* already

    ya que *conj* since, inasmuch as

yeso *s* plaster; cast

Yom Kippur *s* Yom Kippur

Z

zángano *s* lazybones (*colloq*)

zapallo *s* squash

zarcillo *s* tendril (plant)

zócalo *s* base of a column or
    pedestal; principal plaza

INDEX

TEXT CREDITS

Capítulo 1

9: Lectura Cultural: «Shakira inaugura su fundacion ALAS»
«Shakira inaugura su fundacion ALAS», Courtesy of Diario de Mexico, www.diariodemexico.com.mx.

Capítulo 3

77: Lectura Cultural: «Actividades de los voluntarios»
«Actividades de los voluntarios» from www.cinu.org. Courtesy of the United Nations.

80: Lectura Literaria: Isabel Allende
From «Dos palabras» in *Cuentos de Eva Luna* by Isabel Allende. © Isabel Allende, 1989.

Capítulo 4

103: Lectura Cultural: «¡Desafía la altura!»
Eres. Año IX, Núm. 209, marzo 1997.

Capítulo 5

129: Cartoon of man on desert island
La Tercera, 25 de noviembre de 1991.

136: Lectura Cultural: «Corbatas al sol», «100% bambú», and «Para lavar casi sin agua».
Courtesy of *Muy Interesante,* GyJ España Ediciones.

139: Lectura Literaria: Gregorio López y Fuentes
«Noble Campaña» by Gregorio López y Fuentes, Universidad Veracruzana.

143: Line art habitat under glass
Used by permission of Diario ABC, 31-5-1992.

Capítulo 6

169: Lectura Cultural: «Reduzca su estrés»
«Cómo reducir el estrés» by Lisa Delaney, *Prevención,* Año 2, No. 2: 18-20.

Capítulo 7

199: Lectura Cultural: «El festín de mi abuela».
Más Spring 1990.

201: Ensalada de Aguacate
Used by permission of *ABC, 2 november 1986.*

203: Lectura Literaria: Hugo Hanriot Pérez
«Elboricua volador» by Hugo Hanriot Perez from *The Americas Review* © 1982 Arte Público Press—University of Houston. Used by permission of the publisher.

Capítulo 8

224: «Ig Nobel, los premios a la ciencia más chocante» Courtesy of *Muy interesante,* Año VII, NO. 2: 37.

230: Lectura Cultural: «Cómo se constuyeron los *moai*» publicado en el portal de la educación chilena, www.educarchile.cl, y la correspondiente URL http://www.educarchile.cl/Portal.Base/Web/VerContenido.aspx?GUID=80eeba71-31f7-4bb9-a864-571-ca71196c2&ID=131125 (13/2/2007).

233: Lectura Literaria: Ricardo Conde
«La muerte» by Ricardo Conde. Used by permission of the author.

Capítulo 9

256: Lectura Cultural: «Une la familia elaborar la ofrenda para muertos»
«Une la familia elaborar la ofrenda para muertos» by Lucena Puri. Courtesy of Diario de Mexico, www.diariodemexico.com.mx.

259: Lectura Literaria: Nicolás Guillén
«Balada de los dos abuelos» by Nicolás Guillén.

Capítulo 10

282: Lectura Cultural: «El arte humilde de la vida»
«El arte humilde de la vida» by Liza Gross, *Américas, enero/febrero 1993.*

285: Lectura Literaria: Pablo Neruda
«Oda a la alcachofa» in *Odas elementales* by Pablo Neruda. © Fundación Pablo Neruda, 2008